契約価格, 原価, 利益

管理会計の視点による防衛装備品の効率的・効果的な開発と生産

Contract Price, Cost, Profit

for Defense Products from Management Accounting

櫻井通晴
Sakurai Michiharu

同文舘出版

序

　防衛省の予定価格は，会計法と予算決算及び会計令（予決令）の枠組みのなかで1962年に制定された「調達物品等の予定価格の算定に関する訓令」（以下，「訓令」という）によって律せられ，実施されてきた。「訓令」は，過去においてこれまで必要に応じて何回にもわたって改正がなされてきたものの，市場価格方式と原価計算方式という2つの基本的な枠組みのなかで予定価格を算定する方式が一貫して採用されてきた。

　具体的には，市場で容易に入手できる商品は市場価格方式により予定価格を算定する。しかし市場価格によりがたい場合には，原価計算方式を採用する。原価計算方式といえば，一般的にはコスト・プラス方式とか原価加算契約を意味する。防衛省では，防衛装備品に要した正常原価に適正利益を加算して算定する方式のことを原価計算方式と呼んでいる。金額的に見ると，半数以上の防衛装備品の予定価格は，原価計算方式によって算定されている。

　わが国は従来，武器輸出三原則のもとで，海外への武器輸出は運用面で規制されていた。そのため，「訓令」では，第二次世界大戦後もわが国では長期にわたって市場価格方式と原価計算方式を一貫して採用することがベストの選択肢であり得た。原価計算方式では，予定価格に従って，政府が防衛装備品の生産に要した合理的な原価を契約業者に補償することができることから，戦後55年の長きにわたって日本の防衛装備品の価格決定方式として使われてきたのには，それなりの合理的な理由があったということができる。

　2014年に，日本政府は武器輸出三原則に代わる新たな政府方針として防衛装備移転三原則を閣議決定し，国連安保理の決議などで武器禁輸措置が取られた国および紛争地域以外の国への輸出を解禁した。その結果，現在では既に一部事業で共同開発が始まっているほか，諸外国との共同研究や諸外国への装備移転が開始または検討されている。その必然的な結果として，他国との共同開発を想定していない前提で制定された「訓令」は，他国との共同開発を前提に

した予定価格の算定方式とはそぐわないところが目立ってきた。加えて，1950年代後半から 1960 年代前半の経済環境，経営方式，原価計算理論の下で，1962 年に制定された「訓令」には，その時々の必要に応じて適切な改正が行われてきたが，その基本構造にはほとんど手が加えられてこなかった。そのため，現代の社会・経済環境の下では，現状に適合しないと思われる個所が散見されるようになってきた。

　一方，国際情勢に眼を転じると，激しさを増す北朝鮮の無謀な挑発，南沙諸島と尖閣における中国の国際法を無視した拡張戦略などは，わが国が一触即発の危機を孕む危機的状況におかれつつある現実を突き付けている。

　かかる情勢の下で，先端的な理論と豊富な経験を基礎にして制定されてきた米国の原価計算基準審議会（Cost Accounting Standards Board；CASB）の原価計算基準（Cost Accounting Standards；CAS），連邦調達規則（Federal Acquisition Regulation；FAR），および国防省の国防連邦調達規則-補足（Defense Federal Acquisition Regulation-Supplement；DFAR-S）と，日本の会計法，財政法，予算決算及び会計令（予決令），防衛省における「訓令」などの諸規則を比較すると，国防省と防衛省との決定的な違いが鮮明に浮かび上がってくる。その違いは，米国で過去長年にわたって積極的に推進されたパフォーマンス基準に基づく調達方式が，「訓令」では明確には見えてこないことである。

　防衛省では部分修正によって「訓令」を優れた規定にすべく日夜努力していることは，著者だけでなく多くの識者がよく認識しているところではある。それにもかかわらず，著者のように原価計算を含む管理会計の立場からする研究者から見て現状の規定に不安を抱かせるのはなぜか。その理由は，米国の国防省が過去 20 年から 40 年にわたって積極的かつ一貫して推進してきた原価低減，納期短縮，品質向上，機能向上，革新的兵器の開発に基づく納税者の負担軽減という視点が，防衛省の諸規程からはハッキリと見えてこないからである。

　防衛省においても，減価提案制度，超過利益返納条約付契約制度など，これまで幾度か企業のインセンティブを高めるための制度が導入されてきた。その努力は高く評価されるべきである。しかしながら，これまでは少なくとも，会計法や予算の制約などもあって，残念ながら当初描いていた成果が十分に得ら

れているとはいいきれないように思われる。その原因はいくつか考えられるがその1つは，本格的な意味での固定価格契約制度を備えていないことにある。すなわち，防衛省においても確定契約，準確定契約，概算契約といった契約形態を揃えてはいる。しかし，FARやDFAR-Sで見られるような本格的な意味での固定価格制度の導入には踏み切れていなかったがために，パフォーマンス基準にもとづく契約制度の構築が困難であったといえる。

　防衛省は，2016年度には，リスクシェア型インセンティブ契約制度の検討を始めている。この制度の内容は，著者が提唱するパフォーマンス基準契約に一歩近づけた試みである。この制度が成功するか否かは，この制度の目的である「これまで受注会社が一方的に負っていたコスト超過のリスクを官民が適切に負担することと，受注会社がコスト低減について積極的に活動するインセンティブを含める」ことが官だけでなく民間の契約業者をも満足させうるまで実質的に行われるか否かにかかっているといえよう。

　この制度の検討に加えて，防衛省では，PBLと称する防衛装備品の運用と保守に係わる制度の導入を試行的に開始している。PBLは防衛装備品の運用と維持整備に対して費やされた作業量ではなく，得られたパフォーマンスを購入することに，その本質がある。防衛省が推進を意図しているリスクシェア型インセンティブ契約制度とPBLは，適用の方法いかんによっては，パフォーマンス基準にもとづく契約制度に一歩近づいたものと評価しうる。

　本書の目的は，現行「訓令」の課題を明らかにするとともに，米国における防衛装備品の法規制，なかでもCASBのCAS，FAR，DFAR-Sを研究することによって，「訓令」を含むわが国の諸規定の契約制度上の問題点や課題を明らかにすることにある。加えて，その問題を解決するための方策として，海外の制度の研究を参考にして，研究試作・開発または先進的な防衛装備品の初期段階の開発・生産にパフォーマンス基準に基づく契約制度の適用を提案することにある。その目的のため，本書では次の3つの課題に取り組んでいる。本書は3部からなる。

　第Ⅰ部では，日米両国に共通する防衛装備品の調達の特徴—情報の非対称性とモラルハザード—を明らかにする。そのうえで，日本の防衛調達制度において当面の解決が必要だと思われる3つの課題—予定価格の利益加算額の算定方

法，加工費率を用いた製造間接費の配賦，利子の原価性―を論究する。そして最後に，それらの課題を解決する方策として，パフォーマンス基準にもとづく契約方式と契約形態の制度化に関する構想（方向性）を提唱する。

　第Ⅱ部では，米国のCASBのCAS，FAR，DFAR-Sが防衛装備品の調達に果たしてきた役割を考察するとともに，米国の国防省で活用されている防衛装備品の契約価格，原価，利益算定のメカニズムを明らかにする。米国の防衛装備品の調達規則の特徴を簡潔に述べれば，原価理論（原価計算基準），連邦規則（連邦調達規則），国防規則（国防連邦調達規則－補足）が三位一体となって，防衛装備品の契約価格，原価，利益の算定基準の役割を果たしているといえる。

　第Ⅲ部では，アーンド・バリュー・マネジメント（Earned Value Management；EVM）の意義と課題を考察する。すなわち，国防省では一定規模以上のプロジェクトタイプの契約には，原価低減，納期短縮化を主要な目的としたプロジェクト・マネジメントの手法であるEVMシステムの導入を義務づけている。日本でも古くは戦艦大和においてEVMの原型ともいえる管理手法が使われていたことがよく知られている。EVMはプロジェクト・マネジメントには不可欠のツールである。ただ問題は，米国とは違って日本の防衛装備品の契約業者にとって多額の導入コストと運用コストが予想されるEVMの導入には及び腰であることにある。加えて，日本企業には原価低減活動も納期短縮化も常にしっかり実践しているから納期に遅れるといった事態を想定する必要がないという過剰なまでの自負がある。そこで，NASAの導入事例の紹介を通じてEVM導入にあたって直面する諸問題を明らかにするとともに，EVM Liteとして知られるEVMの簡易版を参考にして，日本に適合すると想定されるEVMを提唱する。

　以上から，読者は本書が単なる防衛装備品の調達問題に関する解決書ではなく，防衛調達制度の改革を意図して執筆された著書であることに気付くであろう。著者は，防衛省の幹部だけでなく，防衛装備品の調達にかかわる契約業者とも数回にわたる勉強会を実施する機会が与えられたことで，防衛省の「訓令」に係わる課題と将来の方向性を知ることができた。

　本書の読者として想定しているのは，第一義的には，防衛省と契約業者にあ

る。しかし，著者が最も本書を読んで欲しいと考えているのは，一般の読者である。つまり，防衛省の契約担当官や契約業者はもとより，建設・土木関係の契約業者，国・県・市役所，独立行政法人などの関係者だけではなく，企業経営者，研究者，大学院と学部の学生，そして，その他一般の読者が，本書の想定する読者である。

以上の理由から，文体は一般の読者にできるだけ分かりやすく表現するように努力した。参考文献の付け方も，研究者専門のジャーナルとは違って，一般の読者にも理解しやすいように工夫した。さらに加えて，一般の読者に馴染みの薄いと思われる専門用語には，できるだけ多くの脚注をつけることで読者の便宜を図った。

さらに付録1では，防衛省の契約担当官を中心とする幹部に対するアンケート調査の結果を掲載した。加えて，付録2では，頭字語の一覧表を作成した。その理由は，外国の契約関係の専門用語では，英語表現についてしばしば頭字語が使われているだけではなく，日本でも専門家の間では頭字語が飛び交っているからである。ただ，読者にとっては頭字語は馴染みが薄く，読みにくいところもある。そのため，章別に初出扱いとしたところや強調すべきところには意識的に重複して英文を付けたところもある。

本書の執筆にあたっては，防衛省の防衛装備品研究の機会を与えてくれた中央大学の富塚嘉一教授の紹介を受けた防衛基盤整備協会の古川明理事のご尽力に心より感謝している。加えて，同協会での3年間の研究成果を1冊の著書に纏めたいとする著者の希望に同意して頂いた宇田川新一理事長をはじめとする防衛基盤整備協会の皆様に，記して感謝の意を表したい。

防衛省の契約担当官を主体とする職員との勉強会，それに続く検討委員会を主催してくれた防衛省の幹部，および日本を代表する防衛装備品の契約業者との勉強会を主催してくれた日本航空宇宙工業会の皆さまにも衷心より感謝の意をお伝えしたい。ご協力いただいた数多くの防衛省の契約担当官，契約企業の経営者の方々の名前を個々に掲載することはできないが，それらの方々のご協力に衷心より感謝の意を表したい。

専修大学の生田校舎で毎月曜日行っている「管理会計研究会」の参加者からも，この研究に対して熱心な議論を行っていただき，幾多の貴重な意見をいた

だいた。研究会を主催している伊藤和憲教授をはじめとして，参加者の皆さま1人ひとりの仲間に，記して心より感謝の意を表したい。研究会参加者の1人，専修大学非常勤講師 西原利昭氏（博士（商学））には，管理会計研究者としての立場から，完成した著書全体を通じて貴重なご意見を頂戴した。また，城西国際大学修士で，現在は大原学園 社会人過程本部 会計士講座教務部に勤務する高橋叔照氏にもまた，全章に目を通していただき，数々の貴重なご意見を賜った。記して，両氏に感謝の意を表したい。

　本書が日本の防衛装備品の調達制度の改善に繋がり，現行制度が抱える課題とその解決策を理解していただけるのであれば，著者の存外の慶びとするところである。

　末筆ではあるが，本書の出版に関して，同文舘出版代表取締役社長 中島治久氏，および企画・編集で並々ならぬご尽力をいただいた同社取締役編集局長 市川良之氏に対して，厚くお礼を申し上げたい。

　平成29年夏

　　　　　　　　　　　　　　　　　　　　　　　　　　　櫻井　通晴

目　　次

序 ———————————————————————————————— (1)

第Ⅰ部　防衛装備品の調達に関する「訓令」の特徴と課題

第1章　防衛産業と防衛装備品調達の特徴と課題 ———— 2
はじめに …………………………………………………………………… 2
1　防衛産業の特徴 ……………………………………………………… 2
　(1)　自由競争市場とは異なる製品市場　3
　(2)　技術的変化（進歩）の著しい製品　3
　(3)　多品種の製品を生産している契約企業　4
　(4)　厳しい規制　5
2　防衛装備品調達プログラムの特徴：情報の非対称性とモラルハザード …… 6
　(1)　製造間接費の民需から防衛セグメントへのコスト・シフティング　6
　(2)　超過利益返納条項付契約によるモラルハザード　7
3　コスト・シフティングの仮説とその対応策 ……………………… 9
　(1)　民生品から防衛装備品へのコスト・シフティングの検証　9
　(2)　情報の非対称性にもとづくモラルハザードを克服するための方策　10
4　防衛省の契約価格算定の特徴 …………………………………… 11
　(1)　市場価格方式と原価計算方式　12
　(2)　防衛省の契約制度　12
　(3)　防衛装備品における売価と原価の算定　14

(4)　防衛装備品の利益の計算　16
　まとめ ··· 16

第2章　防衛省の「訓令」における利益算定の現状と課題 ─── 20
　はじめに ·· 20
　1　防衛装備品の調達と会計法，予決令，「訓令」······································· 20
　2　「訓令」における利益の計算 ··· 21
　　　(1)　契約履行難易度調整係数　22
　　　(2)　事業特性調整係数　22
　　　(3)　経営資本利益率　24
　　　(4)　超過利益返納条項付契約　24
　　　(5)　作業効率化促進制度　25
　　　(6)　インセンティブ契約制度　26
　3　防衛省の契約利益計算方式の特徴 ·· 26
　　　(1)　現行の契約利益算定の方式に見る特徴　27
　　　(2)　「訓令」がなぜ難解なのか　28
　4　原価加算契約の理論的な妥当性 ··· 29
　5　防衛省における原価計算方式の特徴 ··· 31
　6　契約制度研究会の報告書とインセンティブ制度導入の条件 ···················· 32
　　　(1)　契約制度研究会での問題点の指摘と制度改正　32
　　　(2)　パフォーマンス基準制度への期待　34
　まとめ ··· 35

第3章　加工費率を活用した製造間接費配賦の是非 ─────── 39
　はじめに ·· 39
　1　防衛装備品の調達は市場価格方式か原価計算方式 ································· 39
　2　「基準」と「訓令」における加工費の扱い ·· 40
　　　(1)　「基準」における加工費の扱い　40
　　　(2)　「訓令」における加工費の配賦　41

（3）「訓令」で，なぜ製造間接費の配賦に加工費法が許容されたのか　43
　3　米国における製造間接費の配賦に関する基準・規則 ………………………… 43
　4　加工費率による製造間接費の配賦への批判的見解 …………………………… 45
　　（1）平成28年度「行政事業レビュー」での加工費への批判的見解　45
　　（2）米国の防衛専門家グレンハート氏の見解　46
　　（3）加工費率を製造間接費の配賦に適用するのがなぜいけないのか　47
　まとめ ………………………………………………………………………………… 50

第4章　借入資本利子の原価性，許容原価性 ─────── 53

　はじめに ……………………………………………………………………………… 53
　1　借入資本利子をめぐる2つの論点 …………………………………………… 54
　2　財務諸表作成目的における利子の原価性 …………………………………… 55
　　（1）日本基準　56
　　（2）米国基準（FAS）　56
　　（3）国際財務報告基準（IFRS）　57
　3　第3の論点：予定価格計算上の利子 ………………………………………… 58
　4　利子の2つの性格とその目的：利益の前払か，それとも原価か …… 58
　5　わが国の計算価格算定における利子の位置づけ：1975年改正の意図 …… 60
　6　防衛装備品の契約価格に関する2つの提言：中西提言と黒澤提言　61
　　（1）中西委員会の提言　62
　　（2）黒澤委員会の提言　62
　7　「許容」原価性：国家，社会は何を許容するのか …………………………… 64
　まとめと残された課題 ……………………………………………………………… 64
　　（1）本章のまとめ　65
　　（2）本章で残された課題　65

第5章　防衛省調達制度の課題解決の方向性 ─────── 68

　はじめに ……………………………………………………………………………… 68
　1　パフォーマンス基準制度がなぜ必要か ……………………………………… 69

2 パフォーマンス基準制度とは何か ……………………………………… 70
- (1) 現在の防衛装備品の利益の算定方式　70
- (2) パフォーマンス基準制度の意義と目的　71
- (3) パフォーマンス基準制度におけるインセンティブ　74

3 パフォーマンス基準制度の概要 ……………………………………… 75

4 パフォーマンス基準制度導入の前提条件 …………………………… 76
- (1) 契約制度に合致した法制度の整備　77
- (2) 新たな契約価格と利益の算定方式の確立　77
- (3) シェアすべき利益（損失）の配分比率の決定　77
- (4) EVM導入にはコストと知見，準備が必要　78
- (5) プロジェクト管理のための原価企画等の導入　79
- (6) パフォーマンス基準制度の適用領域　80
- (7) EVMを強制するか，企業の意思に委ねるか　80

まとめ ………………………………………………………………………… 81

第Ⅱ部　国防省における契約価格，原価，利益の算定

第6章　CASBによるCASの意義 ──────── 84

はじめに ……………………………………………………………………… 84
1　CASBによるCASの現代的意義 ………………………………………… 85
2　CASBによるCASの目的と契約原価の計算 …………………………… 86
3　CASBの役割とその歴史的変遷 ………………………………………… 87
4　日本の「基準」との対比によるCASの意義と特徴 ………………… 88
5　CASBのCASの法的位置づけ ………………………………………… 90
6　CASの概要 ………………………………………………………………… 92
- (1) 概念と原則　93
- (2) 契約への原価の配賦　98

（3）　原価の識別と割当て　102
　　（4）　貨幣コスト　111
　まとめ ··· 113

第7章　FAR が契約原価算定に果たす役割 ───── 115
　はじめに ··· 115
　1　FAR と「原価の許容可能性」の生成と発展 ································ 116
　2　FAR における原価原則とは何か ··· 118
　3　「原価の許容可能性」とは何を意味するのか ······························· 118
　4　「原価の配賦可能性」とは何を意味するのか ······························· 121
　　（1）　間　接　費　122
　　（2）　製造間接費　122
　　（3）　一般管理費　125
　　（4）　CAS における「原価の許容可能性」の適用　127
　　（5）　最終的な間接費率　127
　5　契約業者にとっての原価計算制度のあり方 ·································· 127
　　（1）　新規の契約業者　128
　　（2）　経験のある契約業者　129
　まとめ ··· 129

第8章　米国政府による防衛装備品調達の方式 ───── 132
　はじめに ··· 132
　1　日本における公的機関の物品の調達方式 ····································· 133
　2　市販品の調達 ·· 136
　　（1）　市販品とは何か　136
　　（2）　市販品調達のための契約形態　138
　　（3）　連邦供給スケジュール・プログラム　139
　3　封印入札 ·· 139
　　（1）　封印入札の方法　140

(2)　封印入札における原価と価格との関係　141
　　　(3)　封印入札における留意点　141
　　　(4)　封印入札とベスト・バリュー　142
　4　交渉契約 ··· 142
　　　(1)　封印入札と交渉契約との相違点　143
　　　(2)　交渉による調達の選定　143
　　　(3)　プロポーザルの申し込み方法　144
　　　(4)　政府と契約業者との情報交換　145
　　　(5)　入札募集の通告　146
　　　(6)　RFPs における伝達事項　146
　5　適時性：封印入札と競争的プロポーザル ···················· 147
　　　(1)　プロポーザル提出の遅延　148
　　　(2)　プロポーザルの取り下げ　149
　6　評価のプロセス：競争的プロポーザル ························ 149
　　　(1)　調達における評価項目と補助的項目　149
　　　(2)　原価の真実性分析　150
　　　(3)　過去のパフォーマンス情報　151
　7　コミュニケーション：競争的プロポーザル ················· 151
　　　(1)　プロポーザルにおける協議と情報交換　151
　　　(2)　プロポーザルにおける「競争の範囲」　153
　　　(3)　プロポーザルと協議　153
　　　(4)　プロポーザルの排除　154
　8　交渉における真実法 ·· 155
　　　(1)　TINA の具体的内容　155
　　　(2)　TINA における原価分析・価格分析の役割　155
　ま と め ··· 156

第9章　米国政府が調達する防衛装備品の契約形態 ────── 159

 はじめに ……………………………………………………………………… 159
 1 米国政府による契約形態の変遷 ……………………………………… 160
  （1）　契約形態の歴史的変遷と 1990 年代以降の潮流　160
  （2）　主要な調達形態は FP 契約と原価補償契約からなる　161
  （3）　原価補償契約の特徴と契約形態選定に当たっての考慮事項　161
  （4）　確定価格（FFP）契約適用の条件　163
 2 契約形態の種類と選択 ………………………………………………… 163
 3 固定価格契約 …………………………………………………………… 163
  （1）　確定価格（FFP）契約（FAR 16.202）　165
  （2）　固定価格インセンティブ（FPI）契約（FAR 16.204）　166
  （3）　インセンティブ契約（FAR 16.4）の一般的特徴　171
  （4）　経済価格調整付固定価格契約（FAR 16.203）　172
  （5）　契約価格見直条項付固定価格契約　173
  （6）　固定価格インセンティブ逐次的目標契約　173
  （7）　固定価格・努力水準契約（FAR 16.207）　178
  （8）　アワードフィー付固定価格契約（FAR 16.404）　179
 4 原価補償契約 …………………………………………………………… 180
  （1）　原価補償契約実施における留意事項　181
  （2）　原価補償基準にもとづく契約の種類　183
  （3）　固定価格契約，原価加算契約以外の契約　189
 5 契約形態とリスクおよび利益との関係 ……………………………… 190
  （1）　リスクと契約価格の選択　191
  （2）　契約形態と損益との関係　191
  （3）　供給企業が 1 社または数社のリスク対応プログラムの契約価格　192
 6 国防省の契約形態の分析から得られるもの ………………………… 194
  （1）　コスト・プラス方式の問題点とその対策　195
  （2）　固定価格契約制度化の必要性　196
  （3）　ドイツにおける契約価格算定の価格の形態　197

（4） 新たな契約制度導入の壁と将来展望　198
まとめ ··· 198

第10章　DFAR-S による契約利益の算定 ─────── 202
はじめに ··· 202
1　防衛省における防衛装備品の利益の計算 ······································· 203
（1） 防衛省の契約制度　203
（2） 防衛装備品の売価と原価の計算　204
（3） 防衛装備品の利益の計算に見られる特徴　204
2　国防省の交渉契約における利益の算定 ··· 205
（1） 構造化アプローチによる利益の計算　206
（2） 加重ガイドラインの記録と方法　207
3　パフォーマンス・リスクと利益 ·· 208
（1） 利益の算定　209
（2） 値：通常値と指定範囲　210
（3） 技術力に対する評価基準　210
（4） マネジメント／コスト・コントロールの評価基準　213
（5） パフォーマンス・リスクと利益の規定の意義　215
4　契約の種類別リスクと運転資本調整の意義 ······································ 215
（1） 出来高払いのための運転資本調整計算　216
（2） 契約種類別の評価基準　218
（3） 資金調達した原価　220
（4） 契約の長さの要素　221
（5） 契約の種類別リスクと運転資本調整の意義　222
5　設備資本投資の促進と報奨 ··· 223
（1） 契約設備資本の見積もり　223
（2） DD Form 1861 の活用　223
（3） 落札前の設備資本の適用　225
（4） 設備についての貨幣の資本コストの算定方式　226

(5)　資産別数値割り当て　226
　　(6)　評価基準　227
　　(7)　貨幣の資本コストの規定の意義　228
6　原価効率促進のためのインセンティブ ·· 231
7　契約価格算定のための利益の仮設例 ··· 232
8　設備に投下した資本コストの算定と分析 ·· 234
まとめ ··· 236

第11章　PBLの意義，適用事例，理論的根拠と課題 ──── 239

はじめに ··· 239
1　PBLの理論的根拠と防衛省でのPBLへの挑戦 ································· 239
　　(1)　PBLの意義とその役割　240
　　(2)　PBLにおけるパフォーマンス基準契約の有効性の理論的根拠　242
　　(3)　防衛省における取組みと防衛省におけるPBLの定義　243
2　契約の形態とインセンティブ ·· 244
3　インセンティブの種類とその特徴 ·· 246
4　国防省におけるPBLの対象プログラムとその契約期間 ···················· 248
5　PBL契約が業務の改善と投資利益率に及ぼすインパクト ················· 248
6　防衛省がPBLを実施するうえでの課題 ·· 253
　　(1)　予定価格方式の問題点　253
　　(2)　国庫債務負担行為対象期間の拡大　254
　　(3)　原価監査と検査の見直し　255
7　防衛省がPBLを実施することの理論的根拠と留意点 ······················· 256
　　(1)　防衛省がPBLを実施することの理論的根拠と将来への影響　256
　　(2)　防衛省がPBLを実施する際の留意点　257
まとめ ··· 258

第Ⅲ部　政府調達のための EVMS の有効性

第 12 章　日本企業のための EVM 簡易版の提唱 ———— 262
はじめに ……………………………………………………………………… 262
1　EVM Lite がなぜ必要か ……………………………………………… 263
　（1）　米国の契約業者はなぜ EVMS を活用しているのか　263
　（2）　米国で EVM がなぜこれほどホットな話題になったのか　264
　（3）　日本ではなぜ EVM にネガティブな意見が多いのか　264
2　国防契約と EVM Lite との関連における EVM の沿革 …………… 266
3　EVM Lite が日本企業に対してもつ意義 …………………………… 268
4　EVM Lite の 11 のステップ ………………………………………… 269
　（1）　スケジュール差異と原価差異　285
　（2）　原価効率の差異分析　286
　（3）　直接労務費差異と直接材料費差異　287
5　EVM Lite の成果物と FAR, DFAR-S との整合性 ……………… 291
　（1）　各ステップで提供される成果物　291
　（2）　EVM Lite の FAR, DEAR-S との整合性　293
6　EVM によって得られる効果 ………………………………………… 294
まとめ ……………………………………………………………………… 295

第 13 章　EVM 導入の現状と課題，課題解決の提案 ———— 299
はじめに ……………………………………………………………………… 299
1　NASA における EVM 導入の経緯 …………………………………… 300
　（1）　NASA の組織とプロジェクト　301
　（2）　NASA の EVM に関する要求事項と法規制　302
　（3）　NASA における EVM の教育訓練　304
　（4）　NASA における EVM 導入のステップ　304
2　NASA における EVM の 3 つの事例 ……………………………… 307

(1)　国際宇宙ステーションのハビタット収納装置（HHR）　308
　　　(2)　JPLにおけるEVM　309
　　　(3)　コンステレーション計画　310
　　　(4)　NASAのEVM導入とプロジェクトマネジメントの評価　311
　3　NASAにおけるEVM改善のための提案 ……………………………… 313
　4　政府と産業界など他の組織へのEVMの波及効果 …………………… 316
　5　NASAのEVMから得られる知見 ………………………………………… 318
　　　(1)　簡易型EVMを許容することの必要性　319
　　　(2)　EVMの泣き所（品質管理）への対応　320
　　　(3)　原価企画の提唱　321
　まとめ …………………………………………………………………………… 326

結　章 ──────────────────────────── 331

　1　必要なのはマネジメントの変革 ……………………………………… 332
　2　失敗を繰り返さないための自己革新の必要性 ……………………… 333
　3　常に他者から学び，自己革新に挑戦することの重要性 …………… 334

付録1　契約担当官に対するアンケート調査 …………………………… 337
付録2　頭字語一覧 ………………………………………………………… 347
索　引 ……………………………………………………………………… 351

第Ⅰ部
防衛装備品の調達に関する「訓令」の特徴と課題

第1章

防衛産業と防衛装備品調達の特徴と課題

はじめに

　本章では，日米における防衛産業の特徴を明らかにし，防衛産業に付随する防衛装備品調達プログラムの特徴として，情報の非対称性[1]とそれによって起こるモラルハザードについて考察する。次に，モラルハザードの典型的な現象の1つであるコスト・シフティングの仮説を述べ，その対応策を検討する。そのうえで，防衛省における防衛装備品の売価と原価の算定プロセス，および利益算定プロセスの特徴を明らかにする。

1　防衛産業の特徴

　政府の防衛装備品[2]調達の特徴と課題を考察するには，まず初めに，防衛産業をとりまく市場と自由競争市場における価格形成とではどんな違いがあるかを明らかにする必要があろう。現時点において米国の防衛産業の特徴を明らかにするには，1992年に *The Accounting Review* 誌の特集号で統括の重責を果たしているデムスキとマギー［Demski and Magee, 1992, pp.732-740］の見解が最もよく政府調達の課題と問題点を捉えていると考えられる。一方，日本の防衛産業の特徴は，田村他の『防衛装備庁と防衛政策の解説』［田村他，2016］が適切

---

[1] 情報の非対称性とは，「取引において一部の人が知っている情報を他の人が知らないこと」［神戸，2004, p.162］をいう。専門的には，青木［2011, pp.56-85］を参照されたい。
[2] 本書で防衛装備品（defense equipment）とは，「自衛隊が使用する火器・誘導武器・電気通信・船舶・航空機・車両・機械・弾火薬類・食糧・燃料など」（デジタル大辞典）を意味するものとする。

に日本の防衛問題を記述しているといえる。そこで，米国の研究者によって記述された支配的な見解と日本の防衛省職員によって描かれた防衛省特有の特徴を参考にして，わが国の防衛産業の課題と問題点を考察する。

(1) 自由競争市場とは異なる製品市場

防衛装備品の政府調達は，**需要面**からみると，買い手（需要者ないし購買者）が単一の政府であるという意味で，自由競争市場における製品市場とは異なる。外国政府，州，地方自治体といった政府以外の買い手も存在する。市場は明らかに単一の巨大な買い手によって支配されている。買い手には法令等による縛りがあり，国民世論への配慮という点で，他の市場とは異なる。

供給面からみると，異なった特徴をもつ多品種の製品を提供する少数の売り手がいるという意味で，補給品[3]を除き，少品種で大量生産を得意とする生産者とは異なる。補給品の供給には下請業者や中小の業者の協力も必要とされ，防衛装備品の買い手は，通常，単一または少数の生産者と取引を行う。

日本の防衛省における市場の特徴は，買い手独占であるだけでなく，売り手も独占の状態になっている，つまり，**双方独占市場**である［田村他，2016，p.62］。市場規模では，防衛省向けの生産額は米国市場とは異なり，年間2兆円強にすぎず，日本の工業生産に占める防衛産業の比率は1％以下にとどまっている。

(2) 技術的変化（進歩）の著しい製品

補給品を除けば，典型的な防衛産業では，技術が主要な役割を果たす。原価や納期，製品の技術開発の進展状況には不確実性が伴う。防衛装備品が予定通り開発・生産できるかも不確かである。防衛装備品には数多くのリスクが存在するものの，最大のリスクは2つある。1つは，実際の原価が予定した原価を大幅に超過することから生じるリスクである。いま1つは，とくに米国で多発している，納品が大幅に遅れたり，完成品の性能・品質に不備があったり，最悪の事態では仕様書を満足させる製品を製造できないというリスクである。

---

3 部隊が必要とする戦闘糧食，燃料，被服，武器弾薬，各種機材等を supply（補給品）と称する。

防衛装備品は，企業にとって利益になれば誰に販売しても構わないというわけではない。とくに防衛関係者は，対立している国への先進的な防衛装備品に関する情報漏洩に対して，極度に神経を尖らせている。

　米国の先進的な防衛装備品の調達に関しては，買い手である政府の要望や要求水準は頻繁に変化する。政府の要望や要求水準を知りえないときには，契約業者による政府への不信感や不満が増幅する。日本ではとくに，防衛装備品の生産のために専用の設備投資を行っても，その設備を次に活用できるか，活用できる時期がいつになるか，に関して不透明であることに業者は不満を抱く。

　日本の防衛省の防衛技術は，主要な防衛装備品の大半を国内で研究開発できる高いレベルにある。防衛に応用可能な民生技術の積極的な活用（**スピンオン**）と民生分野への防衛技術の展開（**スピンオフ**）が積極的に図られてきた［田村他，2016，p.62］。加えて，日米共同開発の他，欧州主要国等との共同研究など，共同開発や共同研究が着実に進められてきており，費用対効果の高い防衛装備品の調達体制が進められている［田村他，2016，pp.94-98］。

(3)　多品種の製品を生産している契約企業

　防衛装備品の典型的な生産者は，日米いずれも，多種類の製品を生産している。製品のライフサイクルでは，開発されたばかりのものもライフサイクルの終焉を迎えているものもある。自由競争市場では，市販品の生産も行っている。多くの契約上の取り決めは不明確であるので，米国の防衛産業では再交渉が日常茶飯事である。このような多様性と複雑性のゆえに，防衛産業では実際の製品原価算定上の困難性と，**不正会計**という陥穽（カンセイ）が待ち受けている。

　防衛省の防衛装備品の調達においては，次の特徴と課題が見られる。第1に，戦前に見られたような工廠（国営工場）が存在せず，多くの部品が中小企業を中心とする広範多重な防衛産業によって担われている。第2に，防衛装備品は少量・受注生産が多く，量産効果が期待できない。第3に，仕様の変更や経済の変動に伴う費用の発生など，リスクが民側に偏っているなど，とくに日本の契約企業は「片務的な契約の下，常にコスト超過による赤字リスクを抱えているのが実情」［田村他，2016，p.245］である。第4に，受注が一時的に減少・途絶した場合の技術者と生産ラインをいかにして維持するかが大きな課題

になってきている。[4] 防衛装備品の調達でも一般競争入札が望ましいが，現実には数少ない入札のチャンスを得ようとすることによる過当競争のため，入札に敗れた企業では，投資した設備・技術者などの固定費をいかに回収するかが防衛産業にとっての深刻な課題になっている。

(4) 厳しい規制

防衛産業は，多くの法令に縛られている。連邦政府は契約企業の顧客リストについても口を挟む（たとえば，極秘情報の敵対国への輸出を禁止するだけでなく，特定の製品を民間人に販売することを禁止している）し，会計基準も独自の基準や規則―米国では，**原価計算基準審議会**（Cost Accounting Standards Board；CASB）の**原価計算基準**（Cost Accounting Standards；CAS），**連邦調達規則**（Federal Acquisition Regulation；FAR），**国防連邦調達規則-補足**（Defense Federal Acquisition Regulation-Supplement；DFAR-S）―の３つが契約業者の価格，原価，利益を規制している。また，政府と契約業者との間では「アームスレングス取引」[5]の対応が求められる。

これに対して，日本の防衛省においては，契約は会計法，予決令（予算決算及び会計令）等の規制を受けているだけでなく，防衛省における調達に関しては特に，「**調達品等の予定価格の算定基準に関する訓令**」（以下，「訓令」）を中心にして数多くの規則類によって規制を受けている。

---

4 防衛装備品の開発・生産においては，特殊で優れた技術が必要なことから，契約にあたっては受注者の能力評価が重要である。その意味では，総合評価落札方式，随意契約があるべき姿であるともいえる。しかし，日本では国との契約は一般競争入札が基本になっており，最終的には価格によって受注者を決める傾向が強い。そのため，必要な技術力をもつ企業が必ずしも開発・試作からアフターサービスまでを担うわけではない。さらに，昨今の防衛装備品の高性能化に伴う高価格化，輸入装備品の増加が防衛予算を逼迫させており，国内の仕事量も減少している。これらの要因により，高度な防衛技術を有する企業は，固定費回収の見通しが立たないといった経営上の不安定性を惹起させないかという懸念もある。なお，第26回 防衛省（a）契約制度研究会［2015, pp.2-3］では，価格だけでなく総合的な評価ができる制度の構築と，随意契約の対象範囲の拡大を検討している。

5 契約（法学）においては，契約の当事者が互いに利害を共有する場合だけでなく，親密な当事者間の取引であっても，取引関係者が厳密な法的精査に堪えうる公平な契約を結ぶことをいう。

2 防衛装備品調達プログラムの特徴：情報の非対称性とモラルハザード

防衛産業ではこれまで幾多の問題を惹起してきた。その最たるものが，情報の非対称性とモラルハザードである［Wang and San Miguel, 2013, pp.7-8］。防衛産業における**情報の非対称性**は，売り手である契約業者と買い手である政府との間で情報の不平等な構造が見られるということから生じる。**モラルハザード**は，契約業者が仮に原価低減，納期短縮に成功し，高品質で革新的な技術を開発したにしても，それらを明確に貨幣数値で表現できないことから生じる。

ヘルスケアにおいて，医療ミスが発生すると病院側がそれを隠蔽するため，外部の目が医療ミスを容易に発見できないのと同様に，防衛産業でも，契約担当官が政府との契約企業で行われがちな不正を見つけることは非常に難しい。[6]

以下本節では，防衛産業における情報の非対称性と，そのことから生じるモラルハザードの典型的な事例として，(1) 製造間接費の民需から防衛セグメントへのコスト・シフティングと，(2) 超過利益返納条項付契約の問題点について述べる。

(1) 製造間接費の民需から防衛セグメントへのコスト・シフティング

防衛産業によって行われる製品原価の算定方法では，製造間接費を民需（民生品のセグメント）から防衛セグメント（防衛装備品のセグメント）にシフトさせるリスクが潜んでいる。そのリスクが生じるメカニズムを，リヒテンバーク［Lichtenberg, 1992, p.741］を参考にして検討しよう。政府から得られる企業収益 R_1 は，式 (1-1) で表すことができる。

$$R_1 = D_1 + OH(D_1/(D_1 + D_2)) + NP_1 \qquad \text{式(1-1)}$$

ただし，D_1 と D_2 はそれぞれ政府（D_1）と非政府ビジネス（D_2）の直接費である。OH は製造間接費，つまり，政府，非政府ビジネスのいずれにも直課できない原価（両者にまたがって発生する原価）である。NP_1 は契約利益である。

---

[6] ヘルスケアでは，医療ミスの発生自体は過失によるものであるが，防衛産業での原価水増しや粉飾は意図的である。それがヘルスケアとの大きな違いである。

ロジャーソン［Rogerson, 1992, pp.671-690］の主要な論点は，$(dR_1)/(dD_1)>1$ にある。値が1以上であれば，政府への直接費の金額を増やすことによって利益を増やすことができる。原価補償契約のもとでは，政府によって償還される製造間接費の一部が増えるからである。信頼すべきパラメータ値によれば，D_1 を1ドル増加することによって企業の利益を20〜40セントだけ増加させるという。防衛産業における製造間接費配賦のルールは，負の効果として，「原価に敏感に反応する収益（例；防衛調達品）には相対的に労働集約型の生産を，原価への反応が鈍い収益（例；民生品）には過大資本」を企業にもたらす。その理由は，マンレート法（直接作業時間にもとづく配賦方法）や直接労務費を用いている限り，防衛装備品の労働集約的な生産工程には多くの製造間接費を負担させることができるからである。

それでは，日本での「訓令」における原価計算方式のもとでは，日本特有の情報の非対称性は見られないのか。森光［2016, p.58］は，「……外部からの確認が困難な管理会計上のデータを含んでおり，こうしたデータについては，提出資料に無批判に依存せざるを得ない状況が発生しうる」。そのため，原価情報の確保に問題が生じうるとして，日本における情報の非対称性を是認している。

そこで次に，わが国の防衛省で見られる，情報の非対称性にもとづくモラルハザードの典型的な事例を，超過利益返納条項付契約に見てみたいと思う。

(2) 超過利益返納条項付契約によるモラルハザード

超過利益返納条項付契約とは，「確定契約であって，契約相手方に超過利益が生じた場合には，あらかじめ定める基準に従って当該超過利益を返納させる

---

7 原価補償契約（cost-reimbursement contract）は，FAR 16-3 に従って，実際の許容原価の支払いを行う契約である。この契約では，資金調達を義務づけ，自らのリスクで行う場合を除き，契約担当官の承認なしでは超えてはならない天井価格を設定する目的で，総原価の見積額を算定する。

8 原価に敏感に反応する契約の典型的な例は，原価加算固定フィー（Cost Plus Fixed Fee；CPFF）契約に見ることができる。原価補償契約のように純粋に原価に敏感に反応する契約では，原価の増大はそれに対応した収益（価格）の増加をもたらすからである。

9 具体的には，現行の「訓令」の下では，①原価情報が契約業者の見積に一方的に依存していること，②データがある程度まで要約されていること，③工数という，外部からの確認が困難な情報を含むことから，透明性を欠くとしている［森光, 2016, p.62］。

こととしている契約」(「防衛装備庁における契約事務に関する訓令」第25条(2))である。防衛省[2015, pp.327-328]では，超過利益返納条項付契約には原価低減のインセンティブが阻害されるという欠点はあるが，超過収益の防止と原価情報の収集に役立つと述べている。しかし，超過利益返納条項付契約は，「企業に対してコストダウンを行うインセンティブを与えず，むしろコストダウンを抑制するようなインセンティブを生む……場合によって企業側にコスト増大を促すインセンティブを与えてしまう恐れがある」[森光, 2013, pp.113-122]。

　原価計算方式による契約には，「原則として契約締結時に確定した契約金額をもって，契約の相手方に契約代金を支払う確定契約と，原価実績に基づき契約代金の確定を行う概算契約及び準確定契約とがある」[芳賀, 2013, p.3]。超過利益返納条項付契約は当初に契約金額を確定する一種の確定契約であり，契約相手である契約企業に超過利益が生じた場合には企業が稼得したその超過利益を国に返納させる契約である。ただ，実際に超過利益の返納がなされたケースは少ないうえに，契約企業に原価低減のモチベーションを低下させる[10]。そのため，防衛省内に設けられた「契約制度研究会」[防衛省, 2010, pp.6-8]は，超過利益返納条項付契約を見直して，「完全な確定契約に移行し，企業のコストダウン意欲を引き出す」べきであると提言している[11]。的確な提言である。なぜなら，契約企業が必死の努力によって原価低減に成功したらその成果をすべて政府に差し出せというのは，契約企業にモラルハザードを惹起させることは必定だからである。芳賀[2013, p.2]は，契約業者から「明朗会計ができるような当たり前の金額を認めてください」との悲痛な叫びを聞いたと述懐している。

　契約企業がモラルハザードを惹起させたがゆえに不正会計として摘発されるに至った企業の１つに，A社がある。不正会計を犯したとされる理由は，「実績工数が目標工数を上回った他の契約から実績工数の一部を付け替えて，付け

---

10 「契約制度研究会」[防衛省(a) 資料編, 2010, p.6]によれば，過去の返納実績は05年度0.58％，06年度2.37％，07年度2.81％，08年度1.96％，09年度1.12％にすぎなかった。

11 山崎[2014, p.79]は，現在の契約制度では，実際にかかった原価が当初契約時の原価より低減した場合には国に差額を返納する義務があることから，企業はたとえば，能力の低い作業者に長時間勤務させると労務費が増え，製造に必要な原価が高くなるといったことが行われると述べている。

替えた工数を加算した後の工数を当該契約の実績工数として」申告していたからであるという。本件は，本質的には情報の非対称性とモラルハザードから生じたコスト・シフティングの典型的な事例に他ならない，と考えられる。

以上から，超過利益返納条項付契約はまさに，「原価計算方式の負の遺産」であるといえる。換言すれば，超過利益返納条項付契約は政府と契約業者には情報の非対称性が存在するがゆえに必然的に生じる，会計上の不正というモラルハザードを惹起させる契約である。政府の契約制度設計において忘れてならないことは，制度設計担当者が契約業者にモラルハザードを引き起こさせるような制度を設計してはならないということである。

3　コスト・シフティングの仮説とその対応策

××電機他5社の事件は，本質的には，防衛装備品に工数の付け替えと工数を過大に負担［会計検査院，2012，pp.17-18］させることによるコスト・シフティングの事例である。このような事件を再び繰り返させないためには，コスト・シフティングの本質を見極める必要がある。コスト・シフティングの仮説は，1992年の *The Accounting Review* 誌の特集で多くの論者によって指摘されたテーマである。そこで次に，アメリカ文献を参考にして，コスト・シフティングの意義と実態を明らかにする。

(1)　民生品から防衛装備品へのコスト・シフティングの検証

ロジャーソン［Rogerson, 1992, pp.671-690］は，契約企業が工場を自動化させるよりも労働集約的生産を優先させて製造間接費を過大に計上させるのは，契約企業にコスト・シフティングの誘引が内在しているからだとしている。一方，トーマスとタン［Thomas and Tung, 1992, pp.691-711］は，原価補償契約では，確定給付型年金制度を活用したオーバーファンディング（overfunding；超過積立）によって利益を過剰に増大させることが可能であるとしている。

ロジャーソンもトーマスとタンも，このような不正が生じるのは，原価を商用から防衛セグメントに振り替えることによって純粋に民生品ビジネスに特化した企業よりも，混合企業（民生品と防衛装備品の両ビジネスをもつ企業）の

方がはるかに高い利益が得られるからだと指摘している。

　リヒテンバーク [Lichtenberg, 1992, p.751] は，1983～1989年の間における産業セグメントに関する年次データの経済分析では，政府調達企業の収益性が実質的に自由競争市場における企業よりもはるかに高いという仮説を裏付けていることを検証した。リヒテンバークによれば，契約業者の総資産利益率は全体としてみると他のセグメントよりも68～82％高いとしている。多くの政府志向の企業（政府への売上高が総売上高の平均84％を占めている企業）の収益性は，民生品のみを生産・販売する企業のほぼ3倍である。要するに，政府調達を抱えたセグメントでは，政府との契約が少ないか非契約企業に比べると著しく労働集約的で利益率が高いといえる。[12]

　政府調達企業と民生品産業との総資産利益率に着目したリヒテンバークによる実証研究の結果とは逆に，両セグメントで有意な差が見られなかったという理由から，防衛産業におけるコスト・シフティングの存在を否定する実証研究 [McGowan and Vendrzyk, 2002, pp.949-969] もある。しかし，両セグメントに有意な差が見られなかったという理由からコスト・シフティングの存在そのものを直ちに否定すべきか否かについては，さらなる研究が必要となろう。なぜなら，契約業者への補助金の有無 [McGowan and Vendrzyk, 2002, p.952]，当該契約業者が本来もつ収益性の違いその他の要因を検討しない限り，コスト・シフティングがなかったと断定することはできないからである。

(2) 情報の非対称性にもとづくモラルハザードを克服するための方策

　情報の非対称性とモラルハザードから生じる問題を解決するために，政府には，契約の種類の選択，契約のスキームの設計，契約価格算定に関する契約設計といった課題の検討が求められる。

　現行の防衛省の契約価格の算定方式―市場価格方式のほか原価計算方式―の枠組みのなかでは，リスクを加味したパフォーマンス基準にもとづく利益の算定方式を設けることは困難である。[13] 情報の非対称性から生じるモラルハザード

　12　原価補償契約のもとでは，労働集約的な事業セグメントでは多くの製造間接費を防衛装備品事業に負担させることができる。製造間接費の配賦基準で最も多くの企業が採用しているのは，作業時間または直接労務費だからである。

を回避するには，少なくとも2つの方策が求められる。1つは，超過利益返納条項付契約のほかにも，モラルハザードの原因となっているコスト・シフティングが存在しないかの検討である。第3章で考察する加工費率による製造間接費の配賦は，まさにその典型的な事例の1つである。いま1つは，FARやDFAR-Sなど，欧米の主要国が採用している新たな契約利益算定の方式を導入[14]することで，契約業者のモラルハザードを回避することである。

具体的には，適切な固定価格契約を採用しやすくするとともに弾力的な対応[15]が可能になる契約方式と契約形態を改善することである。それによって原価を低減し，高性能で機能性に優れ，納期を早め，高品質で革新的な防衛装備品の開発を促進することで，納税者の負担軽減を図ることが可能になる。

それでは，なぜ現在の防衛省の「訓令」だけではなく米国によって代表される欧米主要国の契約方式と契約形態を検討する必要があるのか。それを明らかにするためには，「訓令」を中心とするわが国の防衛装備品調達の現状を説明しておく必要があろう。次節では，防衛省の防衛装備品の調達算定の特徴について考察する。

4 防衛省の契約価格算定の特徴

国が競争入札のための落札価格または随意契約のための既約締結の基準とするためには，入札または契約に先だってあらかじめ制限価格としての基準価格を設定しなければならない。この基準価格は予定価格と呼ばれている。防衛省は，計算価格を基準として，計算価格に需給の状況等を勘案して予定価格を算定する。計算価格は原則として市場価格方式によるが，防衛装備品の場合は特殊な物品が多いため，市場価格方式を採用できないことが少なくない。市場価

---

[13] 困難に思われる最大の理由は，財政法と会計法の制約にある。米国の連邦調達規則であるFARに見るように，社会環境の変化に対応させて時代に即応させた規則をもてる制度になっていないことが，防衛省の制度を伝統的な制度に留まらせていることにある。

[14] 米国，英国［Review Board for Government Contracts, 2011, pp.1-34］，フランス［Wang and San Miguel, 2013, p.9］でも同様の動きが見られる。フランスでは，コスト・プラス契約から固定価格契約への移行は1980年代から始まったという。

[15] 第9章に，米国の固定価格契約の定義がある。

格方式によりえない場合には，原価計算方式[16]によって計算価格を算定する。

(1) 市場価格方式と原価計算方式

防衛省における調達物品等の予定価格は，「訓令」[防衛基盤整備協会，2016，pp.153-182]に従って算定される。「訓令」では予定価格（「訓令」第81～83条）にもとづく市場価格方式（「訓令」第11～28条）と，原価計算方式（「訓令」第29～80条）によっている[17]。

市場価格方式と原価計算方式の割合は，2015年度の比率で見ると，市場価格方式（契約件数76％，金額41％）に対して，原価計算方式（契約件数24％，金額59％）である［防衛省（b），2016，p.58］。契約件数では市場価格方式が全体の約7割強と多くを占めるが，金額では逆転し，原価計算方式が6割弱を占めている。防衛省における予定価格算定における特徴の1つは，防衛装備品の調達において，原価計算方式を採用していることにある。図1-1を参照されたい。

(2) 防衛省の契約制度

国が契約を行う場合には，財務省所管の会計法規にもとづいて事務処理を行わなければならない。防衛省の契約に関わる諸規程類についてもまた，国の予

図1-1　防衛省における予定価格算定の実績

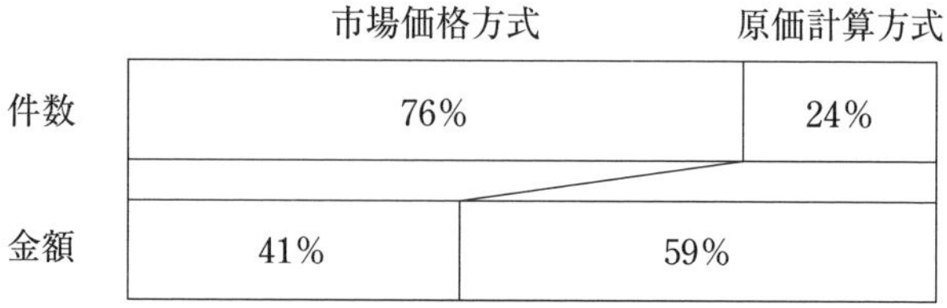

	市場価格方式	原価計算方式
件数	76％	24％
金額	41％	59％

出典：防衛省（b）［2016, p.58］。

---

[16] 防衛省の他，JAXA（宇宙航空研究開発機構）でも原価計算方式を採用している。
[17] 市場価格方式も原価計算方式も，「訓令」では，予定価格方式によっていることに留意されたい。「訓令」の第1条では「この訓令は，調達物品等の調達を実施する場合の予定価格の算定に必要な基本となる事項を定めることを基本とする」とあり，第2条第3号では，予定価格をもって「予決令第79条，第98条又は第99条の規定にもとづいて，入札又は契約に先だって定め，落札決定の基礎とする最高制限価格又は契約締結の基準とする価格をいう」と規定されている。

算の効率的な使用を主目的とした会計法上の契約制度に従うことになる。

国の契約方式は，明治33年に，会計法における原則的な方式である一般競争契約，指名競争契約，随意契約の3方式とされ［大鹿，2010，p.429］，その原則は現在でも引き継がれている。契約の原則は，**一般競争契約**（会計法第29条の3，予決令第70～73条）である。3方式には長短があるが，契約の性質または目的によって，指名競争契約のほか，随意契約も選択できる。

随意契約とは，任意に選んだ相手と商議によって契約する方式（会計法第29条の3第4項）である。国（または自治体）が競争契約の性質または目的から競争を許さない場合には，随意契約によるものとされている。防衛装備品という調達物品の性質から，防衛省の契約では最先端の技術を必要とし，製造に当たって各種の許可が必要となることから，随意契約が多くなる。随意契約においては，入札を行わず特定の業者を指定して契約を行う。適用理由により，随意契約には3種類の契約—特命随契，少額随契，不落随契[18]—がある。

防衛装備庁（旧・防衛省装備施設本部）**の契約制度**は，会計法の規定を受けて，「防衛装備庁における契約事務に関する訓令」［防衛基盤整備協会，2016，pp.221-237］において，契約の種類を，①確定契約，②準確定契約，③概算契約に区分している。①の確定契約には一般確定契約の他，超過利益返納条項付契約が含まれる。②の準確定契約とは，代金の金額をあらかじめ定める基準に従って契約金額の範囲内で確定する契約である。これには，中途確定条項付契約，履行後確定条項付契約，特定費目確定条項付契約その他がある。③の概算契約には，一般概算契約と特定費目実費精算条項付契約が設けられている。

防衛省では，以上に加えて，品質が確保されない恐れのあるダンピング受注の対策として，2015年から**総合評価落札方式**が実施されている。また，**企画競争**を行った上で複数年度契約を締結することも認められている。ただし，一般競争入札と比べると，総合評価落札方式も企画競争も競争の要素が比較的乏しいため，これらの契約では厳密な審査が必要となる。さらに，適用領域が防

---

18 競争契約を行っても入札者がいなかったり落札しない場合，または落札者が契約を結ばない場合には，最低価格での入札者との間で随意契約を行うことができる。ただし，その場合，必要に応じて履行期間の延長や契約保証金の免除等の条件を変えてもよいが，予定価格の変更は許されない。

衛装備品とは異なるが、海上自衛隊呉資料館維持管理運営事業にはPFI（Private Finance Initiative；民間資金等活用事業）[19]も活用されてきた。このように，近年の防衛省の調達では，可能な範囲で数多くの改善がなされてきている。

(3) 防衛装備品における売価と原価の算定

防衛調達品の調達を**市場価格方式**で行う場合には，卸売業者販売価格または大口需要者売渡価格が市場価格とされる。明確な市場価格がない場合には，類似価格または分析計算により市場価格を推定する。国産品の価格を前提にすれば，その手数料は，品代に手数料率を乗じて算定する。その算定方法については，「訓令」（第11条～第22条）で規定されている。

市場価格方式によりえないときには，**原価計算方式**が用いられる（「訓令」第4条）。具体的にいえば，個別の仕様にもとづいて製造される防衛装備品や研究開発のための試作品の調達，防衛装備品とその構成品の修理，改修，点検などを政府が調達する場合には，原価計算方式を用いて費用や利益を積算して予定価格を算定する。原価計算方式における原価の計算は，「訓令」において詳細に決められている（第29条～第80条）。また，契約原価の算定結果については，厳格な原価監査が実施されている。製造原価の計算に関連して，「訓令」は次のように規定している［防衛基盤整備協会，2016, p.162, p.166］。

「……計算価格から梱包費及び輸送費の合計額を除いたものを裸価格，裸価格から利子，利益及び販売直接費の合計額を除いたものを総原価とし，総原価から一般管理及び販売費を除いたものを製造原価とする」（「訓令」第30条）。「製造間接費，一般管理及び販売費，利子及び利益は，これらを包括して総利益とみなすことができる。この場合における製造原価は，製造直接費とする」（訓令）第39条第4項）。

「訓令」の規定の骨子を明らかにするために，原価計算方式にもとづく計算構造を，本間［2010, p.136］を参考にして図解すれば，図1-2のとおりである。図1-2で，**計算価格**とは，「予定価格の決定の基準とする価格として計算さ

---

[19] PFIは，公共施設の建設，設計・維持管理，運営に民間の資金とノウハウを活用し，公共サービスの提供を民間が主導で行う手法である。長所だけでなく短所も数多く発見されているので，導入に際しては事前に十分な研究と注意が必要である。

図1-2 「訓令」における計算価格，製造原価等の計算

計算価格	裸価格	総原価	製造原価	直接材料費	
				加工費	直接労務費
					製造間接費
				直接経費	
			一般管理及び販売費		
		販売直接費			
		利　　子			
		利　　益			
	梱包費及び輸送費				

出典：本間［2010, p.136］。なお，1975年の改正時の支払利子の呼称は，2004年7月1日に利子に名称を変更されている。

れる見積価格」（「訓令」第2条（4））である。「訓令」では，計算価格から梱包費及び輸送費の合計額を差し引いたものを**裸価格**と呼んでいる。裸価格から利益，利子及び販売直接費の合計額を除いたものを**総原価**とし，総原価から一般管理及び販売費を除いたものを**製造原価**とする（「訓令」第30条）。直接労務費及び製造間接費は，これを包括して**加工費**とする（「訓令」第39条）。

現代の原価計算理論に精通した研究者や一般読者にとっては，「訓令」の活字を落として引用した規定の部分は，極めて理解しにくい条文である。なぜ理解が困難であるのか。その理由は，「訓令」が独特の理論にもとづいて制定されているからである。[20]

予定価格は，「予算決算及び会計令」（予決令）において，次のように規定されている。「予定価格は，競争入札に付する事項の価格の総額について定めなければならない」（予決令第80条），「予定価格は，契約の目的となる物件又は役務について，取引の実例価格，受給の状況，履行の難易，数量の多寡，履行

---

[20] 計算価格に関連して，著者にはどうしても理解できかねる条項が少なくとも2点ある。1つは，「訓令」の第39条第3項で，「一般管理及び販売費，利子並びに利益は，これらを包括して総利益とする」と述べているが，一般管理及び販売費，利子がなぜ総利益の構成要素になるのか。いま1つは，「製造間接費，一般管理及び販売費，利子並びに利益は，これらを包括して総利益とみなすことができる。この場合における製造原価は，製造直接費とする」とする第39条第4項である。この条項で，製造原価を製造直接費とするという条項も，現代の原価計算理論からすれば，防衛省にのみ通用する防衛省特有の文言である。

期間の長短を考慮して適正に定めなければならない」（予決令第80条第2項）。随意契約では，「契約担当官等は，随意契約によろうとするときは，あらかじめ第80条の規定に準じて予定価格を定めなければならない」（予決令第99条の5）とされる。これを受けて，「訓令」で予定価格は，「……入札又は契約に先だって定め，落札決定の基準とする最高制限価格又は契約締結の基準とする価格をいう」（「訓令」第2条（3））と定義づけられている。

(4) 防衛装備品の利益の計算

「訓令」における利益の計算方法は，「訓令」の第73条～第79条で規定されている。防衛省における利益の計算方法の詳細な説明は次章に譲るが，ここで簡潔に敷衍すれば，利益は次の計算ステップを経て算定される。

防衛装備品の利益額は，総原価に利益率を乗じて算定する。利益率は，基準利益率に契約履行難易度調整係数を乗じて計算する。基準利益率は，標準利益率に事業特性調整係数を乗じて計算する。標準利益率は，標準営業利益から経営目的に使用された標準金利を差し引いた金額を標準総原価で除して算定する。そこからさらに，契約の難易度を加減するための契約履行難易度調整係数を加味して利益を計算する。以上，防衛省における防衛装備品の利益の計算の特徴を簡潔に表現すれば次のようになる。まず，**インプット要素である総原価**を基礎にして業界の**平均的な利益**を計算し，それに**事業特性や難易度**を勘案して，**標準経営資本利益率**にもとづいて利益を算定する。[21]

ま　と　め

本章では，まず初めに，防衛産業の4つの特徴―自由競争市場とは異なる製品市場，技術的進歩の著しい製品，および多品種の製品を生産している企業，規制―を述べた。そして，それらの特徴が情報の非対称性とモラルハザードを惹起せしめることを明らかにした。次いで，コスト・シフティングと超過利益

---

[21] 利益は長期（例：10年）にわたる黒字企業の平均値による。期間が短期すぎると利益率にバラつきが生じやすいが，長期すぎると，現時点での利益率との乖離が大きすぎるという難点がある。

返納条項付契約を考察した。さらに，現在の「訓令」を中心とする法規制の問題点を指摘するとともに，防衛装備品の利益の計算について述べた。

　著者にとって，防衛関連の研究を行うのは，1970年代の中葉にアンソニー（Robert N. Anthony）教授の日本会計研究学会理事会での報告に啓発されてCASBのCASを研究［櫻井，1976a, pp.15-27；櫻井，1976b, pp.27-40；櫻井，1977, pp.33-49；櫻井，1980a, pp.25-38；櫻井，1980b, pp.1-74］して以来，実に約40年ぶりのことである。研究を進めるに従って，現在の西欧主要国の基準や規則が当時の研究水準とは様変わりしているのに対して，日本の会計法や「訓令」を中心とする法規制が世界の潮流から大きく立ち遅れていることを発見した。この現状を座視しては，他国との共同開発において日本が不利な立場での交渉に陥る可能性がある。さらに，諸規定の後進性のゆえに，もし調達された防衛装備品の機能・性能，革新性が，想定されているものよりも大きく劣るようなことがあれば，納税者である国民の期待を大きく裏切ることになる。

　このような現状を読者に正しく伝え，現状改善の必要性を世に問うことが研究者の1人としての社会的使命であると強く感じた。それが，本研究を本格的に遂行することを決意した動機である。本研究に本格的に取り組もうとしたいま1つの動機がある。それは，日本を取り巻く国際情勢の急激な変化である。それは，近年になって激しさを増す北朝鮮の挑発，南沙諸島と尖閣における中国の国際法を無視した拡張戦略，一触即発の尖閣諸島の動向，加えて米国におけるトランプ政権の誕生に伴う世界情勢の急激な変化は，日本が従来のままの姿勢を続けることを許容しない状況に追い込んできている。

　現実に事件が起こってからでは遅すぎる。このような事態に備えて，防衛省の調達制度も抜本的に見直すべき時期にきているように思われてならない。

　第Ⅰ部の次章以降第5章までは，防衛省の「訓令」の問題点を議論する。すなわち，第2章では防衛装備品の利益算定の方式の特徴と課題を考察する。第3章では，加工費率を活用した製造間接費の配賦に関し，米国におけるコスト・シフティングの日本版に他ならないことを理論と計算例で検証する。第4章では現行規定における借入資本利子の非原価性にスポットを当て，利子を資本コストの一要素として捉えることの必要性を述べる。第5章では，防衛省の調達制度の課題を解決する1つの方策として，パフォーマンス基準制度の構想

を述べる。

〈参考文献〉

青木隆明『情報の経済分析―不確実性，非対称性と外部性―』日本評論社，2011年。

大鹿行宏編『平成23年度改訂版 会計法精解』大蔵財務協会，2010年。

会計検査院「会計検査院法第30条の3の規定にもとづく報告書―三菱電機株式会社等による過大請求事案に関する会計検査の結果について―」(PDF)，2012年10月。

神戸伸輔『入門 ゲーム理論と情報の経済学』日本評論社，2004年。

櫻井通晴「契約価格算定のための原価計算基準」『原価計算』日本原価計算研究学会特別号，No.191, 1976年(a)。

櫻井通晴「契約価格算定のための原価計算基準(2)」『原価計算』日本原価計算研究学会特別号 No.198, 1976年(b)。

櫻井通晴「CASBの原価計算基準」『原価計算』日本原価計算研究学会特別号, No.209, 1977年。

櫻井通晴「CASBの原価計算基準とそのインパクト」『企業会計』Vol.32, No.1, 1980年(a)。

櫻井通晴「CASBの原価計算基準研究」『専修経営学論集』No.29, 1980年(b)。

田村重信・外園博一・吉田正一・吉田孝弘［編著］『防衛装備庁と装備政策の解説』内外出版，2016年。

芳賀昭彦「過大請求事案が教えたもの」『経済調査研究レビュー』経済調査会 経済調査研究所，Vol.13, 2013年。

防衛省 契約制度研究会「防衛装備品に関する契約制度の改善方法について―超過利益返納条項付契約，企業のコストダウン・インセンティブを引き出す契約制度を中心に―」2010年。

防衛省 契約制度研究会「契約制度研究会（第26回）議事要旨」2015年11月9日。

防衛省『平成27年度 防衛白書』2015年。

防衛省『中央調達の概況（平成28年度版）』防衛装備庁，2016年。

防衛基盤整備協会『防衛省 中央調達関係法令集（平成28年改訂版）』防衛基盤整備協会出版局，2016年。

本間正人「調達会計史序説（その3）―軍需品調達の系譜と利子・利益の概念及び計算方法の変遷を中心に―」『産業経理』Vol.70 No.3, 2010年。

森光高大「わが国公共契約における原価計算の役割分析―防衛調達における原価管理官の職能を中心として―」『産業経理』Vol.71, No.4, 2013年。

森光高大「日本の防衛調達における官民の原価情報の共有に関する研究」『Merco Journal of Management Accounting Research』Vol.9, No.1, 2016年。

山崎剛美「「防衛生産・技術基盤戦略」を徹底検証」軍事研究，2014年。

Demski, Joel S. and Robert P. Magee, "A Perspective on Accounting for Defense Contracts," *The Accounting Review*, Vol.67, No.4, October 1992.

Lichtenberg, Frank R., "A Perspective on Accounting for Defense Contracts," *The Accounting Review*, Vol.67, No.4, October 1992.

McGowan, Annie S. and Valaria P. Vendrzyk, "The Relation between Cost Shifting and

Segment Profitability in the Defense-Contracting Industry," *The Accounting Review*, Vol.77, No.4, October 2002.

Review Board for Government Contracts, Report on the 2011 Annual View of the Profit Formula for Non-Competitive Government Contracts, February 2011.

Rogerson, William P., "Overhead Allocation and Incentives for Cost Minimization in Defense Procurement," *The Accounting Review*, Vol.67, No.4, October 1992.

Thomas, Jacob K. and Samuel Tung, "Cost Manipulation Incentives under Cost Reimbursement: Pension Costs for Defense Contracts," *The Accounting Review*, Vol.67, No.4, October 1992.

Wang, Chong and Joseph G. San Miguel, "Are Cost-Plus Contracts (Justifiably) Out of Favor?," *Journal of Governmental & Nonprofit Accounting,* Vol.2, 2013.

第2章

防衛省の「訓令」における利益算定の現状と課題

はじめに

　本章の目的は，防衛省の「調達物品等の予定価格の算定基準に関する訓令」（以下，「訓令」）において，契約利益を算定するプロセスを明らかにするとともに，併せて，将来のあるべき方向性を考察することにある。

　その目的を達成するため，本章では，予定価格を決定するうえでの基準となる計算価格について，原価計算方式による場合の利益算定の原理とプロセスの現状分析をもとに，防衛省の「訓令」にもとづく防衛省の利益算定の現状とその特徴，および課題を明らかにする。

1　防衛装備品の調達と会計法，予決令，「訓令」

　防衛省の「訓令」は，会計法と予決令（予算決算及び会計令）によって律せられている。そのため，「訓令」における利益算定の現状と課題を述べるには，まず初めに，会計法と予決令について触れておかなければならない。

　会計法によれば，国が契約をしようとする場合，予定価格を算定しなければならないとされている。**会計法**は第29条の6で，「契約担当官等は，競争に付する場合，……契約の目的に応じ，予定価格の制限の範囲内で最高又は最低の価格をもって申込をした者を契約の相手方とする」としている。

　予定価格は，国が契約をしようとする場合，入札や契約に先だってあらかじめ定めなければならない制限価格である。つまり，物品購入の場合には予定価格の金額を超えた金額で契約することはできない。**予決令**第80条では，「予定

価格は契約の目的となる物件又は役務について，取引の実例価格，需給の状況，履行の難易，数量の多寡，履行期間の長短等を考慮して**適正**に定めなければならない」としている。しかし，予決令では具体的な算定方法までの規定はないので，防衛省では「訓令」に従って予定価格を算定することになる。

予定価格を決定する場合は，まず「訓令」の定めるところにより計算価格を計算する。この計算価格は，理論的に正常な標準見積原価であって，原則として正確に計算された計算価格をもって予定価格決定の基準としている［防衛基盤整備協会，2015，p.5・6］。

防衛省の「**訓令**」第3条では，「予定価格は，調達物品等についての調達要求書，仕様書等，契約方式その他の契約条件に基づき計算価格を基準として算定」される。その計算価格は，「市場価格方式により計算する。ただし，市場価格方式により難い場合は，原価計算方式により計算する」（「訓令」第4条）。

本章では，計算価格が原価計算方式によって予定価格で計算される場合における利益算定の原理と，プロセスの現状分析にもとづいて，「訓令」にもとづく防衛省の利益算定の現状と課題を考察する。

2　「訓令」における利益の計算

「訓令」は，制定後，幾多の変遷を経た後，現在では防衛省が調達する防衛装備品の予定価格の算定に必要な事項を定めている。「訓令」の下で，**原価計算方式**によって利益を算定するには，式(2-1)で見るように，総原価に利益率を乗じて利益を算定する（「訓令」第74条）。

利　益＝総原価×利益率　　　　　　　　　　　　　　　式(2-1)

式(2-1)の計算構造の下では，利益率を所与とすれば，総原価を増大させることで利益が増大する。そのため，企業の原価計算担当者には，防衛省の契

1　現行の「訓令」までに，1962年に制定された後，数多くの改定が重ねられている。利益の計算方法もまた，幾多の変遷を経て現在の形になっている。利益の概念が時代の要請によって次第に変遷してきたということである。本間は，利益概念等の変遷［本間，2011，p.140］と利益の計算方法の変遷［本間，2011，p.143］に分けて，それぞれの変遷のプロセスを一覧表示している。

約担当官が確認しにくい工数を過大に申告することで，原価を大きくしたいという誘因をもつ可能性がある。

一般に，原価加算(cost-plus)方式にもとづく価格決定の方式では，合理的な原価は政府が補償してくれる。そのため，生産者の保護に役立つと考えられている。しかしその反面，企業が努力して得たパフォーマンスの結果が利益に反映されないので，原価低減のモチベーションが湧かない。そのため，これまでにも原価加算方式がもつ本質的な欠点が繰り返し指摘されてきた。現行の防衛省の価格決定の方式は**原価補償契約ではないものの**，原価加算方式がもつ共通の欠点を有している。それらの欠点を補うため，防衛省の「訓令」および関連規則においては，以下で見るような各種の対応策が取られてきた。

(1) 契約履行難易度調整係数

1つ目の対応策は，式(2-1)で総原価に乗ずべき利益率が，基準利益率(％)に契約履行難易度調整係数を乗じて計算されることに見られる(「訓令」第77条)。式(2-2)を参照されたい。

$$利益率(\%) = 基準利益率(\%) \times 契約履行難易度調整係数 \quad 式(2\text{-}2)$$

契約履行難易度調整係数が設けられたのは，契約業者が契約の遂行上困難があれば，契約履行の難易度に応じて調整係数で契約企業のために調整してあげようという，調達側である防衛省の配慮であるといってよい。

(2) 事業特性調整係数

2つ目の対応策は，基準利益率算定における事業特性調整係数に見られる。

---

2 防衛省の原価計算方式と国防省の原価補償契約とでは，手続き的には数多くの違いがみられる。しかし，両者はいずれも原価加算方式であるという意味で，共通の特徴があるといえる。

3 米国では，1917年における諸省庁(Department of War Navy, and Commerce, the Federal Trade Commission, and the National Defense)の代表からなる省庁間代表者会議の勧告において，イギリスでの原価加算方式にもとづく苦い経験から，原価加算契約にもとづく価格決定の方式を取りやめたのに倣い，原価加算契約から固定価格契約(原価加算調整可能固定利益契約(cost-plus adjustable fixed-profit contract))に切り替えるべきである[United States. Dept. of Commerce, 1917, pp.3-6]と勧告した。

式（2-2）における基準利益率（％）は，式（2-3）のように，標準利益率（％）に事業特性調整係数を乗じて計算する（「訓令」第76条）。標準利益率を使ってはいるものの，利益率は事業の特性によって変化するはずであるから，事業の特性によって利益率を考慮しようとする配慮の表れであるといえる。

$$基準利益率(\%) = 標準利益率(\%) \times 事業特性調整係数 \qquad 式(2\text{-}3)$$

標準利益率（％）を算定するには，式（2-4）のように，（黒字の）製造業の標準営業利益から事業に活用した標準金利（標準経営資本×標準金利（％））を差し引き，それを標準総原価で除して算定する。製造業の標準営業利益から経営資本に係る標準金利（計算上の利子）を差し引いているのは，金利控除後の利益を算定しようとするためである。

$$標準利益率(\%) = (標準営業利益 - 標準経営資本 \times 標準金利) \times 100 \\ / 標準総原価 \qquad 式(2\text{-}4)$$

式（2-4）における標準営業利益，標準経営資本，標準総原価は，景気変動を平準化できる程度の期間に当該事業が属する業種の実績を基礎としたものによる。また，標準経営資本の範囲は，総資産のうち，経営目的に直接関係する資産に限定される。

式（2-3）で基準利益率（％）を算定するのに活用する事業特性調整係数は，式（2-5）で算定する。この規定が設けられたのは，調達物品等の契約条件等が特殊で，基準利益率（％）を標準利益率×事業特性調整係数で算定するのが難しい場合には，その実情を考慮して，事業特性調整係数に必要な調整を加えることができるもの［防衛基盤整備協会，2015, p.5・56, p.5・57］とされている。

$$事業特性調整係数 = 標準経営資本回転率 \div (標準経営資本回転率 + \\ 当該事業の経営資本回転率) / 2 \qquad 式(2\text{-}5)$$

式（2-5）における標準経営資本回転率（％）は，式（2-6）のように，標準総原価を標準経営資本で除して算定する。また，当該事業の経営資本回転率（％）は，式（2-7）のように，総原価を経営資本で除して算定する。[4]

標準経営資本回転率(％)＝標準総原価／標準経営資本×100　　　　式(2-6)
当該事業の経営資本回転率(％)＝総原価／経営資本×100　　　　式(2-7)

以上，利益率の算定には，個別企業の利益率ではなく，基準利益率や標準利益率が使われている。事業特性調整係数にもまた，個別企業の回転率ではなく，標準的な経営資本と当該事業の経営資本回転率が使われている。

(3) 経営資本利益率

式(2-5)～(2-7)で見たとおり，利益率と回転率は個々の企業のものではなく，基準または標準的な経営資本利益率が使われている。投資利益率(Return on Investment；ROI)は，具体的には総資本利益率，総資産利益率，経営資本利益率，自己資本利益率などが考えられるが，「訓令」では時代の要請に適合させて，自己資本利益率と経営資本利益率が代替的に使われてきた。

現在では，投資利益率としては経営資本利益率を用いることによって，投下資本の用途を経営資本に限定した利益率が用いられている。研究者によって意見が異なるが，防衛装備品の契約利益には，自己資本利益率よりは経営資本利益率の方が優れているといえる[5]。

(4) 超過利益返納条項付契約

超過利益返納条項付契約は，契約相手方に超過利益が生じた場合に，当該超過利益を国に返納させる制度である。防衛省にとっては超過利益の防止の他に，価格情報が収集できる，契約企業にとっては将来の同種契約の価格のベースになるといったメリットがある[6]と謳われている。

---

[4] 一般的にいえば，資本利益率＝利益／売上高(売上高利益率)×売上高／資本(回転率)といったように，資本利益率を算定するための分母・分子は売上高になる。しかし，利益は未だ未決定であるので，売上高を用いることができない。そこで，売上高に代えて総原価を用いている。

[5] 自己資本利益率は株主の立場から投資効率を見るには最適である。防衛装備品事業部の投資効率を見るには，経営資本利益率が防衛装備品の投資効率を見るには適している。いずれにせよ一長一短があるが，原価加算契約による限り，何らかの利益算定の公式は必要となる。

[6] ただし，企業にとってのメリットになると感じるか否かは，企業によって異なろう。

超過利益が発生した場合には返納の対象となるため，「契約制度研究会」から超過利益返納条項付契約は企業のコストダウン・インセンティブが働きにくい［契約制度研究会，2010，pp.6-7］との指摘を受けた。契約業者間にモラルハザードが起きたことやその後の対応策は，第1章で述べた通りである。なお，超過利益返納条項付契約は現在，「防衛装備庁における契約事務に関する訓令」の第25条"確定契約"の第3項で，「確定契約であって，契約相手方に超過利益が生じた場合には，あらかじめ定める基準に従って当該超過利益を返納させることとしている契約」と定義づけられている。

確定価格契約であるから，超過利益が生じればそれを政府に返納せよというのは，ある意味では至極まっとうなことではある。しかし問題は，逆にコストが増加した場合には政府がそのコスト超過分を補填してくれるのであれば，という条件付きの話である。超過利益が生じたら利益を返納させてもコストが増加した場合にはそのコストは業者が被れというのは，あまりにも片務的といわざるを得ない。

以上を勘案すると，今後ともこの種の規程をもち続けていくべきか，それとも，DFAR-Sで規定・実践されているような，コスト削減だけでなく納期，品質，機能，革新性などのパフォーマンスを科学的に分析したうえで防衛省と契約業者が双務的な立場から利益が客観的に算定できる制度をいかに充実させるべきかに関しては，さらなる検討が必要となろう。

(5) 作業効率化促進制度

作業効率化促進制度［防衛基盤整備協会，2015，p.4・14］とは，契約を締結している相手方に係る作業に際し，現状の設備，工程等を大幅に変更することなく，作業効率，作業者や設備等の生産資源の活用率を向上するために作業効率の実態調査・分析を行い，作業効率化の方法について防衛装備庁と相手方が共同で探索し，事後の契約に反映させる制度である。

作業効率化促進制度が現在の形に至るまでにはいくつかの改善を行ってきている。つまり，防衛省は，当初の防衛装備品および役務の調達価格の一層の低減を図る目的で2004年から試行的に実施してきた作業効率化促進制度を廃止した［防衛省 事務次官，2013，pp.1-4］。そして2013年には，作業効率化により

低減されると見込まれる工数の原則50％相当を計算価格に別途付与することの他，大幅なコスト削減を行うことを約束した場合には当該契約（制度の適用決定から最大5年度の間に締結される契約）を随意的な契約とする制度に変更している。なお，作業効率化促進制度の適用を希望する企業担当者には，平成27年10月1日付けの防衛装備庁事務次官による「作業効率化促進制度について」（通達；一部改正 防管文（事）第18号）が参考になる。

(6) インセンティブ契約制度

インセンティブ契約制度とは，受託する企業の努力でコストの軽減が実現した場合に，低減額の一部を企業側に付与することにより，企業のコスト低減へのインセンティブを高め，あわせて調達価格の低減を実現する制度である。この制度は1999年に導入された［防衛基盤整備協会，2015，p.4・13］。

具体的には，調達価格の低減が可能な企業の技術または製造ノウハウを活用した技術提案を契約企業から受け，官側において審査の上，契約ごとに価格低減額の50％を提案料として5年間支払うという制度である。

実際の活用例は，1999年導入から2007年までにわずか2例にとどまっていた。そこで2008年からは，技術提案だけでなく，設備投資や生産管理の改善等様々な低減努力を対象に加えるとともに，各年度のインセンティブ料の配分額を柔軟化した。さらに，2013年度からは，契約制度研究会で提案された，企業のコスト削減に向けた一層の意欲を引き出すための施策を講じている。

3 防衛省の契約利益計算方式の特徴

現在の防衛省の価格計算方法のルーツは，本間［2010，p.112］によれば，陸軍の原価計算にもとづく価格計算（原価＋適正利益附加方式）にあるという。この契約価格算定の原理は，いわゆる原価加算契約（cost plus contract；コストプラス方式にもとづく契約）にもとづく価格計算の方式である[7]。

それでは，現行制度のもとで，いかなる契約価格，原価，利益の計算が行われているのか。本節では，契約利益の算定に限定して，防衛省の現在の契約利益にかかわる「訓令」とその関連規則に見られる計算構造を考察する。

(1) 現行の契約利益算定の方式に見る特徴

　現在の「訓令」における利益算定の方式には数々の特徴がある。以下では，それらの特徴のうち4つに絞ってその特徴を明らかにする。

　第1に，「訓令」の予定価格の算定には，市場価格方式のほか原価計算方式が使われている。市場価格方式は，市場価格その他売買の基準となる価格の基準となる価格を基準として計算価格を計算する方式である。他方，原価計算方式は，計算価格を構成する要素について企業会計原則[8]等を援用して計算価格を計算する方式をいう（「訓令」第2条(4)，(8)）。

　第2に，「訓令」の標準利益率の計算には，「当該事業の属する業種の実績値を平均した標準値」（「訓令」第76条の第3項）が使われている。標準経営資本回転率の計算についても，当該事業の属する業種の実績を平準化した平均値（「訓令」第76条の第6項）が，規定上では使われるはずである[9]。

　それでは，具体的にはどんな数値が使われているのか。2016年度の標準利益率は6.3％（2015年度は6.1％）であったが，この数値は製造業黒字会社の平均的な資本構成率（平成17年度から26年度までの10年間）の統計値をもとに算定されている（㈱日本経済研究所『企業財務データバンク』）[10]。なお，2016年度の標準経営資本回転率は，130.34％（2015年度は131.10％）であった。

7　本間［2010, p129］はさらに，太田哲三博士の文献から，調弁価格算定方式の導入を強く主張したのは，ドイツの原価計算にもとづく公定価格作成に感銘を受け，1939年（昭和14年）前後にドイツより帰朝した山下奉文中将（当時）であるとしている。
　　脚注3で述べたように，米国では英国での苦い経験を研究することで，原価加算契約から固定価格契約への切り替えが行われてきたが，戦後の日本では研究者の間では防衛問題の研究をタブー視する傾向が強かったため，著者を含めて，ごく最近まで，学界ではこの問題に関する本格的な議論がなされたことは全くなかった。

8　「訓令」が制定された1962年当時には，「企業会計原則」と「原価計算基準」が重視されていた。しかし，現在では企業会計基準委員会が発表している会計基準，財務会計基準審議会のFAS，国際財務会計基準の発表するIFRSなどにも目を配らなければならなくなってきた。また，1962年に発表された「原価計算基準」を参照するに当たっては，①「原価計算基準」が財務諸表の作成，原価管理，予算統制等経営目的のために設定されているのに対して，「訓令」は終局的には適正な契約価格への役立ちを指向していること，および②「原価計算基準」の制定から半世紀以上経た現在，ソフトウェアやサービスの原価計算に対応できていないことなどにも留意する必要がある。

9　「訓令」では，業種の実績の平均値となっているが，現実に，契約企業によっては異なる製品を開発・生産している企業などがあるため，手続き上で業種別の平均値を算定することは難しい。

第3に,「訓令」では,契約履行難易度調整係数と事業特性調整係数によって利益を補正している。その意図は,個々の企業のパフォーマンスの良し悪しではなく,同じ事業・同じ業種であれば原則として契約業者を平等に扱い,そのうえで,難易度や事業特性を勘案することで補正しようとすることにある。

　第4に,利益の額は総原価に利益率を乗じて算定する仕組みになっているので,総原価が増大すればそれに応じて利益も増大するという計算構造上の仕組みから,契約企業には原価を増大させたいという誘因が生まれやすい。逆に,原価管理の徹底によって原価を削減すれば総原価だけでなく利益も低減されるから,原価低減のインセンティブは湧いてこない。

　「訓令」では,作業効率化促進制度やインセンティブ契約制度のような企業に原価低減努力を促す方策を考案している。ただ,これらの制度は必ずしも予期した成果を上げているとはいえないことは,既述のとおり誠に残念である。

　なお,「訓令」とは別に,装備施設本部(現防衛装備庁)の契約制度として超過利益返納条項付契約が設けられてきた。ただ,この制度もまた多くの批判に晒されていることは,第1章で見たとおりである。

　要するに,「訓令」では,基本的に,契約利益は総原価の額によって増減されるとともに,個々の企業のパフォーマンスの如何にかかわらず効率的な企業も非効率的な企業も平均的な数値で利益を算定し,必要に応じて契約履行難易度調整係数や事業特性調整係数等によって補正している。加えて,超過利益返納条項付契約,作業効率化促進制度やインセンティブ契約制度が試みられてきたが,これらの試みが必ずしも成功してきたとはいえない面もある。[11]

(2)　「訓令」がなぜ難解なのか

　「訓令」を中心とする契約制度は実によく練られてはいる。しかし,専門用

---

[10] 防衛装備庁・調達管理部・原価管理官「平成28年度経費率算定のための大臣承認事項について」。

[11] なぜ過去の諸制度が意図した成果を上げることができなかったのか。防衛省関係者以外の識者および業者の多くが指摘する理由は一致している。それは,契約業者にとってあまりにも片務的だとするものである。財務省による厳しい財政規律の維持という制約下では,防衛省が知恵を絞って次々と新たな制度を構築しても,すべての関係者が満足できる制度を構築するのには無理があるとする意見が支配的である。

語の使い方などにも随分と無理筋と思えるところも少なくないためか，利益算定の原理とプロセスは原価計算の専門家ですらすぐには理解できない"難解"な内容になっている。それでは，「訓令」がなぜ専門家にも難解な内容になっているのか。根本的には，わが国の政治体制，歴史，文化，企業の組織風土，防衛産業に対する国民の意識，およびわが国を取り巻く政治的・経済的・軍事的環境などの諸要因によって形成されてきたからであろう。しかし，その原因を解くためのより重要なカギの1つは，会計法という制約のなかで，「訓令」が制定，改定されてきたという事情があるようにも思われる。

そのため次節では，論点の1つになっている原価計算方式にもとづく原価加算契約の長所と短所を検討し，原価加算契約中心の契約制度を今後ともを使い続けていくことの妥当性を考察することにしたい。

4　原価加算契約の理論的な妥当性

「訓令」では，調達物品等の計算価格は「市場価格方式により計算する」。しかし，市場価格方式により難い場合には，「原価計算方式により計算する」（「訓令」第4条）。原価計算方式による場合の利益の計算は，総原価に利益率を乗じて計算する。

一般的にいって，原価加算契約の最大の利点は，その単純さ（simplicity），

---

12 「訓令」では，「一般管理及び販売費，利子並びに利益は，これらを包括して総利益とする」（第39条・第3項）と規定している。総利益というと，会計学の常識からすれば，売上総利益（売上高－売上原価）と思いがちである。しかしここで総利益は（一般管理及び販売費＋利子並びに利益）とされていて，会計学の常識とは全く異なる防衛省特有の概念である。また，一般管理及び販売費は，現在では販売費及び一般管理費と呼称されている。

13 大川［2016, pp.1-17］は，わが国の防衛産業について，次の特徴をあげている。それは，防衛事業が企業の一部門でしかなく防衛部門の売上高も低い（防衛事業比率は三菱重工9％，三菱電機3％，川崎重工7％，NEC3％など）ため企業内での防衛生産・防衛技術の重要性の位置づけが低いこと，レピュテーション・リスクが輸出の足踏みをさせていること，防衛輸出産業は武器輸出案件の創出に消極的であることなどである。

14 「訓令」では，原価計算方式にもとづいて計算体系をとってはいるが，だからといって，厳密にいえば原価加算契約によっているとはいえない。しかし，一般的にいえば，両者は密接に関連する。ここでは，一般論としての原価計算にもとづいて原価加算契約として議論している。

ないし分かりやすさにある。日本の経営者は経営の手法に分かりやすさを求める傾向が強い。著者もこの日本人経営者による単純さを求める傾向には賛同する。市場や競争状況を勘案することの意識が比較的低い防衛装備品の予定価格の計算に原価加算契約が用いられるのには，それなりの意味がある。原価加算契約のいま1つの利点は，原価加算契約の場合，帳票類をもとにした会計制度にもとづく原価の正当性が立証可能であるので，原価の妥当性（cost justification）を証明しやすいことにある。このような理由から，建設業，防衛産業，公益事業などでは，原価加算契約によるのが一般的である。しかし問題は，原価加算契約にはいくつかの欠点があることにある。ハナとダッジ［Hanna and Dudge, 1995, pp.52-55］は，防衛装備品に関する原価加算契約に関する問題点を指摘している。原価加算契約の主要な問題点は次の4点にある。

1．市場の環境を無視している。製品の価格が原価をもとにして算定されたにしても，その製品の利用者の得られる便益は，原価に比例していない。
2．製造間接費は，直接費とは異なり，配賦方法の違いにより原価情報にゆがみが生じるため，不正の原因になりうる。
3．固定費の存在によって，操業度が高まれば単位原価が低下し，逆に，操業度が下がれば単位原価を高めるなど，循環論法に陥りがちである。

環境変化の激しくなってきた現代の社会では，以上に加えて，新たな課題が問題を複雑にしている。それは，リスクとパフォーマンスを契約原価にどのように取り込んでいくかの問題である。[15]

4．現行の原価加算方式では，リスクとパフォーマンスの要因を契約価格に自動的に含めることが難しい。研究試作，開発または革新的な技術にもとづく開発にはリスクが付き物であるが，リスクを加味した新たな契約方式を考案しない限り，リスクを伴った革新的な製品開発にかかわる適正な契約価格の設定は困難である。

仮に防衛装備品の契約に原価加算契約が適していることが明らかな場合で

---

[15] 著者は，1980年代に，経団連（当時；現在の日本経団連）の防衛産業委員会から，"「訓令」で用いている自己資本利益率が低すぎるので，利益にリスクを加味した方式を提案"するよう依頼を受けた。そこで，三菱重工業と石川播磨重工業（現・IHI）の社員とともに複数の企業を訪問し，その結論として，自分なりの報告書を提出したことがある。ただその報告書は，その当時の国民感情を考慮して，最終的には国会提出が見送られた。

も，契約担当官が政府に負担のかからない固定価格方式の適用を主張したとすれば，米国の契約業者はどう対応するのであろうか。

スタンベリー［Stanberry, 2013, p.226］は，契約業者は一般に，契約遂行上で生じるリスクから自らを守るために，契約見積価格を大幅に膨張させることになる可能性があるという。それゆえ，政府の契約担当官がなしうる最善の解決策は，交渉（negotiation）契約[16]の手続きを通じ，話し合いのなかでリスクの負担関係を考慮して適切な原価を決定していくことであると述べている。

5　防衛省における原価計算方式の特徴

防衛省の契約価格，原価，利益の決定プロセスは，米国の国防省のそれとは全く違っている。国防省方式では，第9章で見るように，固定価格契約と原価補償契約の枠組みのなかで，確定価格契約など20前後もの契約形態が用意されていて，リスクやパフォーマンスの違いなどの諸条件を検討の上で，政府と契約業者が納得できる契約形態になっている（DFAR-S SUBPART 215.4）。一方，防衛省の契約価格は，戦後一貫して市場価格方式によるほかは，概ね原価計算方式にもとづいた予定価格をもとにして，一般競争入札や随意入札などを通じて決定されてきた。

防衛省の契約利益は，可能な限り契約企業を公平に扱いうる方式として，原価の計算には原価計算方式を活用し，利益の算定には経営資本利益率を活用している。しかし，各企業を公平に扱うということは，革新的な技術開発を行う能力をもち経営効率や品質・性能が優れている企業も著しく劣る企業も同列に扱うこと―平等という名の不平等―になる危険性がある。そこで，原価加算契約を前提とする防衛省の方式においても，事業の特性・難易度，および原価低減努力を勘案し，加えて，インセンティブ契約制度など種々の方策が講じられてきた。

具体的には，利益率の算定に経営資本利益率を活用するとともに，事業の違

---

[16] negotiation にもとづいて契約は，商務契約と訳されることがある。またその内容は随意契約と同じと表現されている著書・論文もある。しかし，negotiation は，交渉が正しい訳語である。

い，契約遂行の難易度，事業特性の相違，原価低減額やリスクの違いを利益に反映させるため，先に述べたように，「訓令」では，事業特性調整係数（第76条の第4項）と契約履行難易度調整係数（第77条）が規定のなかに設けられている。加えて，防衛装備庁の契約制度として，超過利益返納条項付契約（「防衛装備庁における契約事務に関する訓令」第25条）がもたれている。さらにそれに加えて装備施設本部によって制度化された，インセンティブ契約制度［防衛基盤整備協会，2015，p.4・13］，および作業効率化促進制度［防衛基盤整備協会，2015，p.4・14］が施行されている。これらの制度は，原価加算契約のもつ限界を克服すべく設けられたものである。

日本の防衛省方式と対照的なのが，米国の国防省における契約方式と契約の形態である。米国の国防省の契約方式を一言で表現すれば，あらかじめ多様な契約形態を用意しておいて，契約担当官と契約業者による交渉の結果として（通常は政府が）特定の契約形態を決定し，発生した原価と諸条件をもとに契約利益算定の公式に当てはめて契約利益予定額を算定する。

防衛産業では**情報の非対称性**が存在し，防衛装備品調達での**モラルハザード**が生じている実態を考えると，第10章で見るような米国における契約利益の算定方式は極めて合理的な制度設計がなされていると評しうる。

6　契約制度研究会の報告書とインセンティブ制度導入の条件

「訓令」に固有の問題点は，契約制度研究会によっても指摘されてきた。現在設けられている契約制度研究会（委員長；小林啓孝早稲田大学大学院会計研究科教授）は，2010年に防衛省・自衛隊内に設置された。その目的は，防衛装備品の高度化や取得数量の減少に伴い単価の上昇と維持・修理経費の増大による取得経費への圧力が強まるなか，防衛省と企業の間の契約の制度的側面について，防衛省における原価計算のみならず，会計，流通・マーケティング，企業法務等，窓口の広い観点から，新たな発想を取り入れることにある。

（1）　契約制度研究会での問題点の指摘と制度改正

2011年の契約制度研究会報告書では，予定価格の算定方法等に関する検討

に関連して，次のように述べている。「契約相手方のコストダウンのインセンティブを十分引出し，PBL（Performance-Based Logistics；成果保証契約）[17]のメリットを享受するためには，できるだけ早期に確定価格方式[18]を実現すべきである。しかしながら，日本では，PBL は官にとっては未知数の契約方式であることから，当初は適正な対価を支払うという関係が構築できないというリスクを伴う。このため，より大きなパフォーマンスを実現した場合に報償を支払い，期待されたパフォーマンスを達成できなかった場合にはペナルティを課すといった，インセンティブ契約の導入が検討されるべきである」[契約制度研究会，2010，p.6]。加えて，「契約制度研究会報告書の概要」[契約制度研究会，2011，p.3] においては，「PBL 契約に関しては，できるだけ早期に確定契約方式を実現すべき」だとしている。可能な限り，グローバルスタンダードに合致した固定価格契約・確定価格契約制度の導入が図られることを望む。

2011 年報告書が指摘している，インセンティブ契約の導入と数種の契約方式の実現を促すこれら報告書の提案には，同意すべき内容が多い。

2012 年の契約制度研究会報告書では，超過利益返納条項付契約の絞り込みと，企業のコストダウン・インセンティブを引き出す契約制度の拡充を指摘している点が注目される。**超過利益返納条項付契約**には，次の問題点があるという。①企業努力により生み出される利益まで返還させる内容であるため，企業側の原価低減意欲を損なう。②企業に，虚偽のコストを申告するなどの過大請求の誘因となる。③コスト増となっても契約金額を増加させないといった片務的側面がある。以上の理由から，研究会は当該条項の安易な適用を控えるように促している。まことに適切な指摘である。

インセンティブ契約制度についても，所定のインセンティブ料を受け取るに

---

[17] PBL は，装備品の可動率の向上とコスト抑制を図る［防衛省，2016，p.317］ための経営管理の手法であり，現在，防衛省で積極的に取り組み始めている。詳しくは，第 11 章を参照されたい。

[18] 「防衛装備庁における契約事務に関する訓令」（第 24 条）では，「確定契約とは，契約金額（契約金額が変更された場合には，当該変更金額をいう。以下同じ）をもって支払われる代金（以下「代金という」）の金額を確定している契約をいう。」と定義づけている。ただ，確定契約が超過利益返納条項付契約であることは明示されているものの，国防省に見られるような多様なバリエーション（第 9 章を参照されたい）が準備されている固定契約は想定されていない。

は，複数年度連続して同種契約を継続受注することが必要となる。しかし2012年度までの旧制度では，これらの制度を利用した契約についても，一律に「原則一般競争契約」を適用する運用となっていた。2012年度の報告書では，このこともインセンティブ契約制度や作業効率化促進制度の企業側からの利用が進まない一因になっていると指摘されていた。

　インセンティブ契約制度に対する防衛省の対応は，旧制度を大きく前進させるものであった。すなわち，防衛省の装備施設本部（現防衛装備庁）では，2013年に，**新インセンティブ契約制度**を施行した[19]。それによると，①（原価改善の事後に制度適用が申請できるような）申請方法の新設，②（原価低減の規模や提案時期に応じた）インセンティブ料金の引き上げ，③コスト削減額が契約金額の20％を超える約束をした場合の随意契約化，などの改善を実行した。

(2)　パフォーマンス基準制度への期待

　2015年には，防衛省から平成28年度概算要求［防衛省，2015，p.11］との関係で，契約制度の改革案が示された。現時点で見る限りでは，契約業者にとっては相変わらず片務的と思われるところがないではない。それを今後いかに運用していくかは防衛省の今後の施策如何にかかっており，現時点ではコメントできる段階にはない。しかし，この制度の趣旨については，運用の仕方如何によっては大いに期待すべきところがある。

　防衛省は，今後ともなお一層，インセンティブ契約制度に改善を加えていくことによって，政府とwin-winの関係のなかで契約企業が原価低減という意味での**パフォーマンス**を向上させるべく，真にモチベーションを高めうる契約制度を構築されていくことを期待したい。その理由は，パフォーマンス基準制度の最終的な目的は，**納税者**が満足できるような低コストで高品質，かつ先進的な防衛装備品の開発と生産が見込まると同時に，**契約業者**にとっては，努力

---

[19] 防衛省の装備施設本部（現防衛装備庁）によれば，インセンティブ契約制度変更の経緯は，次のとおりである。①減価提案制度の試行について（平成11年度），②インセンティブ契約制度の試行について（平成14年度），③インセンティブ契約制度の試行について（平成20年度改正），④インセンティブ契約制度について（平成25年度）。

する企業（経営者）が真に報いられる制度であることが期待できるからである。

まとめ

　本章では，まず初めに，防衛省が採用している「訓令」を中心にして，防衛省における利益の計算方法を検討した。高野［2015, 2015］がいみじくも述べているように，「基準計算利益率を計算するには，実に7つの計算を要する」ほどの複雑な計算からなる。その計算では，企業努力の成果は捨象されている。そこで本章では，利益算定という面から見た防衛省の規程類の最大の特徴が，業界平均値にもとづいて算定された利益を利用することでパフォーマンスが悪い企業でも可能な限り平等に扱っていること，そして契約価格算定のために，半世紀以上の長きにわたって原価加算方式が主体的に使われ続けていることも明らかにした。

　米国の契約価格算定の方式を徹底的に研究・分析し日本でも適用可能な制度を導入することで，現状で見られるパフォーマンスの高い利益率を誇る企業の契約担当者からは常に不満の声が聞かれるといった事態が回避されることが期待される。日本を代表するある企業からは，当社の防衛事業部の経営資本利益率は当社全体の利益率より数パーセント低いので，常にわれわれは肩身の狭い思いを強いられているという声がしばしば聞かれた。防衛省の幹部からも同様の声を聞くこともあった。当初は，誇張された表現ではないかとして聞いていたが，米国の国防省の利益率算定の方法を研究することではじめて，日本の業者から発せられるクレームが真実であることがハッキリと理解できてきた。

　要するに，現状での防衛省の契約利益の算定方式はインセンティブ契約制度などで多少の補正の余地は残されているものの，原則的にはすべての企業にとって平等になるような仕組みが作られている。換言すれば，経営資本利益率が平均以下の企業も平均値に近い利益が得られるような仕組みである。そのことは，パフォーマンスの優れた企業にとっては不満であることを含意する。このような契約利益算定の原理とプロセスが日本でなぜ形成されてきたのであろうか。また，果たしてそのような仕組みを持続させることが，今後の防衛産業に

とってだけではなく、日本の将来にとって最善の道なのであろうか。

競争市場においては、世界的な規模にわたって熾烈な企業間競争が続いている。パフォーマンスに優れ、チャンスを確保するとともにリスクを適切に回避して革新的な製品を次々と生み出し、ユーザーが真に欲する企業のみが競争市場では生き残っていく。それが自由主義経済下における企業間競争の現実である。このような自由競争社会のなかにあって、防衛産業のみが保護主義的な平等主義を貫くことは、近い将来、契約制度上で防衛装備品の調達に関連して大きな足枷になりはしないであろうか。

「訓令」はこれまで、国内の防衛調達に適した規定として制定されてきた。日本を取り巻く国際情勢も比較的穏やかであった。しかしいまでは日本を取り巻く情勢もまた大きく変化してきた。一方「訓令」は、敗戦後の混乱期を過ぎてこれから日本が産業界で大きく飛躍しようとしている1962年に制定されてからそれ以降、原価計算方式による予定価格の算定という基本的な契約形態にほとんどメスが入れられていないまま残存している。

問題点が指摘されてきた「訓令」の実質的な改正の議論が進まない理由の1つには、自分自身を含めて、防衛問題の研究から意識的に背を向け続けてきた研究者の態度にあると考える。本研究は、原価計算・管理会計を生涯の研究としてきた者の1人として、原価低減、納期短縮化、品質と機能の向上、革新的な技術開発のために、これまでに得てきた知見を活かすことで納税者の負担を少しでも軽減したいという純粋な研究心から実施してきたものである。それにもかかわらず、一部の研究者からは、防衛問題を扱うということだけで批判的な眼が向けられるであろうことは十分に了解している。しかし敢えて言わせていただけるのであれば、本書で管理会計と原価計算という自らの専門領域の立場から防衛省の利益算定の問題を議論することは、純粋に、国民の納税負担の軽減と、国の持続的発展を期待するために、国民の1人として貢献すべきであるという強い意志によるものである。

2014年には、第二次安倍内閣において「防衛装備品移転三原則」が閣議決定され、今後は他国との共同開発や輸出の機会が今まで以上に増大することが予想される。その際、実務的にはもちろんのこと、理論的に見ても仮に他国と比較して劣る防衛装備品に関する規則類を持ち続けることは、日本の国際的地

位を低下させることは必定である。諸外国との交渉の場において日本企業が不利な立場に立たされる可能性もまた否定できない。

　幸いにして，インセンティブ契約制度にも改善が加えられ，契約企業にとってパフォーマンス向上の努力が動機づけられるような兆しが見え始めた。近い将来，米国との共同開発や武器輸出の可能性が大きいと予測される。それゆえ，米国の契約価格，原価，利益算定の原理とプロセスの本格的な研究を通じてわが国の防衛装備品調達の基準や規則を見直す必要性について，官民学が協力して，官民のリスクの負担関係を公平にするための契約方式の導入に向けた検討を行うべき時期にきていると考えられる。

　次章では，製造間接費の配賦に関連して，加工費を用いて製造間接費の配賦を許容している現在の「訓令」の，理論としての妥当性に疑問を提示し，数値を用いて検証する。加工費による製造間接費の配賦は，半世紀以上にもわたって行われてきた防衛省における調達原価計算の慣行である。それらのこともあって，契約担当官と契約業者に対しての説得には困難を極める課題である[20]。

〈参考文献〉
　大川幸雄「我が国の武器輸出管理政策の変遷—武器輸出三原則の緩和と防衛産業の消極性—」『JADI (Japan Association of Defense Industry)』通巻第 828 号，2016 年。
　契約制度研究会「契約制度研究会報告書の概要『防衛装備品に関する契約制度の改善方策について』—超過利益返納条項付契約，企業のコストダウン・インセンティブを引き出す契約制度を中心に—」2010 年 8 月。
　契約制度研究会「防衛装備品に関する契約制度の改善方策について—PFI を活用した複数年度契約，PBL を中心に—」2011 年 4 月。
　防衛省 事務次官「作業効率化促進制度について（通達）」防経装第 4626 号，2013 年。
　防衛省「総合取得改革に係る諸施策について（平成 28 年度概算要求）」2015 年。
　防衛基盤整備協会『防衛省 中央調達の手引（改 平成 26 年）』防衛基盤整備協会出版局，2015 年。なお，防衛基盤整備協会の 2015 版では，第 5 章が予定価格と原価計算となっ

---

[20] 官としては，仮に製造間接費の配賦に加工費を利用することは理論的に問題があると分かっていても，大蔵省が制定した「原価計算基準」が認めているのであるから，それを容認してあげたいという意図があるかもしれない。民としては，民需品の生産で実践されている加工費法が現状通り容認されるのであれば，企業にとってありがたい話である。ただ，問題は 2 つある。1 つは，米国との共同開発において問題視される可能性である。防衛基盤整備協会から著者に与えられたミッションは，まさにその問題点の指摘にあった。いま 1 つは，製造間接費の配賦に加工費率を用いることで，コスト・シフティングが起こる可能性があることである。詳細は，次章を参照されたい。

ており，第 5 章ではページ数が 71 ページまである。ここで p.5·6 は第 5 章の 6 ページを意味する。

防衛省『平成 28 年版 防衛白書』日経印刷，2016 年。

高野学「防衛装備品における予定価格の算定方法（Ⅰ）— 1975 年改正以前の「訓令」に基づく算定方法—」『西南学院大学商学論集』第 61 巻第 3・4 合併号，2015 年。

本間正人「調達会計史序説（その 1）—軍需品調達の系譜と利子・利益の概念及び計算方法の変遷を中心に—」『産業経理』Vol.70 No.1. 2010 年。

本間正人「調達会計史序説（その 4・完）—軍需品調達の系譜と利子・利益の概念及び計算方法の変遷を中心に—」『産業経理』Vol.70 No.4. 2011 年。

Hanna, Nissin and Robert H. Dodge, *Pricing, —Policies and Procedures—*, Macmillan Press, 1995.

Stanberry, Scott A., *Federal Contracting Made Easy*, Fourth ed., Management Concepts Press, 2013.

United States. Dept. of Commerce, *Uniform Contracts and Cost Accounting Definitions and Methods, —Recommendations by Interdepartmental Conference Consisting of Delegates from the Departments of War Navy, and Commerce, the Federal Trade Commission, and the Council of National Defense—*, July 1917.

第3章

加工費率を活用した製造間接費配賦の是非

はじめに

　防衛装備品移転三原則が2014年に閣議決定されたことで，一定の条件のもとで防衛装備品の海外輸出が可能になった。かかる事態に備えて，防衛装備品の共同開発の阻害要因になると想定される現行規定に関する問題点の研究を，防衛基盤整備協会から依頼された。研究の結果，いくつかの問題点が明らかになった。その1つが，前章で述べた利益率の算定で，次に問題点として取り上げたのが，加工費率（加工費配賦率）を用いた製造間接費の配賦である。

　本章の目的は，防衛省が現在採用している製造間接費の配賦に加工費率を用いることの妥当性を理論的な立場から検証し，その問題点を浮き彫りにすることにある。

1　防衛装備品の調達は市場価格方式か原価計算方式

　防衛装備品の調達における予定価格の算定基準は，「調達物品の予定価格の算定基準に関する訓令」（以下，「訓令」）［防衛基盤整備協会, 2016, pp.153-182］によっている。契約価格に使用する計算価格は，市場価格方式による。ただし，市場価格方式によりがたい場合には，原価計算方式による（「訓令」第4条）。

　防衛装備品の調達では，計算価格の基準として，原価計算の結果をもとに最高制限価格または契約締結の基準として予定価格が算定される（「訓令」第1, 2 (3), 3条）。防衛装備品に原価計算方式が適用される場合には，直接材料費と直接労務費は防衛装備品に直課されるが，製造間接費は原則として作業時

間,機械時間,直接労務費など適切な配賦基準によって配賦される。しかし,「訓令」では,製造間接費の配賦に製造間接費率ではなく加工費率(賃率＋製造間接費率)を用いた方法も許容されている。それでは,なぜ製造間接費の配賦に加工費率の利用が許容されているのか。

2 「基準」と「訓令」における加工費の扱い

「訓令」が加工費率による製造間接費の配賦方法を許容している論拠の1つに,「原価計算基準」(以下,「基準」)が加工費率の活用を許容していることがあげられる。以下で,「基準」と「訓令」における製造間接費の配賦における加工費の配賦方法の異同を明らかにする。

(1) 「基準」における加工費の扱い

「基準」では,直接労務費と製造間接費とを分離することが困難な場合,その他必要ある場合に限って,加工費予定配賦率[1]の使用を許容している。直接労務費は防衛装備品に直課できるにもかかわらず,「基準」でなぜ製造間接費の配賦に加工費を持ち出す必要があったのか。その理由を,「基準」(34)では次のように説明している。

> 「個別原価計算において,労働が機械作業と密接に結合して総合的な作業となり,そのため製品に賦課すべき直接労務費と製造間接費とを分離することが困難な場合その他必要ある場合には,加工費について部門別計算を行い,部門加工費を各指図書に配賦することができる。」

「基準」の解説書では,「基準」が加工費率の活用を許容した理由として,「部門加工費をは握することは,原価管理の観点からも,価値の高い方法である」[太田他,1963,pp.137-138]と説明している。原価計算制度が整備されていない当時の状況にあっては,計算の簡便性と原価管理の推進が,財務諸表の作成や予算統制目的と並んで「基準」の重要な課題であったからだといえよう。

---

[1] 加工費率のことは,加工費配賦率とも表現される。また,日本の「基準」では,予定配賦率(加工費予定配賦率)が許容されている。

(2) 「訓令」における加工費の配賦

「訓令」（第60条）では，製造間接費の配賦計算との関係で，「製造間接費の額は，次に掲げる計算式により計算する」とされている。これは極めて理に適った計算法である。式 (3-1) を参照されたい。

製造間接費＝工数×製造間接費率　　　　　　　　　　　　　　式(3-1)

しかし，「訓令」の第61条の第2項では，次のように述べることで，例外を認めている。曰く，「当該事業における製造間接費の計算が一般管理及び販売費[2]と混同していると認められる場合にあっては，その製造間接費率は，その内容により，製造間接費率及び一般管理及び販売費率相互間の率を修正して計算した率とすることができる」と規定しているのがそれである。

上記の文言は，製造原価，一般管理費および販売費を総括して総原価率とでもいいうるような率にもとづいた製造間接費率の代替的な配賦率の計算を許容すると読めなくはない。しかし，もしそうであれば，現代企業では製造現場で発生する製造原価と本社で発生する一般管理費，販売活動の結果発生する販売費を峻別して管理することが前提になっているから，理論的には問題がある。

現代では製造活動と一般管理・販売機能とを峻別することが難しい企業を見つけるのは困難ですらあるが，1940年代の初頭には，製造と管理・販売機能が未分離の組織を前提とした原価計算の方法が紹介されていた。現代の主要文献では見ることはないが，**売却時間配賦法**という名称で紹介されている配賦法［岸谷, 1941, pp.260-261］がそれである。売却時間配賦法とは，一定期間の直接賃金に製造間接費を加算し，それを直接作業時間で除した値を配賦率として特定製造指図書の直接賃金と製造間接費とする方法である。

「訓令」第35号の第63条（平成27年10月1日）では，「加工費率，加工割掛率，機械加工費率，作業量加工費率，単位加工費率（以下「加工費率等」）は，賃率等及び製造間接費率等の複合率として計算するものとする。ただし，調達物品等の特殊性により直接材料費を包括して加工費率等を計算することが

---

[2] 一般管理及び販売費の語は，「陸軍軍需品工場原価計算要綱」の名残である。販売費及び一般管理費ではなく，一般管理費が先におかれているのは，防衛装備品における販売活動の意義が低いからであろう。

図3-1 製造原価，賃率，製造間接費率との関係での加工費率

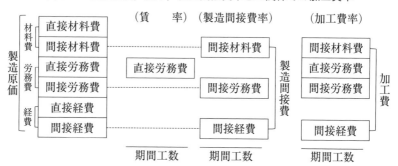

出典：防衛基盤整備協会［2015, p.5・47］。なお，加工費の算定方法は5つのモデルを提示している。

適当と認められる場合は，当該計算によることができる。」としている。『防衛省 中央調達の手引（改 平成26年）』では，加工費の計算方法と題して，実務では「通常の場合，直接労務費と製造間接費とを合算して加工費として一括計算する方法をとっている場合が多い。このため経費率算定調書には，賃率及び製造間接費率を区分して表示することなく，これを複合して加工費率としている場合が多い。」と述べ，加工費率が賃率と製造間接費率の複合率であるとしている［防衛基盤整備協会, 2015, p.5・47］。併せて，加工費率算定に至るまでの相互関係が，図3-1のように図解されている。

「訓令」は，加工費についても，直接的・間接的に「基準」の影響を受けて制定されている。つまり，「訓令」では，「直接労務費及び製造間接費は，これを包括して加工費とする」（「訓令」第39条（2））。そして加工費の額は，式(3-2)に掲げる計算式によって計算する（「訓令」第62条）としている。

加工費 = 工数 × 加工費率　　　　　　　　　　　　　　　式(3-2)

加工費には，製造間接費のほかに直接労務費が含まれる。そもそも，直接労務費は原価計算対象に賦課し，製造間接費だけを配賦すれば済む話である。したがって，製造間接費に直接労務費を加えた加工費を活用した加工費率を使って製造間接費を配賦する必要はないはずである。それにもかかわらず，なぜこの規定が設けられたのであろうか。

(3) 「訓令」で，なぜ製造間接費の配賦に加工費法が許容されたのか

防衛省「訓令」では，製造間接費の配賦に，簡便法として加工費の使用が許容されてきたのには，次の3つの理由があったと考えられる。

第1は，情報技術や原価計算システムの未発達な制定当時の時代背景のもとで，計算結果の妥当性よりも，計算事務の能率化［海上幕僚監部経理補給部，1963, p.112］と，計算の便宜性の目的を優先させたためである。

第2は，1962年大蔵省（現・金融庁）制定の「基準」において，加工費率による配賦（「基準」34）が許容されている。企業会計の基準が加工費率による製造間接費の配賦を許容し実務で実践されている限り，防衛省が仮に製造間接費配賦率に代えて加工費率を使うことの問題点が分かっていても，低い利益率にもかかわらず熱心に努力してくれている企業のためにその企業慣行を容認したいとする担当官の心情の存在を否定できない。

第3は，前述の売却時間配賦法が理論的裏付けになっている可能性を否定できない。売却時間配賦法は直接労務費が製造間接費と平均されて配賦率と交じってしまうので要素別に可視化できないことや原価統制上の欠点はある。しかし，岸谷［1941, pp.260-261］は，賃金格差の少ない小規模工場では売却時間配賦法でも不都合がないと述べている[3]。

それでは次に，翻って米国においては，契約原価の算定目的のために，製造間接費の配賦にいかなる基準や規則類が設けられているのかを検討しよう。

3　米国における製造間接費の配賦に関する基準・規則

米国では，日本とは違って，財務諸表の作成を主目的とする会計諸基準のほか，契約原価算定のために1970年代から1980年にかけて米国の会計検査院（Government Accountability Office；GAO）のもとで制定されたCASBによるCASがある。それに加えて，主要省庁を対象にしたFARがある。

CASが規定する間接費配賦の基本的な要請は，「間接費と原価計算対象の便

---

[3] 参考にした岸谷悟郎著『經理及び原價計算の實務』は，防衛装備庁の本間正人氏の提供による。なお，本書によれば，売却時間配賦法は見積原価には使用可であるが，実際原価を算出する際には望ましくないとも述べている。

益にもとづくか，因果関係にもとづいて，合理的な比率で間接費を原価計算対象に配賦しなければならない」とするものである。ただし，間接費の多くが管理とか監督にかかわる費目であるときには，管理または監督される活動を代表する基準によることができる。それでは，そのような制約がないときには，間接費の配賦尺度として何が使われるべきか。CASは，現代の原価計算の理論通り，①資源の消費尺度，②アウトプット尺度，または③資源の消費額を表わす代理変数によらねばならないとしている（418-40（c）(2)）。

　適用される技術（手法）との関係では，実際原価の他，標準原価，（若干の条件下での労務費については）予定原価が活用できる（418-50（a））。製造間接費は間接労務費，間接材料費，間接経費に区分されるが，同種の製造間接費プール[4]ごとに配賦が行われるのであれば許容される。コスト・プールにおけるすべての重要な活動の原価が原価計算対象に対して同種の因果関係または便益をもたらす関係がなければ，同種とはみなされない（418-50（b）(2)）。

　それでは，同種とは何か。Government Contracts Reporter［2012, p.260］によれば，製造間接費勘定にあるすべての重要な活動の原価が，原価計算対象に対して同じあるいは類似の便益や因果関係を有する場合，および原価を個別に配賦すれば結果として得られる配賦額が大きく異ならない場合であるとしている。重要性の判断は，Subpart 9903.305[5]による。

　上述のとおり，CASには，加工費に関する記述は見当たらない。加工費は直接労務費のほか間接材料費，間接労務費，間接経費など異種の原価要素からなるから，当然ともいえる。これにより，CASに照した場合には，加工費を用いて製造間接費を配賦することは許容されないことが分かった。それでは，FARでは加工費での製造間接費の配賦は許容されるのか。FARには「交渉に

---

[4] 製造間接費を集計するための集計場所（製造間接費勘定）。
[5] この条項は，FAR-Appendix Cost Accounting Preambles and Regulations の CFR 9903.305 Materiality の条文の一部である。具体的には，aからfまで6つの例示があげられている。A 金額の絶対額が増えれば，それだけ重要性は高まる。B 契約の額が高まれば，それだけ重要性が増す。C 原価と原価計算対象との関係において，製造間接費の配賦にかかわるときには重要性が高まる。D それが政府からの資金調達であって，会計処理方法が政府と非政府の原価計算対象間での配分にかかわるときには，重要性が高まる。E 個々に見ると重要性に乏しいが，それらを累計することで重要性が増すとき。F 価格調整の修正にかかわる管理費が，得られる金額より少ないときには，重要性があるとはいえない。

おける真実法」(Truth in Negotiations Act) が適用される。この法律によると，原価や価格計算データは正確，完全，最新でなければならない。それゆえ FAR においても，加工費による製造間接費の配賦は認められないことが明らかである。

　以上から，少なくとも原則的には，米国では，契約原価算定のために「訓令」で許容している加工費を製造間接費の配賦に代用させることが妥当でないことが明らかになった。[6]

4　加工費率による製造間接費の配賦への批判的見解

　加工費を活用して製造間接費を配賦する方法に対する批判的見解は，ようやく 2016 年度になっていくつか散見されるようになった。1 つは，平成 28 年度の「行政事業レビュー」で慶応大学大学院 経営管理研究科の太田康広教授によって示された見解である。いま 1 つは，2016 年 7 月 7 日に，日本に滞在中の米国の Earnt & Young LLP 政府契約サービス シニアマネジャーである，グレンハート (Robert F. Grenhart) 氏によって示された見解である。

(1)　平成 28 年度「行政事業レビュー」での加工費への批判的見解

　2016 年 6 月 30 日に実施された平成 28 年度「行政事業レビュー」において，行政改革推進本部事務局が指名した外部有識者の 1 人として，太田康広教授から，加工費を製造間接費に活用することによる製造間接費の歪みに関して，質問が提示された［防衛省，2016，pp.56-57］。同教授の質問のポイントは，次の文言に集約できる。

　「直接労務費の割合が高いということですね。直接労務費を加工費に入れて配賦してしまっているので，見かけ上，（製造間接費率の；著者挿入）割合が高いとい

6　このように，日本とは違って，米国では原則的な方法を貫くことができたのに対して日本での「訓令」で例外事項が多いのは，日本では，①自衛隊に対するアレルギーの存在，②防衛産業に対する過剰なまでの厳しい批判の意見，③日本の防衛装備品の調達部門の相対的に低い利益率，④数多くの中小企業の存在，⑤大学によっては防衛省関係の研究を禁止することによって本格的な研究者が極めて少ない，といった背景が複合的に絡み合っているからであるように思われる。

うことですね。直接労務費を除く割合は，1割，2割という程度。」

　太田氏の質問に対する防衛省の説明では，「訓令」で認めている現行の加工費による製造間接費の配賦が不適切だとは言い切れない理由として，大蔵省（現・金融庁）の企業会計審議会によって制定された「基準」が公に認めているのであるから，「訓令」がそれを認めるのは妥当であるという説明であった。以下の防衛省側の反論がそれである。

　「……これは，企業会計におきまして実践規範とされる原価計算基準にも当然適ったやり方でございますので，一般的には妥当なものと考えているところでございます。」

　問題の核心を突く質問に関する議論は，実質的にそこで終わっている。しかし，反論が妥当性を欠くのは，「基準」が認めているのであるから「訓令」が認めるのは当然だとする説明にある。なぜなら，財務諸表の作成や原価管理を主目的とする「基準」が認めているから，適正な契約原価算定を目的とすべき「訓令」でも認めるべきだというのは，筋の通らない話だからである。

(2)　米国の防衛専門家グレンハート氏の見解

　2016年7月7日に，日本に滞在中のグレンハート氏と対談し，同氏からわが国の加工費による製造間接費の配賦に関する見解を伺う機会を得た。同氏は，このテーマに関して，次のように答えてくれた。

　「日本企業における原価の配賦計算は，一般に，複雑性，正確性に欠けたところがあるので，修正なしには米国政府のすべての要求を満足させることはないでしょう。たとえば，製造と組立を担当する担当者の労務費は，一般に，性質も金額も異なっています。しかし，多くの日本の契約業者はこれらの原価を一括して計算し，費用負担させるべき詳細な時間記録を残していません。このことは，原価計算対象が異なる種類のものである場合にはとくに，不公平な原価の配賦が起こります。」

　グレンハート氏によれば，コンサルタントとして訪問した日本企業の製造間接費の配賦をみると，日本では米国とは違ったやり方をしていることを発見し

たという。米国では直接労務費は別の分類（加工費から直接労務費を切り離すの意）によって会計処理している。他方，日本の契約業者の実務を見ると，原材料費以外はすべて加工費を基礎にした1つの配賦率で配賦しているという。

日本の契約業者には，加工費による製造間接費の配賦を行わないことを検討するように指導してきた。なぜなら，直接労務費も加工費に含めてしまうと，同一の部門で生産される民需品に比べて，防衛装備品に不均等な金額のコストが配賦される可能性があるからであるという。[7]

数多くの日本の契約業者の指導にあたってきたグレンハート氏の指摘は，日本の原価計算の実務が不公平な配賦に繋がる可能性があることを指摘していることを含めて，著者にはすべて同意できる内容であった。少なくとも，米国の企業と共同開発をしている日本の契約業者は心すべき留意事項であるといえる。

(3) 加工費率を製造間接費の配賦に適用するのがなぜいけないのか

防衛省による太田教授への説明がなぜ適切ではなかったのか。また，加工費率による製造間接費の配賦がいけないとするグレンハート氏の真意はどこにあったのか。加工費率を使った製造間接費の配賦を使うことがいけないとされるのには，次の4つの理由がある。

第1は，製造間接費の配賦に加工費率を代用することで，民生品から防衛装備品へのコスト・シフティング（第1章で述べた原価の付け替え）を許容する結果になるからである。目的の相違によって原価計算の方法がいかに異なるかを図3-2によって敷衍しよう。

図3-2では，1つの工場内で民生品Aと防衛品Bを生産していると仮定されている企業での，あるべきコストの負担関係を図解したものである。

金融庁の「基準」によれば，財務諸表の作成や原価管理などの経営管理を主目的とする原価計算では，製造間接費に直接労務費を含めた加工費率を活用す

---

7 同一の会社で防衛装備品と市販品の生産をしているときには，防衛装備品に製造間接費を多く負担させることで，契約企業は市販品から防衛装備品に"合法的に"原価を付け替えて防衛装備品からの利益を得ることができる。これを米国ではcost shifting（コスト・シフティング；原価の付け替え）と呼んでいることは，第1章で明らかにした。

図3-2　金融庁「基準」と防衛省「訓令」のあるべき配賦と賦課

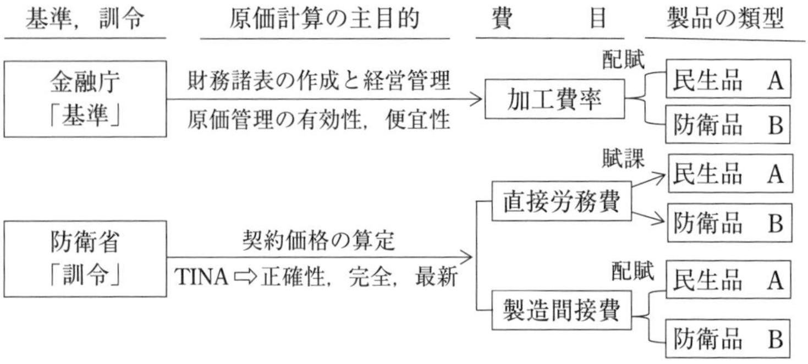

基準，訓令	原価計算の主目的	費目	製品の類型
金融庁「基準」	財務諸表の作成と経営管理　原価管理の有効性，便宜性	配賦　加工費率	民生品 A／防衛品 B
防衛省「訓令」	契約価格の算定　TINA ⇨ 正確性，完全，最新	賦課　直接労務費	民生品 A／防衛品 B
		配賦　製造間接費	民生品 A／防衛品 B

出典：本書の執筆のために，著者が作成。

ることで原価管理の有効性と企業の便宜性を高めることができる。しかし，防衛省の「訓令」での原価計算には，正確性，完全性，最新であることが求められる[8]。それゆえ，直接労務費は民生品Aと防衛品Bに賦課し，製造間接費は直接作業時間，機械時間，直接労務費など適切な配賦基準を用いて民生品Aと防衛品Bに配賦すべきである。

以上から，「基準」が許容しているという理由から「訓令」で加工費率を使って製造間接費の配賦を行うということは妥当性を欠くことがお分かりいただけたであろう。その計算例を用いた検証は，製造間接費率と加工費率と題する本章末の仮説例を参照されたい。

第2は，防衛省の加工費が，実際には，森光［2016, p.60］が指摘するように，「人数×時間をもとに計算される。つまり，「工数」とは直接作業時間を基準とした管理会計上の数値であり，そのチェックは企業側の管理会計関係書類を通じて実施される。」ことに関係している。

その計算には，大企業では予定工数が，中小企業では前年度の実績工数が用いられている。この原価構造のなかの利益に関しては，「総原価に利益率を乗じて計算するという構造になっており，総原価が増大すれば利益が増大するという仕組みになっている。そのため，企業側は外部者が確認困難な工数を過大

---

[8] FARを支える法律の1つである「交渉における真実法」では，正確性，完全性，最新であることを要求している。

に申告し，原価を大きくする誘因をもつこととなる」。

　仮に工数が実数ではなく管理会計上の数値であるとすれば，性質も金額も異なった原価を一括計算し，「詳細な時間記録を残していない」と述べているグレンハート氏の指摘は実によく理解できる。これでは，たしかに計算の簡略化には役立ちうるにしても，防衛産業における原価計算上による経営の可視化（見える化）は難しくなる。

　第3は，制定当時としては，「基準」もたしかに世界に誇れるほどの素晴らしい原価計算の基準であった。しかし，「基準」制定から半世紀以上を経た現在，実務は大きく変化・進化し，現在では「基準」が社会規範たる役割を果たし切れなくなっている［櫻井，2014，pp.1-10］という現実がある。

　第4は，「基準」と「訓令」とでは，目的が異なることにある。つまり，防衛装備品の予定価格に求められているのは，「基準」のように財務諸表作成，原価管理，予算統制といった企業の経営目的ではなく，**正確かつ合理的な原価の算定**にある。「予定価格算定基準訓令逐条解説」［海上幕僚監部経理補給部，1963，p.4］でも述べているように，「計算価格の本質はその正確性にあると考えられる。計算価格が正確性を失った場合は，これを基準として決定される予定価格は，その意味を失う」。

　クラーク［Clark, 1923, p.181］が述べているように，現代における原価計算の鉄則は，**「異なる目的には異なる原価」**が用いられなければならないということである。つまり，財務諸表作成を主目的とする原価計算の結果得られた計算結果が「基準」に準拠しているからといって，契約価格の導出を目的とする防衛装備品の場合にもそれと同じ原価を使ってよいとはいえない。

　以上4つの理由から，"原価計算基準が認めている"ので「基準」によって算定された原価を予定原価算定のための「訓令」にそのまま適用しようとするのは，筋が通らない話なのである。

9　2016年度の加工費率の対前年度変動率は，対前年度0.7％であった。なお，加工費率（賃率及び製造間接費率等）の対前年度の変動率は，労務費60％，物価上昇率40％の構成率で加重平均した数値である。数値の根拠には，労務費に関しては厚生労働省「毎月勤労統計調査」27年確報が，物価指数に関しては，内閣府「平成28年度経済見通し」が使われている（防衛装備庁・調達管理部・原価管理部［平成28年度経費率算定のための大臣承認事項について］）。

ま と め

　本章では，日本の「訓令」で許容されている製造間接費の配賦に加工費率を使う方法が理論的に妥当性をもつか，また，欧米の主要国との防衛装備品の共同開発において，今後とも従来のような製造間接費の配賦に加工費率の使用を続けることが妥当であるか否かを検討した。

　この目的のために，防衛省で認められている製造間接費の配賦方法が国防省の諸規程では容認されていないこと，および防衛省が加工費による製造間接費の配賦を認めてきた理論的支柱の1つとして，岸谷［1941, pp.260-261］が紹介している売却時間配賦法が関係していることを示唆した。[10]

　著者は，「基準」が加工費法を許容しているのは「基準」の目的が財務諸表の作成，原価管理，予算統制を主な目的とし，計算の簡便性が配慮されているので，仮に計算結果の正確性が損なわれることがあっても，中小企業などには企業の便宜性を図るために簡便法が許容されてもよいと考える。しかし，その目的が契約価格の算定にある場合には，結論が変わってくる。政府の予定価格には，公正（fairness）を中核にした正確かつ完全で，最新の計算結果が求められるからである。しかも，仮に中小企業だけでなく中堅企業でもこの例外規定を活用して加工費率による配賦を行っているとしたら，話は別である。

　2014年の防衛装備品三原則の閣議決定以降，米国など諸外国との防衛装備品の共同開発が始められてきた。このような時代に，日本だけが1960年代の初頭に制定された「訓令」の基本的な枠組みをそのまま使い続け，諸外国には例外措置として認めてもらう努力を続けていくべきであろうか，それとも，新しい制度の制定には契約企業や「訓令」に馴染んできた関係者による数多くの抵抗や困難が待ち受けていたにしても，「新しいワインは，新しい革袋に盛る」努力を尽くすべきではなかろうか。防衛省はそろそろ決断しなければならない時が近づいてきているように思われてならない。

---

[10] 売却時間配賦法は1940年代には通用したかもしれないが，現代においては到底通用できる理論ではない。

第3章 加工費率を活用した製造間接費配賦の是非

〈仮設例〉 加工費率を用いて製造間接費を配賦することの妥当性の検証

中小企業の城西工業㈱は，工場で1部門として民生品Aと防衛品Bの生産を行っている。当月の民生品Aと防衛品Bの生産量はいずれも同じで，20,000単位であった。

直接材料費は民生品A，防衛品Bとも同じで，単価@30千円，数量20,000単位であった。直接労務費は，賃率2千円/時間，民生品Aは5時間，防衛品Bは15時間必要とされる。製造間接費は，総額で1,400,000千円。うち，間接材料費の200,000千円は，主要材料の数量によって配賦する。間接労務費は300,000千円。両者の比率は，機械化の進んだ民生品が防衛品の倍であった。間接経費の900,000千円は，民生品では機械を多用するため減価償却費が多く，間接費として扱われる保守要員が多いため，民生品Aと防衛品Bとの原価比率は7：2になっている。

以上の資料をもとに，民生品Aと防衛品Bの製造原価を，(1)製造間接費率によるときと，(2)加工費率によるときに分けて算定してください。また，(3)以上の計算結果をもとに，加工費法を用いたときの計算結果の歪みの存在を検証してください。

(解答)
(1) 製造間接費率によるとき

	民生品A	防衛品B
直接材料費	@30千円×20,000 = 600,000千円	@30千円×20,000 = 600,000千円
直接労務費	@2千円×5時間×20,000単位 = 200,000千円	@2千円×15時間×20,000単位 = 600,000千円
製造間接費総額 1,400,000千円		
間接材料費	100,000千円	100,000千円
間接労務費	200,000千円	100,000千円
間接経費	700,000千円　1,000,000千円	200,000千円　400,000千円
製造原価	1,800,000千円	1,600,000千円

(2) 加工費率によるとき

加工費率＝（直接労務費＋製造間接費）／（民生品Aの時間＋防衛品Bの時間）
　　　　＝（800,000千円＋1,400,000千円）／400,000時間＝5.5千円/時間

加工費＝加工費率×製品別作業時間
　民生品A　5.5千円/時間×100,000時間＝　550,000千円
　防衛品B　5.5千円/時間×300,000時間＝1,650,000千円

製造原価＝直接材料費＋加工費
　民生品A　600,000千円＋　550,000千円＝<u>1,150,000千円</u>
　防衛品B　600,000千円＋1,650,000千円＝<u>2,250,000千円</u>

(3) 計算結果の歪みの検証

　製造間接費率によるときには，製造間接費は民生品Aが1,000,000千円，防衛品Bが400,000千円になる。一方，加工費率によるときの加工費は，民生品Aが550,000千円，防衛品Bが1,650,000千円になる。また，製造間接費率によるときの製造原価は，民生品Aは1,800,000千円であるのに対して，防衛品Bは1,600,000千円になる。他方，加工費率によるときの製造原価は，民生品Aが1,150,000千円であるのに対して，防衛品Bは2,250,000千円になる。

　以上から，加工費率では直接労務費が余分に配賦（オーバーアロケート）される結果，民生品の原価は－650,000千円（1,150,000千円－1,800,000千円）だけ安く，逆に，防衛品の原価は650,000千円（2,250,000千円－1,600,00千円）だけ高く計算されることになる。

〈参考文献〉

太田哲三共著『解説 原価計算基準』中央経済社，1963年。
岸谷悟郎『經理及び原價計算の實務』日本出版配給，1941年。
海上幕僚監部経理補給部『予定価格算定基準訓令逐条解説』1963年4月1日。
櫻井通晴「経済モデル，会計基準，原価計算理論から見た『原価計算基準』の問題点」『原価計算研究』Vol.38, No.1, 2014年。
防衛基盤整備協会「予定価格原価計算」『防衛省 中央調達の手引（改 平成26年）』防衛基盤整備協会出版局，2015年。
防衛基盤整備協会『防衛省 中央調達関係法令集（平成28年 改訂版）』防衛基盤整備協会出版局，2016年。
防衛省『平成28年度 行政事業レビュー（公開プロセス）―事業概要及び論点等について―』2016年。
森光高大「日本の防衛調達における官民の原価情報の共有に関する研究」『Merco Journal of Management Accounting Research』Vol. 9, issue 1, 2016年。
Clark, J.M., *Studies in the Economics of Overhead Costs*, The University of Chicago Press, 1923.
Government Contracts Reporter, *CCH Cost Accounting Standards Board Regulations*, Wolters Kluwer, 2012.

第4章

借入資本利子の原価性，許容原価性

はじめに

　借入資本利子の原価計算上の扱いは，日本の場合，その利用目的が財務諸表作成の場合（その場合には「基準」に従って作成する）であれば，**非原価**である。防衛省の予定価格の計算の場合だと，利子は利益と並んで計算価格の構成項目の1つ（非原価）として位置づけられている[2]（「訓令」第29条）。

　他方，米国の場合，その利用目的が財務諸表作成という目的のためであれば借入資本利子は日本と同じように非原価として扱われる。しかし，契約価格算定のためには，**許容原価**（allowable cost）[3]として扱われる（CAS, 414）[4]。

　日本では借入資本利子が非原価扱いされているのに，CASの場合には許容原価である。その違いはなぜ生じるのであるか。日米の取扱いのうちいずれが妥当なのか。借入資本利子の取扱いが，原価計算基準や会計基準だけでなく，社会経済環境，消費者保護・生産者保護の違いによって影響を受けているのか。著者には，1970年代にCASBのCASの研究を行ったとき以来，この疑問が未解決のまま残されており，いつの日か，この問題を解明したいと考えてきた。

---

[1] 非原価とは，「原価計算制度において，原価に算入しない項目をいう」（「基準」五）。
[2] 「基準」は第1章5（1）3を，「訓令」は第42条（2）を参照されたい。
[3] FARでは，許容原価性は，直接費であるか間接費であるかに関係がなく，あるコストが政府の契約に費用負担させるか否かで決定される。CAS 405の「非許容原価の会計」については，第6章で見るように，契約原価算定のために使われるべき許容原価を定義づけ，その内容を解説している。また，非許容原価が何を指すかを説明している。
[4] CASBのCASは，1970年から1980年まで，米国の会計検査院によって制定された。その内容については，第2部の第6章で明らかにする。

本章の目的は，1962年以降わが国の防衛省が用いている「訓令」の利子を中心とする規定が，現代の会計理論と実践とは大きく乖離しているだけでなく，予定価格の計算という目的にも必ずしも適合しなくなっていることを理論的に検証することにある。

1　借入資本利子をめぐる2つの論点

会計学では，借入資本利子の原価性に関する議論は，原価計算対象である製品やサービスに借入資本利子を加算すべきか否かを中心的なテーマとして論じられてきた。太田［1968, p.6］によれば，この議論は，対象とする原価計算の種類のいかんによって，次の2つの課題（論点）に分けられるという。

第1は，製品の原価の計算に対するもので，利子を原価の一要素とするかどうかの問題である。従来「利子原価論」として多く論じられてきたのは，主としてこの論点である。

第2は，固定資産の取得価額を計算するに当たって，借入資本利子を固定資産に加算するかどうかという問題である。

第1の論点は，企業会計原則の一環として制定された「基準」の制定によって，利子を非原価の1項目とすることで，現在ではほぼ決着がついたといってよい。「基準」で利子を非原価項目とする論理は，次の通りである。

まず，原価の本質との関係で，原価をもって「原価とは，経営における一定の給付にかかわらせて，は握された財貨または用役（以下，財貨）の消費を貨幣的に表したもの」（「基準」三）と定義づけた。続けて，原価たりうるための条件の1つとして，「原価は，経営目的に関連したものである」とし，借入資本利子を生ぜしめる財務活動は，「財貨の生成および消費の過程たる経営過程

5　吉田［1926, p.21］によれば，利子を原価に含ませるとする論拠は，資本が生産の一要素であって，資本の使用に対する報償が利子であるから，企業の危険負担に対しての報償たる利益とは区別すべきであるとする経済学の理論に立脚しているのだという。利益をもって企業負担への報償とする見解は，利益に対する1つの見方ではある。

以外の，資本の調達，返還，利益処分等の活動」であるから，「これに関する費用たるいわゆる財務費用は，原則として原価を構成しない」(「基準」三の3)とした。この規定を受け，「基準」では，利子を「原価計算制度において，原価に算入しない項目」(「基準」五の（一）の1），すなわち非原価項目の1つであるとしたのである。

以上，「基準」制定以降，原価計算制度において利子は非原価であるという見解が支配的になり，1940年代と1950年代に盛んに議論されてきた利子の原価性の議論は，1960年代以降は沈静化した。ただ，「基準」が借入資本利子をもって非原価として位置づけたのは，その適用対象が財務諸表の作成，原価管理および予算統制を主な目的とする"原価計算制度"[6]に限定された結果であることには十分に留意すべきである。

2 財務諸表作成目的における利子の原価性

第2の論点である，固定資産の取得価額を計算するにあたって，借入資本利子を固定資産原価に加算するかどうかという問題について検討する。借入資本の利子を固定資産に含めるべきか否かに関する論点は，次の点にある。

借入資本によって建設した場合の利子は，建設に必要な費用と考えられる。それゆえ，太田［1968, p.9］によって指摘されているように，他人資本である借入資本の利子をキャピタリゼーション（capitalization）[7]することができなくはない。しかし，自己資本によって建設された固定資産原価に利子相当額を含めないのは妥当性を欠く。また，価格意思決定のために，機会原価[8]の概念を援

---

6 原価計算制度とは，「財務諸表の作成，原価管理，予算管理等の異なる目的が，相ともに達成されるべき計算秩序」（「基準」二）と定義づけられている。
7 キャピタリゼーションは，資産化と訳される。意味としては資産計上を含意する。
8 機会原価（opportunity cost）は，会計記録によるのではなく，管理会計上で計算されたコスト（ここでは利子）のことをいう。機会原価を定義づければ，「諸代替案のうちの1つを受け入れ，他を断念した結果失われる利益」［櫻井, 2015, p.456］である。ドイツ流に表現すれば，付加原価といわれている。付加原価の概念に企業家賃金がある。企業家賃金は，会計記録によるのではなく管理会計上で計算された賃金である。たとえば，自営業者が自らに賃金として支払うことはないが，商品の価格を算定する上では，賃金相当額が支払われていると想定して商品の価格に含める必要がある。これが機会原価とか機会費用，機会損失，あるいは付加原価などと称されているものである。

用して，利子を固定資産原価に含めることも実務では行われているが，財務諸表の作成を目的として，計算要素に機会原価を含めるとなると，計算の恣意性が介在するという新たな問題が生じる。

　この資本利子の建設費算入に係わる問題は，会計学において利子肯定論者と否定論者が入り乱れて過去から延々と議論されてきた問題の1つである。では，現在ではどのような解決がなされているのであろうか。現時点でみると，この問題は原価計算ではなく会計基準と深いかかわりがあることが分かる。

　以下では，(1) 日本基準，(2) 米国基準，および (3) 国際財務報告基準の順で，固定資産への借入資本利子算入に関する各国の会計基準の違いを検討する。

(1)　日本基準

　日本基準では，借入資本のコスト（支払利子）は，原則として，発生した期間の費用として認識され，特定の要件を満たしたもののほかは，資産化は容認されていない。ただし，固定資産を自家建設した場合（企業会計原則と関係諸法令との調整に関する連続意見書，昭和35年，第三，第一，四，2）には，適正な原価計算基準に従って取得原価を計算し，固定資産原価に算入することができる。

(2)　米国基準（FAS）

　米国基準では，財務会計審議会によって制定された財務会計基準（Financial Accounting Standards；FAS）のNo.34（1979/10制定）において，利子の資産計上が認められている。資産計上は，企業がその固定資産を利用するか販売またはリース目的であるかを問わない（FAS．9）。ただし，利子の棚卸資産への計

---

[9] 太田［1968, p.6］は，「昭和17年当時の企画院で制定した原価計算要綱において，利子に関する費用はすべて原価要素から除かれている。それ等は適正利潤として原価に付加されるものから補償されるという態度を取った」からだと述べている。

[10] 連続意見書第三の第一「企業会計原則と減価償却」の四の2で，「自家建設 固定資産を自家建設した場合には，適正な原価計算基準に従って製造原価を計算し，これに基づいて取得原価を計算する。建設に要する借入資本の利子で稼働前の期間に属するものは，これを取得原価に算入することができる」と規定されている。

上は認められない。

(3) 国際財務報告基準（IFRS）

国際財務報告基準（International Financial Reporting Standards；IFRS）では，適格資産にかかる借入費用は，「企業は，適格資産の取得，建設または生産に直接関連するコストを，当該資産の取得原価の一部として資産化しなければならない」（IAS No.23；制定 1983/4，改定 2007/3）。その理由は，適格資産は将来の経済的便益をもたらす可能性が高いからである。ただし，その固定資産が意図した利用または販売が可能となるまでに相当の期間を要し，かつ，信頼性をもって測定できる場合に限るという条件が付けられている。

IAS の第 23 号で固定資産の資産計上が強制［IFRS, 2012, A, p.804］されている理由の 1 つは，米国基準とのコンバージェンスが大きく影響している[12]。審議会での意見のなかには，借入コストを費用処理すべきだとする主張もあった。その論拠としては，資本構成の相違による比較可能性を損ねるという批判があげられた。

国際会計基準審議会［IFRS 財団, 2014, A. p.1727］もまたそのような批判の存在は了解しているが，「米国の GAAP（Generally Accepted Accounting Principles；一般に認められた会計原則）との原則面でのコンバージェンスの達成だけではなく財務報告の改善がもたらされる」と考えた結果，借入コストを即時に費用として認識する選択肢を削除することにしたとの解説が付されている［IFRS 財団, 2014, B. p.1289］。

以上で見たとおり，日本基準では原則として借入資本利子の固定資産への原価算入が許容されていないのに対し，米国基準や国際財務報告基準では固定資産への原価算入が許容または強制されている。

---

[11] 適格資産（qualifying assets）とは，意図した使用又は販売が可能となるまでに相当の期間を要する資産のことをいう。

[12] IAS 第 23 号「借入コスト」に関する根拠によれば，このプロジェクトは FASB と共同で実施されているという。そこでは，借入コストを即時に費用として認識する選択肢を削除した理由が述べられている。

3　第3の論点：予定価格計算上の利子

　太田論文では，先に見たとおり，原価計算の目的によって資本利子の課題が2つあるとされた。しかし，以上の議論を踏まえて借入資本利子の原価性を検討するならば，いま1つの課題ないし論点が存在することに気付くであろう。

　その論点とは，政府との予定価格の決定において，予定原価の一費目として支払利子が許容できるか否かである。つまり，いま1つの論点とは，予定価格計算のための借入資本利子の許容原価性にかかわる課題である。

　第3の論点は，契約価格の算定において，借入資本利子を原価の1要素として許容するか，それとも非許容原価として処理すべきかである。

　CASBによって制定されたCAS 414では，設備資本の原価の一要素としての貨幣コストは許容原価として認められて，貨幣コストが予定価格を計算するため，原価の一要素として位置づけられている。

　オイヤー［Oyer, 2011, p.130］によれば，減価償却費の計算では設備原価が減少させられる傾向にあることを理由に，契約業者の強い要望を受けて，機会原価としての利子率を計算して借入資本利子の固定資産への算入を許容したという。同様に，建設中の固定資産についても，貨幣コストを固定資産に算入することが許容されている（CAS 417）。ただしこの基準は，財務会計基準第34条（FAS No.34）に従ったものである。

4　利子の2つの性格とその目的：利益の前払か，それとも原価か

　借入資本利子に関して，久保田［1940, pp.69-78］は，利子には2つの経済的性格があるという。1つは，利子には利潤（以下，利益）と密接な関係にあり，

---

[13] 利子の経済的性質については，当時の会計学者は経済学の理論を援用したという理由で，経済学の呼称である利潤の語を用いている。しかし，現代の会計学では利潤という表現が用いられることはないので，利潤はここで利益と言い換えるのが妥当だと思われる。

利子は利益の分割前払形態である。いま1つは，利子には資本利用という商品の対価としての側面がある。久保田は前者を「利子の利益性」，後者を「利子の価格性」と呼称している。

価格計算ないし価格政策において，支払利子にせよ機会原価としての利子にせよ，利子を原価だとする論旨は，久保田［1940, p.72］によれば，究極のところ利子を商品の価格を通じて原価という形で補償しようという考え方による。これを久保田は「**利子の利益性**」と呼んだ。他方，経営管理のために，商品としての資本利用を有効化しようとするためには，他の原価財と同様，資本利用という商品の価格としての利子を原価計算論で扱う。これが「**利子の価格性**」に由来しているのだと，久保田は述べている。

ドイツの歴史研究から，久保田［1940, p.73］は，1914年の「最高価格法」（ドイツ原価計算利子論「前第二期[14]」）ではその主たる目的は**消費者保護**にあったから「利子の利益性」が強調されたのだという。しかし，「後第二期[15]」では消費者保護のみに偏せずに**生産者保護**も加味された。その結果，生産者保護の視点が採用されるに至り，「利子の価格性」が強調されるようになった。また戦時経済の深化とともに自己資本利子を原価に算入する運動が起こり，1917年には「最高価格法」を改正して生産者保護を明確にしたのだという。[16]

久保田の主張を一言で表現すれば，消費者保護を目的とする場合には利子の利益性が強調されるが，逆に，戦時のように生産者保護を中心に考える時代には利子の価格性が強調されることになる。換言すれば，利子を利益に含める立場には消費者保護の思想が内在するが，逆に，利子を原価に含める立場には生産者保護の立場が色濃く反映されることになる。

この久保田の論述は，防衛装備品の議論に関して言えば，第二次世界大戦後

---

14 前第二期では，世界大戦勃発直後の1914年8月4日の最高価格法の公布をみたが，その内容は小売商暴利取締規則からなる［久保田, 1939, p.73］。なお，類似の事例として日本の物価統制大綱では最高価格性を建前としているが，利子の規定については比較的不明確であるという。

15 後第二期では，原価計算上，利子を原価に算入することが一般化した。これは戦争終了後の1918年1月，南ドイツ価格審査委員会によって認められたものである。その後，同年5月の価格評価法で全国的に認められた。純利益＝売価－原価（含・利子）で，純利益は平時の適正利益を超過せざることとした［久保田, 1940, p.74］。

16 自己資本利子は，米国流に表現すれば，機会原価としての利子である。

にも,朝鮮戦争,ベトナム戦争その他の戦争に巻き込まれてきた米国でなぜ生産者(防衛装備品の契約業者)の論理が尊重されて借入資本利子の原価の許容性を付与したのか,逆に,戦後は一度も戦争を体験していない日本ではなぜ消費者の論理が尊重され,「利子の価格性」が採用されるに至ったかの説明になり得る。

5　わが国の計算価格算定における利子の位置づけ：1975年改正の意図

それでは,日本の「訓令」では,支払利子はどのように扱われてきたのか。戦後,「訓令」のなかで支払利子の扱いが劇的に変化した時期がある。それは1975年の「訓令」の改正においてである。この改正の経緯が本間によって詳細に研究されている。

この本間の研究は,わが国における利子の原価性・許容原価性の問題を考察する上で,貴重な情報を提供してくれる。本間［2010, p.136］は,「訓令」の1975年以前と改正後の支払利子の扱いの違いに着眼して,1975年前後の支払利子の扱いに関して,図4-1のように図解している。

図4-1で,改正前と改正後とで変わったのは,支払利子と販売直接費であ

図4-1　1975年改正前・改正後の支払利子の取り扱い

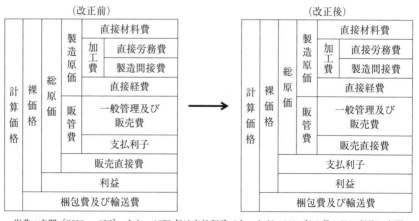

出典：本間［2010, p.136］。なお,1975年は支払利子であったが,2004年7月1日に利子に変更。

る。その違いは，改正前には支払利子が販管費として扱われていたのに対して，改正後には「利益と同じ並びになり，総原価に加算」[本間，2011, p.134] されたことにある。久保田の論旨を援用すれば，改正前は生産者保護に志向した「利子の価格性」を，改正後は消費者保護に志向した「利子の利益性」に依拠しているということになる。

　それでは，なぜこのような改正がなされたのであろうか。それには，次の論拠が考えられる。それは，本間[2010, pp.135-136]があげている1975年の衆議院予算委員会（第5号）での某議員からの，「……政府は，防衛産業は保護産業と考えているのじゃないか，そう思わざるを得ないのは，支払い利息を原価に入れている点です」とする批判である。

　このような改正前の「訓令」に対する批判は，前述した久保田の論理（平和時には消費者保護のために利子の利益性を強調し，戦時下では生産者の論理を優先させて原価算入する）と一脈通じるように思われる。

　戦後の日本は，一度も本格的な戦争に巻き込まれたことのない平和国家を謳歌し続けてきた。加えて，オイルショック後の景気底入れ期である1975年前後のような時代では消費者の立場が尊重された時期であった。そのような時代背景のもとで，国会において，消費者の立場から利子を非原価として扱うべきだとする主張がなされたとすれば，それは理にかなっている。次に述べる2つの提言もまた，この基本的な方向性に沿っている。

6　防衛装備品の契約価格に関する2つの提言：中西提言と黒澤提言

　1960年代から1970年代の初頭にかけて，防衛装備品に関する2つの委員会報告書が発表された。その2つの報告書とは，中西委員会と黒澤委員会によっ

17　支払利子を販売費及び一般管理費の一部として扱っていたことそれ自体も，原価計算研究者の立場からすれば，奇異に感じられていた。支払利子と区別したことは改善であるが，現代の原価計算理論では，販売費及び一般管理費には販売直接費も含まれるので，いまなお違和感は残る。なお，改正後の支払利子は，現在では利子と表現されている。

18　本間[2011, p.137]は，1975年の「訓令」改定について次のように述べている。「支払利子は非原価となったものの，利潤率要領や利益率要領と似たような扱いとなり，結局，原価か非原価かの違いがあるにせよ，計算価格には従来どおり支払利子が含まれることとなった。」

てなされた報告書である。

(1) 中西委員会の提言

中西寅雄教授（当時）を委員長として発表された日本生産性本部『適正利益計算基準』［日本生産性本部，1964, pp.21-22］は，価格計算方式，適正利益率算定の方式，許容原価などについて論究している。しかし，当委員会は，非許容原価を「適正利益の計算において，調達物品等の原価に算入することが許容されない項目」として定義づけている。そのうえで，利子については，「原価計算制度において原価に算入しない項目（非原価項目）」であるという理由から，非許容原価の1つとして位置づけられた。

(2) 黒澤委員会の提言

黒澤清教授（当時）を委員長として産業経理協会に設置された「装備品等調達に伴う原価と価格に関する基本問題の調査研究会」［産業経理協会，1971, pp.14-15］では，次のような理由から，支払利子に関する**非原価性**が強調された。

「『訓令』の支払利子に関する規定は，『物価統制令』を基礎とし，第29条第9号で支払利子を計算価格に算入し，コストとしている。資金コストとして原価に算入するならば，負債利子だけでなく，経営資本に対する計算利子も算入すべき

---

19 読者は既にお気づきと思われるが，本章では「非原価」と「非許容原価」を明確に区別している。非原価というときには，製品原価算定や財務諸表の作成において原価に非ざるケースを含意する。一方，非許容原価の語は，予定原価に含めることが許容されないことを含意するものとして，両者を明確に使い分けている。『適正利益計算基準』は，わが国で非許容原価の語を用いている数少ない文献の1つである。

20 この中西寅雄教授を中心とする委員会には，鍋島達，松本雅男，諸井勝之助，青木茂男，岡本清，山口達良といった，当時代を代表する最高レベルの原価計算研究者が参集していた。その研究成果は，現在の米国政府の連邦調達規則（FAR），国防連邦調達規則‐補足（DFAR-S）の骨格となっている契約価格と利益の算定基準において（簡潔にではあるが）述べられている。ただ，誠に残念なことではあったが，その後の日本の研究者と政府関係者は，この優れた研究成果をほとんど顧みることがなかったのである。なお，中西委員会が利子を非許容原価として位置づけたのは，（当時は各界から高い評価を受けていた）大蔵省（当時）の企業会計審議会によって制定された「基準」によって多大な影響を受けたであろうことは想像に難くない。

21 機会原価としての自己資本利子。

である。棚卸資産には負債による資金ばかりでなく，自己資本による資金も投下されている。したがって，負債利子は資本利子費の一部にすぎない。」「一方，『原価計算基準』は，原価の本質は，経済価値の消費，給付関連性，経営目的消費，正常性の4つにあると規定している。財務費用は，財貨等の生成および消費の過程たる経営過程以外の活動である財務活動によって発生したものであるから，原則として，原価を構成しないものとされる。したがって支払利子は非原価項目とされるのである。」「また，支払利子を原価項目とすると，借入資本の多い企業は多くの支払利子を原価に算入することができる。<u>支払利子を含む総原価に一定の利益率が乗せられるので，他の費用に変化がないとすれば，支払利子の多い企業ほど利益額は増えることになる</u>。つまり，支払利子を全額保証したり，それに見合って利益額が増える方式は望ましいとはいいがたい。」（下線は，著者挿入）

1971年の産業経理協会の「装備品等調達に伴う原価と価格に関する基本問題の調査研究会」[22]は，1962年制定の「基準」が世界に類をみないほど優れた原価計算の基準であると多くの研究者によって信じられていた当時としては，一見しただけでは至極妥当な見解であるように思えたであろう[23]。そのためもあって，この報告書では1964年の日本生産性本部「適正利益計算基準」が顧みられることはなかったのである。

ただ，ここで主張されている論理の展開は，太田が分類した第1の論点（利子を製品原価算定と財務諸表作成目的の原価として認めるか否か）であればそのまま妥当する。しかし，第3の論点（計算価格算定のための原価として許容できるか否か）のために，製品原価算定や財務諸表作成を主目的とする「基準」の見解を契約価格の算定基準の検討にもそのまま適用することが妥当であるか否かについては，さらなる検討が必要になろう[24]。

---

[22] この調査委員会の見解は，当時の日本会計研究学会では財務会計と管理会計の最高位の研究者として高く評価されていた故黒澤清教授の手になるものであり，加えて，「原価計算基準」が高く評価されていた時代背景を考えれば，日本の大多数の研究者と実務家がこの見解を絶対的なモノと信じたであろうことをうかがい知ることができる。

[23] 現在でも「基準」を絶対無比とする見解があるが，現実には，「基準」には数多くの欠点があることを知るべきである。現時点でみる限りにおいて，「基準」の最大の欠点は，その歴史観にある［櫻井，2014, pp.1-10］。本章での論点は，「基準」の主要な目的は財務諸表の作成，原価管理および予算管理にあるので，それを契約価格の算定目的にそのまま活用することの妥当性を問うものである。

7 「許容」原価性：国家，社会は何を許容するのか

　原価計算には，製品原価の算定，財務諸表の作成，原価管理，予算編成，業務的・戦略的な経営意思決定，価格決定など多様な目的がある。製品原価の算定，財務諸表の作成，原価管理，予算編成のための原価計算は，「基準」に準拠して実施すべきである。他方，戦術的・戦略的な経営意思決定や予定原価計算のための原価計算は，原価計算制度とは別のシステムとしてもたれるべきである。「異なる目的には異なる原価[25]」が必要である。

　本来，「訓令」で問われるべきであったのは，財務報告や原価計算制度上の利子の扱いではなく，予定価格計算のための原価計算である。それゆえ「訓令」では，原価か非原価かではなく許容原価か非許容原価かが議論されるべきであった。すなわち，米国でいえば，FAS が財務諸表の作成を主目的とする会計基準であるのに対して，CAS と FAR は契約原価算定のために制定された基準と規則である。それゆえ，日本の「訓令」における借入資本利子に関して問われるべきは，原価か非原価かではなく，当該原価を契約価格に算入することが許容できるか否かの判断材料となる**利子の許容原価性**―許容原価か非許容原価か―（FAR 31.201-6）であったのである。

まとめと残された課題

　本章では，借入資本利子の原価性と許容原価性について議論を進めてきた。以上の議論から，読者は借入資本利子が制度会計においては非原価として扱われるにしても，予定価格計算のためには借入資本利子の許容原価性が問われる

---

24 戦後の日本の会計学の基礎を形成された優れた功績を残した会計学の碩学である故黒澤清先生の見解を否定することは著者にはできないが，中西寅雄先生が中心になって日本の原価計算基準を制定したのに対して，黒澤先生は企業会計原則を制定するのに多大な貢献を果たした会計学の碩学であったこと（原価計算の研究に造詣が深かった中西先生と，原価計算よりは財務会計の研究により深い知見をお持ちであった黒澤先生との違い）も，黒澤先生が非原価と許容原価との違いを無視された理由の1つであるように思われてならない。
25 クラークによる名言，「異なる目的には異なる原価を」［Clark, 1923, p.181］参照。

べきであったことが理解できたであろう．以下で，本章のまとめをするとともに本章で残された課題を述べる．

(1) 本章のまとめ

　本章では，防衛装備品の契約価格との関連で，借入資本利子の原価性と許容原価性を考察した．その目的のため，まず初めに，借入資本利子の原価性に関して，これまでは2つの問題―①製品の原価計算と，②固定資産の取得原価に利子を加算するか否か―が論じられてきたことを述べた．その結果，①製品の原価計算は非原価として扱うことで決着したこと，および②の借入資本利子の固定資産への計上については，日本では費用処理，米国基準と国際財務報告基準では資産計上と，日本は米国・国際基準とは異なる扱いをしていることを述べた．そのうえで，会計基準の相違が，防衛装備品における利子の資産計上に少なからぬ影響を及ぼしていることを示唆した．

　本章では，利子の原価性に係わる議論には，第3の論点―③予定原価の計算において借入資本利子を原価の一要素として許容するか否か―があることを明らかにした．さらに，1975年の「訓令」の改正では，改正前では生産者の論理が尊重されていたが，改正後には消費者の論理が尊重されるに至ったとする仮説を提示した．そのような変更がなされた背景には，3つの要因―①衆議院予算委員会での当時の防衛産業保護政策への批判，②適正利益算定基準での利子は非許容原価とする中西寅雄教授（当時）の見解，および③「装備品等調達に伴う原価と価格に関する基本問題の調査研究会」による黒澤清教授（当時）の「基準」を論拠とする「訓令」批判―があることを明らかにした．

　以上から，防衛装備品の借入資本利子の問題への議論ではしばしば「基準」を論拠とする議論がなされてきたのであるが，予定原価の計算との関係では「利子の原価性」ではなく，第3の論点である「利子の許容原価性」が議論されるべきであることを指摘した．その論拠には，利子を資本コストの1つとして認識すべきか否かの議論が残されていることを示唆したいがためである．

(2) 本章で残された課題

　最後に，本章で残された課題として，3つの課題について述べておこう．第

1は，加重平均資本コストの概念の妥当性，第2は利子を総原価の関数として考えるべきか否か，そして第3は，ドイツでの借入金利子の扱いである。

　第1の課題は，借入資本利子を資本コストの一要素として扱うべきか否かの問題に関連する。そもそも民間企業が存続していくためには，加重平均資本コスト[26]を上回る利益を稼得することが求められる。それが故に，民間企業での設備投資の経済性計算にDCF[27]法が採用されているのである。その理由は，企業が長期にわたって生存していくためには，加重平均資本コストを上回る利益の確保が必要だからである。この観点から見ると，国防省のDFAR-Sの規定にあるように，利子を加重平均資本コストの一要素として補償すべきではないかという主張に繋がることになる。更なる議論が必要である[28]。

　第2の課題に関して，「訓令」では，利子の額は，総原価に利子率を乗じて算定する（「訓令」第71条）。この計算方式の論理は，支払利子が総原価の関数として発生するという暗黙の前提に立つ。他方，FARやDFAR-Sでは，借入金利子は設備資本と運転資本から生じる資本コストであるとする。しかし，本章では両者のうちいずれが妥当であるかの議論には踏み込んでいない。

　これら2つの残された課題については，第Ⅱ部において，米国のFAR（第7章）およびDFAR-S（第10章）との関係で，改めて考察する。

　第3の課題は，他の国—たとえばドイツ—では利子をどう扱っているかである。太田によれば，「ドイツの価格法では，計算上の利子は，利益ではなくコ

---

[26] 加重平均資本コスト（weighted average cost of capital；WACC，日本語の略称はワック）は，企業を運営するために資本の利用から生じるコストである［櫻井，2015，p.58］。具体的には，借入にかかるコスト（借入金の利子，社債の利回り）と自己資金にかかるコスト（株式の配当，留保利益から得られる期待収益）を加重平均して算定する。企業経営では，ワック以上の収益率が求められることから，切捨て率（ハードルレート）とも呼ばれている。

[27] DCF（discounted cash flow；割引キャッシュフロー）法は，将来のキャッシュフローを現在の価値に還元する方法である。割引きに用いられる割引率が，加重平均資本コストである。

[28] 参考までに，防衛装備庁・調達管理部・原価管理官「平成28年度経費率算定のための大臣承認事項について」によれば，平成28年度の標準金利は0.3％である。他方，DFAR-Sにおける設備についての貨幣の資本コストの計算方式に関して，設備についての通常値は17.5％，指定範囲は10％〜25％である。この日米の数値の違いをどう説明すべきであるか。第9章を併せて参照されたい。

ストとして計上される」[2014, p.25]。また，ドイツでは支払利子ではなく，米国のように計算上の利子として扱われている。その結果，「付加原価は事業資本に対して6%という高い水準にあり，いわゆるボン方式による利益の決定式においても資本集約性に配慮して高い利益水準を補償している」[太田, 2014, p.25]。以上から，米国の設備資本に対する資本コスト17.5%，ドイツでは事業資本に対して6%，防衛省では標準金利の0.3%（2017年）という違いがある。これらの違いをどう見るべきか。これも残された課題の1つである。

〈参考文献〉

太田哲三「資本利子の原価性」『産業経理』Vol.28, No.10, 1968年。

太田康広「フランスおよびドイツの防衛装備品・航空宇宙産業資材調達における原価監査と契約形態について」平成25年度海外行政実態調査報告書，2014年3月。

久保田音二郎「米国原價計算論に於ける利子問題—論点とその整序とを主題として—」『国民經濟雜誌』第63巻 第5号，1939年。

久保田音二郎「價格統制と原價計算—原價計算利子論を中心として—」『経営学論集』第51巻，1940年。

櫻井通晴「経済モデル，会計基準，原価計算理論から見た『原価計算基準』の問題点」『原価計算研究』Vol.38, No.1, 2014年。

櫻井通晴『管理会計 第六版』同文舘出版，2015年。

産業経理協会「装備品等調達に伴う原価と価格に関する基本問題の調査研究報告書」1971年。

日本生産性本部 中小企業原価計算委員会『適正利益計算基準』日本生産本部，1964年。

本間正人「調達会計史序説（その3）—軍需品調達の系譜と利子・利益の概念及び計算方法の変遷を中心に—」『産業経理』Vol.70., No.3, 2010年。

本間正人「調達会計史序説（その4・完）—軍需品調達の系譜と利子・利益の概念及び計算方法の変遷を中心に—」『産業経理』Vol.70., No.4, 2011年。

吉田良三「利子は原價の要素たりや」『商学研究』第6巻2, 1926年。

Clark, J.M., *Studies in the Economics of Overhead Costs*, The University of Chicago Press, 1923.

IFRS, International Financial Reporting Standards, Part A, *the Conceptual Framework and Requirements*, 2012.

IFRS財団 企業会計基準委員会編『2014 国際財務報告基準 PART A 概念フレームワーク及び要求事項』中央経済社（IAS 第23号 借入コスト A. p.783），2014年。

IFRS財団 企業会計基準委員会編『2014 国際財務報告基準 PART B 付属文書』中央経済社（IAS 第23号 借入コスト B. p.1289），2014年。

Oyer, Darrell J., *Pricing and Cost Accounting, A Handbook for Government Contractors*, 3rd ed., Management Concepts, 2011.

第5章

防衛省調達制度の課題解決の方向性

はじめに

　防衛省の「訓令」は，これまでの各章で考察してきた通り，日本固有の伝統を生かしながら，現代にも通じる適切かつ優れた規則として各種の工夫が施されている。つまり，1960年代の初頭に制定された「訓令」は，その時々の要請に応じながら，適切な加筆・修正がなされて現在に至っている。

　それでは，防衛省の「訓令」が現時点ですべての関係者が満足しうる形で運用されているかというと，決してそうではないことは，前章の3つの事例—利益の算定，加工費による製造間接費の配賦，借入資本利子の扱い—から理解できよう。しかし，問題はそれだけではない。もっと根本的な課題が残されている。それは，現在の「訓令」の下で，革新性の高い機能性に優れた防衛装備品が開発・生産できるかという問題である。平等主義の理念の下で制定された現行の「訓令」の下では，いかに優秀な人材を揃え，優れた技術力や設備をもっていても，努力した企業が報いられる制度にはなっていないのである。

　これからのわが国では，先進的な技術力が求められる防衛装備品の開発と生産に携わる企業では，プロジェクトの効率的・効果的な開発と生産に成功した企業が報いられる制度が必要になろう。であるとすれば，先進的な防衛装備品を効率的・効果的に開発・生産するにはいかなる方策が必要かが探究されなければならない。本章では，その問題解決のための方向性を示したいと思う。

1　パフォーマンス基準制度がなぜ必要か

　「訓令」における原価計算方式の最大の特徴は，技術力に劣り収益性の悪い企業も，技術力が優れていて革新的な防衛装備品を開発・生産する能力をもつ企業も，一様にほぼ同等の算式によって利益が決定されることにある。平等な機会が与えられているという意味では，極めて民主的な制度であるとして評価されるであろう。

　しかし，平等であるということは，技術力が劣り収益性の低い企業にはありがたいことではある。これとは逆に，優れた技術者を擁し先進的な防衛装備品を開発・生産できる企業の経営者や技術者にとっては，低い利益率がゆえに他の事業部に対して常に肩身の狭い思いに甘んじなければならない。また，1960年代の初頭とは全く違って，現代の企業は熾烈な**国際競争**と**株主重視**[1]のなかで生き残って行かなければならない。現代の経営管理者にとっては，優れた企業の場合，とくに仮に低い資本利益率のもとでの経営を強いられることがあれば，他の事業部からの冷たい眼差しを受けるだけでなく，株主からも強い批判の声を浴びることになる[2]。さらに，もっと深刻な課題は，現状の制度の下では，納税者が満足できるような低コストで高品質，かつ先進的な防衛装備品の生産と開発が期待できないことにある。それは，次の理由による。

　原価計算方式によって計算価格を決定する場合には，現行の「訓令」によれば，原価が増大すれば必然的に利益額も増大すること，および利益は原則として製造業の平均値によって決定されることから，現行の制度では企業による原

---

[1] 「コーポレートガバナンス・コード」［東京証券取引所，2015, p.6］の原則1-1では，「上場会社は，株主総会における議決権をはじめとする株主の権利が実質的に確保されるよう，適切な対応を行うべきである」と規定されている。つまり，会社においては株主の権利を最上位に考慮しなければならないということである。具体的には，1つの会社のなかで，何らかの理由によって投下資本利益率が著しく低い事業部がある場合には，その事業部が排除されなければならないことを含意する。これが，近年の日本の株式会社の姿なのである。

[2] いくつかの会社の役員として株主総会に参加して痛切に感じていることは，この10年から15年の間の急速な株主重視の声の高まりである。従来とは違って，正当な理由がない限り，不採算事業を抱えていることは，近年の株式会社では許されなくなってきた。

価低減のインセンティブが湧きにくい。そのため防衛省では，これまで各種のインセンティブ制度を試みてきた。しかし，それらのインセンティブ制度は総じて予期した成果が得られていなかった，と言ってよい。

　契約企業自らが進んで原価低減に努力するようになるためには，新たな発想にもとづく契約制度の導入が必要になる。それが，パフォーマンス基準にもとづく契約制度である。パフォーマンス基準制度[3]では，当面は，とくに研究試作，開発・生産で革新性の高いプロジェクトを中心にして，インセンティブ付のパフォーマンス基準にもとづく制度を構築しようとするものである。

2　パフォーマンス基準制度とは何か

　本書で著者が提案しようと考えている**パフォーマンス基準制度**とは，「原価を低減し，納期を早め，品質を向上し，革新的な技術の開発を促進し，もって納税者の負担を軽減する制度」のことをいう。

(1)　現在の防衛装備品の利益の算定方式

　防衛省が実践している防衛装備品の利益の算定方式には，当該事業の属する業種の実績値を平均した標準値が用いられている。それに，契約履行難易度調整係数と事業特性調整係数によって利益が補正されている。この2つの係数が設けられているのは，個々の企業のパフォーマンスの良し悪しを云々するのではなく，同じ事業・同じ業種であれば契約業者を平等に扱うとともに，難易度や事業特性を勘案することで補正しようとすることにある。

　現状の「訓令」による限り，利益の額は総原価に利益率を乗じて算定する仕組みになっているので，総原価が増大すれば利益が増大するという計算構造上の仕組みから，契約企業には原価を増大させたいという誘因が生じる。逆にいえば，原価低減のインセンティブは湧いてこない。そのため，防衛省では超過利益返納条項付契約やインセンティブ契約制度を導入して企業にインセンティ

---

　[3] パフォーマンス基準制度というときのパフォーマンス（performance）とは，QCD（品質，原価，納期）を中心にして，製品，サービスの機能，性能，納期，技術の優位性，革新性などを含意する。

ブを付与するための制度の普及に努めてきた。しかし，過去の制度はいずれも真のインセンティブになりえていないという声が契約業者から聞こえてくる。

そのため本章では，とくに研究試作・開発で，先進性の高いプロジェクトの防衛装備品の開発と生産に適用するのに適した，新たな構想にもとづくパフォーマンス基準制度の方向性[4]を示唆したいと思う。

(2) パフォーマンス基準制度の意義と目的

パフォーマンス基準制度の意義と目的を明らかにするために，本項では，パフォーマンス基準制度の，①趣旨と特徴，②現在の契約制度との関係，③契約金額と報酬，④EVM[5]（Earned Value Management）の必要性について述べる。

① パフォーマンス基準制度の趣旨，特徴

パフォーマンス基準制度の趣旨は，これまで契約の受注会社が一方的に負っていたコスト超過のリスクを官民が適正に負担することと，コスト低減について積極的な活動によって成果を上げた受注会社に報いようとする制度である。具体的には，官は適正で合理的なコストを一定の範囲で負担し，受注会社はコストの多寡を中心とするパフォーマンスに応じて得られる報酬が増減する契約制度を構築する。この構想によって政府と契約業者の間に win-win の関係が成立することが期待される。

パフォーマンス基準制度の特徴は，次の3点にある。第1に，これまでは受注会社が一方的に負っていたコスト超過のリスクを，官民が適切に負担する。第2に，受注会社がコスト低減について積極的に活動する意欲を高めるためのインセンティブを含める。第3に，納期，機能，品質などのパフォーマンスについて客観的な評価を行い，優れたパフォーマンスをあげた企業には，通常の利益（fee；フィー），および／または特別報酬（award；アワード）を与えること，である。

---

[4] 本書では第4章まで「訓令」の問題点を指摘してきた。しかし，問題点を批判的に検討するからには，その問題点を解決する代替案を提示しない限り，無責任の誹りを免れない。ただ，正規の委員会等を通じて関係者の同意を得た案ではないという意味で，"方向性"と表現した。

[5] EVMについては，第3部（第12，第13章）を参照されたい。

② 現在の契約制度との関係

現在でも，契約方法に関して，「防衛装備庁における契約事務に関する訓令」（以下，契約事務に関する訓令）［防衛基盤整備協会，2016, pp.221-237］において，確定契約，準確定契約，概算契約（以上は第24条），一般確定契約，超過利益返納条項付契約（以上は第25条），中途確定条項付契約，履行後確定条項付契約，特定費目の代金の確定に関する特約条項付契約（以上は第26条）などの契約形態が設けられてはいる。

しかし，**契約事務に関する訓令**は，国防省の国防連邦調達規則‐補足（Defense Federal Acquisition Regulations; DFAR-S）と比較すると，①リスク対応のインセンティブとの関係を主目的として制定されたものではない，②現場の必要性をもとに制定されたものではあっても，DFAR-Sのような体系的な枠組みが見えてこない。それゆえ，単なる現在の契約事務に関する訓令の延長線上での修正では無理があるように思われる。そこで，新たな制度では，パフォーマンスのいかんによって報酬の支払いがなされるという明確な理念のもとに構築されている米国の契約制度[6]—CASBのCAS，FAR，DAFR-S—を参考にして，日本の組織文化に適合する契約形態を研究することによって，日本企業に適した新たなインセンティブの制度を構築しようとするものである。

③ 契約金額と報酬（利益と特別報酬）

契約金額は，総原価と報酬（通常の利益＋特別利益）からなる。現在，利益は総原価に黒字の製造業平均の利益率を乗じて算定する。利益を業界の平均値によって決定するのは一見すると合理的に見える。しかし，現代の過酷な競争社会のなかにあって，優秀な社員を抱えて優れた技術力をもつ企業も技術力の劣る企業も，業界の平均値にもとづく防衛装備品の契約価格や原価の計算方法が合理的であろうはずがない。日本の防衛装備品の開発・生産の市場にも，努力した企業が真に報いられるようなグローバルスタンダードに合致した新しい制度を導入すべき時期にきていると思われてならない[7]。

この制度を成功に導くには，従来の制度の延長線上で，赤字を除く**製造業の平均値**によって利益が計算されるのではなく，FARおよびDFAR-Sで実施さ

---

6 第2部の主要な検討課題である。

れているような，企業努力によって得られた成果を利益と特別報酬を契約企業に与えることで，インセンティブを高めうる制度を構築することが必要である。それには，たとえば，米国の国防省において実践されているような**原価加算インセンティブフィー**（Cost Plus Incentive Fee；CPIF）契約や，**固定価格インセンティブ**（Fixed Price Incentive；FPI）契約等が選択できる制度の構築が望まれる。具体的には，パフォーマンス契約制度にもとづく契約利益の算定方式は，式（5-1）によって行う。

価格＝総原価＋通常の利益（フィー）＋特別報酬（アワード）　　　　式（5-1）

④　EVM（Earned Value Management）導入の必要性

防衛装備品の研究試作や開発においては，政府も契約企業も過去において参考にすべき当該製品に関する原価情報が蓄積されていない。そのような場合には，EVM の活用によって，納期の短縮と原価低減を図るのが効果的である。

そのため契約企業は，第 12 章で述べるように，一定金額以上の防衛装備品の開発・生産に従事する企業では，WBS[9]（Work Breakdown Structure；作業分解図）を構築し，レベル 3（図 12-2 を参照）までの WBS 要素ごとの**コントロール・アカウント**（Control Account；CA）ごとに計画値と実績値の測定を行う。

その結果，現行の原価監査のような，会計帳簿との照合を中心としたものではなく，**統合ベースライン・レビュー**（Integrated Baseline Review；IBR）の結果をもって現行の原価監査に代えるものとする。

以上の結果，契約企業にとって，一定規模以上のプロジェクトで，かつ防衛省でその必要性が認定された防衛装備品の研究試作，開発・生産のプロジェクトでは，IBR の導入と運用が必要になる。

7　契約業者との 6 回にわたる勉強会において，技術力の優れた企業の社員から，「わが社の防衛産業の事業部の投資利益率は他の事業部に比べてあまりにも低いので，常に社内では肩身の狭い思いをしている」という不満の声をしばしば聞かされた。現状を放置する限り，日本の優良企業が防衛産業から手を引くという最悪の事態も不思議ではないとすら思われた。

8　国防連邦調達規則 - 補足（DFAR-S）に，その主要な契約形態が詳細かつ明確に定義づけられている。第 9 章では，表 9-1 において，①固定価格契約，②原価補償契約，③その他の契約に区分して，典型的な契約形態と運用条件が簡潔に纏められている。

9　EVM（第 12 章参照）にとって不可欠なツールである。

(3) パフォーマンス基準制度におけるインセンティブ

パフォーマンス基準制度において想定されるインセンティブには何が対象になり得るか。インセンティブの対象として想定されるのは，①原価効率，②技術力，および③マネジメントコントロール・システムの整備状況である。[10] 典型的な事例を列挙しよう。

① 原価効率
1. 個別的な原価低減活動；適切なアウトソーシング，廉価で高品質の交換部品の購入，生産プロセスの著しい改善，市販品の有効利用，下請け業者による効果的な原価低減活動
2. 先の契約での原価低減の実績
3. EVMの導入状況とその有効活用
4. 下請業者による原価低減プログラム
5. 過剰設備，旧設備の削減・排除
6. その他

② 技術力
1. 技術の複雑性，革新性，成熟度
2. 機能・性能の高さ
3. 納期短縮
4. 品質保証，品質管理のレベル
5. 情報システムの有効活用
6. その他

③ マネジメントコントロール・システムの整備状況
1. 原価見積もりの信頼性
2. 中期経営計画の妥当性
3. 予算管理システムの充実度
4. 原価企画，アメーバ経営による原価低減額
5. 財務会計制度の整備状況
6. その他

---

[10] 第10章におけるDFAR-Sの原価効率・技術・マネジメントコントロールの評価基準が参考になる。

契約の方式は，競争入札ではなく，随意契約の他，企画競争または総合評価落札方式によることになろう。契約の形態は，原価計算方式だけではなく，必要に応じて CPIF 契約や FPI 契約などが活用できることが望ましい。評価に当たっては，KPI（Key Performance Indicators；主要業績評価指標）の活用が有効である。

3　パフォーマンス基準制度の概要

これまで述べてきたパフォーマンス基準制度にもとづく制度のフレームワークを纏めてみよう。その概要は，表 5-1 のように要約することができよう。

表 5-1 に関して，1 の概要で，コスト低減の成果を官と民がプロフィットシェア[11]する。コストを以外でパフォーマンスの高い成果をあげた企業には，客観的な基準にもとづいてアワード（特別報酬）を与える。その基準としては，DFAR-S の規則を参考にして現代の日本の組織文化に適合した，日本型の評価システムを構築する。

表 5-1　パフォーマンス基準制度のアウトライン

タイトル	パフォーマンス基準制度
1. 概　要	1　企業と官が合理的な利益をシェアする。 2　パフォーマンスがとくに優れた企業に特別報酬を提供する。
2. 契約形態	原価計算方式＋固定価格契約 最適な契約形態を官（主導）と企業が協議して選択
3. 適用基準	研究試作，開発・生産で，先進性の高いプロジェクト
4. 利　益	契約価格＝原価＋利益（通常の利益＋特別報酬）
5. WBS/EVM	適用を促す （現在の原価監査に代えて，IBR を活用する）
6. 予算措置	低減が見込まれるコスト＋予算措置

出典：防衛省［2015, p.11］を参考にして，著者が加筆・修正。

---

[11] ここでプロフィットシェア（profit share）は，50％と50％というように，あらかじめ決められている比率に従って防衛省と契約業者が利益をシェア（共有）することを意味する。

2の契約形態では，原価加算契約と固定価格契約とを基本とする。それぞれについてそれぞれ数個の契約形態を用意しておき，官が主導で当該取引に最もよく適合した契約形態を選択できるようにする。3の適用基準で，当初は，研究試作，開発・生産など，先進性の高いプロジェクトに適用する。制度が定着してきたところで，他の契約にもパフォーマンス基準制度を拡げていく。

4の利益については，2つの部分からなる。1つは，当初約定した通常の利益，いま1つはパフォーマンスに応じて支払われる特別報酬である。当初意図したパフォーマンスが得られない場合には，企業の損失となる。評価にあたっては，貨幣で表現できるものだけでなく，可能な限り，QCD（Quality, Cost, Delivery；品質，原価，納期）を客観的な評価基準にもとづいて評価する。

5については，防衛省が正式に認めたEVMS（Earned Value Management System）を構築している企業には，これまで実施されてきている原価監査に代えて，IBRによる官民の協議と官による評価を実施する。その理由は，監査や検査に屋上屋を重ねるのであれば，契約企業の協力が得られないだけでなく，対応すべき原価監査官の数のみが増えてしまい，国民に対しても税金を軽減するという目標を達成できないからである。

6の予算措置に関しては，原価低減活動によって低減が見込まれるコストを業者への利益の原資とする。ただし，必要がある場合には，新たな予算措置を講じるよう財務省当局に要望する。

4　パフォーマンス基準制度導入の前提条件

防衛省がパフォーマンス基準制度を導入するには，少なくとも7つの条件が整備されなければならない。第1は，契約制度に合致した法制度の整備，第2は，新たな契約制度を導入した場合の利益と価格の算定方式の確立，第3はプロフィットシェアすべき利益の配分比率の決定，第4は，EVM導入のための予算とEVMに関する知見の蓄積とEVM導入に至るまでの時間的余裕を見込むことである。第5は，プロジェクトの戦略的原価管理のための原価企画やアメーバ経営などの原価低減システムの運用によって経営上の効果をあげることである。第6に，この制度の適用領域の限定である。そして第7には，一定規

模以上の契約を確保した企業に EVM を強制するか否かの問題がある。

(1) 契約制度に合致した法制度の整備

　パフォーマンス基準にもとづく調達制度では，契約制度に合致した法制度の整備が必要になる。現行の「訓令」に規定されている予定価格制度は，会計法，予決令等に準拠している。現行の制度には，全体的な整合性がある。しかし，現在の「訓令」にもとづく現行の制度の枠組みのなかでは，パフォーマンスの優れた企業に対して，リスクの高い開発に見合った契約方法を活用することは難しい。

　防衛装備品には特定の企業にしか開発・生産できない物品もあり，一般競争入札が適切でないことも多い。それゆえ，パフォーマンス基準制度を導入する場合には，契約には随意契約の他，企画競争や総合評価落札方式が活用されることが望ましい。ただし，総合評価落札方式では財務省との協議が必要とされるといった手続き上の課題が残る。そのため，その手続きをいかに簡素化すべきかの検討を加えるとともに，下請業者をこの企画にどういった形で参画させるかなどの法制度も併せて整備しておくことが必要である。ただし，そのことが独占禁止法に抵触しないかなども検討しておくべきである。

(2) 新たな契約価格と利益の算定方式の確立

　パフォーマンス基準にもとづく契約制度を防衛省が導入するためには，契約形態に対応した契約価格と利益を客観的かつ迅速に算定できる計算方式を導入する必要がある。第 10 章で見るように，米国政府では，DFAR-S によって契約利益と価格が算定可能な詳細な規定と計算方式を用意している。それら米国の契約形態に知恵と工夫を加えることで，日本の組織文化に適合した契約形態を構築することが，今後の契約制度にとって必要である。

(3) シェアすべき利益（損失）の配分比率の決定

　本提案は，プロフィットシェアリングの思想に立脚している。総原価の実際額が計画値を下回り，原価低減が達成できた場合には，原価低減の一定割合を報酬に加える。著者が提案するパフォーマンス基準にもとづく契約価格の算定

方式とは，QCD を実現し，先新的な技術の開発を促進し，もって納税者の負担を軽減する原価，利益，価格算定の方式を含意している。これを簡潔に表現すれば，リスクへの対応を加味した，企業のパフォーマンスにもとづいて原価，利益，価格を決定する契約制度であるといえる。

以上に加えて，上限価格をいくらに設定すべきかについて，DFAR-S に見られるように下限価格を設ける必要がないかなどについてもさらなる議論が必要となろう。

(4) EVM 導入にはコストと知見，準備が必要

EVM は，原価情報の非対称性を回避する有効な手段になる可能性を有している。ただ，わが国の防衛装備品の契約業者が EVM を導入するまでには，少なくとも 3 つの乗り越えるべき課題がある。

第 1 は，米国企業や日本の日揮や千代田化工建設のような EVM が普及しているプラント会社とは違って，防衛装備品の契約業者で EVM を導入していると公式に宣言している企業は 1 〜 2 社しか見当たらない。日本の防衛装備品の契約企業が米国並みに WBS ごとにコストを集計するとなると，それだけでも会計制度とは別に契約業者の側において新たな組織を編成する必要が生じる[12]。つまり，EVM の導入には，契約企業への追加的なコストが必要となる。それゆえ，契約業者への EVM 導入に要するコストを政府が契約業者に補償する必要がある。補償の方法については，DFAR-S の仕組み[13]が参考になろう。要するに，EVM を契約業者に強制するのであればなおのこと，EVM を導入する業者への補償は不可欠である。

第 2 は，第 13 章で紹介するように，技術力に優れた NASA ですら，政府が要求する EVM の導入に一度は失敗した。EVM の導入にはそれだけ導入にかかわるコストの増加と知見，および導入の準備が必要だということである。しかも，日本の官民の両者には，米国企業とは違って，日本企業には過去・将来にわたって遅延はほとんどないとする固い信念がある[14]。これらは，日本では EVM への期待感が米国とは全く異なる実態を表している。

---

[12] 第Ⅲ部の図 12-7 を参照されたい。
[13] 第 10 章の第 3 節が参考になる。

以上に鑑みて，米国企業との防衛装備品の共同開発における米国政府の規則上の必要性とマネジメントの必要性から，防衛省もEVMを導入するのであれば，日本型EVM Lite[15]のように企業が比較的簡単に導入が可能なEVMシステムを日本政府[16]が用意する必要がある[17]。第12章でEVMの簡易版を提唱したのは，契約企業にとって過度に複雑でない優れたEVMシステムを提案したかったからにほかならない。

第3は，品質向上のための対応策の必要性である。ソロモン［Solomon, 2011, p.25］によれば，品質の向上策について，オバマ大統領が品質と技術上のパフォーマンス尺度をEVMに含めるべく協議・検討するよう国防省通達5000.02を含む調達指針検討のための法律制定にサインしたという。たしかに，EVMが品質向上に大きく貢献できるとは考えにくい。とすれば，品質向上と原価低減の目的のために，新たなマネジメントの方法も検討する必要がある。

(5) プロジェクト管理のための原価企画等の導入

原価企画（target costing）はトヨタが開発し，現在では世界に知られている，日本が世界に誇れる管理会計の手法である。原価企画は元来，加工組立型産業

---

[14] この種の固い信念が妥当であるか否かについては，疑問がないではない。それは，次の理由による。第1に，日本の防衛装備品の調達ではパフォーマンス基準にもとづく利益算定の方式が採用されていないので，①米国に比べると，日本の調達のスケジュールにはもともと多少の遅れの余裕が見込まれている可能性が大である。②企業が仮に早く防衛装備品を納入しても，企業にとってのメリットがない。第2に，多品種少量生産であること，および年度途中の追加注文がないので，1年間の生産計画が容易に立てられることにある。そして第3には，これまでは比較的確立された技術に頼ることが多かったので，納期に遅れる要因が比較的少なかった。ただし，今後，日本独自の技術開発による生産の必要性が強まるときには，決して現状のように納期に遅れないとは言い切れないのではないかと思われる。

[15] EVMの簡易版の通称。米国で売られているビールに，ミラーライト（Miller Lite）がある。Miller Liteは軽いタッチであるところから，それをもじってEVM Liteの名称が付けられた。EVMシステムに関しては，米国ではFARに詳細な規定がある。

[16] ここで防衛省ではなく日本政府と述べたのは，米国でFARが認可しているように，日本でもまずは会計法を所管している財務省の認可が必要ではないかと考えられるからである。

[17] フレミングとオッペルマンは，EVM LiteがFARとDFAR-Sに適合するように作成したように匂わせている［櫻井，2016，pp.156-159］。しかし，何人かの米国の専門家に確認した結果では，その返答は，「それはあくまでも国防省の判断次第だ」というものであった。

においてその効果を発揮する戦略的コスト・マネジメントの手法である。原価企画は原価低減に大きな貢献を果たすだけでなく，顧客のニーズに合致させる，いわゆる**適合品質**の向上に貢献する手法であることがよく知られている。

　一方，ツールとしてのEVMには，先に述べたように，品質向上の効果には多くを期待できない。そこで，日本が世界に誇りうる管理会計の手法である原価企画を，EVMが不得意とするプロジェクトの品質向上に役立たせることも検討する必要があろう。原価企画の具体的な方策の1つには，宮地［2015, pp.17-32］が実施したような，長崎県にある国内造船の準大手であるA造船所が原価企画を活用した，バルクキャリア市場での品質の保持と省エネ開発がみられる。これは，**原価企画がもつVEの原価低減機能**を活用して，商品企画段階，商品化段階，製造段階でVEを適用することで原価低減に成功した［宮地, 2015, pp.25-26］事例の1つである。

(6)　パフォーマンス基準制度の適用領域

　パフォーマンス基準制度は，決してすべてのプロジェクトに必要とされるわけではない。少なくとも当面は，効果が高いと判断されるプロジェクトだけを対象とすべきである。その理由は2つある。1つは，新規の防衛装備品の研究試作，開発，および先進性の高い製品開発プロジェクトにおいてその適用の効果が大きいからである。もう1つは，日本の組織風土のなかでは，改革は一気呵成に実施するのではなく，徐々に拡げていくことが肝要だからである。

(7)　EVMを強制するか，企業の意思に委ねるか

　EVMを，米国のように一定規模の契約に対して強制するという方策も考えられなくはない。しかし，日本は米国とは違う。EVMを強制するのではなく，導入企業には導入と運用に要したコストの全部または一部を補償するとともに，導入の可否は企業の自由意思に委ねるべきであるという考え方もある。本書の末尾に掲げた付録1の防衛省契約担当官へのアンケート調査でも明らかなように，著者もまた，EVMは強制すべきではないと考えている。

ま と め

　本章では，現行の防衛省調達制度が抱える課題を解決する方策として，パフォーマンス基準制度の方向性を提示した。パフォーマンス基準制度のことは，「原価を低減し，納期を早め，品質を向上し，革新的な技術の開発を促進し，もって納税者の負担を軽減する原価，利益，価格算定の契約制度」と定義づけた。

　パフォーマンス基準制度は，簡潔にその意図するところ表現すれば，**努力した企業が報いられる制度**である。熾烈でグローバルな経営環境と株主重視の高まりのなかで低い投資利益率の事業が許容されにくい社会環境において戦っている日本企業が，防衛装備品の開発と生産に限って平等原則の下で経営を行うことは次第に難しくなってきている。革新的な開発が必要な案件や，高度な技術が必要とされる案件については，それなりの知識と技術を擁する従業員，特別な機械設備が要求されよう。そのような案件に対しては，契約企業にとってある程度までは満足できる条件で防衛装備品を納入できるような制度を構築することを意図した制度であるといえる。

　それでは，パフォーマンス基準制度を具体的にどのような形で構築するかが次の課題になる。幸いにして，政府契約に市場原理を導入することで成功を収めてきた前例がある。それが，米国政府，国防省によって採用されてきた契約価格，原価，利益の算定方式を規定している CAS，FAR，DFAR-S である。

　本書の第Ⅱ部と第Ⅲ部では，防衛省が制度改革で参考とすべき1つのモデルとして，米国の制度—原価計算基準（CAS），連邦調達規則（FAR），国防連邦調達規則－補足（DFAR-S）—をよりどころにして国防省の契約価格，原価，利益の算定がどのように行われているかを紹介する。

　次章では，米国での契約原価算定のための原価計算基準審議会（CASB）によって制定された原価計算基準（CAS）を紹介することで，防衛省の原価計算方式および日本の「原価計算基準」（「基準」）とどんな違いがあるか，またそこから何を学ぶことができるかを議論する。

〈参考文献〉

櫻井通晴訳「中堅プロジェクトのための EVM Lite」『企業が国際共同開発に参加する場合の契約制度上の課題等（その3）（平成27年度）』防衛基盤整備協会，2016年。(Fleming Quentin W. and Joel M. Koppelman, *Earned Value Lite: Earned Value for the Masses*, Primavera, 2004.) なお，プリマヴェーラ社は2008年10月8日にオラクル社によって買収された。本訳文の原典は Primavera Systems, Inc., によって発表されたものである。

東京証券取引所「コーポレートガバナンス・コード―会社の持続的な成長と中長期的な企業価値向上のために―」2015年6月1日。

防衛基盤整備協会『防衛省 中央調達関係法令集（平成28年改訂版）』防衛基盤整備協会出版会，2016年。

防衛省「総合取得改革に係る諸施策について（平成28年度概算要求）」2015年9月。

宮地晃輔「地域造船企業の再興のための原価企画の活用に関する研究」『管理会計学』第23巻 第2号，2015年。

Solomon, Paul, Path to Earned Value Management Acquisition Reform, *Defense AT&L*, May-June, 2011.

第Ⅱ部
国防省における契約価格, 原価, 利益の算定

第6章

CASBによるCASの意義

はじめに

原価計算基準審議会(CASB)のCASは，1960年代のベトナム戦争で膨大な額に達した国家予算を適切に管理することを主要な目的として，米国連邦政府が1970年から1980年にかけて制定した原価計算基準である。

CASBは一時中断の後に再開されたが，それ以降，新たな基準は制定されていない。CASは，アメリカ政府とその契約業者にとって大きな意義をもつだけでなく，日本の原価計算理論と実務，契約価格設定のための基準，および原価計算制度にも影響を及ぼした基準［櫻井, 1980, pp.1-74］として，日本政府と契約業者にとっても重要な意味をもつ。

日本にも，1962年に大蔵省（現・金融庁）の企業会計審議会によって制定された「**原価計算基準**」(CASBの原価計算基準と区別するため，日本の原価計算基準のことは「基準」と表示）がある。いずれの基準も同じ原価計算基準という表現が用いられており，時代の表舞台からは退いているかに見える。しかし，両基準は現在でもその社会規範としての意義を失っていない。その意味において，両基準には共通の特徴がある。

本章の目的は，米国の会計検査院に設置されたCASBによって制定されたCASの現代的な意義と役割，歴史的変遷，日本の「基準」との関係および連邦調達規則の補足として制定されたDFAR-Sと，第Ⅰ部の主要な考察対象であった防衛省の「**訓令**」，およびパフォーマンス基準制度との関係を考察することにある。

1 CASBによるCASの現代的意義

　連邦政府との国防契約の締結を意図している契約業者は，CASBによって制定されたCASに準拠して原価計算を実施することが要請されている。日本にも1962年に大蔵省企業会計審議会によって制定された「基準」がある。

　日米の基準はいずれも同じく，国が設立した審議会によって制定された原価計算基準である。とはいっても，契約価格算定のための原価計算基準であるCASと，財務諸表の作成，原価管理，予算管理など，外部利害関係者への財務報告と経営管理を主目的として制定された日本の「基準」とは，その目的が全く異なっている。

　契約原価算定のためのCASBは，現在では，会計検査院の手を離れて，連邦調達政策室（Office of Federal Procurement Policy；OFPP）の一機能として活動している。CASBは独立の法令（現在は41 U.S.C. 1501 et seq., 以前は41 U.S.C. 422）にもとづいて設立された審議会である。CASBには，CASとその解釈（アメリカ合衆国との契約で原価の測定と割当て，および配賦方法の原価計算実務の統一性と継続性）を制定，公布，修正する権限が与えられた。

　審議会の構成員は当初，5名からなっていた。会長はOFPP長官，4名は政府契約原価の算定に経験のある委員からなっていた。委員の4名のうち2人が（米国の）国防省（Department of Defense；DoD）と連邦政府調達局（General Services Administration；GSA），1人が産業界，あと1人が会計専門家であった。

1　米国には，実質的な内容において，財務諸表の作成と原価管理を中心とする原価計算制度を中心にして制定された日本の「基準」に対応するという意味での原価計算の基準は存在しない。日本のそれと類似のものには，アメリカ会計学会が制定した「原価概念および基準委員会報告書」(1951)，「経営管理目的のための報告書の基礎をなす原価概念」(1955)がある。これらの報告書は日本の「基準」の制定に当たっても参考にされた文献である〔青木・櫻井，1981, pp.81-145〕。

2　OFPPは，行政管理予算局（Office of Management and Budget；OMB）の組織の1つである。

3　本書では，Department of Defenseの訳語を，国防総省ではなく国防省に，また，頭字語はDoDと表現した。なお，同じ国防省と表現しても，英国の国防省ではMOD（Ministry of Defense；（英国の）国防省）であるが，米国ではDepartment of Defenseで，頭字語はいずれもDOD，DoDの両者が使われている。

CASBのCASは、連邦規則集（The Code of Federal Regulations；CFR）第99章の48 CFRで法制化されている。当審議会によって制定された基準には、すべての行政機関と契約者・協力会社が原価を見積、収集、報告するうえで従わなければならない。また、CASBのCASは米国とのすべての交渉に携わる主契約者、下請調達での価格決定、管理および紛争の解決に役立てられる。

関連規定との関係であるが、DoDには1949年に制定された**国防品調達規則**（Armed Services Procurement Regulations；ASPR）があった。しかし、会計原則との関係が曖昧であることや規定自体にも曖昧さがあることなどで、いまではその役割を国防連邦規則補足（DFAR-S）に譲り渡している。CASは1972年には非国防品にも適用されることになるが、FARが連邦調達機関の調達を統一した方針と手続きを目的とした規則として制定されるに及び、CASが果たすべき役割は限定された。CASとFARとの関係は、FARのPART 30で規定されている。

2　CASBによるCASの目的と契約原価の計算

米国政府がCASを制定するに至った理由は、米国連邦政府がリスクの高い契約を締結するときに作業の開始に先立って必要かつ十分な条件を設けることは非常に困難であり、固定価格にもとづく価格協定を結ぶことが適切ではないからである。そのため、原価補償契約が必要になる。原価補償契約のもとでの政府の基本的な義務は、業務活動の遂行によって生じる特定の原価を契約業者に補償することにある。CASはこのような理由から制定されたのである。

CASBのCASは、米国政府とその契約業者にとって重要なだけでなく、日本の原価計算理論と実務、契約価格設定のための基準として、日本政府とその契約業者にとっても重要な役割が期待された。1970年代の後半、著者が防衛庁にCASBのCASの動向を示唆してからすでに40年前後の年月が経た。今

4　CFR Title 48 Chapter 99.
5　現在の防衛省。1954年以来、防衛庁として総理府・内閣府の外局だったが、2007年に防衛省に移行した。その結果、内閣の統轄の下に行政事務をつかさどる機関の1つとなっている。

後,防衛装備品の契約業者が米国の業者と共同開発を行う際には,CAS の理解は必須である。

1972 年から 1980 年にかけて CASB によって制定された CAS は,アメリカ連邦政府が 1960 年代のベトナム戦争で膨大な額に達した国家予算を適切に管理することを主目的として制定された。その目的は,国防契約業者の原価測定プロセスの統一性と一貫性を高めることにあった。それだけの重要性があったにもかかわらず,CASB は 1980 年以降には新たに基準を制定していない。それはなぜなのか。CAS に代わる基準には現在何が用いられているのか。このような問題意識のもとで,次項ではエーベル［Abel, 2006, pp.46-51］を参考にして,CASB の目的やその歴史的意義と日本の「基準」との関係を探る。

3　CASB の役割とその歴史的変遷

1960 年代の後半には,国防契約業者とその会計実務に厳しいチェックがされていた。当時の会計検査院（Government Accounting Office；GAO）は国防契約業者の実務の調査とヒヤリングを積極的に実施した。

カリスマ的な人物であったリッコーバー海軍大将[6]が,積極的に契約業者の原価計算の急進的な改革に取り組んだ。リッコーバーとその同調者たちは,CASB 設置の議案を提出した。議会はこの課題を解決するために,GAO に統一原価計算の問題のフィージビリティ・スタディを要請した。その要請に応えて発表されたのが,*Report on the Feasibility of Applying Uniform Cost Accounting to Negotiated Defense Contracts*「国防交渉契約に対する統一原価計算の実施可能性に関する研究報告書」であった。

この報告書において,GAO は,1960 年代において原価を予測・集計・報告するために,契約業者によって一般的に用いられてきた数多くの許容できない原価計算実務を明らかにした。具体的には,同様の状況のもとで発生した原価であっても,あるときには直接費,別のときには間接費として扱われるなど,一貫性が欠如していた。加えて,契約業者による二重計算すら見られたのであ

---

[6] Hyman George Rickover。米国初の原子力潜水艦 Nautilus 号を完成させた（1954 年）人物。

る。そのような事情から，統一原価計算を制定する合意が醸成されていった。

　原価を予測し，集計し，報告するときに第1に必要になる基準は，**一貫性**であった。第2に必要とされた基準は，契約業者の**二重計算の排除**であった。基準の制定にあたってとくに重視されたのは，契約業者が原価計算実務を変更するときの規制であった。

　国防省契約監査局[7]（Defense Contract Audit Agency；DCAA）は，CASBの設置を支持した。DoD以外の官庁も，審議会を支持した。ただ，1970年に審議会が設置されてCASBとそのスタッフから，**継続性・統一性・開示**を求められるようになると，連邦政府と契約業者の間での激しい意見の対立がみられるようになった。契約業者は議会のロビー活動を通じてCASBに敵意をむき出しにして国防省に働きかけた。その結果，1980年の秋にCASBはその活動を停止した。[8]

　過去30年以上にわたるCASBの歴史を翻ってみると，なぜCASBの活動が停止させられたのか，という疑問が湧きあがってくる。その理由を一言で表現すれば，原価補償契約のみを規定したCASBは1980年代以降の時代の変化に対応しきれなかったからだということができる。[9]

4　日本の「基準」との対比によるCASの意義と特徴

　本節では，CASとの対比で，「基準」の意義を考察する。「基準」は，1962年に大蔵省企業会計審議会によって制定された。「基準」は，たしかに1960年代から1970年代初頭までのプロダクト型経済下における経済の発展には多大な貢献を果たしてきた。しかし，1970年代から明確になってきた経済のソフト化・サービス化や，1990年代以降に顕著になってきたインタンジブルズ型経済[10]［櫻井，2014，pp.1-10］の急速な発展には対応できていない。

---

[7] 設立は1967年。職員数は約4,000人，うち，公認会計士が1,000人以上を占めているという［防衛省調達制度調達検討調査会，1998，pp.3-4］。

[8] 議会がCASBに適切な資金の提供を停止したのは，1980年のことである［Oyer, 2011, p.107］。

[9] 原価に利益を上乗せする原価補償契約ではなく，パフォーマンス基準を求める政府，契約業者，および納税者の要望の高まりが大きく影響している。

たとえば，現在，IT企業ではソフトウェア原価計算が，サービス業や医療機関でも原価計算が実施されるに至っているが，「基準」ではこれらの課題に何ら対応できていない。加えて，国際財務報告基準（International Financial Reporting Standards；IFRS）のマネジメント・アプローチや，研究開発費の現代的な会計処理に対応できていない[12]といった問題点もある［櫻井，2014，pp.1-10］。要するに，「基準」は現在の経済・社会のもとでは，原価計算の社会規範として十分な役割を果たしていない。

このようにみると，日本の「基準」もまた，その存在意義が薄れてきていることに，CASと共通の特徴がある。しかし，CASには，日本の「基準」とは違った次のような特徴が見られる。

第1に，すべての企業は，財務諸表の作成の他，原価管理，予算統制などを目的とする原価計算制度においては，「基準」が"尊重されるべき"であるとされている。一方CASでは，**契約価格の算定**という目的に照らして，原価がCASに準拠した**原価原則**（cost principles）に準拠していることが求められる。

第2に，日本の「基準」では原価として認められても，契約原価の算定基準であるCASでは当該費目が許容原価として認定されるとは限らない。さらに加えて，米国政府が主体となる防衛装備品の共同開発契約に参加する日本企業

---

10 現在のわが国の経済基盤は，プロダクト型，ソフト化・サービス型，ファイナンス型，インタンジブルズ型経済の混合モデルであると著者は考える。下表を参照されたい。詳細は櫻井［2014，pp.1-10］を参照されたい。

表　年代区分別の典型的な経済モデルと各区分別の主要な特徴

時代区分	典型的な経済モデル	主要な特徴
1960年代以降	プロダクト型経済	製造業の相対的縮小
1970年代以降	ソフト化・サービス型経済	IT企業・サービス業
1980年代以降	ファイナンス型経済	デリバティブの増大
1990年代以降	インタンジブルズ型経済	無形財の増大傾向
2000年代以降	ネット型経済	変動費は限りなくゼロ

（注）時代区分は「基準」制定（1962年）以降のもので，厳密な時代区分を求めたものではではない。

11 「企業会計基準」第17号「セグメント情報等に関する会計基準」（最終改定は2009年）にも全く対応していない。

12 「基準」が制定された当時の研究開発費は資産計上が認められていたが，1998年以降，現在の会計基準では即時費用化が原則である。

は，CAS と FAR の原価の**許容性**（cost allowability）への準拠が求められる。

　第3に，実践規範としての日本の「基準」とは違って，CAS では，ある原価が許容原価であると決定されれば，次に，FAR に規定されている**原価の配賦可能性**（cost allocability）の原則が，発生した原価をいかに配賦するかに関して詳細で具体的な指針を与える。

　CAS では，申請された原価が合理的であるか否かを判断基準にする。不確実な状況が生じたときには，当該原価が真に合理的か否かを決定するために，契約業者は「善管注意義務（prudent person rule；正常な事業活動を行っているときに慎重に管理している人間によって発生したか）」にもとづいて判断する。

　適切な CASB による原価計算制度をもつことは，アメリカ合衆国の契約業者と協力会社[13]にとって，下記の特徴ないし長所がある［Garrett, 2010, pp.11-12］。防衛装備品の共同開発にあたる日本の契約業者にも，同様の長所がある。

① CAS，FAR および契約の要件に準拠していることを保証する。
② 直接費・間接費を含めて，実際原価のより優れた理解を通じて，原価を効果的かつ効率的に管理する。
③ 実際原価の，より信頼できるデータベースを通じて，見積原価をより正確に見積もることができる。このことによって，類似の原価見積をもつことで次の原価見積にあたっての参考資料をも提供する。
④ DCAA に原価計算制度の確認と監査を成功裏にパスさせる。

5　CASB の CAS の法的位置づけ

　許容原価と非許容原価とを記述する主要な契約条項は，政府契約における参照項目として組み込まれ，FAR の一部になっている。この参照項目は原価原則と呼ばれている。**原価原則**は，ある種の契約に特別に合わせて作られた事前協定によって補足されている。それゆえ，多くのアメリカ合衆国の連邦政府契約にとって，契約業者の原価が補償されるか否かは，必要とされる CAS にもとづく会計方法に従って契約業者がいかに適正に実行しているかにかかってい

---

[13] Subcontractor は，内容的には，いわゆる下請（契約）業者である。

る。大企業と中小企業[14]の両者，および下請企業を含む連邦政府との主契約業者へのCASの適用可能性は公法で明らかになっている。

公法100-679（41 U.S.C. 422）は，契約業者と協力会社にCASに準拠するよう求めている。CASが免除される契約と下請契約には，次のものが含まれる。
① 封印入札契約[15]
② 交渉契約（negotiate contract）と下請契約で，55万ドルを超えない契約（同一セグメントから他のセグメントへの注文は，下請契約と考えられる。）
③ 中小企業との契約と下請契約
④ 外国政府またはその代行者（その補助機関）との主契約，または下請契約
⑤ 価格が法律または規則によって設定されている主契約または下請契約
⑥ カタログ価格が決まっているか，一般大衆に大量に販売されていて市場価格が確立されている商品にもとづいて価格が決められる契約または下請契約
⑦ アメリカ合衆国外でのNATO PHM艦船プログラムに係わる協力会社
⑧ アメリカ合衆国，その領域，その占領地とは全く離れた場所で契約を実行し，仕事を実施する契約と下請契約
⑨ 原価データを提示しなくても認められる固定価格契約と下請契約

中小企業はCASのすべての契約条項から免除される。しかし，下請契約は一般に，完全または部分的にCASに従わなければならない。CASの全面適用（full coverage）では，契約業者は契約の落札日に19のCAS，およびCASの契約の契約条件に従うことが要請される。次の場合にCASが全面適用される。
① 過去に5,000万ドル以上の単一の契約の落札を受けている契約業者
② 先の原価計算期間中に正味で5,000万ドル以上を受け取る契約業者

修正適用（modified coverage）については，契約業者は次の基準—CAS 401，CAS 402，CAS 405，CAS 406—の適用だけを受ける。

---

[14] Small businessは日本語の中小企業に該当する。
[15] 封印入札契約（sealed bidding contract）に対して，交渉契約（negotiated contract；商議契約）のことを，「競争入札というプロセスを経ないで，契約業者と直接的な協定に基づいて行う契約」であると定義づけている。日本でいえば，封印入札は一般競争入札，交渉契約は随意契約に近い。

6 CASの概要

CAS(1972-1980) を, DoD DCMA (Defense Contract Management Agency; 国防契約管理局)の分類基準に従ってCASのタイトルとその内容を下表に掲げる。

表6-1 CASBによるCASの概要 (1972-1980)

概念と原則	
CAS 401	原価の見積, 集計, 報告における首尾一貫性
CAS 402	同一の目的で発生した原価を配賦するうえでの首尾一貫性
CAS 405	非許容原価の会計
CAS 406	原価計算期間
契約への原価の配賦	
CAS 403	本社費のセグメントへの配賦
CAS 407	直接材料費と直接労務費について, 標準原価の使用の基準
CAS 410	ビジネス・ユニットの一般管理費の最終原価計算対象への配賦
CAS 418	直接費と間接費の区分
原価の識別と割当て	
CAS 404	有形固定資産の資産計上
CAS 408	有給休暇手当に関する会計
CAS 409	有形固定資産の減価償却
CAS 411	材料の取得原価の会計
CAS 412	年金費用の構成と測定
CAS 413	年金費用の調整と配賦
CAS 415	繰延報酬原価に関する会計
CAS 416	保険料に関する会計
CAS 420	独立の研究開発費と, 入札・提案書作成費用のための会計
貨幣コスト	
CAS 414	設備資本の原価の一要素としての貨幣コスト
CAS 417	建設中の固定資産の原価の一要素としての貨幣コスト

CASは401から420まで19の基準（ただし，19は欠番）が制定されている。以下では，DoD DCMAの分類基準に従い，表示の方法はギャレット［Garrett, 2010, pp.205-220］とCCH［2012, p.15-287］を参考にして各基準を考察する。

(1) 概念と原則
CAS 401　原価の見積，集計，報告における首尾一貫性
内　　容：原価の見積，集計，報告の首尾一貫性の会計処理の要請
目　　的：入札への参加申込の目的のために原価を見積もるうえで用いられる契約業者の実務は，原価を集計し報告するために用いられる会計実務と一貫していることを保証すること。
　　1　類似の取引は同じように処理する可能性を高めるべきである
　　2　信頼できる見積原価と実際原価との比較が可能になること
　　3　2で"比較が可能"とは，原価管理の基礎を提供すること
　　4　会計責任（accountability）[16]の樹立を支援すること，および
　　5　原価見積の能力を評価する基準を提供することを意味する
必要要件[17]：入札への参加申込をするための原価の見積もりに用いられる契約業者の実務は，原価を集計し報告するために用いられる原価計算実務と一貫していなければならない。原価計算実務は，次の領域に関して一貫していなければならない。
　　①　原価要素を直接費と間接費に分類する基準
　　②　費用負担されるか装備品契約の提案書の作成に使われる，各原価要素または機能の，間接費プール[18]

---

[16] 会計学において，accountabilityとは，投資家を含むすべてのステークホルダーに対する報告責任のことを意味する。会計責任を果たすには，会計帳簿にもとづく日々の会計記録がなされなければならない。なお，行政学や政治の世界でaccountabilityは，透明性をもった報告責任を含意する。本文でaccountabilityは，説明責任とも会計責任とも解釈できるが，1970年代当時の会計学界の常識と米国の会計検査院の役割に鑑みて，会計責任を意味するものと解釈した。
[17] 本章でrequirementsは，必要条件ではなく，内容から，必要要件と表現すべきだと判断した。
[18] 製造間接費のように，特定目的のために会計制度上で集計される原価のグループのことをいう。第3章の脚注3も併せて参照されたい。

③　間接費を契約に配賦する方法
コメント：CASの修正適用とCASの全面適用の両者に適用される。

48 CFR 9904.401

　　CAS 401は原価計算制度のすべてに適用される。つまり，すべての原価計算制度では，CAS 401を一貫して適用しなければならない。
日本の契約業者への留意事項：たとえば，製造間接費の配賦方法を期の途中から，直接作業時間法から直接労務費法に変更するのは，CAS 401の違反となる。

CAS 402　同一の目的で発生した原価を配賦するうえでの首尾一貫性[19]

内　　容：配賦の首尾一貫性

目　　的：各種の原価は，ただ一度だけ，そして1つの基準だけで[20]，契約または他の原価計算対象（cost objective[21]）に配賦されることが要請される。原価を製品，契約，または他の原価計算対象への配賦を決定する基準は，すべて類似の原価計算対象にとって同じでなければならない。この基準は次のことを避けるのに役立つように制定された。

　　1）原価を過剰に負担させること
　　2）二重計算すること

必要要件：最終的な原価計算対象は，他の原価が同じ状況の下で同一の目的のために発生した場合，ある原価計算対象で直接費とした原価は他の原価計算対象でも直接費として処理しなければならない。また逆に，間接費として処理したら他の原価計算対象でも間接費として処理する。同様

---

[19] 直接費は特定の原価計算対象（例；製品）に賦課するが，間接費は数種の原価計算対象に配分しなければならない。この間接費の原価計算対象への配分のことを，配賦（allocation）という。

[20] ただし，手作業による工程ではマンレート法（直接作業時間）で，別の機械作業による工程ではマシンレート法（機械時間）を使うことは許容される。

[21] 原価計算対象のことは，ドイツでは給付（Leistung）という。原価計算の対象のことで，CASBのCASなど米国文献では製品，サービス，プロジェクトなどが典型的な原価計算対象である。製品とサービスを含意する日本の「基準」でいう給付よりは，原価計算対象の方が対象とする範囲が現代の感覚にマッチしていて，広い。詳細は櫻井［1981, pp.21-38］参照。

のことは，契約の提案書の作成に用いられる費用の見積もりにも適用される。

コメント：CAS の修正適用と CAS の全面適用の両者が適用される。

48 CFR 9904.402

CAS 402 はまた全体の制度にかかわる基準である。原価計算制度を通じて，同じような状況のもとでの同じような原価は，同じように取り扱われなければならない。

日本の契約業者への留意事項：CAS 401 を支えている規準であり，CAS 401 と同じく，最も重視されるべき規準の1つである。日本の「基準」においても，配賦基準についての明確な規定がある。

CAS 405 非許容原価の会計

内　　容：見積もり，請求，請求権において非許容原価を識別することを契約業者に要請

目　　的：ガイドラインを設定することで，契約の交渉，監査，管理および解決を促進するため。ガイドラインには，以下のものが含まれる。

 1 非許容原価を明確にすること，および
 2 非許容原価の原価計算上の扱い

 注意：**非許容原価**は契約と適用される調達規則によって決定される。非許容原価には，次のものが含まれる。

  ①交際費，②法律で定められたロビー活動費，③民法または刑法上の詐欺事件の予防費，④科料または罰金，⑤社交，食事，またはカントリークラブの会費，⑥アルコール飲料費，⑦義捐金または寄付金，⑧広告費，⑨販売促進費[22]

必要要件：

 1 明確に非許容原価であることが判明している原価を相互に識別する

---

[22] 国との契約によって販売額が決定されるのであるから，販売促進費は，原則，非許容原価である。販売促進費には，販売手数料，販売奨励金，広告宣伝費，交際費が含まれる。販売促進費は物流費と並んで，営業費のカテゴリーの1つである。非許容原価の例示の①の交際費は販売促進費の一費目である。交際費に関しても，FAR 31.205-14 に詳細な規定があることに留意されたい。

とともに，その許容原価の金額を政府に対する請求金額，請求権，またはプロポーザルから排除しなければならない。

2　紛争手続きによってコントラクト・オフィサー（契約担当官；CO）が非許容原価と判定し，文書で通知した場合には，政府に対する請求金額，請求権，または提案書から排除しなければならない。

3　ある非許容原価がなければ発生しなかったであろう非許容原価と直接結びついて発生する原価もまた，非許容原価である。[23]

4　契約上承認されないプロジェクトの原価は，承認された原価と容易に区分できる方法で会計処理しなければならない。

コメント：CASの修正適用とCASが全面適用される。　　48 CFR 9904.405
　　CAS 405 は，非許容原価を識別・区分することに関連している。

日本の契約業者への留意事項：CASとの関係では，許容原価性に関して疑義が生じやすい原価に，**遊休設備**の契約原価算入の問題がある。民間企業であれば企業の戦略の一環として設備投資決定を行った結果としての遊休設備であるから，戦略の誤りとして，「基準」で非原価項目の１つに列挙される。他方，防衛産業では国の都合によって建設した貴重な固定資産が遊休化することがある。たとえば，作業量の変動や，生産上の経済性，リストラ，生産中止など，国の防衛政策の変更によって企業がやむなく設備を遊休化せざるを得ないこともある。その判断は，48 CFR 31.205-17 に従う。

　遊休設備の問題は，折角設備を設置しても競争入札により敗れれば，他に転用の効かない設備の固定費をどう処理すべきかに困惑するという声を日本の契約業者から聞く。防衛省側での対処が求められる喫緊の課題である。

　同様のことは，**固定資産売却損益**にも妥当する。48 CFR 31.205-16 が参考になる。セール・アンドリースバックの場合の処理，企業間の合併・買収の結果発生した資産の移転などについては，FARに従う。

---

[23] 分かりにくい文章であるが，これを例示すると容易に理解できよう。たとえば，接待のために必要となった旅費は，接待自体が認められていないのであるから，許容できないということである。

金利その他の金融費用で，契約の業績向上のために使われた設備に投下した資本コストは，貨幣コスト率を適用することによって計算された機会原価である（48 CFR 31.205-10 参照）。つまり，設備に投下した資本コストは，機会原価として契約価格で回収できる［Oyer, 2011, p.93］。国防省における借入資本利子に関しては，第 10 章で改めて考察する。

税金は，GAAP に従っている限り，数項目の特定の税金を除けば，48 CFR 31.205-41 で許容原価として認められている。

CAS 406　原価計算期間

内　　容：下記（必要要件）で述べる 4 つの限定的な例外を除いては，契約業者に原価計算期間として会計期間を使用するよう要請

目　　的：この規定の目的は，3 つある。第 1 に，原価計算期間として使われるべき期間を選択するための基準を提供するため。第 2 に，各原価計算期間内で原価の流れに変化が生じる影響を抑制するため。第 3 に，契約原価測定の客観性，一貫性，検証可能性，統一性，比較可能性を高めるためである。

必要要件：契約業者は，原価計算期間として，**会計年度**（fiscal year）を用いなければならない。ただし，次の 4 つの場合を除く。

1　原価計算期間の一部にのみ存在する製造間接費は，当該期間の同じ部分の原価計算対象に対して配賦される。
2　契約業者が会計年度ではなく会計期間（annual period）を用いているとき。
3　移行期間。会計年度の変更が起こった時，15 ヵ月を超えない範囲で，1 年以上の移行期間が取られることがある。
4　配賦基準を確定するための年度と間接費勘定における原価の集計

24　諸代替案のうちの 1 つを受け入れ，他を断念した結果失われる利益のことを機会原価という。機会原価は断念した機会の利益であるが，それには会計上の利益だけではなく，計量化は可能であるが会計上の利益とはならない便益（benefit）も含まれる。経済学では機会費用ともいわれる。なお，機会原価をもって失われる最大利益と，得られる最大利益との差額として捉えることもある。さらに，実務では，機会損失と表現されるが，機会損失をもって原価性をもたない損失だとする主張もある［櫻井, 2015, p.116, p.457］。

において用いられる期間とは，同じ原価計算期間でなければならない。
コメント：CAS の修正適用と完全な CAS の両者が適用される。つまり，CAS の修正適用であろうと完全適用会社であろうと，契約業者は CAS 406 を適用しなければならない［Garret, 2010, p.144］。

48 CFR 9904.406

　　CAS 406 は，暦年であろうが会計年度であろうが，一貫して 12 ヵ月を適用することを前提にしている。

日本の契約業者への留意事項：企業の**原価計算期間は 1 ヵ月**である。その理由は，原価管理のために迅速性が必要とされるからである。それでは，なぜ契約原価の算定で 1 年の会計期間が必要なのか。その理由は 2 つある。

　　1 つは，1 ヵ月では製造間接費によって単位当たり原価が大きく変動する可能性がある。そこで，適正な契約価格を算定するためには原価の変動性を少なくさせる必要があるためである。いま 1 つは，契約原価の適正な測定をするため，客観性，一貫性，検証可能性を高めることにある。

(2) 契約への原価の配賦

CAS 403　**本社費のセグメントへの配賦**

内　　容：原因／便益関係にもとづいて，本社費を組織のセグメントに配賦するための基準

目　　的：本社費を，受け入れセグメントの便益または因果関係にもとづいて配賦するための基準を設定する。その目的のため，

　　1　可能な限り，セグメントに直接的に費用負担させるように，実務的にコストを個々に負担させる努力を行う。

　　2　費用とセグメントとの関係性を反映させた基準にもとづいて，比較的類似の勘定に論理的に配賦できるように，重要なセグメントに直接的に配賦できない配賦費用を集計する。そして，

　　3　セグメントに直課できない本社費を，各セグメントに配賦する。

必要要件：本社費は，支援活動と受入活動との間で，**便益または因果関係**の基準にもとづいて配賦されなければならない。

　　たとえば，**本社集中購買**によって発生した本社費は，各セグメントの注文数または注文金額によって配賦する。

　　スタッフまたはライン・マネジメントの費用は，直接的に配賦できないのであれば，管理される総活動を代表する基準を使って配賦すべきである（たとえば，製造活動の管理者のために発生した原価）。

　　年金費用のような本社の支払額または見越項目は，直接的に配賦できないのであれば，給料などの配賦基準を使って配賦する。

　　最高財務責任者（CFO；Chief Financial Officer）のようなスタッフ・マネジメントの費用は，セグメントの全活動を代表する基準にもとづいて配賦する。

コメント：CAS が全面適用される。　　　　　　　　　　48 CFR 9904.403

　　CAS 403 は，典型的には一般管理費として扱われる本社費に適用される。

日本の契約業者への留意事項：本社費のセグメント別配賦に関しては，可能な限り因果関係にもとづいて配賦せねばならない。しかし，本社費とセグメントとの間には妥当な配賦基準が見られないことが少なくない。このようなときには，日米ともに，負担能力基準で配賦することも行われている。

CAS 407　直接材料費と直接労務費について，標準原価の使用の基準

内　　容：標準原価計算制度の容認

目　　的：**標準原価計算制度**を用いることを選択する契約業者のために，原価測定と原価割当方法を改善するため。

必要要件：直接材料費と直接労務費の見積・集計・報告のために標準原価が許容原価として認められるのは，次の条件を満たしている企業である。

　1　標準原価が会計帳簿に記帳されていること。

　2　標準原価とそれに関連した原価差異は，生産単位のレベルで適切に会計処理されていること。

3　標準の設定と改訂，標準原価の使用，原価差異の処理に関する実務は文書で記述されていて，継続的に適用されていること。

コメント：CAS が全面適用される。　　　　　　　　　　　　　　48 CFR 9904.407

原価見積だけに予測尺度として利用することは許容しない。CAS 407 は特に直接労務費と直接材料費の標準原価計算制度に適用される。

日本の契約業者への留意事項：日本の「基準」は，財務諸表への利用だけでなく，原価管理への役立ちに重点がおかれているので，CAS とは利用目的が異なる。しかし，多くの日本企業の標準原価計算制度はここでの要求事項をすべて備えている。なお，米国だけでなく日本の「基準」でも，製造間接費に対しても標準原価の適用が許容されている。理論的にもそれが許容されると考えられるが，民間の標準原価計算とは違って契約価格算定のためには許容されない可能性がないとはいえない。[25]ただ，ホームページに掲載された PNWC's Government Contract Update（Feb. 7, 2011）によれば，この規定に関して問題が生じたことはなかったという。

清水他［2011, p.73］によれば，約 6 割（58.5％；回答企業 200 社）の日本企業が標準原価計算を採用している。日本大学商学部の調査結果［川野, 2014, p.61］でも，製造業に限れば，1993 〜 1994 年調査の 64.0％（非製造業は 21.5％）に比較しても増加傾向にあり，現在では 68.1％（非製造業は 21.4％）の企業が標準原価計算を採用している現状にある。

日常の経営活動で標準原価計算制度を利用し続けている企業は，製造間接費についても標準原価計算の利用も許容されると考えてよい。

CAS 410　ビジネス・ユニットの一般管理費の最終原価計算対象への配賦

内　　容：一般管理費の原価計算対象への配賦

目　　的：ビジネス・ユニット（Business Unit；BU）[26]にある一般管理費を便益または因果関係にもとづいて最終的な原価計算対象に配賦するための

---

[25] Rosen［2012, pp.133-138］では，9904.407-10 について基準の説明がなされている。しかし，製造間接費に関する記述は見当たらない。原価計算の理論上，製造間接費への標準原価計算の適用は日本だけでなく米国でも当然と考えられていることからすると，製造間接費を標準原価計算制度から排除することは考えられない。

基準を提供すること。費用の最終的な原価計算対象への配賦において，客観性を高め，類似の状況における契約業者間の原価データの比較可能性を高めるのに役立つ可能性を増やすこと。

必要要件：ビジネス・ユニットにある一般管理費は，他の間接費勘定とは区分して集計され，最終的な原価計算対象に配賦すべきである。一般管理費勘定は，典型的な原価計算期間の全活動を最もよく表す原価のインプット基準（すなわち，総原価のインプット，付加価値額のインプット，または単一の原価要素のインプット）によって配賦しなければならない。

　セグメントによってその便益が受け取られる本社費は，一般管理費勘定に含められなければならない（ただし，例外はある）。

コメント：CASが全面適用される。　　　　　　　　　　　　48 CFR 9904.410
　この基準は，一般管理費の最終的な原価計算対象への配賦に関係する。

日本の契約業者への留意事項：本社費を便益または因果関係にもとづいて配賦すべきことは，日本の原価計算理論と異ならない。問題は，ここで因果関係にもとづく配賦がABC（Activity-Based Costing；活動基準原価計算）のみを含意して，伝統的な原価計算を許容しないかである。結論はノーである。理由は，以下の通りである。第1に，間接費は，負担能力主義（例；売上高）ではなく，**原価発生原因主義**（例；時間，用水・電力の使用量）によるべきである。それゆえ，伝統的な配賦よりもABCの方が合理的ではある。しかし，本社費の多くは原価の発生原因との因果関係を見極めえない原価が存在する。第2に，ABCといえども万能薬ではない。役員の給料のように税金の一種と考えざるをえない費目[27]もある。ABCに関心のある読者は，櫻井［1998, pp.1-376；2004, pp.1-504］を参照されたい。

---

[26] 企業によって異なるが，事業単位である事業部のことをビジネス・ユニットと呼称している企業が多い。戦略的事業単位（Strategic Business Unit；SBU）は，米国では頻繁に使われる。

CAS 418　直接費と間接費の区分

内　　容：直接費と間接費との区分とその一貫した配賦基準

目　　的：目的は，3つある。第1は，原価の直接費と間接費への区分の方法を改善するため，第2は，間接費の配賦を改善するため，第3は，間接費を原価勘定に集計するための規準を提供するためである。

必要要件：必要とされる会計方針を記述して継続的にその方針に従うこと。

 1　間接費は，類似の原価勘定に集計しなければならない。

 2　間接費勘定に記入された原価は，便益または因果関係にもとづいて，合理的な比率で，原価計算対象に配賦されなければならない。

 3　間接費勘定の原価の多くが経営管理に関係する費用であるときには，間接費勘定の原価は管理される活動にもとづく適切な基準に従って配賦されなければならない。

 4　経営管理のための原価が重要性をもたない場合でも，その原価は資源の消費尺度にもとづいて配賦されなければならない。

コメント：CAS が全面適用される。　　　　　　　　　　　　48 CFR 9904.418

日本の契約業者への留意事項：日本の原価計算の理論と実務と全く同じである。間接費の配賦については，日本の原価計算との違いは見られない。

(3)　原価の識別と割当て

CAS 404　有形固定資産の資産計上

内　　容：有形固定資産の資産計上に係わる会計基準

目　　的：数期間にわたって，一貫して有形固定資産に関連する原価の測定を促進すること。

必要要件：契約業者は，**合理的で首尾一貫した方針を確立していなければならない**。その方針では，有形固定資産の資産計上について，経済的・物理的な特徴を付与するものでなければならない。**有形固定資産の計上に**

---

[27] 一般管理費のなかには，因果関係にもとづいて配賦することが難しい費目も少なくない。たとえば，役員給料など特定の製品に直接的に後付けすることが困難な費目がある。そのような費目については，役員給料を一種の税金と見なして，（税金と同じように，売上高の多寡で配賦比率を決める）配賦方法を取らざるを得ないことになる。

当たっては次のガイドラインの枠組みの下でなされなければならない。
条件
1 有形固定資産の償却可能原価は，その固定資産原価から見積残存価額を差し引いたものでなければならない。
2 最低の耐用年数は2年。また，取得原価基準は5,000ドル。ただし，それよりも低いこともありうる［Oyer, 2011, p.118］。
3 契約業者は，資産計上の方針に適切なその他の特定の特徴を明示する。
4 可能な限り，資産の識別に関する契約業者の方針を提供する。
5 資産の耐用年数を延長し，生産性を向上させるために発生した原価は，資産に計上すべきである（修繕費と保守費用は期間原価である）。

コメント：CASが全面適用される。　　　　　　　　　　　48 CFR 9904.404

日本の契約業者への留意事項：固定資産たりうるための条件は，米国では5,000ドルと，日本とは金額が異なる（日本の税法上では10万円以上）ことに留意されたい。資産の耐用年数を延長した修繕費を資産に計上する処理や修繕費，維持費の処理は，日本の会計基準と異ならない。

契約業者にとって政府との契約ビジネスの継続には固定資産と付帯設備に多額の投下資本が必要である。この基準は，このような投資に対する**機会原価**としての利子の額を認識して計量化することを許容したものである［Oyer, 2011, p.130］。一方，わが国の「訓令」では，**利子は非原価**の一項目として位置づけられている[28]。ただし，契約に含められる利子に関しては，総原価に利子率を乗じて計算（第71条）する。そして，その利子率の算定には標準金利を適用し，経営資本に標準金利を乗じた額を期間総原価で除して計算（第72条）する［防衛基盤整備協会，2016, p.178］。

CAS 408　有給休暇手当に関する会計
内　　容：受給権にもとづく同じ会計期間に割り当てる有給休暇手当の会計

---

[28] 非原価項目を限定列挙している「訓令」第42条 (1) の"利子"は，「経営目的に関連しない…利子…」と解されている。

目　　的：休暇，病欠，休日などの個人の有給休暇手当の原価測定に統一性を与え，測定された原価を適切に原価計算対象に費用負担させることを目的とする。

必要要件：有給休暇手当の原価は，原価計算期間に割り当てるか受給権を取得した期間に割り当てる。全原価計算期間にまたがる有給休暇手当の原価は，当該期間の最終的な原価計算対象に年間ベースで比例的に配賦する。

コメント：CAS が全面適用される。　　　　　　　　　　　48 CFR 9904.408
　　この基準は一般に，一般管理費を含む間接費勘定内の原価に適用される。

日本の契約業者への留意事項：有給休暇を取得する日本のビジネスマンはアメリカのビジネスマンと比べて極端に少ないが，有給休暇のコストも契約価格に含められることに留意すべきである。

CAS 409　有形固定資産の減価償却

内　　容：有形固定資産の減価償却方法は，サービスの予期される消費を合理的に反映する限り，財務会計と同じにすべきことの要請

目　　的：有形固定資産の減価償却額を，当該資産の見積耐用年数にわたって，便益を受ける原価計算対象に，組織的で合理的な手続きによって割当てること。

必要要件：

1　**減価償却費**は，原価計算期間に割り当てなければならない。
　　(1)　償却費は，固定資産原価から見積残存価額を差し引いて算定する[29]。
　　(2)　償却費を割り当てる会計期間を決定するためには，見積耐用年数が用いられる。
　　(3)　減価償却の方法は，当該資産の耐用年数にわたるサービスの消費のパターンを反映させなければならない。

---

[29] 2007 年 4 月以後に取得された減価償却資産については，日本では残存価額はなく，備忘価額 1 円を残して，原則として全額を耐用年数で償却する。

(4) 固定資産の処分によって認識された除却損益[30]は，処分が行われた期間に割り当てなければならない。
2 当該年度の償却費は，原価計算対象に配賦しなければならない。
(1) 減価償却費の測定が利用にもとづいて行われ，類似の目的のために用いられたすべての類似の資産の原価が同じ方法で費用負担させられる場合に限って，減価償却費は原価計算対象に費用負担される。
(2) 有形固定資産が1部門で機能し，その固定資産の原価（減価償却費）が，当該部門によって提供されるサービスの測定値にもとづいて他の原価計算対象に費用負担させられるのであれば，
① 必要要件の1または2で述べた方法で原価が費用負担されなければ，適切な製造間接費勘定に含め，
② その製造間接費勘定に含められた損益は，減価償却費と同じ方法で原価計算対象に配賦しなければならない。

コメント：CASが全面適用される。　　　　　　　　　　　48 CFR 9904.409

　CAS 404とCAS 409は，有形固定資産の資産計上とその資産の減価償却について規定している。これらの資産の原価は一般管理費を含む間接費勘定を通じて保持し，業務活動に費用負担させられる。

日本の契約業者への留意事項：日本企業では，見積耐用年数は，通常，税法に従って会計処理される。日本とは異なり，米国では確定決算主義を採用していないが，この基準は日本の減価償却の慣行と矛盾しない。

CAS 411　材料の取得原価の会計

内　　容：材料の取得原価の会計基準
目　　的：材料費の原価計算対象への測定と割当ての方法を改善すること。
必要要件：契約業者は，材料費の集計と配賦のための会計方針を記述した文書を保管し，継続的にその方針を適用しなければならない。

---

[30] 損益と表現したが，CAS 409では経常的な損益を表す profit or loss ではなく，固定資産の売却や処分に伴って生じる gain or loss の訳語である。ここでは，固定資産の除却損益を意味する。

1 原価計算対象が特に購入時，またはユニット別の材料を使用した生産時に，材料の範疇のユニット別の原価が識別できるのであれば，原価計算対象に直接的に費用負担させる。[31]
2 間接機能だけをもって使われているか，あるいは生産の主要な要素ではない材料費[32]は，間接費勘定に含められる（重要でない場合には，消費されなかった間接材料費は期末に資産勘定[33]に振り替えられる）。
3 ユニット部品の原価は，材料勘定で会計処理される。
4 棚卸資産から庫出しされる材料の原価計算方法は，次の方法のうちの1つによらなければならない。それは，先入先出法，後入先出法，加重平均法，移動平均法，および標準原価計算法である（9904.411-50）。

コメント：CAS が全面適用される。　　　　　　　　　　　48 CFR 9904.411
　　　　CAS 411 は材料の取得に適用される。

日本の契約業者への留意事項：この基準が制定された当時は，**後入先出法**（last-in First-out method；LIFO）が世界中で認められていた。しかし現在では，日本だけでなく国際会計基準（IFRS）でも，米国を除く世界の主要国において，後入先出法は GAAP として認められていない。

　　　オイヤー［Oyer, 2011, p126］によれば，後入先出法は，CAS において，年次 LIFO 調整法（annual LIFO adjustment method）を容認していない。なお，48 CFR 9904.411 では，現時点でも後入先出法が許容されている。

CAS 412　年金費用の構成と測定
内　　容：年金費用の会計と原価計算に関する基準
目　　的：年金の構成要素を決定し測定するための指針を提供すること。
必要要件：定義づけられた年金給付（benefit）プランの原価は4つある。それは，通常の年金費用，未拠出の保険統計上の負債の一部，未償却の負

---

[31] 原典では直接配賦させる（directly allocated）と表示されているが，配賦はいくつかの原価計算対象への原価の割り当てであるから，論理矛盾である。そこで，"直接的に費用負担"させるとした。
[32] 典型的には，釘やニカワなどがある。
[33] 日本では，貯蔵品勘定に振り替えられる。

債分に関する利子相当額，および保険統計上の損益に対する調整額である。
1 保険料の支払計画に対して，原価は必要な正味の保険料である。
2 定義づけられた給付計画の原価測定において，上述の4つの構成要素のそれぞれを別個に測定するためには，保険統計（年金数理計算）上の測定法の利用が必要である。
3 一原価計算期間のために計算される原価は，当該期間に割り当てできる原価だけであり，年金資産が清算に追い込まれたか実際に清算が実施される場合に限り，原価計算対象に配賦することができる。

コメント：CAS が完全適用される。　　　　　　　　　　48 CFR 9904.412

日本の契約業者への留意事項：米国で 401K が歳入法によって認められたのが 1978 年で，最初の 401K が制度として動き出したのは 1980 年であった。一方，日本で，いわゆる日本型 401K として確定拠出型年金制度が始められたのは，2001 年からである。「企業会計基準」第 26 号「退職給付に関する会計基準」（改正 2012 年 5 月 17 日）が参考になる。

CAS 413　年金費用の調整と配賦

内　　容：年金費用の調整と配賦のための基準
目　　的：
1 年金費用の会計における統一性と一貫性を高めるため。
2 保険統計上の損益を測定することによって，年金費用を原価計算期間に調整するための指針を提供するため。
3 年金費用を組織体のセグメントに配賦する基準を提供するため。

必要要件：保険統計上の損益は年次に計算され，評価が行われる原価計算期間とその次の期間に割り当てられなければならない。
1 すべての年金資産の価値は，資産評価法によって決定されなければならない。資産の評価にあっては，未実現の上昇額と年金資金における資産の市場価値の減少額を考慮に入れなければならない。
2 年金費用は，年金計画への参加者がいる各セグメントに配賦しなければならない。

コメント：CAS が全面適用される。　　　　　　　　　　48 CFR 9904.412

日本の契約業者への留意事項：2010 年の後半，CASB は CAS 412 と CAS 413 の要請を年金保護法と調和させるための作業に入った［Oyer, 2011, pp.129-130］。提案された CAS の修正は，年金保護法と CAS に許容されている金額とのギャップを狭めると考えられている。

CAS 415　繰延報酬原価に関する会計[34]

内　　容：繰延報酬（deferred compensation）原価の構成，測定，配賦の基準

目　　的：繰延報酬原価が統一的で一貫した方法で原価計算対象に配賦される確率を増大するため。とくに，繰延報酬により年金債務が発生するので，適切な会計期間への原価の割当てという課題が生じる。

必要要件：繰延報酬原価は，契約業者が従業員に報酬を支払う義務が発生した原価計算期間に割り当てるべきである。

1　支払に先だって義務が発生しない場合には，繰延報酬原価は，支払われた金額でなければならない。

2　原価の金額の測定は，契約業者によって支払われるべき将来の便益の現在価値[35]でなければならない。

3　（従業員に対する）それぞれの給料は，グループ別の測定基準が相当正確でなければ，個別に考慮されなければならない。

コメント：CAS が全面適用される。しかしながら，「個人のサービスに対する報酬」の原価原則がこの基準に含まれ，コンプライアンスに従う必要がある。　　　　　　　　　　　　　　　　　　　　　　48 CFR 9904.415

　　　この基準は，一般に一般管理費を含む間接費勘定を通じて振り替えられる繰延報酬の会計に対する基準に関係する。

日本の契約業者への留意事項：繰延報酬には，年金，退職金制度，ストック

---

[34] 退職金制度と類似するところはあるが，高級役員に対する繰延報酬制度は，米国とは違って日本では浸透度が低い。繰延報酬制度は，何年後かにもらえる報酬制度である。詳細は専門書に譲りたい。

[35] DCF（割引キャッシュフロー）法による計算が前提とされている。

オプションが含まれる。従業員が実際に稼得した後に所得の一部を将来に繰り延べて支払われる取決めを意味する。繰延報酬制度を採用することの利点は，従業員が実際に所得を得る時まで税金が繰り延べられることにある。日本の税法との違いに留意すること。

CAS 416　保険料に関する会計

内　　容：保険料の構成，測定，配賦の基準

目　　的：保険料は，統一的で一貫した方法で原価計算対象に配賦される。

必要要件：原価計算期間に割当てられるべき保険料の金額は，一期間に予測される平均損失額に保険管理費を加算したものである。

　1　保険が特定の原価計算対象のために特別に購入され，原価計算対象に直接的に配賦されない限り，購入保険料のどのようなプレミアムも，保険証券でカバーされる期間に比例配分されなければならない。[36]

　2　保険料の原価計算対象への配賦は，その便益か因果関係にもとづいて行われなければならない。

コメント：CASが全面適用される。しかし，「保険料と補償金」の原価原則は，自家保険を希望する契約業者について，この基準に準拠する必要がある。
　　　　　　　　　　　　　　　　　　　　　　　　　48 CFR 9904.416

　　　CAS 416 は，間接費勘定における原価にも適用される。ほとんどの保険料は配賦される。

日本の契約業者への留意事項：契約原価として許容されない保険料については，FAR 31.205-19 に規定されている。さらに，その詳細については，48 CFR 9906.416（保険料に関する会計）を参照されたい。なお，本章でこれまでもしばしば用いられてきたCFRは，The Code of Federal Regulations（連邦規則集；CFR）の略称。自家保険[37]の扱いもまたこの規定による。

---

[36] 直接的な配賦（directly allocate）は，先に述べた通り，配賦自体が間接的であることから，奇異に感じられる。予算の編成では間接費は全体で配賦率を算出する。ここでは，原価計算対象に直接的に配賦するケースだと解した。

[37] 日本では，保険会社が保険の仕組みを作ると考えられているが，米国では，会社が自分たちで保険を作ることが可能である。

110　第Ⅱ部　国防省における契約価格，原価，利益の算定

CAS 420　独立の研究開発費と，入札・提案書作成費用のための会計

内　　容：独立の研究開発（Research and Development；R&D）と，入札・提案書（Bid & Proposal；B&P）[38]作成費用のための会計

目　　的：研究開発費と，入札・提案書の費用の配賦を改善するため。

必要要件：研究開発と参加申込の原価の識別と集計の基本的単位はプロジェクトであり，個々の研究開発と入札・提案書作成の費用は，プロジェクトに負担させなければならない。

1　個々のプロジェクトは，配賦されるべき原価を費用負担する。

2　研究開発と入札・提案書作成の費用勘定は，一般管理費を除いて，プロジェクトの原価とその他の許容原価からなる。

3　本社における研究開発と入札・提案書作成の費用は，便益または因果関係にもとづいてセグメントに配賦されなければならない。

4　ビジネス・ユニットの研究開発費と入札・提案書作成の費用勘定は，便益または因果関係にもとづいて，その最終的な原価計算対象に配賦されなければならない。

5　一原価計算期間において発生した研究開発と入札・提案書作成のための費用は，他の期間に負担させてはならない（ただし，研究開発には例外が適用される）。

コメント：CASが全面適用される。しかしながら，「研究開発と入札・提案書作成費用」の原価原則は，多くの基準に準拠することが必要である。

48 CFR 9904.420

日本の契約業者への留意事項：独立の研究開発費と入札・提案書作成費用の規定は，CASを補足してFAR 31.205-18詳細に規定されている。公共契約研究所（Public Contracting Institute）によると，研究のための旅費で特定の契約との関係を識別できるものは直接費として扱わねばならない。

---

[38] CAS 420に関して，9904.420-30定義（2）によると，bid & proposalとは，入札と提案書である。参加申込書を準備・提出・支援するために発生した原価である。FAR Part 31.205-18によると，入札と提案書の作成費用とは，入札と提案書を準備し，提出し，支援するためのコストであるという。

独立の研究開発費と契約の入札・提案書の作成費用を同じ基準のなかで扱うことに関して，CASBのパンフレットのコメントによると，研究開発費も入札と提案書作成費用も一般管理費に類似する性格をもつことから両者を一緒に扱ったのだという。

オイヤー（Derrell J. Oyer）氏から送付されたニュースレター（2017年1月21日）では，2017年の**国防権限法**（National Defense Authorization Act；NDAA）によって，入札と提案書作成費用については契約業者に研究開発費と区分表示することが要請されることになるという。

（4） 貨幣コスト

CAS 414　設備資本の原価の一要素としての貨幣コスト

内　　容：完成した有形固定資産と無形固定資産で償却対象になる貨幣償還基準の不明確な貨幣コスト

目　　的：契約業者による設備資本への原価を，交渉中の契約に配賦することによって，原価測定を改善するため。

必要要件：**設備資本に対する貨幣コスト**を計算するために用いられる投資基準は，契約原価の算定目的のために用いられる会計データから計算されなければならない。

1　貨幣コスト率は，公法（Public Law）92-41に準じて財務長官が決定した率にもとづかなければならない。

2　コミテッド・ファシリティ[39]の貨幣コストは，各原価計算期間に計算された貨幣要因の設備貨幣コストを使って，契約ごとに個別に計算しなければならない。

コメント：CASが全面適用される。しかしながら，貨幣コストを許容性のあるものにするために，「貨幣コスト」原価原則は，この基準にコンプライアンスを要請している。

48 CFR 9904.414

日本の契約業者への留意事項：この基準は，"計算上の（imputed）[40]"利子率を決定して，設備資本コストを測定する目的で設けられている。この基

---

[39] committed facility は，銀行が一定の限度まで特別の利率で資金を貸し出すことを意味する。特別の"優遇融資枠"といえよう。

準は，契約業者の強い要望の1つとして設けられた［Oyer, 2011, p.130］。

　設備資本の貨幣コストは，それが株主持分（自己資本）か借入資本かにかかわらず，計上される。それゆえ，借入資本利子である必要はない。要するに，設備資本の貨幣コストは，資本コストの1つとして位置づけられているといえる。一方，日本の防衛省における借入資本利子は，第4章で述べた通り，利子に限定される。

　CASの規定と「訓令」との違いは，次の2点にある。すなわち，第1は，CASでは機会原価を含めた貨幣の資本コスト[41]が対象になるのに対して，「訓令」では利子のみが対象になるこである[42]。そして第2は，CASでは設備に対する関数として資本コストが計上されるのに対して，「訓令」（第71条）では利子が製造原価の関数として発生すると仮定されていることにある。

CAS 417　建設中の固定資産の原価の一要素としての貨幣コスト

内　　容：建設中の固定資産のための貨幣コストの資産計上

目　　的：建設中の資産への契約業者による投資コストの認識を高めることによって原価測定を改善すること。また，資産の取得原価会計における

---

[40] imputed cost（付加原価）は，「いかなる時でも実際の現金支出を伴うものではないし，その結果，財務会計上の記録には現れないが，原価計算を行う人の立場からみると，その価値犠牲を計算できるような原価である」［青木茂男監修・櫻井訳，1981, p.7（原典），p.89（訳）］。具体的には，個人企業の経営者の給料，自己所有の不動産賃借料，自己資本利子を指すドイツ生まれの概念であるが，米国では機会原価の範疇に入る。

[41] 日米の違いを例示しよう。A社は全額を借入金で，Bは全額を自己資本で建物を建設していると仮定しよう。防衛省の「訓令」によれば，A社は利子相当額が支弁される。他方，B社は無借金経営であるから，利子は生じない。つまり，「訓令」では，B社の資本コストはゼロと見做される。他方，国防省のCAS，およびFARでは，表10-9で明らかなように，「利子」の本質は機会原価としての加重平均資本コストとして認識される。以上から，防衛省では借入金の0.3%（平成28年度）が支払われるのに対して，国防省では，通常値であれば設備資本に対して17.5%（加重平均資本コスト）が契約業者に補償される。A社，B社の補償額に金額上の違いはない。第10章の内容（pp.218-223）と併せてお読みいただきたい。

[42] 過去の「訓令」とは違って，現在の「訓令」では支払利子ではなく利子とされている。その意味では，現在の「訓令」では，機会原価の概念を援用して論理づけているともいえる。

統一性を高めるため。

必要要件：契約業者が自分で利用するために建設中，製造中，または開発中の有形・無形の固定資産投資に適用できる貨幣コストは，その資産の取得原価に含めなければならない。

1　貨幣コスト率は，公法92-41に準じて財務長官が決定した率にもとづかなければならない。

2　代表的な投資額は，建設中，製造中，または開発中の資本資産ごとに，建設費が発生したときの貨幣コスト率を適切に考慮して，毎期に決定しなければならない。

コメント：CASが全面適用される。しかしながら，貨幣コストを許容性のあるものにするために，「貨幣コスト」原価原則はこの基準にコンプライアンスを要請している。　　　　　　　　　　　　48 CFR 9904.417

　　CAS 414と417は，固定資産の正味帳簿価額に関する貨幣コストと連動している。

日本の契約業者への留意事項：CAS 417は，CAS 414と類似しているが，CAS 417は契約業者自身のための建設，製造，開発中の資産に適用されることで，CAS 414とは異なる。

　　日本の会計基準でも，自家建設の原価を適正な原価計算基準に従って計算した製造原価が取得原価となり，建設中に要する借入資本の利子で稼働前の期間に属するものは，取得原価に算入することができる。

ま　と　め

　本章の目的は，CASによって制定された原価計算基準の現代的な意義と役割，歴史的変遷，「基準」との関係，および日本の「訓令」との関係を考察することであった。その目的のため，本章ではすべての基準をとりあげて，日本の会計実践との違いに解説を加えた。

　本章で明らかにしたとおり，CASは現在でも契約価格算定のための基準として立派にその役割を果たしている。しかし，契約価格，原価，利益の算定に関する重要な役割は，**基準**（CAS）だけでなく**規則**（FARとDFAR-S）によっ

て担われている。そこで次章では，FAR が契約原価算定に果たしている役割を考察する。

〈参考文献〉

青木茂男監修・櫻井通晴訳『A.A.A. 原価・管理会計基準《原文・訳文・解説》[増補版]』中央経済社，1981 年。なお，初版は 1975 年で，1981 年に増補版を上梓。

川野克典「日本企業の管理会計・原価計算の現状と課題」『商学研究』第 30 号，2014 年。

櫻井通晴「CASB の原価計算基準研究」『専修 経営学論集』専修大学学会，第 29 号，pp.1-74，1980 年。その要約は招待論文，櫻井通晴「CASB の原価計算基準とそのインパクト」『企業会計』Vol.32 No.1，1980 年。

櫻井通晴「第 2 章 原価計算対象の変遷—給付からコスト・オブジェクティブ概念へ—」『アメリカ管理会計基準研究』白桃書房，1981 年。

櫻井通晴『間接費の管理—ABC／ABM による効果性重視の経営—』中央経済社，1998 年。

櫻井通晴編著『ABC の基礎とケーススタディ—ABC からバランスト・スコアカードへの展開—』東洋経済新報社，2004 年。

櫻井通晴「経済モデル，会計基準，原価計算理論から見た『原価計算基準』の問題点」『原価計算研究』Vol.38 No.1，2014 年。

櫻井通晴『管理会計（第六版）』同文舘出版，2015 年。

清水 孝・小林啓孝・伊藤嘉博・山本浩二「わが国原価計算実務に関する調査」『企業会計』Vol.63，No.10，2011 年。

防衛基盤整備協会『防衛省 中央調達関係法令集（平成 28 年 改訂版）』防衛基盤整備協会，2016 年。

防衛省調達制度調達検討調査会「第 3 回 防衛省調達制度調査会検討資料 資料 1 米国の防衛調達制度について」防衛省，1998 年。

Abel, Rein, "The Rise and Fall of the Cost Accounting Standards Board," *Journal of Government Financial Management,* Fall 2006.

CCH, *Cost Accounting Standards Board Regulations,* Wolers Kluwer, 2012.

Garrett, Gregory A., *Government Contract Cost Accounting,* Wolters Kluwer, 2010.

Oyer, Darrell J., *Pricing and Cost Accounting, A Handbook for Government Contractors,* 3rd ed., Management Concepts, Inc., 2011.

Rosen, Louis, *Cost Accounting Standards Board, ― Regulations, Standards and Rules,* West, 2012.

第7章

FARが契約原価算定に果たす役割

はじめに

　防衛装備品の調達において，日本の契約業者が米国の防衛産業と共同開発を行うには，契約業者による原価計算への対応能力の向上が非常に重要である。契約業者は，時代に適合した，グローバル性のある適切な原価計算システムを制度として構築し，保持し，非許容原価をしっかりと識別し排除することによってはじめて現代の日本社会に適合した防衛調達制度をもつことができる。

　会計制度を適切に運用するには，現在の規制上の要請と法律上の要件を満たす熟練した職員と効果的なソフトの両方が必要になる。加えて，原価計算制度を適切に運用するためには，定期的なモニタリングのシステムも必要になる。

　政府契約における原価計算は，民間企業の原価計算とは異なる。防衛省の原価計算方式に従った原価計算は，民生品の原価算定のための原価計算と基本的に何が異なるか。相違点は，2つある。

　第1は，当該原価が政府によって許容されなければならない。これを，FARでは「**原価の許容可能性**」（cost allowability）と呼んでいる。

　第2は，契約業者の原価が原価計算対象に適切に賦課または配賦されなければならない。このことをFARでは「**原価の配賦可能性**」（cost allocability）と呼んでいる。

　前章では，CASBによって制定されたCASが，契約原価算定において果た

---

[1] 原価計算の理論では，直接費を原価計算対象に負担させることを賦課（charge）または直課（direct charge）といい，間接費を原価計算対象に負担させることを配賦（allocation）と称している。

している役割を述べた。しかし、現代の米国の契約原価算定の実務においては、CASBの役割が低下し、それに代わって、FARの果たすべき役割が増大している。そこで本章では、日本の会計法、および「訓令」との関係において、米国の連邦調達規則としてのFARが契約原価算定のために果たしている役割を考察する。

1　FARと「原価の許容可能性」の生成と発展

　日本の防衛装備品の調達原価の算定において最も重要な役割を果たしているのは、防衛省の「訓令」である。「訓令」は財務省所管の会計法の枠組みに従って制定されている。日米の法体系を軽々に比較することはできないが、現時点での役割期待からみると、会計法に対してはFARが、「訓令」に対してはDFAR-S[2]が、それぞれの役割を果たすべくもたれているといえよう。

　日本の会計法は、明治22（1889）年以降活用されてきたという長い歴史をもつ、歴史の重みを感じさせる法律である[3]。他方、FARが最初に制定されたのは、1984年である。両者を比較すると、会計法は歴史の重みを感じさせるのに対して、FARは時代の要請に即してアップデートされてきた規則として制定されていることに、両者の顕著な特徴を見出すことができる。

　それでは、FARがこれまでどのような経緯を経て制定されるに至ったのか。オイヤー[Oyer, 2011, p.53]を参考に、防衛装備品の原価計算を中心に、FARの歴史を簡潔に振り返ってみよう。

　米国政府による最初の購買は馬、鉄砲、大砲などであった。それらは市場価格契約によって契約されていた。時が経つにつれて、軍艦や戦闘機といった個々に原価の異なる製品が必要となるに従って、原価補償契約が市場価格契約に加わってきた。政府契約のもとでの原価の許容可能性[4]に関する規定は、第一次大戦中に考案された単純な指令から、しだいに複雑で中身の濃い規則に発展

---

[2] 本書では、第10章において、DFAR-Sにもとづく契約利益の算定方式との関係で考察している。

[3] 会計法の名称が初めて用いられたのは、明治14（1881）年のことである。この会計法が、明治22年制定のいわゆる明治会計法の基礎になった［大鹿, 2010, p.26］とされる。

していった。1916年の歳入法は，単に1頁からなる原価の許容可能性を含む最初の原価原則にすぎなかった。

1930年代も後半になると，財務省は原価にもとづく契約原価算定と利益に関して，財務省告示（Treasury Decisions；TD）を発表し始めた。1940年に発表されたTD 5000は，原価の許容可能性と原価の配賦可能性の両方で約6頁からなるガイドラインになっている。そしてTD 5000は，1948年に最初のASPR（Armed Services Procurement Regulations）が公布されるまで使われ続けた。ASPRの改訂版は1959年に公表されたが，1978年にはその呼称をDFAR-Sへと変更するとともに，その内容も充実させた。

1984年4月1日，数年にわたる研究期間を経て，政府全体にまたがる調達規則としてFARが発表された。同時に，省庁の特別なニーズに応えるために，FARには補足的な規則を公表する権限が与えられた。その1つ，連邦調達規則の補足がDFAR-Sである。連邦調達に関しての補足的規則はFARよりもより厳格ではあるが，FARで許容されない原価について，FARと矛盾した規則を制定することは許されない。

防衛装備品の契約原価算定のためには，FARとDFAR-Sといった省庁用の規則に加えて，CASBによるCAS，GAAP，および州法などのすべてが，原価の許容可能性を決定するうえで重要な役割を果たしている。

4　日本の「訓令」では，財務諸表作成，原価管理，予算統制など経営目的で作成された「基準」を土台にして制定されている。そのため，原価は財務諸表作成目的にとって原価としての適格性をもつか否かで，原価か非原価かを判定している。一方，米国のCASBが制定した原価計算基準は，政府の契約原価算定を目的に制定されている。契約価格，原価，利益算定を主目的としたFARにおいてもまた，原価性をもつか持たないか（原価か非原価か）ではなく，原価の許容可能性が問題とされている。FARが原価の許容可能性を問題にしてきた理由は明らかである。一方，わが国でも，1964年に，中西寅雄教授（当時）を委員長とする日本生産性本部中小企業原価計算委員会によって『適正利益計算基準』[中西，1964, pp.21-31]が上梓され，そこで原価の許容可能性が論じられたが，当時の研究者はその"宝"ともいえる研究成果を全く無視してしまったことは誠に残念なことである。

5　著者が1970年代にCASBのCASを研究していた当時は，国防省の規則は専らASPRによっていた。軍調達規則と訳されているASPRは，D-FARSに比較すると，規則も決して多くはなかった。それが1978年にはDARへ，更には1984年にはFAR，国防省のFARとしてのDFAR-Sへと発展して現在に至っている。

2　FARにおける原価原則とは何か

　FARには，原価原則が規定されている。FARの原価原則では，**原価の許容可能性**が定義づけられている。原価の許容可能性は，直接費であるか間接費（製造間接費または一般管理費）であるかには関係がなく，あるコストが政府の契約に費用負担させうるか否かが決定される。つまり，ある原価が適用可能な原価原則に規定されている規準を満たさないならば，その原価は非許容原価となり，直接費であろうが間接費であろうが，政府に費用負担させることはできない。

　非許容原価を的確に識別し，許容原価と非許容原価を区分することは，政府契約において非常に重要である。このことは，契約業者の担当者が原価原則について十分な知識をもたない限り業務の目的を達成できないことを意味する。原価原則は，一般に，FAR Part31「原価原則と手続き」に記載されている。

　FAR Part31には50以上の原価原則がおかれている。しかし，契約業者にとって重要な規定は限定されている。そこで，特定の契約条項が見つからないときには，FAR Part31を主要な指針として用いるとよい。

　マクドナルド［McDonald, 2010, pp.162-163］によれば，次の6つの原価原則——①人的サービスの報酬（FAR 31.205-6），②専門家とコンサルタントのサービス・コスト（FAR 31.205-33），③賃借料（FAR 31.205-36），④教育訓練費（FAR 31.205-44），⑤旅費（FAR 31.205-46），⑥法律およびその他の訴訟手続きに関連する原価（FAR 31.205-47）——の知見が特に重要であると述べている。[6]

3　「原価の許容可能性」とは何を意味するのか

　原価の許容可能性の規定は，FAR Subpart 31.2に定義づけられている。書籍から入手できるが，ホームページからも簡単に入手できる。以下では，ギャレ

---

[6] FAR Part 31にはContract Cost Principles and Proceduresが規定されている。日本の経営者にとっては，研究開発費（Research and Development Costs）やのれん（Goodwill）が参考になると思う。

ット［Garrett, 2010, pp.46-48］を参考に，原価の許容可能性について述べる。

原価の許容可能性とは，ある費目が政府の契約に費用負担できるか否かに関連する。これは，契約のための原価算定における問題の出発点である。原価が許容されれば，組織[7]はいかにして原価を負担させるかを決めることができる。しかし，原価が許容できないのであれば，非許容原価勘定に振り替えられる。原価の許容可能性に関して，原価は次の3つのカテゴリーの1つに分類される。

1) 許容できる
2) 許容できない
3) 許容できるかもしれない

FAR Part 31 に含まれる原価原則は，原価が許容されるためには次の5つのテストを満足させなければならない。

1　**合理性**　競争的なビジネスにおいて，慎重な人が，性質と金額において，発生すると想定される金額を超えないならば，当該原価は合理的である。
2　**配賦可能性**　受け取る相対的な便益またはその他の公正な関係を基礎にして，1つまたはそれ以上の原価計算対象に賦課または費用負担できるのであれば，当該原価は合理的である。
3　**CAS に反しない**　適用可能であれば，CASB によって公布された CAS，さもなければ一般に認められた会計原則に準拠しなければならない。
4　**契約の条件**　契約の条件に合致しなければ，当該原価は許容されない。
5　**その他**　この基準で明らかにされている制約。

許容原価は FAR で特に正面から定義づけられていないが，ネガティブには定義づけられている。許容原価とは非許容原価でない原価である，と。

　上記の要件の1つひとつについては，FAR 31 で詳細に規定している。第1の要件である合理性は当然のように思えるが，この問題の難点は，それが主観的であるため，判断の余地を残していることにある。そのためか，この点に関して，FAR 31.201-3 は，次の指針を与えている。

---

[7] 組織（organization）には会社だけでなく官公庁，独立行政法人など非営利事業を営む組織も含まれる。組織そのものと区別して，組織体と表現することもできよう。

（a） 原価の性質と金額に鑑みて，競争的なビジネスにおいて，コスト意識の高い人間が行っても発生するであろう原価を上回らなければ，その原価は許容できる。特定の原価の合理性は，実質的に競争上の制約を受けない企業または別個の事業部との関係で，特別の注意をもって吟味されなければならない。契約業者による原価の発生には，合理性についてのいかなる推測や憶測も行ってはならない。特定事項の初回監査で，契約担当官またはその代行者による指摘があったのであれば，その立証責任は，その原価が合理的であると申し立てた契約業者にある。

（b） 何をもって合理的と呼ぶかは，多様な考慮事項と状況に依存する。その考慮事項と状況には，次のものが含まれる。

① 契約業者のビジネスまたは契約業務の遂行にとって必要かつ一般的に発生すると認められている原価か否か。

② 一般に認められた健全なビジネス慣行，商業ベースでの交渉，連邦法と州法，法規制。

③ 政府，その他の顧客，事業の所有者，従業員，および一般大衆に対する契約業者の責任。そしていま1つは，

④ 契約業者が行っている確立した実務と異なっていないこと。

上記の規定にもかかわらず，曖昧さを残したこの領域では，幸いにして，合理性のみを理由にした非許容原価の事例にほとんど遭遇したことはないと，マクドナルド［McDonald, 2010, pp.48-49］は述べている。

FAR 31.201-2 の原価許容性の要因に加えて，FAR 31.201-2（d）で，すべての契約業者は次の原価の正当性を適切に立証することが要請される。

（c） 契約業者は，原価を適切に会計処理し，記録を保持する責任がある。その記録には，請求された原価が実際に発生し，契約に配賦できて，この補足規定と政府が求めている原価原則に準拠していることが要請される。補足的な資料が十分に整っていないときには，請求された原価のすべてまたは一部を許容しないことがある。換言すれば，許容原価であることのエビデンスを文書で示せない場合には，一般にそれは非許容原価であると見なされる。

契約条項のもとで非許容原価とは，規則または契約が，価格に含めることを

禁じたり，原価ではあるが政府契約のもとで許容できない原価のことをいう。たとえば，慈善的な寄付（FAR 31.205-8）やアルコール飲料（FAR 31.205-51）などである。

契約業者にとって，非許容原価を，請求書，製造間接費勘定のデータなどの政府に提出する提出書類から切り離すことが非常に重要である。非許容原価を識別し別個の会計処理をするといった会計実務は，民生品の製品を対象とした企業会計制度との基本的な違いの1つである。なお，非許容原価を許容原価と明確に切り離すために，非許容原価を適切に表示しなければならない。

許容原価の最後のカテゴリーは，許容できるか許容できないかの線上にある原価である。このカテゴリーには，確立した法律上の基準がある。それらの基準の多くは，FAR 31 の原価原則に記載されている。

原価原則の規準のなかには，原価の許容可能性に関する判断基準に似通ったものがある。そのため，政府の監査官（auditor；FAR 42.705（a）（2））[8]は，同じ事実を見ても異なった結論を導くことがある。要するに，原価の許容可能性の問題は，知見のある職員が誠実にこの問題に取り組んだ場合に，しばしば優秀な職員の間で意見が分かれることもある。しかし，政府の監査官が行う原価の許容可能性の判定では，どのような場合でも契約業者が負けるというわけではない。

契約紛争法（Contract Dispute Act）では，契約業者が不利な原価の許容可能性の決定に異議を唱えるプロセスを確立している（FAR Part 33）。

4 「原価の配賦可能性」とは何を意味するのか

原価の配賦可能性は，原価の許容可能性と非常に類似しているため，この2つの用語は混同されやすい。しかし，両用語の内容は全く異なる。つまり，原価の許容可能性は政府に原価を費用負担させうるか否かであるが，原価の配賦可能性は，許容可能な原価を特定の契約にどこまで賦課または配賦できるか否

---

8 ここでの auditor の訳語は，防衛基盤整備協会理事，古川明氏の助言により，監査官と訳出した。同氏は，日本での防衛省の実務だけでなく，国防省（3年）での経験もあるという。

かに言及した用語である[9]。

(1) 間接費

契約原価のうちで，**間接費**（indirect cost）には2種類の原価—製造間接費と一般管理費（G&A）—がある。直接費は，製品に直接的に賦課（直課）できるのに対し，間接費を原価計算対象[10]に負担させるには，**配賦**（allocation）の手続きが必要となる。製造間接費は製造活動に対して間接的にサービスを提供する原価であって，その内容は，間接材料費，間接労務費および間接経費からなる。他方，一般管理費は通常，契約業者の本社費に関連した原価である。

製造間接費は，生産活動に密接に関連している。たとえば，部品供給契約では材料の製造間接費，建設契約では現場事務所の製造間接費などである。

一般管理費は，賃借料，光熱費，セキュリティ費用，電話代，本社職員の給料，広告費，旅費などからなる。間接費に関するFARの規定の多くは，間接費率（indirect cost rates）の項で見られる（FAR Subpart 42.7）。特に，FAR 42.7では，請求率（billing rates）と最終的な間接費率の要件が規定されている。

(2) 製造間接費

製造間接費率（製造間接費配賦率）は，分子と分母の比率として表される。政府の契約業者によって用いられるのは，式（7-1）である。

製造間接費率＝間接費に関するすべての許容原価／直接労務費合計額[11]

…式(7-1)

---

[9] CASでは，原価の非許容性に関する定義づけは基準405で行っている。一方，原価の配賦に関しては，CASの402, 403, 410, 413および418（一部）において記述されている。

[10] 「基準」（1962）では，原価計算対象（cost objective）ではなく，ドイツの概念である給付（Leistung）の語が使われていることに留意されたい。1970年代以降とは違って，当時の日本の学会では，ドイツ原価計算の影響がかなり強く残っていた。概念ではドイツ，技法は米国という流れもあった。

[11] 製造間接費の配賦率は，直接労務費よりは直接作業時間の方が優れている。それゆえ，当該契約が1工程だけで済ませうるときには直接作業時間によるべきである。しかし，通常は多くの工程を経て製品が生産されているから，分母に直接労務費を使うのは，それなりに妥当な方法であると評しうる。

製造間接費に関するすべての非許容原価は，当期の製造間接費集計表から除去される。分母は，当該期間の直接労務費（付加厚生給付費[12]を含む）の合計額である。表7-1は，製造間接費率の算定方法を示している。計算構造は日本のそれと大きな違いはみられない。

表7-1を見てすぐ気が付くのは，正味の許容原価である製造間接費を一括し

表 7-1　製造間接費予算と製造間接費率の算定方法

製造間接費 （単位：千円）	予　算 （2018年）	実　績 2015年	実　績 2016年	実　績 2017年
給料―間接費	26,000	23,500	21,500	14,500
給与所得税	11,800	10,700	9,800	6,600
付加厚生給付	11,000	9,800	9,000	6,100
不良債務	500	500	300	200
事務機器	1,800	400	100	200
減価償却費	400	400	400	400
教授への研究費	50	50	50	50
旅　　費	1,400	1,200	900	900
事務用消耗品費	200	250	280	150
賃　借　料	1,200	1,200	1,200	960
電　話　代	350	350	310	300
不動産の保険料	80	80	75	75
寄　付　金	100	100	100	100
教育訓練費	1,500	1,800	1,800	900
教授への支払金	200	200	160	150
募集費用	300	800	800	300
セキュリティ費用	1,800	1,800	1,500	1,500
水道光熱費	350	340	340	330
配送サービス費	70	50	50	25
雑　　費	50	50	50	25
合　　計	59,150	53,570	48,715	33,765
差引：非許容原価	600	600	400	300
正味の許容原価	58,550	52,970	48,315	33,465
配賦基準				
直接労務費	93,500	82,500	71,500	62,500
製造間接費（％）	62.6％	64.2％	67.6％	53.5％

注）　どんな説明上のコメントも表の下部に設けるべきである。契約業者は曖昧な記入を避けて明確な説明をするように努力すべきである。
出典：Garrett [2010, pp.50-51] をもとに著者作成。

---

[12] 年金・健康保険など。フリンジ・ベネフィットとも表現される。

て直接労務費で配賦していることである。合理的な製造間接費の配賦を行うには，個々に配賦すべきである。しかし，それでは費用効果の観点から企業に過剰な負担をかける。この点に関して，2016年7月7日に新日本監査法人において，防衛問題の専門家であり日本の実務を指導してきたErnst & Youngの公認会計士（兼・公認不正監査士）のグレンハート氏の見解を求めたところ，「製造間接費の配賦額の結果が，厳密な計算をした結果と大きく違っているときには許容されないが，計算結果があるべき結果と大きく異ならない場合に限って，直接労務費を使った方法でも許容される」という返事であった。

表7-1には，少なくとも3つの利点がある。1つには，製造間接費配賦率の算定までのプロセスが明瞭に示されている。第2に，予算が過去3年間との比較において示されることで，実績値と予算額との関係が明らかになる。将来の予測値は，多くのケースでは，過去の経験をもとにしているからである。第3に，予算の数値を過去のデータとの関係でチェックできることである。そのため，契約担当官による個々の費目別の原価監査が容易になる。さらには，**原価は事業活動を写す鏡**であるから，なぜ原価が上昇したのか，下がったかについて論理的な説明が可能になる。

仮にA社が政府との取引が多くなるのを見越して，間接作業員を増員したとしよう。従業員を増員すれば，製造間接費（間接労務費）が増加する。特に政府との契約が多い企業では熟練したスタッフを抱えておくことが必要になる。逆に，A社がスタッフの増員をしないことになれば，教育訓練費は前年度とほぼ同じになる。

製造間接費率に関連したその他の間接費，たとえば，付加厚生給付費率の構成要素をみると，これは式（7-2）によって算定される。分子（すべての許容原価）には年金計画寄付金，健康計画費，休業手当，疾病手当，裁判費用[13]，休業時間手当などすべての付加厚生給付費が含まれる[14]。

---

[13] 日本の「基準」（5.（2）6）では，訴訟費は「異常な状態を原因とする価値の減少」であるという理由から，非原価項目の1つとされている。しかし，財務諸表作成目的からみると非原価であるからといって，契約原価では非許容原価にはならない。

[14] 付加厚生給付費の金額は，表7-1によれば，比率から逆算した数値のように思われる。

付加厚生給付費率＝厚生労務費に関するすべての許容原価／直接労務費

$$\cdots 式(7\text{-}2)$$

　原価が判定のプロセスで主要な要因であるときには，給付率はサービス契約における重要な差別要因になりうる。研究開発（R&D）費は通常，WBS[15]をもとにした技術提案のランキングを基礎にして判定される［United States Government, 2013, pp.78-79］ので，給付率の重要性は低い。

(3)　一般管理費

　一般管理費（G&A）に関して，一般管理費配賦率を算定するための算式は，製造間接費率算定の方法と類似している。分子と分母の内容と比率だけが異なる。式（7-3）を参照されたい。

一般管理費配賦率＝一般管理費に関するすべての許容原価／すべての原価[16]

$$\cdots 式(7\text{-}3)$$

　一般管理費配賦率（G&A rates）の計算についてもまた，分子は一般管理費すべての許容原価からなる。製造間接費と同じように，その計算もまた，非許容原価を非許容原価勘定に振り替える。分子であるすべての許容原価は同じ期間のすべての原価からなる。許容原価は，役員の報酬，付加給付金，弁護士報酬，コンサルタント料，その他の本社管理職員の給料などからなる。

　経営上は，一般管理費の配賦に個別配賦法（本社費の個々の費目を個別に配賦する方法）が活用されるときもある（NEC システム開発㈱では，本社費に ABC を活用していた）。しかし，一般的には一括配賦法（本社費を一括的に配賦する方法）による。一括配賦法としてわが国でしばしば用いられてきたの

---

[15] プロジェクトの目標を達成し，必要な成果物を作成するために，プロジェクト・チームが実行する作業の全範囲を階層的に要素分解したもの［Project Management Institute, 2013, p.567］をいう。詳しくは，本書の第 12 章を参照されたい。

[16] なぜ，すべての原価と表現したかの説明が必要であろう。Total cost は総原価と表現したいところである。しかし，原価計算理論において，総原価とは，製造原価に販売費（販売費および一般管理費）を加えた原価をいう。つまり，総原価＝製造原価＋販売費及び一般管理費を意味する。それゆえ，総原価と表現するのは誤りである。なお，ここですべての原価といっても，非許容原価を含めるべきでないことはいうまでもない。

は，売上高，売上原価のほか，投下資本，人数，公式法（売上高，資産，給料などの要素の加重平均値）などである［櫻井, 2015, pp.695-697］。

DCAAでは，すべての原価のインプット法しか許容可能な方法として認めていない［Oyer, 2011, p.49］。それでは，それはいかなる方法で配賦すべきか。ギャレット［Garrett, 2010, pp.54-55］によれば，表7-2で見るように，すべての一般管理費によって許容原価を除して一般管理費率を算定している。

表7-2で，2015～2017年が実績数値で，2018年が予算額である。予算の数

表 7-2　一般管理費予算と一般管理費配賦率の算定事例

一般管理費 （単位：千円）	予　算 （2018年）	実　　績		
		（2015年）	（2016年）	（2017年）
給料—間接費	36,000	33,500	31,500	34,500
給与所得税	16,200	15,100	14,200	15,500
付加厚生給付	15,100	14,100	13,200	14,500
接　待　費	500	1,500	300	800
コンピュータ	1,800	400	100	75
減価償却費	400	400	400	400
教授への研究費	50	50	50	50
旅　　　費	1,400	1,200	900	900
事務用消耗品費	200	250	280	150
配送サービス	100	60	60	50
賃　借　料	1,200	1,200	1,200	960
電　話　代	350	350	310	300
不動産の保険料	80	80	75	75
政治上の寄付金	1,000	1,000	100	100
法務費用	1,500	1,800	1,800	900
教授への支払金	200	200	160	150
経理関係費用	300	800	800	300
セキュリティ費用	1,800	1,800	1,500	1,500
水道光熱費	350	340	340	330
雑　　　費	50	30	30	25
合　　　計	78,580	741,600	67,305	71,565
差引：非許容費用	1,500	2,500	400	900
正味の許容費用	77,080	71,660	66,905	70,665
配賦基準 　すべての原価	1,500,000	1,250,000	1,200,000	1,100,000
一般管理費（％）	5.1%	5.7%	5.6%	6.4%

注）　契約業者は，すべてのデータの記入を必要な限り実施すべきである。
出典：Garrett［2010, pp.50-51］。

値は，2018年に契約業者の業績がどのように上ブレ，または下ブレするかに関する最善の判断はもちろんのこと，各費目に関する契約業者の経験をもとに決定する。重要な仮定は，注記の形で記入する。その目的は，契約業者の入札参加申込書をできるだけ分かりやすくするためである。

政府の評価担当者が入札参加申込書をよりよく理解すればするだけ，契約業者の提出書類の競争力が高まっていく。逆に，契約業者の入札参加申込書の原価が分かりにくく，説明がつかないところが多くなればそれだけ，契約業者のプロポーザルが認可される可能性が低下する。

(4) CASにおける「原価の許容可能性」の適用

大型の契約では，原価許容性はCASを参照する。CASは，金額が一定の限度を超えた時に適用される。2000年には次の決定がなされている。

① 現在の原価計算期間（一般に，会計年度）中に，5,000万ドル以上のCAS適用の契約か，

② 先年の原価計算期間（多くの場合には会計年度）中の5,000万ドル以上のCAS適用の契約，および1契約が少なくとも750万ドル以上の契約。

(5) 最終的な間接費率

契約業者は最終的な間接費提案書（final indirect cost proposal）を提出しなければならない（FAR 42.705）。ビジネス・ユニットの最終的な間接費率は，**契約担当官**（FAR 42.705 (a) (1)）と**監査官**の承認を経て最終決定される。最終的な間接費率原価提案書の作成と提出の指針のためには，DCAAの第6章，パンフレット7641.90, *Information for Contractors*（『契約業者のためのパンフレット』）を参照されたい。

5　契約業者にとっての原価計算制度のあり方

原価計算制度のあり方については，新規の契約業者と経験のある契約業者とは異なる。マクドナルド［McDonald, 2010, pp.59-62］に従って，まず，新規の契約業者のケースから述べよう。

（1） 新規の契約業者

　弾力的な契約価格（すなわち，原価補償契約）を採用できる新規の契約業者は，参加資格が与えられるまで，政府の監査官がその会計制度を審査することになる。事前審査の目的は，契約業者の会計制度が一定の最低必要条件を確保しているか確認することにある。固定価格（Fixed Price；FP）契約とは異なり，すべての原価補償契約では，適切な会計制度によって計算されていることを条件とする。このことは，FAR 16.10.104（h）で規定されている。政府の監査官は，参加資格を取得する前の調査を行うときに，Form SF 1408 を完成させる。この Form SF 1408 では，次の領域で，契約業者の会計制度を評価する。

1　会計制度は GAAP に準拠しているか。
2　会計制度は以下を満足させる；
　― 直接費を間接費と適切に区分しているか。
　― 直接費を契約別に区分・集計しているか。
　― 間接費を中間的・最終的な原価計算対象に配賦するうえで論理的で一貫した方法によっているか。
　― 総勘定元帳を使って原価を集計しているか。
　― 作業時間記録の制度は従業員の労務費を中間的・最終的な原価計算対象別に識別しているか。
　― 作業時間配分システムは直接費と間接費を適切な中間的・最終的な原価計算対象に費用負担させているか。
　― 中間的な（少なくとも月次）原価算定では，会計帳簿の継続的な記帳を通じて，契約に費用負担されているか。
　― FAR Part 31 の規定またはその他の契約条項で許容されていない金額を政府契約に費用負担すべき原価から排除しているか。
　― 必要な場合には提案された契約別に契約のライン項目またはユニット別に（あたかも各ユニットまたはラインアイテムが別個の契約であるように）原価を識別しているか。
　― 生産前の原価を製造原価から区別しているか。
3　会計制度は次の財務情報を提供しているか。
　― 原価の制限（FAR 52.232-20 と -21）あるいは支払の制限（FAR 52.216-

16) に関して，契約条項で要求されているか。
— プログレス・ペイメント[17]の要求を支援するのに必要とされるか。
4　会計制度は，後日に取得するための価格決定への利用目的のために，適切で信頼できるデータが作成できるような方法で設計され，記録がつけられているか。
5　現在，会計制度は全面的に活用されているか。

(2) 経験のある契約業者

経験のある契約業者はすでに監査を受けているし，許容される会計制度を用いている。しかし，経験のある契約業者は折に触れて会計制度を更新する必要が生じる。契約業者がどのような新しいソフトウェア製品を選択するにしても，政府の監査官によって同じように検査される。FAR は許容される会計制度について何が必要であるかは何ら指針を示していない。そのため，これは政府監査官の判断に大きく委ねられている。何が許容できて何が許容できないかに関する政府監査官の判断は，制約がないわけではない。DCAA は，この領域において準拠すべき最低の条件が何かに関して，指針を設定している。最低の指針は，『予測的な契約業者の会計制度に関する事前アワード調査』(*Pre-award Survey of Prospective Contractor Accounting System*) と題する DCAA の資料を参照されたい。

まとめ

本章では，米国の主要文献を参考にしながら，FAR（および CAS）が，米国の契約業者の原価計算にいかなる影響を及ぼしているかを明らかにした。その結果，米国の FAR および CAS を日本の会計法，「訓令」と比較すると，次の3つの著しい違いがみられることが明らかになる。

第1は，日本の法体系および規則類は歴史を重視する傾向が強い。会計法は明治22年以来という歴史ある法典である。「訓令」は，基本的には1962年の

---

[17] 詳細は CFR.52.232-16 の progress payment（作業分割払い）を参照されたい。

制定当時の市場価格方式と原価計算方式を使い続けている。「基準」もまた1962年の制定以降，全く見直しが行われない。日本の法体系では，歴史の重みを感じることはできるが，「訓令」ではとくに，現代の経営実態に対応していないところが見えてきているのが残念である。

他方，FAR は 1984 年の制定以降，時代の変化に即応してその内容が常にアップデートされてきている。CAS もまた1970年から1980年までほぼ10年の歳月をかけて制定されたが，その後も新たな解釈が必要なときには常に新たな見解を表明している。日本の「基準」のように，時代の変化に全く対応せずに旧来のままに使用し続けているのとは全く対照的である。

第2に，製造間接費の配賦に関して，「訓令」では，現代とは原価計算制度も IT 技術も全く遅れていた 1960 年代初頭の経営環境のなかで制定された「基準」を参考にして作成されたという事情もあってか，現代の原価計算の理論・実践とは大きく異なる（現代のマネジメントに適するとは思われない）規定が数多く見られる。「訓令」についても，同様なことがいえる。

「訓令」における典型的な問題点の1つが，加工費率を用いた製造間接費の配賦計算を許容する規定である。第3章で考察したように，「訓令」ではいまでも製造間接費の配賦に直接労務費を含めた加工費率による計算を許容している。他方，米国では CAS，FAR のいずれを見ても，計算の合理性（reasonableness）と公正（fairness）を尊重するという理念をもとに，契約原価算定のために加工費率の採用は認められていない。

第3に，「訓令」では，借入資本利子は，「基準」に倣って，非原価として定義づけられている。他方，米国では，CAS にせよ FAR にせよ，契約価格算定のための利子が非原価として定義づけられることはない。CAS と FAR では，現代の原価計算と管理会計の通説にもとづいて機会原価としての借入金利子の

---

18 わが国の原価計算の世界で，研究者間で機会原価の概念が広く知られるようになったのは，1951年のアメリカ会計学会の委員会報告書「原価概念および基準委員会報告書（1951）」［青木監修・櫻井訳，1981，p.89］においてである。1970年代以降に制定されている CAS と FAR とは違って，1962年に制定された「訓令」において機会原価の概念が活用されていないことは，何ら咎められるべきではない。問題なのは，その後の改定において，本書で指摘した箇所において，何ら本格的な改定の取り組みがなされていないことにある。

概念を援用し，借入資本利子を許容原価として定義づけている。他方，「訓令」では支払利子を非原価として定義づけながらも，原価計算方式においては計算原価に含めている（「訓令」第29条(7)）。

「訓令」に見られる以上の3つの問題点の解決は，防衛省にとって決して大きな負担になるとは思われない。しかし，より重要な制度上の改革は，契約価格算定の方式，契約価格算定の形態，契約利益の算定方式である。

第8章から第11章では，パフォーマンス基準制度を導入するうえで是非とも検討を要する契約上の課題を考察する。具体的には，第8章ではFARにもとづく防衛装備品調達の方式，第9章ではFARにもとづく防衛装備品の契約形態，第10章ではDFAR-Sにもとづく契約利益の算定方式について考察する。加えて第11章では，パフォーマンス基準の理念に立脚したPBL契約を考察する。

〈参考文献〉

大鹿行宏編『平成23年改訂版 会計法精解』大蔵財務協会，2010年。
青木茂男監修・櫻井通晴訳『A.A.A. 原価・管理会計基準《原文・訳文・解説》[増補版]』中央経済社，1981年（初版は，1975年）。
櫻井通晴『管理会計 第6版』同文舘出版，2015年。
防衛基盤整備協会『防衛省 中央調達関連法令集（平成28年 改訂版）』防衛基盤整備協会出版会，2016年。
中西寅雄編・日本生産性本部中小企業原価計算委員会『適正利益計算基準』日本生産性本部，1964年。
Garrett, Gregory A., *Government Contract Cost Accounting*, Wolters Kluwer, 2010.
McDonald, Pete, Government Contract Cost Accounting, *Government Contract Cost Accounting*, Wolters Kluwer, 2010.
United States Government, *Defense Acquisition Guidebook*, Volume 1：Chapter 1-7, September 2013.
Oyer, Darrell J, *Pricing and Cost Accounting, -A Handbook for Government Contract,* The 3rd ed., Management Concepts, 2011.
Project Management Institute, *A guide the Project Management Body of Knowledge* (PMBOK®), Fifth Edition, An American National Standard ANSI/PMI, 2013.（Project Management Institute,『プロジェクトマネジメント知識体系ガイド』第5版 PMBOKガイド，プロジェクトマネジメント協会，2013年）。

第8章

米国政府による防衛装備品調達の方式

はじめに

　前章では，FARが契約原価の算定に果たしている原価計算上の役割を検討した。そこで本章では，防衛装備品の調達方式に関連して，FARがいかなる役割を果たしているかを中心に考察する。

　米国政府による防衛装備品の調達に関して，1985年4月1日の**契約における競争法**[1]（Competition in Contracting Act；CICA）は，連邦政府の競争的手続きに対して広範な変化を加える法規制であった。CICAの狙いは，連邦政府による調達において公正な競争を促進させることにあった。つまり，政府が封印入札と同じレベルの競争的な提案を増やし，競争性に欠ける一者入札への制約を意図していた。加えて，1994年の**連邦調達合理化推進法**（Federal Acquisition Streaming Act；FASA）は，政府の調達方針を市場原理に近づけ，廉価な市販品と市販部品の調達を促す上で大きな貢献を果たした。

　これら米国政府の一連の法規制は，経済性と効率性を高めることで納税者の負担の軽減を意図して制定されてきた。一連の努力の結果は，FARに結実されている。FARでは，連邦政府が民間企業との契約における募集（soliciting）と落札（awarding）のために，主要な3つの方法—**市販品**（commercial items）の調達，**封印入札**（sealed bids）[2]，**交渉**（negotiation）[3] 入札—を用いている。

---

[1] この法律では，連邦政府が「競争的手続の利用を通じて，完全かつオープンな競争」を求めている。わが国でも，総務省などでは契約における1者応札や随意契約の低減を最大限努力してきた。

[2] 封緘入札，密封入札ともいう。日本の一般競争入札が封緘されて入札されることから，一般競争入札に近いともいわれている。封印入札の内容については，後述する。

本章の目的は，日本の政府関係機関の調達契約との関係において，米国政府がいかなる調達方式[4]で防衛装備品を調達しているのか，その方式を探求することにある。その目的のため，まず初めに，日本の公的機関における物品の調達方式について概説する。次いで，オイヤー[5]［Oyer, 2011, pp.1-12］とFARを参考にして，米国政府の防衛装備品の調達方式である市販品の調達，封印入札および交渉契約について述べ，そのうえで，封印入札と競争的プロポーザル，競争的プロポーザルの評価のプロセスとコミュニケーション，および**交渉における真実法**[6]（Truth in Negotiations Act；TINA）の意義を述べる。

1　日本における公的機関の物品の調達方式

米国の連邦政府の物品の調達方式を理解するためには，現在の日本政府と契約業者との間の物品の調達方式を明らかにしておく必要があろう。

わが国の契約方法では，明治22年以降，**一般競争契約**が国の契約の原則的方式として採用されている。明治32年には，契約方式の例外として，**指名競争契約**による方式が考案された。結果，国の契約方式は，原則として一般競争入札，例外として指名競争契約と**随意契約**の3方式となった［大鹿, 2010,

---

3　交渉は，日本でいう随意契約に相当するとする見解がある。しかし，「特定の入札者と交渉して当該者についてのみ契約内容を変更することができない」（財務省主計局法規課；⑦制度の概要）ことから公の文書では交渉入札と訳されている。本章でも，この訳語を使用する。なお，国のPFI事業の調達手続きについての要望の内容は，WTO政府調達協定の範囲内で，現行の会計法令により対処が可能だとしている。関連資料としては，「政府調達に関する協定」（2012年ジュネーブ協定）における「WTO政府調達協定（GPA）の規制概要」を参照されたい。

　なお，EU指令で定められている入札方式は，公開手続，制限手続，交渉手続，競争的交渉手続きである。公開手続は一般競争入札，制限手続は公募型指名競争入札に相当する。交渉手続は，同指令で列挙している例外的な場合（価格の事前評価が困難な場合，入札不調の場合，技術的・芸術的要件により業者が特定される場合，既存契約への追加の場合など）に限って採用することができるとされている［大野・原田, 2005, p.154］。

4　本章で調達方式とは，契約の相手方の選定方法のことをいう。

5　オイヤー氏は，ウィスコンシン州のミルウォーキーで，連邦政府との契約を専門とする会計事務所を構える公認会計士である。

6　Truth in Negotiationは，商議における真実法とか，調達価格真実法と表現されることもある。本章では，negotiationを商議ではなく交渉と訳出したことから，聞きなれない表現かもしれないが，タイトルのような表現を用いた。

p.429]。これらはすべて，**会計法**に規定されている。

　日本で，省庁，地方自治体，独立行政法人など公的機関の物品の調達に関しては，競争性，透明性を確保することが求められている。契約方法は，一般競争契約，指名競争契約，随意契約が最も一般的であるが，その他にもいくつかのバリエーションがある。実際の運用上では発注者の裁量に任されている部分もあるが，**法制度上は，調達するものの特性に応じた入札・調達の方式を選べる制度にはなっていない**［大野，2003，p.160］のが現状である。

　著者がこれまで総務省の評価委員，独立行政法人，および市役所などでの経験と知見を交えて，公的機関の物品調達の契約方式［櫻井，2015，pp.555-556］を述べれば，次の方式で実施されているといえる。

　競争契約は，一般競争契約と指名競争契約とに区分される。**一般競争契約**は広く一般に公告して競争に出す契約形態である。**指名競争契約**は，複数の業者を指名し，指名された者だけの間で価格競争をさせて最も有利な条件を提示する相手方と契約する方式である。

　競争契約による場合は，最低価格落札方式と総合評価落札方式とがある。**最低価格落札方式**では，最低価格をもって入札した業者を契約の相手方として決定する。**総合評価落札方式**は，入札価格に加え，性能，機能，技術などあらかじめ公表された審査基準にもとづいて総合的に評価して受注者を決定する。総合評価落札方式は，予決令91条2項を根拠として，1961年に，価格その他の条件が国にとって最も有利な内容の入札を行った者を契約の相手方とする方式として認められた。地方公共団体は，それよりも遅く，1999年の自治省令改正によって認められた［碓井，2005，p.156］。さらに，財務省発表の「公共調達の適正化について」（財計第2017号）では，公共調達において競争を拡大しようとするとともに，総合評価方式の拡充が図られた。

　随意契約は，任意に適当と思われる業者を選んで結ぶ契約である。随意契約の適用は，①法令で決められているもの，②競争に出すことが不利であるとき，③他に入札者がいないとき，④**防衛装備品の一部**，および⑤緊急を要するときに限定される。

　2006年の財務省発表の**「公共調達の適正化について」**（財計第2017号）では，競争性，透明性を高めるために，原則として一般競争契約によるべきであ

るとしている。ただ、**防衛装備品の特徴**として、最先端の技術を使うことや、仕様が複雑かつ大規模であることなどから、随意契約によらざるを得ないケースが多い。また、防衛産業は、第1章で述べたとおり双方独占であるという特徴から、1者応札によらざるを得ないことも理解されるべきである。

随意契約のときには、**特命随意契約**（特命契約ともいう）のように法令などにより明確に特定されている契約によるが、企画競争か契約事前確認公募によることになっている。**企画競争**は応募者複数を公募し、あらかじめ公表された審査基準にもとづいて、審査委員会で特定の業者を選定する。**契約事前確認公募**は、他に業者がいないことを確認したうえで行われる公募である。

碓井［2005, pp.262-263］は、会計法に規定されている方式を伝統的方式として特徴づけるとともに、先に述べた総合評価落札方式を現代的方式として推奨している。具体的には、同氏は、中央建設業審議会の（平成4年）建議を嚆矢として、総合評価落札方式の設計・施工一括発注方式の成立過程を述べ、加えて、平成11年には総合評価落札方式が地方公共団体にも認められるに至った経緯を考察している。この**総合評価落札方式**は、現在、「発注機関が技術仕様で明示した機能・性能等を低下させることなくコストを低減できるVE方式」［神田・大前・高野, 2011, pp.16-19］に適用されるようになってきたことは注目に値する。たとえば、東京都が2001年から2006年までに建設工事で適用してきたのは、技術提案型の総合評価落札方式であった。また、2005年には建設省から発表された「総合評価落札方式の実施に伴う手続きについて」［建設大臣官房地方厚生課長, 2005, pp.140-145］では、性能、機能、技術を高める提案のための総合評価落札方式が活用されている。

なお、国、独立行政法人、市役所など、組織の違いによって、その運用方法に大きな違いが見られる。たとえば、一口に**随意契約**といっても、防衛省で採用している随意契約は、機種の選定と、選定された業者との具体的な交渉の2段階に分かれていて、後述する米国の交渉契約に近いとされている。とはいえ、米国の交渉契約は、後述するように、伝統的な意味での随意契約に総合評価落札方式を結びつけた方式に近いようにも思える。また、国や独立行政法人では随意契約には厳格であるが、市役所などでは全く違っている[7]。

以上が、日本における政府関係機関の物品とサービスの調達に関する方法の

概要である。防衛省では，主に会計法と防衛省の規則によって規制されている。他方，米国ではアメリカ合衆国連邦政府の調達規則であるFARによって規制されている。それでは，米国政府の調達物品の調達は，どうなっているのか。

2　市販品の調達

日本の政府機関では，**市販品**（commercial items）は，**一般競争入札**によって調達する。一方，連邦政府は，まず初めに，物品（item）の調達を予定している政府機関の要求事項に応えうる市販品や非開発品が入手できないかについて市場調査を実施する。政府の調達条件を満たす物品またはサービスを入手できるときには，主契約者と下請契約業者は可能な限り政府機関に物品を提供し，政府機関は市販品や非開発品を調達する。

(1)　市販品とは何か

市販品とは何か。市販品は次のように定義（FAR Part 2.101）されている。

① 　市販品とは，政府が活用する以外の目的で，一般大衆または非政府機関によって慣行的に用いられる類の，不動産以外の物品である。そして，

ⅰ）　一般大衆に販売，リース，ライセンスされてきたか，

ⅱ）　一般大衆に販売，リース，ライセンスをオファーされてきたもの。

7　著者は，独立行政法人と市役所において，前者は監事と契約監視委員会（委員長），後者は契約管理委員会（委員長）として，契約方式の違いを見てきた。また，総務省の行政評価委員会においては，政府と独立行政法人との契約の妥当性を検討してきた。国の契約の方法と市の契約方式の大きな違いが存在することには驚かされるが，日米の違いにもさらに大きな相違が存在する。

8　広義での財政法とするのが妥当かもしれない。会計法の他，予算決算及び会計令（予決令）などの規制も受けているからである。ただ，米国のFARとの対比では，会計法となる。

9　防衛庁訓令第35号「訓令」［防衛基盤整備協会，2016, pp.153-182］では，第2章が市場価格方式，第3章が原価計算方式とされているが，米国の市販品の調達に対応するものとしては「訓令」の第2章で諸規定が設けられている。

10　納税者の税務負担軽減のために，リーズナブルな価格（安いが品質の優れた物品の価格）で調達する努力は，いずれの国にとっても，必要不可欠である。

② 技術の進歩またはパフォーマンスの向上を通じて，現在ではまだ市場において市販品として入手できないが，やがて政府の要請があれば出荷の要請を満たすべく市場で入手できる物品。
③ この定義の第①，または第②項で明示した規準を満足させる物品で，
　ⅰ）商業市場で入手できる，通常の商行為としてなされた改良品。あるいは，
　ⅱ）連邦政府の要請に応じて製造されたものではあるが，通常の商行為として多少の改良が加えられた，商業市場では入手できない物品。多少の改良とは，物品またはその部品の基本的な物的特徴またはプロセスの特徴を大幅に変更しない改良を意味する。修正がマイナーであるか否かを決定するにあたって考慮すべき項目は，修正にかかった費用と規模，および最終製品の規模である。金額と比率（パーセント）は決定にあたって1つの指針にはなりえても，修正がマイナーであるか否かを決定づける証拠にはなりえない。
④ この定義の第①，②，③項，または⑤項の要求事項（requirements）を満たす物品は，市販品として市場で通常に販売されている物品である。
⑤ 据付サービス，メンテナンス・サービス，修繕サービス，教育訓練サービスなど，
　ⅰ）この定義の第①，②，③項，または④項で述べた物品の支援は，そのようなサービスが以前調達したのと同じ販売店であろうが同じ時期であろうが，それらとは関係なく行われる。
　ⅱ）そのようなサービスの販売は，連邦政府に提供したものと同じ販売条件で，一般消費者にも同時に，同じようなサービスを提供する。
⑥ 特定のタスクや達成すべき特定の成果のために，既定のカタログや市場価格で，標準的な商業上の販売条件で大量に商業市場において競争価格で提供され販売されるサービスがある。これには，特定のサービスや達成すべき特定の成果のために既定のカタログや市場価格のない，時間あたり賃率をもとに販売されるサービスは含まれない。これらのサービス目的のために，
　ⅰ）"カタログ価格"は，製造業者またはベンダーが必ず保有しているカ

タログ，価格リスト，スケジュールなどの書式に含まれる価格を意味する。カタログ価格は，公表されるか，さもなければ顧客が価格を調査するのに利用することができる。加えて，大多数の購買者に現在または過去に販売された価格が示される。

ⅱ）"市場価格"は，自由に売買されている売り手と買い手での通常の取引の過程で設定され，競争を通じて，または物品の提供者とは独立した商店から調達が可能な直近の価格を意味する。

⑦　この定義の①から⑥項の要求事項を満たすどのような物品，物品の組み合わせ，またはサービスであっても，一般消費者にも販売されている市販品の範疇に属する。仮に，物品，物品の組み合わせまたはサービスが契約業者の別個の事業部，子会社，あるいは系列会社であろうとも同様である。

⑧　仮に調達機関が，民間の資金・コストだけで物品を開発させてそれをいくつかの州政府と地方政府に競争価格で大量に販売させることを決定した場合でも，それらは非開発物品（non-development item）[11]として扱われる。

(2) 市販品調達のための契約形態

市販品の調達では，政府機関は，**確定価格**（Firm Fixed Price；FFP）**契約**，**経済価格調整付固定価格**（fixed price contracts with economic price adjustment）**契約**，または**タイム・アンド・マテリアル**（Time and Material；T&M）**契約**[12]／**作業時間契約**[13]（labor hour contract）のうちのいずれかの契約形態を選ばなければならない［Oyer, 2011, p.3］。市販品の調達においては，それ以外の契約形態は

---

[11] 第⑦項と⑧項は一連の文脈で繋がっている。非開発物品という表現は分かりにくい表現であるが，政府の希望で民間企業に新製品を開発させても，それらは市販品を扱うものと解釈した。

[12] 直接作業時間か材料費にもとづいて消耗品またはサービスを獲得する方法である。これには2つの方法がある。1つの方法は，賃金，製造間接費，一般管理費および利益を含む固定時間率で計算する。いま1つの方法は，材料費については，マテハンのコストを含めて計算する方法である。リスクが高いので，FAR 16.601の注意事項を研究したうえで実施されるべきである。この方法には，原価管理意識が低下するという短所もある。

[13] 作業時間契約はタイム・アンド・マテリアル契約の1つとして位置づけられている。ただ，材料は当該契約業者によって提供されるものであってはならない。

禁じられている。

　契約担当官は価格が合理的である理由を見つけなければならないが，商業物品の価格決定においては，慣行的な市販品に付随する条件と状況を勘案しなければならない。市販品の価格が影響を受ける要因には，納入のスピード，保証期間とその範囲，販売業者の負債制限[14]，発注量などの特定のパフォーマンス[15]要求事項がある。契約担当官は，契約条件，物品の状態および価格が政府の調達条件と合致しているかを確認しなければならない。政府機関の指針では，しばしば市販品の分類の利用を制限している。

(3) 連邦供給スケジュール・プログラム

　連邦供給スケジュール（Federal Supply Schedule；FSS）プログラムは，連邦政府調達局（General Service Administration；GSA）によって指揮・監督されている。GSAは，責任の一部を他の機関に委譲することもある。FSSプログラムでは，市販品の消耗品とサービス調達に関して，調達物品の数量を調整することで数量割引が得られるような簡単なプロセスを連邦政府機関に提供している。期日未定の納入契約では，競争的手続きを用いて企業に入札の機会を与えている。企業は48の地理的に隣接する州，たとえばコロンビア特別区，アラスカ，ハワイおよび海外といった指定した地域に，所与の期間内に規定した価格で消耗品とサービスを納入している。

　スケジュール契約局（Schedule Contracting Office）は，FSSプログラムの概観を含むパンフレットを発行している。ある物品が連邦供給スケジュールに該当すれば，それは最終的には市販品として扱われる。

3　封印入札

　封印入札は封緘入札とか密封契約ともいわれる。FARでは，第14編（Part 14, Sealed Bidding）において定めている。日本での**一般競争入札**にほぼ該当す

---

[14] 財務状況の調査項目で最も重要性の高い項目の1つは，債務超過である。
[15] 典型的なパフォーマンスの要求事項は，QCD（品質，コスト，納期）であるが，一般には，過去の実績，機能・性能，革新性，使いやすさなどもパフォーマンスに含まれる。

る。封印入札の契約方式は，FAR の条件をクリヤーする限り，最低価格だけを基礎にして契約業者を選定するために用いられる。封印入札は，次の条件が妥当する場合に用いられる。(1) 物品の納入まで時間的余裕がある，(2) 原価ではなく価格と価格に関連する項目にもとづいて落札される，(3) 入札者との協議は必要がない，(4) 2者以上の入札が期待されている。

(1) 封印入札の方法

封印入札の契約方式は，次の2つの条件があるときに，最も効果的に活用することができる。

① 政府が契約業者に共通の基準で入札させて評価できるように，入札の要求事項を十分詳細に提案できること。
② 競争業者の数と調達数量は，実際に競争業者を確保するのに十分であること。

政府の要求事項と契約の条件・状況は，**入札公告**（Invitation for Bids；IFB）によって告知され，潜在的な入札予定者に広く公示される。公式の告示活動によって政府は入札に関して競争業者と交渉する必要がなくなり，優れた競争業者を区別する客観的な手段をもつことができる。基本的には，確立した市場価格がアームズ・レングス取引によっていることを政府は確信している。さらに，政府は契約業者の原価と利益ではなく，価格に焦点を当てる。通常の封印入札では，原価と利益を確認するための監査は不要である。

---

16 最近の調達では，一般競争入札に電子入札を活用する役所が増加してきた。不正（談合）の防止と事務の効率化に役立つことが期待されている。ただ，電子入札がいかに普及しようとも，談合を完全に排除することはできない。

17 わが国の総務省（国および国の諸機関）では，1者入札は厳しく排除することが実践されている。ただ，特定の課題に限定した調査や開発，翻訳，ビルの清掃業者などの入札は必然的に1者応札にならざるをえない。なお，国の規制に比べると，市の契約は極めて緩やかである。

18 日本でも，1者入札では一般競争入札の意味が乏しいのと同様に，封印入札でも，数社の競争業者の確保が必要とされる。

19 関係のない業者間の取引を意味する。アームズ・レングス原則といえば，複数の関係者が，互いに一定の距離を保ちつつ，互いに独立の立場を取ることをいう。独立で平等な当事者間の取引実現のことである。

(2) 封印入札における原価と価格との関係

契約業者側から見た入札は，原価にもとづいて行う必要はなく，主として契約業者のリスクと競争上のポジションの評価を考慮して行われる。たとえば，契約業者が他の業者では扱っていないユニークな物品を取扱っているとき，その価格と利益は高いものになろう。逆に，業者が市場に割り込もうとしているときには，その業者は競争に打ち勝つために，価格を安く抑えることになろう。

同様に，フル・キャパシティで操業している契約業者は，仕事を完成させるのに必要な残業代が嵩むために，見積労務費を上げなければならない。このような場合には，契約業者は利益率も上げたいという誘惑に駆られるかもしれない。逆に，操業度が完全操業度以下であるようなときとか，入札に参加しようとしている産業で新参者であるようなときには，契約を取るために，価格を落として，利益率を下げてもその契約を取ろうとする。その場合，契約業者は価格を引き下げたことによる潜在的な損失を吸収する能力はもちろんのこと，そのリスクにも耐えられるようなバランスを考慮しなければならない。

(3) 封印入札における留意点

封印入札に応募しようと準備しているときに，契約業者がとくに留意しなければならないことは，41 U.S.C.253 (b) (e) [20] と，110 U.S.C.2305 (b) 5 である。これら2つの法律が設けている目的は，独占禁止法違反を排除することにある。

これらの法律では，政府の行政機関が同一物品の入札に係わる 10,000 ドル以上の各封印調達を司法長官に通知する義務を課している。ここで同一の入札とは，割引効果などのすべての関連項目を実行した後に，単価または総額で同一である2つ以上の入札のことである。封印入札から結果として得られる契約は，確定価格（FFP）契約か経済価格調整付固定価格契約になる。

---

[20] 41 U.S.C. は，United States Code Title 41 のことである。Title 41 は Public Contract を指す。253 はで競争上の要求事項を記述している。

(4) 封印入札とベスト・バリュー

封印入札では，価格だけを落札基準にしているので，落札後，頻繁な契約変更が必要となる。とくに大規模な工事では，落札価格で工事が実行されることがなく，膨大な契約変更を通じた価格上昇が常態化していた［大野・原田，2005, p.151］。そこで連邦政府は，このような状況下では競争原理は機能しないという認識をもつに至った。その結果，**ベスト・バリュー**（best value）の概念が活用されるに至った。

ベスト・バリューを具現化している1つが，行政改革の理念として採用されている**バリュー・フォア・マネー**（Value for Money；VFM）である。経済性と効率性を重視し，もって納税者の負担を軽減することを目的としている。具体的に，必ず考慮しなければならない評価要素は，価格，品質，および過去の実績の3要素である。日本でのPFI（Private Finance Initiative；民間資金等活用事業）[21]は，VFMの1つとして活用されている。その目的は，支出金額に対して最も価値の高いサービスを提供することにある。

4　交渉契約

交渉契約（negotiated contract；商議契約）とは，封印入札なしで調達先を決める契約の方式のことである。交渉契約に関する規則はFAR（Part 15）において定められている。ここで交渉とは，競争的プロポーザルまたは競争者なし（一者応札）による契約を意味する。内容的には，商議といってよい。封印入札による契約から交渉による契約を区別している要素を1つあげれば，価格との関係で品質などの項目を比較するために，主観的な判断が必要とされることである。一般に，政府は契約業者の選定に当たって，より大きな選択の余地が与えられる。封印入札との対比における交渉の特徴は，表8-1を参照されたい。

---

[21] 防衛省においても，これまでにもPFIの事例がみられる。ただ，著者によるPFIの委員および病院の経営企画部長での経験によれば，防衛省が今後PFIを活用する際には，次のことに留意すべきであると考えている。第1に，防衛省が民間資金を活用することの必然性があるか。第2は，購入品目に適合した評価項目の正しい選定がなされているか。第3は，適切な委員の選定がなされているか，である。

表8-1　封印入札と交渉の比較

調達の特徴	封印入札	交渉契約
最初の募集書類	入札公告	提案依頼書（RFPs）
応答	入札	プロポーザル（提案）
スペック	正確な記載	正確性は期し難い
最低の入札予定者	2社（1者応札もありうる）	1社でも可
選定基準	入札者の低い価格	各種の評価要素
契約担当官による調査	限定的	どんな種類でも可

出典：Oyer［2011, p.5］を参照。

(1) 封印入札と交渉契約との相違点

　封印入札による調達の基本的な条件—確立された価格があることと市場価格が正常に機能していること—は，交渉契約では明確に定義づけられていない。それは，契約の交渉で用いられる手続きが契約の締結に直面している競争環境によって変わるからである。複数の会社の入札か1者入札かによって変わる。

　1者入札での焦点は，価格分析から価格と原価分析にシフトする。契約では各種の複雑な連邦調達規則に従わなければならない。それには，原価はどのように決定しなければならないかとか，原価の集計方法，配賦方法などについても，詳細な規定が設けられている[22]。

　それぞれの政府調達について，原価または価格の重要性は変わる可能性が大きい。要求事項を明確に定義づけることができて，失敗に終わる契約上のパフォーマンス・リスクが少ない物品調達では，業者の選定においては原価と価格が重要な決定要因になる。要求事項が曖昧になればなるだけ，また開発作業が必要になればそれだけ，契約上のリスクが多くなり，主要な技術と過去のパフォーマンスへの考慮事項が多くなる。

(2) 交渉による調達の選定

　調達の選定が，最低価格以外の業者にも落札の機会を与えることにおかれて

---

[22] 原価加算契約（国防省の原価補償契約，防衛省の原価計算方式は原理的に原価加算契約にもとづいている）では，一般に，詳細な契約の規定と厳密な監査が必要になる。

いたり技術的に最も高く評価されている入札予定者を落札する場合には，応募を募る公告の際に，すべての評価項目の相対的な重要性と，原価と価格以外のすべての評価項目が原価と価格よりも著しく重要であるか，ほぼ同等であるか，それとも著しく重要性が低いかを明示する。このことによって，原価または価格と原価以外の要因とのトレードオフが可能になり，政府は最低価格以外の要因も考慮したうえでプロポーザルを受け入れるようになる。比較的高い価格のプロポーザルでも認められるのは，コストに見合うだけの高い価値が得られることが期待できることにある。

選定のプロセスで最善の価値が期待されるときには，最低の価格で高い技術をもつ業者の選定基準をもつのが望ましい。その選定プロセスでは，受容可能な要求事項を満たす評価要素と重要な補助的要素は募集の段階で明示される。アワード（award；特別利益）が原価以外の要因についての基準を満たすか上回り，かつ最低の価格を基礎に行われることを，募集段階で明示しなければならない。

最低の価格で技術的に許容できる業者を選定するには，過去のパフォーマンスを評価項目に入れる必要はない。中小企業についての心配事である過去のパフォーマンスを許容するか否かに関しては，適正証書を保有しているか否かで判断する。[23]

(3) プロポーザルの申し込み方法

政府によって要求された提案申込者の口頭によるプレゼンテーションあるいは協議は，調達のプロセスにおいていかなる時でも書類による情報の代替になりうる。またそれらは，タイミングと内容（コンテンツ）に関しては，記述された情報と同じ制約を受ける。事前に録画されたビデオテープによるプレゼンテーションは，口頭によるプレゼンテーションとは見做されない。ただし，提案申込者の提供資料には含められる。

応募者を募るにあたって，各応募者にプロポーザルの一部を口頭によるプレゼンテーションによって提案することを求めることもある。ただし，その際に

---

[23] 適正証書は，低いレベルの入札者が政府の契約の特定の要求事項を満たしていることをアピールするために設けられているプログラムの一環として発行されている証書である。

は，証明，説明および署名付きの申請は，書面で提出する必要がある。

入札予定者のケイパビリティ[24]，過去のパフォーマンス，作業計画または実施方法，スタッフの人的資源，移行計画，あるいはサンプルのタスク（あるいは他の種のテスト）は，口頭によるプレゼンテーションに適している。口頭によるプレゼンテーションが必要なときには，それらのプレゼンテーションに備えた十分な情報を入札予定者に提供しなければならない。

（4）政府と契約業者との情報交換

初期の段階での要求事項の確認からプロポーザルの受取まで，すべての利害関係者[25]との間の情報交換は，調達インテグリティ（procurement integrity）[26]の要求事項との整合性を保っていなければならない。**情報交換の目的**は，政府の要求事項に対する理解を深め，産業界のケイパビリティを改善することにある。そのような情報交換によって，潜在的なプロポーザル申込書予定者が政府の要求事項を満足させるケイパビリティを高め，政府の合理的な価格で高品質の調達物品とサービスを獲得するための能力とプロポーザルの作成能力，プロポーザルの評価，交渉および契約の落札決定プロセスの効率を高めるにはどうしたらよいかとか，何を行うべきかを判断することができるようになる。

物品調達プロセスにおける参加者間の初期段階の情報交換は，調達戦略における関心事やリスクを可視化し，解決してくれる。リスクや関心事には，提案する契約の種類，条件と状況，調達計画のスケジュール，要求事項の実施可能性，提案指示書と評価基準への適合性（それには，過去のパフォーマンス情報へのアプローチを含む），参考になる文書類の利用可能性，他の産業でのリスクや

---

24 企業が組織全体としてもつ能力を意味する経営学の専門用語の1つである。優れた品質・性能，納期の順守，合理的な価格，革新的能力などは競争優位の源泉となる。ケイパビリティは企業や官庁などがもつ組織の能力を意味するが，能力としないでカタカナで表現するのは，経営戦略論において，企業を成長させるための組織の原動力となる組織上の能力や強みを意味するからである。

25 1980年代の中葉までは，利害関係者（interest groups）の語が用いられていた。1980年代のなかば以降，利害関係者に代わって，ステークホルダー（stakeholder）の語が用いられるようになった。櫻井［2011, pp.153-174］を参照されたい。

26 41 U.S.C. Sec.423では，procurement Integrity Act（調達インテグリティ法；調達担当官に求められている誠実な職務遂行のための法）が制定されている。

関心事，質問が含まれる。情報交換は，産業界や中小企業のカンファレンス，パブリック・ヒアリング，市場調査，潜在的な入札予定者との対面のミーティング，募集前の告知，**提案依頼書**（Requests for Proposals；RFPs）のドラフト，**情報提供依頼書**（Requests for Information；RFIs），事前の募集活動やプロポーザル説明会および現地調査を通じて行われる。

(5) 入札募集の通告

調達物件の特別の公告または電子公告は，政府の要求事項を告知したり産業界から情報を引き出すために用いられる。RFIsは，政府が現在のところ入札の意図はないものの，計画目的のために価格，納期といった市場の情報，あるいはケイパビリティに関する情報を得たいときに用いられる。RFIsについての定型のフォーマットはない。

提案の準備に必要な調達提案に関する特定の情報が1社または数社の潜在的な入札予定者だけに明らかにされると特定の業者だけが競争上の有利な立場に立つので，それを防ぐために，情報はできるだけ早く多くの人々に知らせなければならない。特定の業者への情報提供が潜在的入札予定者の秘密の事業戦略を暴くことになるようであれば，開示してはならない。事前の募集活動や事前に説明会が行われるときには，要求に応じて説明会で配布された資料から潜在的な入札予定者に情報が流されることもある。このプロセスは，潜在的な入札予定者に，競争者になりそうな入札予定者の通知をする機会を提供する。事前の募集の告知は，提供されるべき情報と同一であり，最初の評価をするにあたって利用される規準である。必要な情報は資格その他の情報（たとえば，提案されている技術情報，過去のパフォーマンス情報，限定された範囲での価格情報）に限定される。少なくとも，告知には潜在的な入札予定者がその調達に参加するかどうかの意思決定ができるだけの十分な情報が含まれる。

(6) RFPs における伝達事項

RFPs は，交渉契約において，予測される契約業者に政府の要求事項を伝達

---

27 西［2006, p.278］はRFPに記載すべき内容を詳細に例示している。

するとともに，プロポーザルの提出を要求する。競争条件の下での調達のためのRFPsは，契約に適用される政府の要求事項，期待される契約条件と状況，業者の提案に必要とされる情報，プロポーザルの評価に使われる項目と重要な補助的項目，およびそれらの相対的な重要性を記述する。募集では入札予定者が代替的な条件と状況—それには，契約品目物品番（CLIN）[28]—でのプロポーザルを認可している。代替的なCLINが許可されるときには，評価は他の条件や状況または契約の要求事項に影響を及ぼす。

RFPsは，OMB Circular A-76のために発行される。そこでは，政府による複数の入札参加業者の原価比較が行われる。RFPsを発行し，プロポーザル，改変書，修正書を受け取る際は，電子商取引も活用される。ファックスによるプロポーザルが認可されるときには，契約担当官は入札予定者に，後日，完成された原本のプロポーザルを提供するよう要求する。文書によるRFPsが消耗品やサービスの調達を遅らせ，それが政府に損害を与えるようなときには，口頭によるRFPsが認められる。口頭によるRFPsの利用は，FARに準拠しなければならない要件を免除するものではない。

5　適時性：封印入札と競争的プロポーザル

入札予定者は，十分かつ開かれた競争（full and open competition）によって契約業者が選定されることが原則とされる（FAR 6.1）。FAR 6.4の封印入札と競争的プロポーザルでは，その条件等が述べられている。

入札予定者はプロポーザル，およびその改変書・修正書を，募集で指定された政府のオフィスに遅滞なく提出する責任がある。緊急の事態や予期しなかった事態の発生によってRFPsで指定された正確な時間までにプロポーザルの受領に指定されたオフィスでそれらの書類が受理されなかった場合，および緊急の政府の要請によってRFPs提出の締切日までに修正ができなかった場合には，プロポーザルの受領を指定した日時は通常の政府の業務が再開される最初

---

[28] Subpart 204.71では，Uniform contract line item numbering system（2015年10月30日改訂）の規定があり，204.7103は契約品目の規定である。詳細は，Subpart 204.71を参照されたい。

の作業日の，指定日と同じ時間に延期される。

(1) プロポーザル提出の遅延

　指定された正確な時間以降に政府のオフィスで受け取られたプロポーザルおよびその修正プロポーザルは，仮に"遅延"しても，受注者が決定される前に受け取られ，次の条件のいずれか1つを満たしている場合においてのみ，受領か否かが検討される。

① プロポーザルの到着が，入札予定者の受領を指定した日付から暦日5日前である。

② プロポーザルが政府の施設で受領した後で主として政府の誤った処理によって受領が遅延した場合には，応募は，①郵便（あるいは，許容されていれば，電報またはファックス），または②手渡し（民間の輸送業者による出荷を含む）による。

③ プロポーザルが翌日到着急行便によって，午後5時前までに，プロポーザルの受領として指定された日付に先立つ2郵送作業日前に指定の場所に送付されている（作業日というときには，週末と休日を除く）。[29]

④ プロポーザルは，RFPsで承認された電子商取引の方法で伝送し，プロポーザルの受領を指定した午後5時前に，政府の指定の場所に送付する。

⑤ プロポーザルがプロポーザルの受領に指定した活動場所で，しかも入札予定者が受領するために設定した時より以前に，政府の支配下にある場所で受領したという動かぬ証拠があること。さらに，遅延したプロポーザルの受領が調達を不当に遅らせたものではないことを契約担当官が確認していること。

⑥ プロポーザルは，受領した唯一の書類である。

　プロポーザル，あるいはその修正書が遅れて入手されても，契約の決定時期が差し迫っていない限り，そのプロポーザルを検討対象にするか否かを入札予定者に速やかに通告することになっている。

---

[29] 正しくは，U.S. Postal Service Express Mail Next Day Service-Post Office to Addressee である。Instruction to Offerors, Non-Construction の 6（3）において，詳細な規定が設けられている。

(2) プロポーザルの取り下げ

　プロポーザルは，落札前にいつでも取り下げられる。書類によるプロポーザルは，政府による取り下げの通知書を受け取ったうえで，正式に取り下げられる。口頭での募集に応じて口頭によるプロポーザルを行った場合には，口頭で取り下げられる。電子的に伝送されたプロポーザルの取り下げの場合には，受け取ったデータを検証することなく，主要なシステムからもバックアップ・データストレッジシステムからも消去される。

6　評価のプロセス：競争的プロポーザル

　落札は，調達に合わせた評価項目と重要な補助的項目にもとづいて決定される。評価項目と重要な補助的項目は，契約業者の決定において考慮しなければならないことの1つである。それゆえ，評価項目の選定にあたっては，他社との比較や差別化に役立つような配慮が必要となる。

(1)　調達における評価項目と補助的項目

　調達とその相対的な意義の評価に適用される評価項目と重要な補助的項目は，次の要求事項に従わなければならない。
① 政府に対する価格と原価は，あらゆる業者の選定において考慮される。
② 製品またはサービスの品質は，あらゆる業者の選定において，過去のパフォーマンス，プロポーザルの要求事項へのコンプライアンス，技術の優位性，経営者のケイパビリティ，担当者の資格要件およびこれまでの経験といった，原価以外の評価項目を含めた評価基準を通じて判定される。
③ 一般に，1,000,000ドルを超えると予想される交渉契約では，あらゆる業者の選定において，過去のパフォーマンスが評価項目の1つとされる。
　一般的に，交渉契約において不利な立場にある中小企業が参加する場合の範囲は，500,000ドル（ただし，建設では1,000,000ドル）以上である。入札決定に影響を及ぼす評価項目とその補助的項目は，RFPsにおいて明確に述べておかなければならない。
　評価方法はRFPsに開示する必要はないが，過去のパフォーマンス情報を評

価するための情報は必要である。

プロポーザルの評価は、いわば予測される契約を成功裏に遂行する能力を業者が持っているかを評価することである。政府は競争的プロポーザルを評価し、次に専ら RFPs で明示した項目と補助的項目にもとづいて、相対的なクオリティ[30]を評価する。評価は、等級づけ、色または形容詞による評価、重量、序数によるランキングなど、各種の方法を組み合わせることで行う。プロポーザルの評価をサポートする相対的な強み、重大な弱み、欠陥、リスクを文書で残しておかなければならない。

(2) 原価の真実性分析

競争は、通常、価格の合理性を高める。**FFP 契約や経済価格調整付固定価格契約**が用いられているときには、提案された価格の比較は原価分析の要求事項を満足させるために行われる。一方、原価補償契約では、契約を締結するために提案した努力、入札予定者の仕事に対する理解、契約を遂行する入札予定者の能力のうち、政府が現実に何を期待しているのかを明らかにするために、評価にあたって**原価の真実性分析**[31]が実施されている。

FAR 15.101, 15.401, 15.404-1 (d) によれば、原価の真実性分析とは、見積もられた原価要素が、①遂行されるべき作業との比較において現実的であるか、②契約の要求事項を明確に理解しているか、③提案予定者の技術的なプロポーザルで述べられているパフォーマンスと材料の独特の方法と一貫しているかを決めるために、RFPs 予定者の原価見積もりの特定の項目を独立に検討し、評価するプロセスのことをいう。

原価の真実性分析は、FPI 契約で用いられることもある。さらに、極めて例外的なケースであるが、その他の競争的な固定価格タイプの契約で用いられることもある。

---

[30] ここで相対的な表現であるクオリティの語を使ったのは、組織の総合的能力ないしケイパビリティに近い意味を含意しているからである。
[31] 日本の防衛省の契約担当官（各地方防衛局の職員）によって行われる厳格な原価監査は、実質的に原価の真実性分析を遂行しているといえる。

(3) 過去のパフォーマンス情報

RFPsでは，過去のパフォーマンスを評価するための情報を記述する。その情報には，パフォーマンスの実績のない入札予定者を評価する方法と，政府の要求事項に類似する努力に対して過去と現在の（連邦，州，地方政府および私的な）契約を識別するための機会を入札予定者に提供する方法とがある。

評価に当たっては，前職に関する過去のパフォーマンス情報，関連性ある経験を有する主要な職員の有無，要求事項の主要な（不可欠な）仕事を行うと予想される下請業者の有無も含める。過去のパフォーマンスやそれに関連する情報をもつ人物に関する記録がない場合には，入札予定者の評価は，よくないか悪い評価しかなされないことになる。評価には，不利な立場におかれている**中小企業の認可プログラム**（Small Disadvantaged Business；SDB）[32]との関連，およびSDBへの参加によって得られる下請契約計画目標について過去のパフォーマンス情報が含められる。

原価情報は，関係機関の指示する手続きに従って，技術評価チームのメンバーに提供される。RFPsに応じて受け取ったすべてのプロポーザルを，政府は拒否することもある。

7　コミュニケーション：競争的プロポーザル

契約の落札決定においては，入札予定者にはプロポーザルの不明な箇所を明確にして，事務的な間違いを弁明または解決する機会が与えられる。事務的な間違いの1つの例は，入札予定者が行った過去のパフォーマンス情報と過去の不利なパフォーマンス情報との関連性についてである。

(1) プロポーザルにおける協議と情報交換

募集で，政府が協議なしで提案書を評価し落札する予定であることを指示してあれば，協議なしで落札される。政府と応募者との**情報交換**（communication）

---

[32] SDB認可プログラムは，連邦政府との調達に特化したプログラムの1つである。連邦省庁では，財貨およびサービスの調達において，不利な立場にある中小企業に，一定の契約を与えることが定められている。

はプロポーザルを受け取ってから後の政府と入札予定者との情報の交換である。入札予定者と契約担当官との情報交換によって，入札予定者は，「**競争の範囲**」[33](competitive range) にまで話し合いを進めることになる。

それでは，なぜ「競争の範囲」を決めるのか。それは，提案評価を行って協議をしないで落札者を決定することも可能ではあるが，競争の範囲を絞り込んで複数の提案者と協議して，「競争の範囲」に含まれる事項について提案内容を変更することができる（FAR 15.306 (c)）からである。

「競争の範囲」を設定するには，政府と入札予定者との間で，次のような確認と対話が必要となる。プロポーザルが「競争の範囲」内におかれているか否かを決定するために探求されなければならない問題を明らかにするには，政府と入札予定者との間の対話が必要となる。

① 過去のパフォーマンス情報が「競争の範囲」として位置づけることができない決定的な項目であり，パフォーマンス情報をプロポーザルに含めるか否かが不確かであることの確認。

② プロポーザルに対する政府の理解を深め，プロポーザルについて合理的な解釈をさせ，あるいは政府の評価プロセスを促進するためにコミュニケーションが必要になる。ただし，そのようなコミュニケーションはプロポーザルの欠陥を正したり重大な欠落を防ぐためであったり，プロポーザルの技術的要素または原価上の要素を大幅に変更したり，提案内容を変更するために行うものではない。

③ コミュニケーションは，入札予定者にプロポーザルを改定する機会を与えるためのものではないことの確認。

④ 入札予定者がこれまでコメントする機会をもたなかった過去の悪いパフ

---

33 競争の範囲とか競争の範囲の決定とは，一連のプロポーザルの中で契約担当官が高く評価することで識別されたプロポーザルのことをいう。最低の要求事項をもとに，プロポーザル予定者の技術的能力と提案価格が落札できる範囲にあるかを表す。この範囲を外れれば，競争から脱落して調達に参入することができない。FAR 15.306 でもとくに，(a) と (c) "Exchange with Offerors after Receipt of Proposals"（プロポーザル受領後の契約申込者との意見交換）を参照されたい。選定のプロセスには第一次選定と第二次選定があって，第一次選定では「競争の範囲」と呼ばれる優秀な業者をいくつか選定し，第二次選定では「競争の範囲」で残された業者のみとの間で協議をしていくといったプロセスを想定すると，理解しやすいのではないかと思われる。

ォーマンス情報を明らかにするために，政府と入札予定者との間の対話が必要となる。

(2) プロポーザルにおける「競争の範囲」

協議が行われるべきであるならば，すべての評価基準に照らして**プロポーザルの評価にもとづく「競争の範囲」**を明確にしなければならない。「競争の範囲」に含まれる最も高い評価を得ているプロポーザルの会社数が，効率的な競争を行える数を上回ることを政府は望む[34]。RFPsの作成に当たって，「競争の範囲」が効率性の目的に限定されることを入札予定者に知らせてある場合には，政府は「競争の範囲」に記載されるプロポーザルの会社数を限定する[35]。

「競争の範囲」を設定した後で，政府と入札予定者は入札予定者がプロポーザルを改定することの許可を得る目的で協議を始める。これらの協議では，説得，前提やポジションの変更などが含まれ，価格，スケジュール，技術上の要求事項，契約の種類などの契約の条件が検討される。

(3) プロポーザルと協議

交渉契約が比較的競争的な調達であれば，その交渉は「競争の範囲」を決めた後で実施される。その場合の交渉は**協議**（discussion）と呼ばれる。協議は各入札予定者の提案内容に合わせて実施される。また，「競争の範囲」にテーマを絞って契約担当官と行われる。協議の主要な目的は，要求事項と評価にもとづいて，政府が最善の価値を獲得する能力を最高にまで高めることにある。

政府は，いまもなお落札を追求していると思われる各入札予定者に，重大な欠点，欠陥，その他のプロポーザル（たとえば，原価，価格，技術上のアプローチ，過去のパフォーマンス，条件や状況など）で気づいたところを指摘するとともに，必要とあれば協議する。契約担当官と入札予定者は，協議を通じて入札予定者の落札する潜在的能力を大幅に高めるべくプロポーザルの内容を変更したり，プロポーザルに説明を加えたりする。

---

[34] 一者応札の排除。
[35] 交渉契約では，選定に手数がかかるため，最初に少数の業者に絞って，その業者を対象にした詳細な調査と交渉を行う。

協議の範囲とその内容については，契約担当官の判断に委ねられている。契約担当官がプロポーザルの他，最低限必要な要求事項を上回る技術的な解決策の提出を入札予定者に求めている状況では，最低限必要な要求事項を上回る提案者との間で協議する。そして，技術的な課題が解決でき，提案された価格が当初より引き下げられた場合には，要求事項を上回った提案者に，政府は提案者のプロポーザルの競争力が高かった旨（設計を阻害しない方法で要求事項を上回ったこと）を教示する。

　協議が始まった後，「競争の範囲」内にあった入札予定者がもはや落札するのに相応しい最も高い業者ではないと考えられるに至った場合には，その業者は「競争の範囲」から除外される。ただし，調達に関わった政府の担当者は次のような行為には関与しない。(1) 特定の入札予定者を有利に扱うこと。(2) 除外された入札予定者の技術上の解決策—独特な技術，市販品の革新的でユニークな利用，あるいは，入札予定者の知的財産—を漏洩すること。(3) 除外された入札予定者の許可なしで，入札予定者の価格を知らせること。(4) 除外された入札予定者の過去のパフォーマンスに関する情報を提供することに伴って，個人の名前を明らかにしたり，業者選定の情報を提供すること。

　政府は「競争の範囲」から除外された入札予定者に，提案されている価格が政府によって高すぎると考えられていることを伝え，その結論を導いた分析の結果を明らかにしている。また，政府の判断で，原価と価格が政府の価格分析，市場調査その他の調査において合理的であると判定されたことをすべての入札予定者に教示することも許される。

(4) プロポーザルの排除

　入札予定者のプロポーザルが排除されるか，さもなければ，「競争の範囲」から除去されると，その入札予定者へのプロポーザルのさらなる修正は考慮されない。ただし，政府は交渉の過程で到達した理解を明確にして文書に残すよう入札予定者に要求するとか，政府がプロポーザルを修正することはある。協議が終了してから「競争の範囲」に該当する各入札予定者は，最終的なプロポーザルの修正版を提出する機会が与えられる。その際，政府は最終的なプロポーザルの受領についてのみ，共通の締切日を設定しなければならない。最終の

プロポーザルの修正要求では，入札予定者に，最終的な修正は文書によらなければならないこと，および政府は修正した最終プロポーザルで落札決定を通知する。

8　交渉における真実法

公法 87-653 の交渉における真実法は，契約業者にとってとくに重要な意味をもつ。その理由は，この法律が交渉契約のために，原価と価格決定データ作成と提出に関係するからである。

(1)　TINA の具体的内容

TINA（Truth in Negotiations Act）は，1962 年に議会を通過し，その後幾多の改正を経た後，近年では 1987 年に大幅な修正が行われている。FAR 15.4 において，現在時点における FAR の内容を確認することができる。TINA では，例外事項が適用されない限り，原則 700,000 ドル以上の契約において，主契約者と下請会社は原価と価格のデータを政府に提出し，最善の知識と見識にもとづいて，正確で最新かつ完全なデータであることの証明が求められる。

2010 年の後半に初めて，DCAA は，1 億ドル以下の原価タイプのプロポーザルと 1 千万ドル以下の固定価格タイプのプロポーザルを審査しないことに決定した。しかし，これらのプロポーザルは依然として TINA に従っており，現時点での，正確で完全な，原価または価格決定のデータが開示されているかを確認するために，事後の審査を受けている。

(2)　TINA における原価分析・価格分析の役割

TINA の要求事項を所与とすると，原価分析と価格分析[36]の定義づけが重要である。**原価分析**では，原価を見積もるにあたって契約業者によって用いられる判断要素の評価が必要になる。利益もまた，特定の規準を使って別個の審査を

---

[36] 連邦調達 Circular は，2013 年に，その名称を，TINA から，真実な原価または価格決定データ（Truthful Cost or Pricing Data）と変更した（Critical Thinking for Acquisition Professional, "FAR Eliminates Truth in Negotiation Act" −The Wifcon Forum and Blogs）。

受けることもある。原価分析には，次の考慮事項が含まれる。

①原価と価格決定データの検証，②入札予定者の現在の実務が将来の原価に及ぼす影響，③個々の原価要素に対して提案された原価の比較，④政府の原価原則と規制への準拠性，⑤自製か購入かの決定方法の分析[37]，⑥あるべき原価分析（should-cost analysis）。あるべき原価分析とは，実際原価ではなく，あるべき原価にもとづいて契約業者の原価を評価する分析手法のことをいう。

価格分析は，個々の原価と利益の要素を別々に評価するのではなく，契約業者の提案価格を吟味して評価するプロセスである。価格分析は，①契約業者によって提案された価格の検討，②同様の物品の見積価格との比較，③市場価格との比較，④政府の担当職員によって特別に作成された原価見積との比較，の4つの方法から構成されている。

価格分析を実施するにあたっては，**価値分析**（Value Analysis；VA）[38]を行うことによって製品の相対的価値を評価することも必要である（FAR 15.404-1）。

ま　と　め

本章では，連邦政府による防衛装備品を中心とする物品の調達方式を考察した。その目的は，米国ではどのような契約方式が採用されているかを研究することにある。その目的を達成するため，本章では初めに，現状での物品の調達価格算定の規定と，著者自身の経験（（独）情報処理推進機構の監事と契約監

---

[37] Make or buy は，"自製か購入か"が定訳であるが，メイク・オア・バイと称することもある。自社で製造するのと，他社で製造してもらうのといずれの原価が有利かの意思決定問題に関わる。

[38] 米国の産業界と国防省（特に空軍）は，価値分析の発展に大きな力を与えてきた。元フォードの社長であり1961年から1968年までケネディ，ジョンソン両大統領のもとで国防長官を務めたマクナマラ（Robert Strange McNamara）は，新規の軍事契約では製品開発と同時にVAを義務付け，国防省において大幅なコスト低減を実現した。詳細はKramer［1966, pp.25-34］を参照されたい。この論文は，著者にとっては日本内部監査協会から依頼された翻訳のうち最初の翻訳であった。ただし，当時の著者は防衛問題ではなくVAの企業への導入を志向していた（関心のある読者は櫻井［1967］を参照されたい）。

　VAは今日，価値工学（Value Engineering；VE）として知られている。最低のライフサイクル・コストで，必要な機能を確実に達成するために，製品やサービスの機能的研究に注ぐ組織的活動のことをいう。詳細は，櫻井［2015, pp.325-331］参照。

視委員会委員長，市役所での契約管理委員会委員長，および総務省の行政評価委員）などで得られた知見をもとに，政府・行政機関における物品の調達方式について述べた。

執筆にあたっては，オイヤー［Oyer, 2011, pp.1-12］を参考にして，FAR が規定している契約制度を紹介した。具体的には，米国連邦政府における市販品の調達，封印入札による契約，交渉契約，競争入札と競争的プロポーザル，競争的プロポーザルの評価のプロセスとコミュニケーション，および交渉における真実法などを考察した。

その結果，国防省の契約方式は，市販品の調達の他，封印入札と交渉契約を中心に契約が行われていることを見た。日米で類似する契約方式を，"封印入札対一般競争入札"，"交渉契約対随意契約"といったようにステレオタイプに考えることができるのであれば事は簡単であるが，現実には本章で見たように，米国の封印入札と日本の一般競争入札，米国の交渉契約と日本の随意契約とでは手続き的にもいくつかの違いがある。

本章では，米国の防衛装備品の調達方法や業者の選定方法などについて述べた。しかし，契約制度に関しては，残された重要な課題がある。それは，調達企業が選定された後で，政府が契約企業から防衛装備品を調達する場合の防衛装備品の契約形態—固定価格契約によるか，それとも原価補償契約によるかなど—の選択である。次の第9章ではそれらの問題を考察する。

〈参考文献〉

碓井光明『公共契約法精義』信山社，2005年。
大鹿行宏『平成23年改訂版 会計法精解』大蔵財務協会，2010年。
大野泰資「公共工事における入札・契約方式の課題」『会計検査研究』No.27，2003年。
大野泰資・原田祐平「日・米・欧における公共工事の入札・契約方式の比較」『会計検査研究』No.32，2005年。
神田秀樹・大前孝太郎・高野寿也「国の契約における権限・責任・職務分担のあり方—「交渉」と—「分割発注」を例として」『ファイナンシャル・レビュー』第104号，No.3，財務省財務総合政策研究所，2011年。
建設大臣官房地方厚生課長他「総合評価落札方式の実施に伴う手続きについて」2005年10月7日。
財務省「公共調達の適正化について」2006年。
櫻井通晴「価値分析とコスト・マネジメント」『経営実務』企業経営協会，1967年2月。
櫻井通晴『コーポレート・レピュテーションの測定と管理—「企業の評判管理」の理論と

ケース・スタディ―』同文舘出版,2011年。
櫻井通晴『管理会計 第六版』同文舘出版,2015年。
防衛基盤整備協会『防衛省 中央調達関係法令集(平成28年 改訂版)』2016年。
西 健「委託先選定のポイントは契約形態とRFPの記述」『日経コンピューター』2006年6月30日。
Kramer, Guy M., Cost Savings Through Value Analysis, *The Internal Auditor*, 1966.(櫻井通晴訳「価値分析によるコスト低減」日本内部監査協会,1966年12月号)。
Oyer, Darrell J., *Pricing and Cost Accounting, Handbook for Government Contractors*, 3rd ed., Management Concepts, Inc., 2011.

第9章

米国政府が調達する防衛装備品の契約形態

はじめに

　本章では、米国政府における防衛装備品契約価格の契約形態を考察する。その目的のため、主にオイヤー［Oyer, 2011, pp.13-38］を参考にして、米国政府と契約業者との契約形態・契約価格の現状と課題を検討する。

　米国政府との契約の形態は、主として2種類の契約—**固定価格**（Fixed Price；FP）契約と、**原価補償**（cost-reimbursement）契約—からなる。これら2種類の契約形態の間には、原価加算固定フィー（Cost Plus Fixed Fee；CPFF）契約から確定価格（Firm Fixed Price；FFP）契約まで数多くの契約形態が用意されている。それらの米国政府の契約は、FARによって規制されている。本章では、米国のFARとの関係で防衛装備品の契約形態を明らかにする。

　多様かつ大量に財貨・用役を購入する米国政府は、契約形態の選択は弾力的に行われる。つまり、契約形態の選択は、契約業者が納入する防衛装備品の種類とパフォーマンス[1]、想定されるリスク、契約業者に与えられる利益のインセンティブ、および契約の金額と性質に応じて契約形態が決定される。一般的にいって、政府の契約形態を決定づける上で重要な決定要因は2つある。

　1つは、財貨・用役の種類やパフォーマンスなどを正確に提示できる能力が政府にあるか否かである。その能力があるか否かによって、固定価格にするか原価補償契約にするかを決定する。いま1つは、実施すべき作業を正確に定義づける能力が政府にあるか否かである。それら2つのうち、とくに課題となる

---

[1] パフォーマンス（performance）は、財務業績の他、QCD（Quality, Cost, Delivery）などを意味する。

のは，リスクの評価能力である。リスクが限定的であれば価格とパフォーマンスに関して契約書での取り決めは正確に記述できるが，逆に，リスクが大きければ契約書の取決めは弾力的にならざるをえない。

1 米国政府による契約形態の変遷

契約形態を決定するのは，一般に政府である。しかし，契約形態と契約価格は密接に関係しているから，契約形態と契約価格との関係を政府だけでなく契約業者の立場からも総合的に検討する必要がある。契約業者と契約を取り結ぶ政府の全般的な目的は，契約業者の**リスクを少なくし**，同時に，**効率的**で**経済的なパフォーマンスを高め**，**コストを引き下げ**，もって**納税者の負担を軽減**するような契約形態と価格を設定することにある。

(1) 契約形態の歴史的変遷と 1990 年代以降の潮流

第一次世界大戦以前には，連邦政府では基本的に，**確定価格（FFP）契約**が用いられていた。当時は，馬，鉄砲，大砲などといった日用品に類する財貨・用役の調達であって，政府にとってそれらの調達は比較的容易であった。しかし，第一次世界大戦以降になると，**原価補償契約**が行われるようになった。新しい防衛装備品を設計・開発・生産するにあたり契約業者にはリスクが伴い，公平な契約を目指すのであれば，原価補償契約が適するからである。第二次世界大戦では，原価補償契約が一般に用いられるようになった。その結果，それ以降の政府の規則では，原価補償契約が前提とされるようになった。

第二次世界大戦以降では，1960 年代を通じて，契約は確定価格契約か原価補償契約のバリエーションになった。次に現れた契約形態は，**固定価格（FP）契約**であった。FP 契約では，契約業者が負担するリスクの度合いが高まる。

1990 年代の中葉になると，原価補償契約に代わって，FP 契約でより多くの購入が可能になるように，コモディティ[2]の定義が拡張された。この方法を採用することによって，監査を前提にした原価にもとづく価格決定の，全金額に占

---

[2] commercial items は，民生品と表現する。コモディティは，市場で流通している商品が個性を失って，どの業者の物品も大差がない状態を意味している。

める割合が大幅に減少した。その結果，政府の調達プロセスを通じて，原価にもとづく価格決定を排除または減少させ，それに代えて FP 契約に移行させる趨勢が近年の潮流になってきた。

(2) 主要な調達形態は FP 契約と原価補償契約からなる

　国防省の契約価格の算定方法は，見方によれば，わが国のそれとは全く異なる。そこで，契約価格の詳細な考察に入る前に，まずごく簡潔に防衛省の契約価格の算定方法が国防省のそれといかなる違いがあるかを述べておこう。

　防衛省では，仕様書等の条件を踏まえて計算価格を計算する。その計算価格を基準として，需給の状況等を考慮して予定価格を算定する。計算価格は原則として市場価格方式によるが，市場価格方式により難いときには原価計算方式による。防衛装備庁における契約制度としては，確定契約，準確定契約，概算契約が設けられている（「防衛装備庁における契約事務に関する訓令」第 24 条）。そこではさらに，**超過利益返納条項付契約**などいくつかの契約形態が用意されている［防衛基盤整備協会，2016, pp.227-229］。

　国防省の契約形態は，大別して，FP 契約と原価補償契約からなる。防衛省の契約制度との著しい違いは，日本では原価計算方式が原則的方針であるのに対して，米国方式では原価補償契約であることと，防衛省とは全く違った体系の下で，多様な原価補償契約と FP 契約が設けられていることにある。

(3) 原価補償契約の特徴と契約形態選定に当たっての考慮事項

　原価補償契約とは，政府が契約業者に，発生した許容原価を，契約で約定した範囲まで支払う契約形態である。原価補償契約を FP 契約と比較すると，原価補償契約では，契約業者はどのような製品またはサービスであっても，契約で約定した見積原価に責任を負うことに特徴がある。契約業者のフィー（利益）は，契約によって固定されている。それゆえ，契約業者のコスト・パフォーマンス[3]への関心は，FP 契約に比べると高くはない。

　原価補償契約の特徴として，ギャレット［Garrett, 2010, p.22］は，(1) プロ

---

[3] 費用対効果の関係。

ジェクトの原価見積，(2) 販売業者への諸経費の補償，(3) 利益としてのフィーの支払いをあげている。それでは，(1) の原価見積はどうするのか。

パーカー[Parker, 2011, p.103]によれば，**見積原価**は，調達のフェーズに応じて，①類推（analogy），②パラメータ解析，③工学的手法（または積み上げ）（engineering or Bottom-Up），④外挿法（extrapolation）による原価の見積もりが必要になるという。

原価補償契約のもとでは，政府は契約品の実際原価に対するモニターに最大の関心をもつ。それゆえ，政府は**原価の集計，許容可能性**および**配賦可能性**に厳格な規制を課す。加えて政府は，原価補償契約を政府と結んでいる契約業者の会計制度が，実際原価を算定するうえで適切であることを保証するための対応策をとる。同じ規制はFP契約にも適用される。しかし，FP契約における原価のモニタリングは原価補償契約ほど厳格ではない。FARに記載されていない契約形態は，米国政府との契約では，許可なしでは行えない。

原価補償契約は，作業時間，労務費，材料費などでリスクが高い時に選択される。ただ，原価補償契約を長期にわたって適用すると，契約業者はパフォーマンスを向上させようとする動機づけを失ってしまう。だからといって，研究開発に類する作業では，FP契約は許容できない。逆にいえば，研究開発に関わる契約においては，FP契約で研究開発による製造を請け負うのは，契約業者にとって現実的ではない。研究開発のためにFP契約を適用することは自殺行為ですらある。もし研究開発に失敗すれば，その結果は最悪である。債務不履行や訴訟といった事態が待ち構えているからである。

確定価格契約が適用されるのは，一般に，要求事項が明確に規定されているために契約業者のリスクが低く，市場が安定していて，契約業者のリスクを予測できて，利益動機を最大限に利用できるときである。それらの条件が存在しないときには，原価補償契約など他の契約形態が選ばれる。

契約形態の選択にあたって，政府は多くの要因を考慮する。**価格競争は現実**

---

4 そのために制定されているのが，CASである。CASBの原価計算基準の主要な具体的目的を3つあげれば，それは①妥当な原価の集計，②許容可能性，および③配賦可能性である。

5 国防省の原価補償契約にせよ防衛省の原価計算方式にせよ，一般に，原価加算契約では，原価監査が重要な意味を持つ。

的な価格決定を導くはずであるから，FP 契約が望ましい。適切な価格分析が行われれば，契約形態を選択するうえでの貴重な判断材料を提供することができる。価格分析が十分でない場合には，防衛装備品の購入物品について，政府の原価見積りが契約書を締結するための基礎となる。パフォーマンスに付随する不確実性とそれが原価に及ぼす影響を評価し，その結果をもとにして契約業者にとって合理的な原価責任を負わせることで，契約が締結される。

(4) 確定価格（FFP）契約適用の条件

契約担当官が公正で合理的な価格を設定できるとき，または相当明白な機能または詳細な仕様にもとづいてコモディティまたは消耗品や用役を調達する際には，FFP 契約が適している。FFP 契約の適用が望ましい条件は，次のケースである。(1) 適切な価格競争が存在すること，(2) 先に購入した同一または類似の製品・サービスとの価格の比較が妥当な原価または価格決定のデータによって裏付けされていること，(3) 利用できる原価または価格決定情報によって現実的な原価見積もりができること，(4) 契約履行のリスクを明確に予測し原価が及ぼす影響を合理的に見積もることができること，である。

2　契約形態の種類と選択

国防省では，防衛装備品の契約形態は，FP 契約と原価補償契約，およびそれ以外の契約からなる。本節ではオイヤー［Oyer, 2011, pp.15-28］を参考にして，国防省における FP 契約とそのバリエーションについて考察する。表 9-1 は，主要な契約形態と運用条件である。

3　固定価格契約

固定価格（Fixed Price；FP）契約とは，確定価格か，適切な場合には調整可能な価格とする契約価格算定の形態（FAR 16.201）をいう。FP 契約は，ある条件および／または天井価格（ceiling price；価格の上限額）[6]が使われるときには調整可能な価格となる。FP 契約には，天井価格，目標価格（目標原価を含む），

表 9-1　契約形態とその適用条件（運用が適する契約形態）

契約形態	適用条件
固定価格（FP）契約： 　確定価格（FFP）契約	①契約業者が損益に全面的な責任を負う。②効率的で費用効果が高ければ，業者の利益が大，③政府関係者には，最低の負担で済む。
固定価格インセンティブ（FPI）契約	①確定価格が不適切で，②業者がパフォーマンスを上げ得る，③技術の向上と納期短縮が可能，なとき。
経済価格調整付固定価格契約	市販品調達の場合。インフレとデフレに対応
契約価格見直条項付固定価格（FPR）契約	法律で遡及的な価格見直しが可能（10万ドル以下）
固定価格インセンティブ逐次的目標契約	評価対象期間は，目標価格の見直しが可能である。
固定価格・努力水準（FP-LOE）契約	研究開発や調査・研究など，具体的には表現でない努力水準がある場合
アワードフィー付固定価格契約	アワード条項付の固定価格契約
原価補償契約： 　コスト・シェアリング契約	教育機関，非営利組織に適する。
原価補償のみの契約	教育機関と非営利組織の研究開発
原価加算固定フィー（CPFF）契約	契約業者は最低のリスクで最低のフィーのみ取得
原価加算インセンティブフィー（CPIF）契約	設定した目標を達成した否かで判断する契約
原価加算アワードフィー（CPAF）契約	①契約開始時，②業務実施中のフィーからなる。
その他の契約： 　タイム・アンド・マテリアル（T&M[1]）契約	消耗品かサービスの購入，直接作業時間か材料費
作業時間契約	前者の変形。作業時間のみに適用可能。
不確定納期契約	①納期付発注契約か，②タスク型発注契約
確定数量契約	注文にもとづいて確定数量を短期間に納入
リクワイアリング契約	明示した制約内で提供

注1）　直接作業時間か材料費にもとづいてサービスを購入する方法。

あるいはそれらの両者が含まれる。市販品を調達するには，FFP 契約または**経済価格調整付固定価格**を用いるのがよい。FP 契約では，契約の結果として得る（または被る）損益に対して契約業者が完全な責任を負うから，原価をコントロールし効果的なパフォーマンスを実現するうえで，契約業者には最高のインセンティブが提供される。最も頻繁に用いられている FP 契約は，FFP 契約と固定価格インセンティブ（fixed price incentive；FPI）契約である。

(1) 確定価格 (FFP) 契約 (FAR 16.202)

FFP（Firm Fixed Price）**契約**とは，契約の遂行に当たって，契約業者の原価実績とは関係のない契約価格設定の形態（FAR 16.202）のことをいう。FFP 契約は，市販品の販売に適した，最も簡単かつ一般的な価格決定の方法である。

FFP 契約は，あらゆる種類の契約のうちで，契約業者の財務上の報酬とリスクに対して最大の適応力がある。契約業者は契約に従って製品または用役を提供する義務があるが，契約業者が効率的で費用対効果の高い業務活動をすれば，一般に原価補償契約によるよりも大きな利益が得られる。FFP 契約では，財貨または用役を契約時に確定された価格で提供する。

FFP 契約では，契約業者が原価をコントロールし効果的に契約を履行する上で，契約業者に対して最大のインセンティブを提供する。一方，政府関係者には，最低の管理上の負担で済ませることができる。[7]

FFP 契約で，契約業者にとっての価格，原価，利益の関係はどう表されるか。パーカー［Parker, 2011, p.36］は，その関係を図 9-1 のように描いている。価格が固定されているので，原価が増加すれば契約業者の利益下減少する（配分割合は，0：100）。

---

[6] 天井価格は，価格の上限額を意味する。天井価格はインセンティブを伴った契約形態で用いられる合理的な理由がある。連邦調達規則（FAR 16.204）では，固定価格インセンティブ契約において天井価格が用いられている。天井価格は経済学上の概念である。逆は，底価格（floor price；価格の下限額）という。

[7] FFP 契約では契約業者のみがリスクとコストの責任を負う。他方，FPI 契約では通常，政府と契約業者の間でリスクの責任がシェアされる。そのため，FFP 契約も FPI 契約も固定契約ではありながら，その責任関係は全く異なっている。

図 9-1　FFP 契約

出典：Parker [2011, p.36].

（2）　固定価格インセンティブ（FPI）契約（FAR 16.204）

FPI（Fixed Price Incentive）契約では，目標原価に対するトータルな許容原価との関係にもとづく公式を適用することで利益を調整し，最終的な契約価格を設定する。FPI 契約が最も適切なケースは，次の場合である。

① 　FFP 契約が適切ではない（換言すれば，製品の性質から，製品を生産するに当たって発生する**原価を正確に予測**できないときである）。
② 　契約業者が効果的な**原価低減**に成功すれば大きな利益のインセンティブが得られると考えられているとき。
③ 　契約には，**技術的な契約履行および／または納期**に関するインセンティブも含められる。それゆえ，技術の向上と納期の短縮が決定的に必要な場合には，FPI 価格契約によるのが合理的である。

技術的な契約履行または納期に関して，公式のインセンティブが契約に含まれている場合には，利益ないしフィーは目標を上回る実績に対してのみ増加される。逆に，目標に達しない場合には，ペナルティとして利益ないしフィーが減額される。高い目標をもつだけではなく，その高い契約履行目標を達成した場合には，インセンティブとしての利益を増加させる。

FPI 価格契約では，価格，原価，利益の関係はどのように表されるか。パーカー [Parker, 2011, p.36] は，図 9-2 のように描いている。

図 9-2 で，（目標）価格＝（目標）原価＋（目標）利益である。PTA（Point of Total Assumption；全体の仮定点）は，式（9-1）で算定される。[8]

8　日本コスト評価学会 [2013, p.20] では，調整利益の算定方法として，調整利益（AP）＝目標原価（TC）＋シェア比率（S）（目標原価（TC）－最終原価（FC））を示している。詳細は，同書を参照されたい。

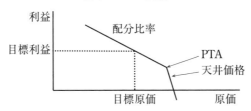

出典：Parker［2011, p.36］.

PTA＝（天井価格－目標価格）×政府取り分割合＋目標原価　　　…式(9-1)

　政府との FPI 契約による取り決めによれば，契約業者が**原価低減活動とパフォーマンスの実効**をあげうるように，高いインセンティブが与えられる。FPI 契約を遂行するにあたって，契約業者の実際原価に基づいた調整を何ら必要とせず，契約を適用することによって目標原価以下に実際原価を引き下げることに成功すれば，契約業者は高い利益が実現できる。基本的に，技術革新や原価低減活動によって実際原価が見積原価よりも下回れば，契約業者と政府とはよきパートナー（win-win の関係）になるといえる。

〈仮定値の計算―固定価格インセンティブ（FPI）契約―〉

　仮定値を使って，契約価格がどのように決定されるかを説明しよう。FPI 契約を行う際して，政府と契約業者が協議すべき事項は，次の 5 点である。

　(1) 目標原価，(2) 目標利益，(3) 目標価格（これは，(1) と (2) の合計額），(4) 目標原価のフィー調整公式，(5) 天井価格（目標価格を上回る金額）。

　配分比率は，FPI 契約において原価を下回ったときと上回ったときとの政府と契約業者とでどう配分するかを明示する。**表 9-2 ～表 9-4** は，ある契約ではどのように公式を適用するかを例示している。ただし，これらの数値のそれぞれに対して，次の同一の仮定値が使われている[9]。

　9　原典［Oyer, 2011, pp.17-34］で，明らかな数値の誤りと思われる箇所は訂正した。

〈仮定値〉

(1) 目標原価は，1,000,000 ドル，(2) 目標利益は，85,000 ドル，(3) 目標価格は，1,085,000 ドル，(4) 原価の過不足による契約業者の配分率は 30％，政府の取り分は 70％，(5) 天井価格は，1,160,000 ドルである。

〈仮設例〉

表 9-2 は，実際原価が 900,000 ドルで，目標原価を下回った場合の FPI 契約のケースである。このケースでは，実際原価が 100,000 ドルだけ目標原価を下回ったと仮定されている。契約価格は参考 (i) での目標価格から始める。次に，価格は，参考 (j) に見るように原価が下回ったことによる政府の取り分である −100,000 ドルの 70％（−70,000 ドル）である。これによって，参考 (k) にみるように契約価格（計算価格の合計）は，1,015,000 ドルになる。この契約によって得られる契約業者の利益は，115,000 ドルになる。それは，契約価格（価格合計として表示）の 1,015,000 ドルから 900,000 ドルを差し引いて（1,015,000 − 900,000 = 115,000）算定される。

表 9-2 FPI 契約（目標価格を下回ったケース）

事　実：	金　額	参　考	適　用
目標原価	1,000,000	(a)	協議
目標利益	85,000	(b)	協議
目標価格	1,085,000	(c)	(a) + (b)
契約業者の取り分	30％	(d)	協議
政府の取り分	70％	(e)	協議
天井価格	1,160,000	(f)	協議
実際原価	900,000	(g)	
超過（不足）	−100,000	(h)	(g) − (a)
価　格：			
目標価格	1,085,000	(i)	(c)
政府の取り分	−70,000	(j)	(e) * (h)
計算価格の合計	1,015,000	(k)	(i) * (j)
価格合計	1,015,000	(l)	(f) か (k) の小さい方
利益（損失）	115,000		(l) − (g)

出典：Oyer [2011, p.18].

表9-3は，実際原価が1,100,000ドルで，目標価格を上回った場合のFPI契約のケースである。このケースでは，実際原価が目標原価を100,000ドルだけ上回った。契約価格はライン (i) での目標価格から始めることで計算している。次に，価格は，ライン (j) に見るように，原価が上回ったことによる政府の取り分である100,000ドルの70％で，70,000ドルになる。これによって，契約価格は，ライン (k) にみるように，1,155,000ドルになる。この契約によって得られる契約業者の利益は，55,000ドルになる。その利益は契約価格の1,155,000ドルから実際原価の1,100,000ドルを差し引くことで，（1,155,000－1,100,000＝55,000）と算定される。

表9-4は，実際原価が1,200,000ドルで，目標価格と天井価格を上回った場合のFPI契約のケースである。

このケースでは，実際原価が200,000ドルだけ目標原価を上回ったものと仮定されている。契約価格は，参考 (i) での目標価格から始めている。次に，政府の取り分は，参考 (j) に見るように，原価が上回ったことによる超過額，200,000ドルの70％になる。つまり，140,000ドルである。その結果，計算価

表9-3 FPI契約（目標価格を上回ったケース）

事　実：	金　額	参　考	適　用
目標原価	1,000,000	(a)	協議
目標利益	85,000	(b)	協議
目標価格	1,085,000	(c)	(a) + (b)
契約業者の取り分	30%	(d)	協議
政府の取り分	70%	(e)	協議
天井価格	1,160,000	(f)	協議
実際原価	1,100,000	(g)	
超過（不足）	100,000	(h)	(g) − (a)
価　格：			
目標価格	1,085,000	(i)	(c)
政府の取り分	70,000	(j)	(e) * (h)
計算価格の合計	1,155,000	(k)	(i) * (j)
価格合計	1,155,000	(l)	(f)か(k)の小さい方
利益（損失）	55,000		(l) − (g)

出典：Oyer [2011, p.19].

170　第Ⅱ部　国防省における契約価格，原価，利益の算定

表9-4　FPI契約（天井価格を上回ったケース）

事　実：	金　額	参　考	適　用
目標原価	1,000,000	(a)	協議
目標利益	85,000	(b)	協議
目標価格	1,085,000	(c)	(a)+(b)
契約業者の取り分	30%	(d)	協議
政府の取り分	70%	(e)	協議
天井価格	1,160,000	(f)	協議
実際原価	1,200,000	(g)	
超過（不足）	200,000	(h)	(g)−(a)
価　格：			
目標価格	1,085,000	(i)	(c)
政府の取り分	140,000	(j)	(e)*(h)
計算価格の合計	1,225,000	(k)	(i)*(j)
価格合計	1,160,000	(l)	(f)か(k)の小さい方
利益（損失）	−40,000		(l)−(g)

出典：Oyer［2011, p.18］．

表9-5　FPI契約のためのスプレッドシート公式

事　実：		金　額	参　考	適　用
目標原価		1,000,000	(a)	協議
目標利益		85,000	(b)	協議
目標価格	=p7+p8	1,085,000	(c)	(a)+(b)
契約業者の取り分		30%	(d)	協議
政府の取り分		70%	(e)	協議
天井価格		1,160,000	(f)	協議
実際原価		900,000	(g)	
超過（不足）	=p14−p7		(h)	(g)−(a)
価　格：				
目標価格	=p9		(i)	(c)
政府の取り分	=p11*p15		(j)	(e)*(h)
計算価格の合計	=p18+p19		(k)	(i)*(j)
価格合計	=IF(p20>p12, p12, p20)		(l)	(f)か(k)の小さい方
利益（損失）	=p21−p14			(l)−(g)

出典：Oyer［2011, p.19］．

格は，参考（k）にみるように，1,225,000 ドルになる。しかしこれは天井価格の 1,160,000 ドルを上回っている。それゆえ，天井価格が契約価格になる。

当契約に関して，契約業者の損失は 40,000 ドルになる。それは，実際原価から天井価格を差し引いて，(1,160,000 − 1,200,000 = −40,000) と算定される。

表 9-5 は，表 2 から表 4 までを計算するためのスプレッドシートである。

(3) インセンティブ契約（FAR 16.4）の一般的特徴

多くの契約では，原価低減のインセンティブを提供しないで他のインセンティブを提供することはない。逆に，原価低減のインセンティブだけを規定することもない。契約では利益または調整公式の形態をとっており，契約業者が原価を効果的に管理するように動機づけるように工夫されている。

FPI 契約は，契約業者と政府両者にとって，収益性の高い有効で実践に適した方法である。ただし，契約業者は FAR に準拠しなければならない。

契約履行のインセンティブには，航空機のスピード，ミサイルの有効射程距離，エンジンの推進力，車両の操縦性などが含まれる。サービス契約では，プラスとマイナスのインセンティブが用いられる。技術的な契約履行のインセンティブは主要な武器システムの開発と生産に関係するもので，最終製品の全般的な契約履行に貢献する多様な機能向上が含まれる。

納期のインセンティブは，納期のスケジュールに間に合わせることが重要な政府の目的であるときに用いられる。納期のインセンティブを取り決めるには，政府の原因で起きた納期の遅れとか，契約業者か下請け業者の管理の範囲を超えるその他の遅れ―落ち度や不注意がない―の場合の報償とペナルティ構造の適用を明示しておく必要がある。

FPI 契約では，(1) 目標原価，(2) 目標利益，(3) 天井価格（ただし，利益の天井とか最低価格を除く），(4) フィー調整公式を明示しておく。これらの決定事項は，契約の初めに取り決めておく。天井価格は，契約業者に支払われる最高額である。ただし，契約条件に従ってなされる価格調整は除く。契約の履行が終了すると，関係者は最終的な原価がいくらになるかを協議し，公式を適用して最終的な価格を決定する。最終的な原価が目標原価よりも少なければ，最終的な利益は目標利益よりは高くなる。逆に，最終的な原価が目標原価

よりも多くなれば，最終的な利益は目標利益よりも少なくなる。場合によっては純損失が生じる。最終的な実際原価が天井価格を上回ると，契約業者はその差額を損失として決算に計上することになる。

(4) 経済価格調整付固定価格契約[10] (FAR 16.203)

インフレとデフレに対応させた契約価格の形態である。**経済価格調整付固定価格**（fixed price contract with economic price adjustment）契約とは，特定の環境条件の変化が生じたときには契約価格を上げたり下げたりする契約形態のことをいう。この契約が用いられるのは，長期にわたる契約期間に生じる市場または労働条件の安定性に関して，重大な懸念があるときである。

労務費と材料費にもとづく価格調整は，一般に，契約業者が管理できない不測の事態が生じた時に限定される。経済価格調整付固定契約条項は，実際の価格の上昇が当初予定していた比率（パーセント）を上回るか下回る場合においてのみ，契約価格を調整する。

経済価格の調整は，次の基準のうちの1つにもとづいて決定される。その基準とは，(1) 設定してある価格，(2) 労務費および／または材料費の実際原価，(3) 労務費および／または材料費の指標である。価格にもとづく調整は，公表済みか，さもなければ特定のアイテム[11]または契約の最終的なアイテムの確立されている価格について，協定されていた水準からの増減にもとづいて行われる。たとえば，大量の特殊な金属を必要とする契約では，公表されている金属の価格が一定の比率を上回ったら，価格調整を毎年行う必要がある。

労務費と材料費の実際価格にもとづく調整は，契約業者が契約の実施中に経験した特定の労務費または材料費の増減にもとづいてなされる。たとえば，クルー[12]に多額の原価が必要とされる契約では，実際労務費の変化が一定の比率を超えるならば，毎年の価格調整が必要になる。この方法が適用されるときに

---

10 原典では，確定価格（firm fixed price）として表現されているが，①条項付では確定価格とはいえない，②FARの規定ではどこにも経済価格調整付の確定価格契約は見当たらない。以上から，これは確定価格ではなく，固定価格とするべきでないかと思う。

11 アイテム（items）は，商品や製品である。ただしここでは，ミサイル，航空機，船舶などの物品の他，プロジェクトやサービスをも意味すると解しえよう。本書では防衛装備品を指す。

は，後になってから紛争が起きることを避けるために，契約条件のなかに，カテゴリー別（たとえば職員のタイプ）の労務費の内訳（たとえば賃率や福利厚生費）を特別に明示しておくのが望ましい。

労務費か材料費の原価指標にもとづいて行われる調整は，労務費または材料費の原価標準か，特に契約で指定されている原価指標の増減にもとづいて行われる。たとえば，消費者物価指数がXパーセント以上変化した場合には，毎年価格調整を実施する。

(5) 契約価格見直条項付固定価格契約

契約価格見直条項付固定価格（fixed price re-determinable；FPR）契約は，遡及的な価格の見直しができる契約である。この契約では，契約の完成後に，固定天井価格内で，法律上で遡及力のある価格更改の機会を提供する。この契約形態は，主として100,000ドルかそれ以下の研究開発のために用いられる。

(6) 固定価格インセンティブ逐次的目標契約

固定価格インセンティブ逐次的目標（fixed price incentive with successive targets）契約とは，当初の契約物件またはパフォーマンスの対象期間にはFPによるが，一定の約定期間が経過した後あるいはパフォーマンスの評価対象期間中には，目標価格の見直しが可能となる契約（FAR 16.403-2）である。

固定価格インセンティブ逐次的目標契約では，当初の期間にはFFPを設定するが，その後の契約履行期間には価格の見直しができない大量生産品またはサービスの調達において用いられる。確定価格での期間は一般には最も長い期間になる可能性が大きい。その後の期間は，少なくとも12ヵ月以上でなければならない。[13]契約では天井価格を設けておいて，公平な調整を与えるために提供をする契約条項の操作によってのみ調整される。

固定価格インセンティブ逐次的目標契約では，次の要素を特定する。ただ

---

[12] 艦船の乗組員，飛行機の搭乗員など，広く乗務員を指す。適切な日本語がないので，クルーと表現した。

[13] 価格調整が可能になる期間。激しいインフレやデフレが予測されている時期であるが，少なくても1年は待って欲しいという政府の思惑であろう。

し，それらの交渉はすべて契約の当初に行われる。

① 最初の目標原価
② 最初の目標利益
③ 確定目標利益を設定するために用いられる最初の利益調整公式。ただし，それには確定目標利益のための天井と底を含む。
④ 天井目標利益
⑤ 底の目標利益
⑥ 契約業者に支払われる最高の天井価格。ただし，正当な価格調整を除く。
⑦ 確定目標原価と確定目標利益を協議する生産数量

契約において指定された生産数量に達したら，関係者は確定目標原価と確定目標利益を交渉する。企業の目標利益は，当初の交渉公式によって設定される。この時点で，関係者は2つの代替案のうち，いずれかを選択する。

① 確定目標原価プラス確定目標利益を指針として使って，確定目標価格を交渉する。
② 確定目標原価と確定目標利益を使って，最終の価格を決めるための公式を交渉する。

契約業者の会計制度は，確定的な目標と現実的な利益調整公式を交渉するに足るデータを提供するのに適していなければならない。また，後になってから最終的な原価のためのフレームワークを設定するのに適切なものでなければならない。合理的な確定目標原価を設定するのに適した原価または価格決定情報は，契約履行の初期の時点で利用できなければならない。

確定目標原価の総額が当初の目標原価を上回れば，当初の目標利益は減少する。逆に，確定目標原価の総額が当初の目標原価の総額よりも少なければ，当初の目標利益の総額は増加する。当初の目標利益は，当初の目標原価の総額と確定目標原価総額との差額である契約上で約定されている分だけ増減する。結果として契約業者の得る金額は，目標利益の総額である。

〈仮設例―固定価格インセンティブ逐次的目標契約―〉

表9-6から表9-11は，固定価格インセンティブフィー（Fixed Price Incentive Fee；FPIF）の応用形にもとづく契約形態がいかに活用されるかを例示してい

る。基本的には同じデータを使って、成果がどうなるかを仮定している。

当初の目標原価，当初の目標利益，天井契約価格，天井目標利益の比率，および目標利益の比率については，契約の落札時に交渉する。また，公式は価格調整目的で交渉する。調整は，当初の目標利益に対するものである。その公式では次のことを示唆している。

表9-6　固定価格インセンティブ逐次的目標契約[14]（目標価格を相当下回る）

事　実：	金　額	参　考	適　用
当初の目標原価	1,000,000	(a)	交渉
当初の目標利益率	12%	(b)	交渉
当初の目標利益額	120,000	(c)	(a) * (b)
当初の目標価格	1,120,000	(d)	(a) + (c)
公式－目標利益率	25%	(e)	交渉
天井価格	1,300,000	(f)	交渉
最低目標利益率	9%	(g)	交渉
最低目標利益額	90,000	(h)	(a) * (g)
天井目標利益率	15%	(i)	交渉
天井目標利益額	150,000	(j)	(a) * (i)
確定目標原価	800,000	(k)	後で交渉
価　格：			
確定目標原価	800,000	(l)	(k)
当初の目標利益	120,000	(m)	(c)
利益公式調整額	50,000	(n)	(e) * {(a) − (l)}
合　　計	170,000	(o)	(m) + (n)
確定目標利益	150,000	(p)	(o) ただし(j) 以上でなく(h) 以下でないこと
価　格　計	950,000	(q)	(l) + (p) ただし(f) 以下であること
期待利益（損失）	150,000	(r)	(q) − (k)

出典：Oyer［2011, p.21］．

---

[14] オイヤー［Oyer, 2011, p.20］によれば，固定価格インセンティブ逐次的目標契約（fixed price contract with prospective price redetermination contract）は，firm fixed price contract with successive targets とも呼称している。この契約が適用されるのは，原価データ，価格データの入手が事前には不十分なために現実的な固定目標原価を契約決定前には決定できないが契約締結後には入手可能なケースでは適している［日本コスト評価学会，2013, p.19］。なお，日本コスト評価学会では，これを"逐次目標インセンティブ付き定額"と訳出している。

当初の目標利益は，確定目標原価が当初の目標原価を上回った場合に，その超過額のX%を下方修正する。同様に，当初の目標利益は，確定目標原価が目標原価を下回った場合に，その削減額のY%を上方修正する。

特定の時点（契約が落札された時点で交渉される）で，確定目標原価は新しい原価データにもとづいて交渉する。その公式は，当初の目標利益に適用され，FFPか，FPIF契約のいずれかに決定する。例示では，5つのシナリオが作成されている。そのシナリオは，次のものである。

① 当初の目標原価のままでよい。
② 当初の目標原価を下回る。
③ 当初の目標原価を上回る。
④ 当初の目標原価をだいぶ上回る。

表9-7 固定価格インセンティブ逐次的目標契約（目標価格を下回る）

事　実：	金　額	参　考	適　用
当初の目標原価	1,000,000	(a)	交渉
当初の目標利益率	12%	(b)	交渉
当初の目標利益額	120,000	(c)	(a) * (b)
当初の目標価格	1,120,000	(d)	(a) + (c)
公式－目標利益率	25%	(e)	交渉
天井価格	1,300,000	(f)	交渉
最低目標利益率	9%	(g)	交渉
最低目標利益額	90,000	(h)	(a) * (g)
天井目標利益率	15%	(i)	交渉
天井目標利益額	150,000	(j)	(a) * (i)
確定目標原価	900,000	(k)	後で交渉
価　格：			
確定目標原価	900,000	(l)	(k)
当初の目標利益	120,000	(m)	(c)
利益公式調整額	25,000	(n)	(e) * {(a) − (l)}
合　　計	145,000	(o)	(m) + (n)
確定目標利益	145,000	(p)	(o) ただし(j)以上でなく(h)以下でないこと
価格　計	1,045,000	(q)	(l) + (p) ただし(f)以下であること
期待利益（損失）	145,000	(r)	(q) − (k)

出典：Oyer［2011, p.22］．

⑤ 当初の目標原価を大幅に上回る。

固定価格インセンティブ逐次的目標契約について，より複雑な条件をつけ加えるよりも，確定価格を仮定しておけば，期待損益のラインは，確定目標原価に対応させてシナリオを作成することが可能になる。

表9-6は，当初の目標原価のシナリオを相当下回っている。そこでは，天井目標利益が達成されている（原価の下落が相当大きいので，最高の利益契約条項が適用される）。表9-7は，当初の目標原価シナリオを下回っている。逆に，表9-8では，当初の目標原価のシナリオを上回っている。表9-9は，当初の目標原価をだいぶ上回っており，最低の (floor；底)[15] 目標利益が適用される（原価の超過があまりにも大きいので，契約業者の最低の利益条項が適用される）ケースである。

表9-8 固定価格インセンティブ逐次的目標契約（目標価格を上回る）

事　実：	金　額	参　考	適　用
当初の目標原価	1,000,000	(a)	交渉
当初の目標利益率	12%	(b)	交渉
当初の目標利益額	120,000	(c)	(a)＊(b)
当初の目標価格	1,120,000	(d)	(a)＋(c)
公式－目標利益率	25%	(e)	交渉
天井価格	1,300,000	(f)	交渉
最低目標利益率	9%	(g)	交渉
最低目標利益額	90,000	(h)	(a)＊(g)
天井目標利益率	15%	(i)	交渉
天井目標利益額	150,000	(j)	(a)＊(i)
確定目標原価	1,100,000	(k)	後で交渉
価　格：			
確定目標原価	1,100,000	(l)	(k)
当初の目標利益	120,000	(m)	(c)
利益公式調整額	－25,000	(n)	(e)＊｛(a)－(l)｝
合　　計	95,000	(o)	(m)＋(n)
確定目標利益	95,000	(p)	(o)しかし＜(j)と＞(h)
価　格　計	1,195,000	(q)	(l)＋(p)しかし＜(f)
期待利益（損失）	95,000	(r)	(q)－(k)

出典：Oyer［2011, p.23］．

表 9-9　固定価格インセンティブ逐次的目標契約（目標価格をだいぶ上回る）

事　実：	金　額	参　考	適　用
当初の目標原価	1,000,000	(a)	交渉
当初の目標利益率	12%	(b)	交渉
当初の目標利益額	120,000	(c)	(a) * (b)
当初の目標価格	1,120,000	(d)	(a) + (c)
公式－目標利益率	25%	(e)	交渉
天井価格	1,300,000	(f)	交渉
最低目標利益率	9%	(g)	交渉
最低目標利益額	90,000	(h)	(a) * (g)
天井目標利益率	15%	(i)	交渉
天井目標利益額	150,000	(j)	(a) * (i)
確定目標原価	1,200,000	(k)	後で交渉
価　格：			
確定目標原価	1,200,000	(l)	(k)
当初の目標利益	120,000	(m)	(c)
利益公式調整額	－50,000	(n)	(e) * |(a) － (l)|
合　　計	70,000	(o)	(m) + (n)
確定目標利益	90,000	(p)	(o) ただし (j) 以上でなく (h) 以下でないこと
価　格　計	1,290,000	(q)	(l) + (p) ただし (f) 以下であること
期待利益（損失）	90,000	(r)	(q) － (k)

出典：Oyer [2011, p.24].

表 9-10 は，当初の目標価格のシナリオを大幅に上回っているために，天井価格が適用される。表 9-11 は，以上で述べたシナリオの公式（スプレッドシート）である。

(7) 固定価格・努力水準契約（FAR 16.207）

固定価格・努力水準（Firm Price, Level of Effort；FP-LOE）契約は，一定の期間にわたって，一般的な表現でのみ明言できる特定の努力水準を約定する契約である。FP-LOE 契約は，**研究開発**にかかわる調査・研究に適している。

研究成果への報酬は，通常，費やされた努力ではなく結果にもとづく報告書

---

[15] "天井"と対比させる意味で，本書では"底"の語を用いた。あわせて注6を参照されたい。

表9-10 固定価格インセンティブ逐次的目標契約（目標価格を大幅に上回る）

事　実：	金　額	参　考	適　用
当初の目標原価	1,000,000	(a)	交渉
当初の目標利益率	12%	(b)	交渉
当初の目標利益額	120,000	(c)	(a)*(b)
当初の目標価格	1,120,000	(d)	(a)+(c)
公式－目標利益率	25%	(e)	交渉
天井価格	1,300,000	(f)	交渉
最低目標利益率	9%	(g)	交渉
最低目標利益額	90,000	(h)	(a)*(g)
天井目標利益率	15%	(i)	交渉
天井目標利益額	150,000	(j)	(a)*(i)
確定目標原価	1,350,000	(k)	後で交渉
価　格：			
確定目標原価	1,350,000	(l)	(k)
当初の目標利益	120,000	(m)	(c)
利益公式調整額	−87,500	(n)	(e)*{(a)−(l)}
合　計	32,500	(o)	(m)+(n)
確定目標利益	90,000	(p)	(o)ただし(j)以上でなく(h)以下でないこと
価　格　計	1,300,000	(q)	(l)+(p)ただし(f)以下であること
期待利益（損失）	−50,000	(r)	(q)−(k)

出典：Oyer［2011, p.25］．

であるべきではある．しかし実際には，達成した結果ではなく費やした努力にもとづいて報酬が支払われる．一方，FP-LOE契約では，提供された見積作業時間と実際作業時間にもとづいた価格調整条項が設けられる．たとえば，見積作業時間の15％以上か以下が発生したら，価格調整が必要となる．この契約条項は，契約の総時間または個々の作業の種類別による．

日本コスト評価学会［2013, p.24］によれば，賃率は固定レートであるが，作業の内容が（工数が細かく定義されなければならない）請負型契約のような場合には，FP-LOEを適用するのに適しているとしている．

(8) アワードフィー付固定価格契約（FAR 16.404）

FP契約では，稀に**アワードフィー条項**（award-fee provisions）がつけられ

表9-11 固定価格インセンティブ逐次的目標契約スプレッドシート公式

事　実：		金　額	参　考	適　用
当初の目標原価		1,000,000	(a)	交渉
当初の目標利益率		12%	(b)	交渉
当初の目標利益額	=c8*c7	120,000	(c)	(a)*(b)
当初の目標価格	=c9*c7	1,120,000	(d)	(a)+(c)
公式−目標利益率		25%	(e)	交渉
天井価格		1,300,000	(f)	交渉
最低目標利益率		9%	(g)	交渉
最低目標利益額	=c13*c7	90,000	(h)	(a)*(g)
天井目標利益率		15%	(i)	交渉
天井目標利益額	=c15*c7	150,000	(j)	(a)*(i)
確定目標原価		1,200,000	(k)	後で交渉
価　格：				
確定目標原価	=c17		(l)	(k)
当初の目標利益	=c9		(m)	(c)
利益公式調整額	=c11*(c7−c20)		(n)	(e)*(a)−(l)
合　　計	=c22+c21		(o)	(m)+(n)
確定目標利益	=if(c23<c14, c14, if (c23>c16, c16, c23))		(p)	(o)ただし(j)以上でなく(h)以下でないこと
価　格　計	=if(c24+c20>c12, c12+c20+c24))		(q)	(l)+(p)ただし(f)以下であること
期待利益（損失）	=p25−p20		(r)	(q)−(k)

出典：Oyer [2011, p.26].

る。アワードフィー付固定価格契約によるときには，努力に対してFP（通常の利益を含む）を設定する。この価格は，満足しうる契約のパフォーマンスに対して支払われる。稼得したアワードフィー（もしあれば）は，契約業者のパフォーマンスとアワードフィー計画との対比で，定期的に公式の評価にもとづいて支払われる。

図9-3は，当初の目標原価と確定目標原価との差異と利益の関係を図示したものである。横軸は目標原価の超過額，縦軸は利益である。

4　原価補償契約

原価補償契約（cost-reimbursement contracts）は，契約で規定された範囲ま

図9-3 当初の目標原価と確定目標原価との差異と利益との関係

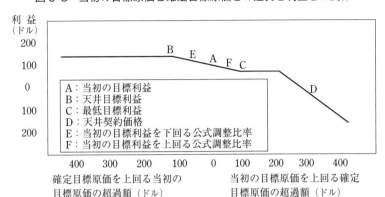

(注) これまで述べてきた仮設例は，オイヤー [Oyer, 2011, p.23] を参考にして作成したものである。しかし，仮設例では，原典を訂正したところが数か所ある。表9-7で，原典 [Oyer, 2011, p.23] では，表9-8にある表を参考にして作成した。ただし，摘要欄の確定目標利益 (l) は (o) に変更した。これは単なる誤植と思われる。また，同じ趣旨で，表9-8も，同じ箇所が間違って (l) とされているので，これも (o) に変更した。表9-9についても，2箇所変更した。1つは，天井目標利益率である。1つは，9％を15％に変更した。いま1つは，天井の目標利益額である。ここでは 90,000 円を 150,000 円に変更した。同様に，表9-11では，天井目標利益率の9％を15％に変更した。以上は誤植と思われる。以上の数値の誤植の修正は，著者の責任で訂正した。

で，発生した許容原価の支払いを行う契約である。原価補償契約では，原価の見積額算定における許容原価，契約業者の原価補償の条項，および利益としてフィーを支払うための契約条項が重要な役割を果たす [Garrett, 2010, p.22]。

原価補償契約では通常，契約業者の債務負担能力に対して制限が課せられている。契約業者が契約担当官の承諾を得ないで資金を上回る契約を結ぼうとする場合には，その原価は契約業者の負担とする。[16]

(1) 原価補償契約実施における留意事項

原価補償契約は，パフォーマンスの不確実性が高いために FP 契約を用いう

---

[16] これを例示しよう。契約業者が材料の購入，賃金・給料の支払，経費（外注加工賃を含む），その他管理費など当該契約に回せる資金が 20 億円であると仮定する。その業者が 30 億円の契約を政府と締結したとしよう。万一工事の途中で支払いに支障をきたしても，政府は知りませんよ，ということになる。

るほどの正確な原価を予測できないときに利用される。原価補償契約においては，契約業者には実際の許容原価にあらかじめ取り決めてあるフィーを加えた契約の天井額まで償還される。

契約が完了するまでは，通常，契約額の85％以上の請求書を発行することは許されない。残りの15％は契約上の問題が発生したときの予備または最終的な間接費率を調整するための予備として，政府が保有しておく。

原価補償契約がひとたび締結されると，契約業者は数多くの連邦政府の規制と契約条項に従わねばならなくなる。契約業者から見て面倒な契約条項は**原価制限条項**（Limitation of Cost Clause；LOCC）である。FAR 52.232-20 に規定されている。この条項には，次の2つの理由が生じたときにはいつでも，契約業者が契約担当官に，文書で通知しなければならない。

① すでに発生した原価に加えて，今後契約で発生を予測される原価が目標原価の75％を超える[17]（場合によっては，75％から85％の範囲内の任意に設定された比率）[18]ときには，次の60日以内（場合によっては，30日から90日にまたがる代替的に設定された日数）に契約担当官に通知をする。

② 契約の実施に必要な総原価が，フィーを除いて，予測した原価よりも上回るか，あるいは大きく下回る場合にも，業者は契約担当官に通知する。

LOCCの主要な目的は，予期しない原価の超過（オーバーラン）を政府から守ることにある。契約業者が原価の超過を政府に通告することがあれば，政府は，当該作業を続けるか，予算を増加するか，あるいは当該契約の作業範囲を縮小するかを決めなければならない。

契約異議申立委員会（Board of Contract Appeals；BCA）による過去の決定では，1966年以前には多様な状況において契約業者による原価の超過金額の回収を寛大に許容していた。その後，LOCCが1966年の10月に改正された以降，契約業者が原価の超過額を補償してもらうことは非常に困難になった。適

---

[17] 原価補償契約は，研究開発型のプロジェクトであって将来が見えないプロジェクトに適する。とはいえ，研究開発型プロジェクトといえども国家予算から支弁される。予算を大きく上回る場合には，事前に契約担当官に了解を求めて欲しいとの心情がこの規定の根底にあると思える。

[18] FAR Limitation of Cost では，"The 60-day period may be varied from 30 to 90 days and the 75 percent from 75 to 85 percent." と表現されている。

切な会計制度をもった契約業者が，原価の超過額を事前に合理的に予測できなかったことを示せば，契約業者は規定されている必要条件から免除される。

超過分については補償なしの規則に対するこの例外措置を確保するため，**請求裁判所**（Court of Claims）は次のように述べている。契約業者が何らかの事情で政府に通知できないときに，通知ができなかったことを理由に契約担当官が原価の超過分に対して支払を拒むのは裁量の乱用である，と。

(2) 原価補償基準にもとづく契約の種類

原価補償契約の種類として活用できるのは，コスト・シェアリング契約，原価補償のみの契約，CPFF契約，原価加算インセンティブフィー契約，および原価加算アワードフィー契約である。

① コスト・シェアリング契約（FAR 16.303）

コスト・シェアリング（cost-sharing）契約では，契約業者は何らフィーを受け取らないで，許容原価で協定したパーセント（たとえば，80％）だけが補償される。コスト・シェアリング契約は，契約業者が大幅な報酬上の便益が得られることを期待して，原価の一部を負担するときに用いられる。たとえば，契約業者が研究開発によって得られる生産契約で優先権が得られることを期待して，兵器システムの開発費の共有に同意することがある。この種の契約形態は，企業よりも教育機関とか非営利組織で広く用いられている。

② 原価補償のみの契約（FAR 16.301-2）

原価補償のみ（cost-reimbursement-only）の契約は，契約業者がフィーを受け取らない契約である。この契約形態は，とくに非営利の教育機関や非営利組織の研究開発の仕事に適している[19]。

③ 原価加算固定フィー契約（FAR 16.306）

原価加算固定フィー（Cost-Plus-Fixed-Fee；CPFF）契約は，契約の初めに固

---

[19] 日本の科研費は，原価補償のみの契約である。

定した協定フィーを契約業者に支払う契約形態である。他の契約形態では契約業者にあまりにも大きなリスクを背負わせることになるが，CPFF 契約では，契約業者には原価管理のための最低のインセンティブだけを与える。合理的な原価であれば，CPFF 契約では政府がすべて負担する［Parker, 2011, p.35］。政府と契約業者との配分比率は 100 対 0 である。CPFF 契約での価格，原価，利益の関係を，パーカー［Parker, 2011, p.35］は，図 9-4 のように描いている。

図 9-4 で見るように，価格＝原価＋固定フィーになる。CPFF 契約では，原価の如何にかかわらず契約業者はフィーを受け取るから，逆にいえば，政府にとってのリスクは最大（政府／契約業者；100：0）になる。

図 9-4 CPFF 契約

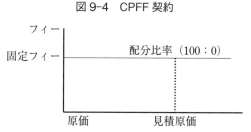

出典：Parker［2011, p.35］。

④ 原価加算インセンティブフィー契約（FAR 16.304）

原価加算インセンティブフィー（Cost Plus Incentive Fee；CPIF）契約は，当初は協定フィーで，後に総許容原価と総目標原価との関係にもとづく公式で調整される原価加算契約である。契約業者の利益幅は事前に取り決めておき，原価の大小によって契約業者の利益を変動させる。合理的な原価であると判定されれば，それらの原価はすべて政府が負担する。

リスクの配分比率は，フィーとの関係を勘案して，事前に最高と最低のフィーの間で決定しておく。政府と契約業者で，原価の増加リスクをある程度まで負担する契約条項を作成しておくことによって，契約業者にとっては原価の抑制効果が利益の向上に繋がるという期待がある。そのため，契約業者にとってのインセンティブとなりうるとされている。

CPIF 契約では，総許容原価が目標原価よりも低いときには目標以上にフィ

ーを増加させ，総許容原価が目標原価を上回れば目標以下にフィーを減少させる。フィーの調整公式に指定された原価の幅よりも総許容原価が大きいか小さいときには，契約業者は総許容原価プラス最低か最高のフィーが支払われる。

CPIF契約では，価格，原価，利益の関係はどのように表されるか。パーカー［Parker, 2011, p.35］は，その関係を図9-5のように描いている。

図9-5で，目標とする契約価格（目標価格）は，目標原価と目標フィーを加算して決定される。政府と契約業者との間の利益とリスクの配分比率は，両者の間で事前に取り決められる。

図9-5 CPIF契約

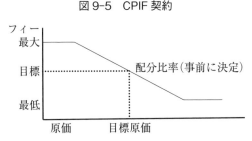

出典：Parker［2011, p.35］

〈仮設例―原価加算インセンティブフィー（CPIF）契約―〉

CPIF契約では，(1) 目標原価，(2) 目標フィー，(3) 最低のフィー，(4) 最高のフィー，および (5) フィーの調整公式を用いて，利益がどのように決定されるかを検討しよう。まずは，表9-12～表9-15の説明から始めよう。

表9-12から表9-15は，各契約の形態をいかにして適用するかを記述したものである。それぞれの表に対して，次の同じ基本的な前提が適用される。(1) 見積原価は1,000,000ドル，(2) 表記されたフィーは85,000ドル，(3) 最低のフィーは60,000ドル，(4) 最高のフィーは110,000ドル，(5) 原価が超過／低減した場合の契約業者の配分率は30％である。

表9-12は，実際原価が900,000ドルで，見積原価1,000,000ドルをかなり下回ったCPIF契約の仮設例である。契約価格は参考(i)の実際原価から始める。

フィーの計算は，表示された参考(j)の85,000ドルから始める。次に，フィーは原価下落の契約業者の配分額であるである100,000ドルの30％，すなわ

表9-12 CPIF契約（見積原価をかなり下回る）

事　実		金　額	参　考	備　考
見積原価		1,000,000	(a)	交渉
フィー		85,000	(b)	交渉
最低フィー		60,000	(c)	交渉
最高フィー		110,000	(d)	交渉
契約業者の配分率		30%	(e)	交渉
政府の配分額		70%	(f)	交渉
実際原価		900,000	(g)	
超過額（不足額）		−100,000	(h)	(g)−(a)
価　格				
実際原価		900,000	(i)	(g)
フィー	85,000		(j)	(b)
契約業者の配分額	30,000		(k)	(e)＊(−h)
計算上のフィー計	115,000		(l)	(j)+(k)
許容フィー計		110,000	(m)	(l)ただし(d)以上でなく(c)以下でないこと
価格計		1,010,000	(n)	(i)+(m)
利益（損失）		110,000		(n)−(g)

出典：Oyer [2011, p.30].

ち30,000ドルである。この結果は計算上のフィー，フィー (l) の115,000ドルとなる。しかし，このフィーは最高のフィーを超えている。

以上から，許容できるフィーの額は，最高の金額である110,000ドルになる。結果，契約上の価格は1,010,000ドルになる。この数値は，実際原価に許容可能なフィーの合計額である。この契約で，利益は110,000ドル（1,010,000ドル−900,000ドル）となる。

表9-13は，実際原価が950,000ドルで，見積原価よりも50,000ドル下回ったCPIF契約の仮設例である。この契約価格は，参考 (i) の実際原価から出発して計算する。フィーの計算は，(j) で表示されているフィーである85,000ドルから始める。フィーは，参考 (k) で見るように，原価下落の契約業者への配分額である15,000ドル（50,000ドル×0.3）となる。その結果，参考 (l) で見るように，計算されたフィーは100,000ドルとなる。

以上から，契約にもとづく価格は1,050,000ドルとなる。これは実際原価と

表9-13 CPIF契約（見積原価をわずかに下回る）

事　実	金　額		参　考	備　考
見積原価		1,000,000	(a)	交渉
フィー		85,000	(b)	交渉
最低フィー		60,000	(c)	交渉
最高フィー		110,000	(d)	交渉
契約業者の配分率		30%	(e)	交渉
政府の配分額		70%	(f)	交渉
実際原価		950,000	(g)	
超過額（不足額）		−50,000	(h)	(g)−(a)
価　格				
実際原価		950,000	(i)	(g)
フィー	85,000		(j)	(b)
契約業者の配分額	15,000		(k)	(e)＊(−h)
計算上のフィー計	100,000		(l)	(j)+(k)
許容フィー計		100,000	(m)	(l)ただし(d)以上でなく(c)以下でないこと
価格計		1,050,000	(n)	(i)+(m)
利益（損失）		100,000		(n)−(g)

出典：Oyer [2011, p.31]．

許容可能なフィーの合計額である．かくして，契約上のフィーは100,000ドルとなる．これは，価格計の1,050,000ドルから実際原価の950,000ドルを差し引いた金額である．

　表9-14は，実際原価が1,050,000ドルで，見積原価を50,000ドル上回ったCPIF契約の仮設例である．契約価格は，参考（i）で表示されているように，実際原価から始めて計算を進めていく．フィーの計算は，参考（j）に見るように，約定されている85,000ドルから始める．次に，フィーの計算では，参考（k）で見るように，契約業者の配分額は原価の超過分50,000ドルの30％，つまり15,000ドルのマイナスとなる．その結果，参考（l）で見るように，フィーは70,000ドルと計算される．

　以上の結果，契約にもとづく価格は，1,120,000ドルになる．この数値は，実際原価と許容可能なフィーの合計額である．契約によって業者が得る利益は，70,000ドル（1,120,000ドル−1,050,000ドル）となる．

表 9-14　CPIF（見積原価をわずかに上回る）

事　実	金　額		参　考	備　考
見積原価		1,000,000	(a)	交渉
フィー		85,000	(b)	交渉
最低フィー		60,000	(c)	交渉
最高フィー		110,000	(d)	交渉
契約業者の配分率		30%	(e)	交渉
政府の配分額		70%	(f)	交渉
実際原価		1,050,000	(g)	
超過額（不足額）		50,000	(h)	(g) - (a)
価　格				
実際原価		1,050,000	(i)	(g)
フィー	85,000		(j)	(b)
契約業者の配分額	-15,000		(k)	(e) * (-h)
計算上のフィー計	70,000		(l)	(j) + (k)
許容フィー計		70,000	(m)	(l)ただし(d)以上でなく(c)以下でないこと
価格計		1,120,000	(n)	(i) + (m)
利益（損失）		70,000		(n) - (g)

出典：Oyer［2011, p.32］.

　表9-15は，実際原価が1,150,00ドルで，見積原価をかなり上回ったCPIF契約の仮設例である。すなわち，超過額は150,000ドルである。契約価格は，参考（i）に見るように，実際原価から始めて計算を進めていく。フィーの計算は，参考（j）に見るように，約定されている85,000ドルから始める。次に，フィーの計算では，参考（k）で見るように，契約業者の配分額は，原価の超過分150,000ドルの30％，すなわち45,000ドルのマイナスとなる。

　その結果，参考（l）で見るように，フィーは40,000ドルと計算される。しかし，このフィーは最低のフィーよりも少ない。それゆえ，許容可能なフィー額は最低の額である60,000ドルとなる。

　以上から，契約価格は1,210,000ドルになる。この1,210,000ドルという数値は，実際原価（1,150,000ドル）と許容可能フィー（60,000ドル）の総計である。この契約によって得られるフィー（利益の額）は，60,000ドルになる。その計算は，1,210,000 - 1,150,000として計算して計算した数値である。

表 9-15　CPIF 契約（見積原価をかなり上回る）

事　実		金　額	参　考	備　考
見積原価		1,000,000	(a)	交渉
フィー		85,000	(b)	交渉
最低フィー		60,000	(c)	交渉
最高フィー		110,000	(d)	交渉
契約業者の配分率		30%	(e)	交渉
政府の配分額		70%	(f)	交渉
実際原価		1,150,000	(g)	
超過額（不足額）		150,000	(h)	(g) − (a)
価　格				
実際原価		1,150,000	(i)	(g)
フィー	85,000		(j)	(b)
契約業者の配分額	−45,000		(k)	(e)＊(−h)
計算上のフィー計	40,000		(l)	(j) + (k)
許容フィー計		60,000	(m)	(l)ただし(d)以上でなく(c)以下でないこと
価格計		1,210,000	(n)	(i) + (m)
利益（損失）		60,000		(n) − (g)

出典：Oyer [2011, p.33].

表 9-16 は，以上で説明してきた表 12 から表 15 までの計算に適用できるスプレッドシート公式である。

⑤　原価加算アワードフィー契約（FAR 16.305）

原価加算アワードフィー（Cost Plus Award Fee；CPAF）契約は，原価補償契約の一種である。フィーは，(1) 契約開始時の固定されている基準額（ゼロのこともある）と (2) 契約の業務を実施中に全体または部分的に稼得するアワードの金額からなる。アワードフィーの金額は，契約で明示された基準に照らして，契約業者のパフォーマンスに関する政府の判断にもとづく評価により決定する。

(3) 固定価格契約，原価加算契約以外の契約

FAR と DFAR-S では，FP 契約，原価補償契約の他にも，タイム・アンド・

表9-16 CPIF契約のスプレッドシート形式

事　実		金　額	参　考	備　考
見積原価		1,000,000	(a)	交渉
フィー		85,000	(b)	交渉
最低フィー		60,000	(c)	交渉
最高フィー		110,000	(d)	交渉
契約業者の配分率		30%	(e)	交渉
政府の配分額		70%	(f)	交渉
実際原価		900,000	(g)	
超過額（不足額）		＝W14－W7	(h)	(g)－(a)
価　格				
実際原価		＝W14	(i)	(g)
フィー	＝W8		(j)	(b)
契約業者の配分額	＝W11＊(－W15)		(k)	(e)＊(－h)
計算上のフィー計	＝V18＋V19		(l)	(j)＋(k)
許容フィー計		＝IF(V20＞W10, W10, IF(V20＜W9, W9, V20))	(m)	(l)ただし(d)以上でなく(c)以下でないこと
価格計		＝W17＋W21	(n)	(i)＋(m)
利益（損失）		＝W22－W14		(n)－(g)

注：原典には85,000と記載されていたが，備考にもあるように，(b)からのデータを取り出しているので，ここは＝W8とした。
出典：Oyer［2011, p.34］．

マテリアル（T&M）契約（FAR 16.601），作業時間契約（FAR 16.602），不確定納期契約（FAR 16.5），確定数量契約（FAR 16.502），リクワイアメント契約（FAR 16.503）などがある。以上の契約の種類も時として重要性をもちうるが，厳密な意味では契約の形態とは言い難い。そこで，本書では省略することにした。関心のある読者には，別稿［櫻井, 2017, pp.57-65］を参照願いたい。

5　契約形態とリスクおよび利益との関係

FP契約では，政府は契約業者に特定の価格の支払いを約束する。固定価格契約のもとでは政府は契約業者の原価を顧慮する必要がないので，政府は一般に固定価格契約を好む。固定価格のなかでも確定契約が適するのは，リスクが低く市場が安定していて，利益のインセンティブを最大限に利用できるときで

ある。一方，原価補償契約は，発生した許容原価の支払いを契約で規定された範囲まで行う契約である。パフォーマンスの不確実性が高いため FP を用いるだけの正確な原価の予測ができないときには原価補償契約が利用される。

(1) リスクと契約価格の選択

国防省では，固定価格契約と原価補償契約には各種のバリエーションが用意されていて，以下で述べるように，必要に応じて適切な契約形態が適用できるような制度が構築されている。

FPI 契約では，原価低減に成功すれば企業利益が増加するものの，逆に，原価が増加すれば利益が減少する。FFP 契約によれば，企業のパフォーマンスの如何によって，利益が大幅に増減する。それゆえ，高いリスクが予見される契約には，契約業者は FFP 契約を避けたいと願う。

CPFF 契約は，許容原価の如何にかかわらず利益額が一定である。それゆえ，リスクの回避を優先させたい企業には，CPFF 契約がベストである。

CPIF 契約は，契約業者の負うリスクに応じた契約方式が必要であるケースに適する。ただ，CPIF では許容原価が目標原価を下回れば目標フィーよりも多くの利益が得られるが，許容原価が目標原価を上回れば目標フィーよりも少ない利益しか得られない。図 9-6 では以上の関係を図解している。

(2) 契約形態と損益との関係

以上の契約形態を採用したとき，損益との関係はどうなるか。オイヤー [Oyer, 2011, p.38] を参考に，契約価格と利益の関係を図解してみよう。図 9-7 を参照されたい。

図 9-7 で，FFP 契約では，利益は許容原価との関係で一定である。FPI 契約では，最大見積価格から 30％の配分割合で業者の取り分が減少すると仮定している。CPIF 契約では，類似の配分になるが，最低の利益も最高の利益も確定している。CPFF 契約では，許容原価のいかんにかかわらず一定の利益が確保される。

図 9-7 で，CPFF 契約は，契約企業にとって最もリスクの高い契約に適する。損益分岐線を下回ることもない。逆に，FFP 契約では，利益は許容原価

図9-6　契約価格とその特徴，およびリスクとの関係

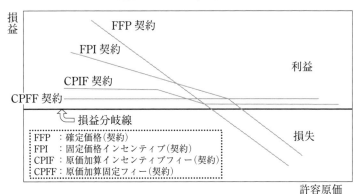

```
契約業者              高い         確定価格（FFP）              高い         契約業者
（利益機会）                    固定価格インセンティブ（FPI）                （リスク）
                            原価加算インセンティブフィー（CPIF）
                   低い      原価加算固定フィー（CPFF）        低い
```

出典：Gourley［2014, pp.70-71］を参考にして，著者が作成。

図9-7　契約価格とリスク，利益・損失の関係

```
損益  |  FFP 契約
      |  FPI 契約
      |  CPIF 契約
CPFF 契約―――――――――――――――――    利益
      |  ←損益分岐線
      |  FFP ：確定価格（契約）             損失
      |  FPI ：固定価格インセンティブ（契約）
      |  CPIF：原価加算インセンティブフィー（契約）
      |  CPFF：原価加算固定フィー（契約）
                                            許容原価
```

出典：Oyer［2011, p.38］を参考にして，筆者が作成。

とゼロサムの関係にある。目標原価よりも実際原価が上昇すれば契約企業に損失が発生する。

(3) 供給企業が1社または数社のリスク対応プログラムの契約価格

供給企業が1社または少数の企業に限定されるような防衛装備品では，原価補償契約かFP契約のバリュエーションによらざるを得ない。

例をもって説明しよう。国防省が開発した無人地上車両の未来戦闘システム，フューチャー・コンバット・システム（Future Combat System；FCS）は，

事前の予算による設計費や製造原価の特定が極めて困難であった。

　同様に船体を三胴形にして水に接する面積を減らした最先端の沿岸域戦闘艦（Modular Littoral Combat Ship）は，機能性と技術を予定価格内で止めるべく悪戦苦闘した。このようなケースでは，わが国の現行の「訓令」を前提にする限り，リスクに見合っただけのインセンティブを付与することは難しい。[20]

　以上の現状に鑑みると，リスクの極めて高い契約については，企業に無条件でそのリスク共有の便益（有利な条件）を与えるべきであるようにも思えてくる。しかし，早急に結論を引き出してはならない。この問題では，リスクの存在を無制限に認めることの逆機能についても検討する必要があるからである。

　プロジェクトのリスクが高く，少数の競争業者しか存在せず，情報の非対称性が著しい主要な防衛取得プログラムの場合，FP契約を受け入れなければならないアメリカの契約業者には，2つのインセンティブが与えられる。

　第1に，リスク回避を好む契約業者は，リスク水準を補償するリスク・プレミアムを要求する。その結果，政府がこのような業者にリスク・プレミアムを提供することの逆機能として[21]，政府に予想以上に高い原価見積を提出する可能性がないとはいえない。このような行動は，納税者に不必要なまでに高いコストを払わせる結果になる。

　第2に，情報の非対称性によって，契約業者は付加的な「**情報レント**」[22]を得るために，人為的に原価見積をつり上げる動機をもつことになる。

　以上から，契約業者によるリスク・プレミアムと付加的な情報レントの要求を政府が安易に受け入れることによって，原価補償契約よりもFP契約のほうが納税者にとって租税負担が減少するという保証はないことが分かる。

　一般に，市場価格と情報の対称性を欠くFP契約は，原価補償契約によるよりも政府に対してより高いコストを支払わせることになると，ワンとサンミゲ

---

[20] 現行の制度でも，装備施設本部の契約制度として，インセンティブ契約制度の規定が設けられてはいる。「インセンティブ契約制度について（通達）」を参照されたい［事務次官，2015, 資・64-73］。ただし，その運用が契約業者のリスクへの対応やニーズを十分に満たしているか否かは，別問題である。
[21] 具体的には，高い価格をつけて，特別の利益を付与する。
[22] 情報レントとは，不完全競争や政治との癒着によって発生した情報取得による超過利益をいう。ここでは，情報の非対称性に起因する超過利益のことを含意している。

ル［Wang and San Miguel, 2013, pp.7-8］は主張する。ただしその前提は，FP を決定するための基礎として，原価見積を査定するために政府が事前に正確な原価見積のための情報をもたず，契約業者のみが原価見積をなしうる唯一の情報提供者だとする仮定（情報の非対称性仮説）にもとづいている[23]。

　要するに，今後の防衛装備品の調達には，リスクを考慮したパフォーマンス基準が必要であることには異論がない。しかし，どんな経営手法にも長所があれば短所もある。その短所をしっかりと認識して事態に対処することこそが肝要だということである。

6　国防省の契約形態の分析から得られるもの

　防衛省の契約形態と国防省のそれとの最も大きな違いは，米国では FP 契約にせよ原価補償契約にせよ，多様な契約形態のなかから最善の契約形態を選択する余地が圧倒的に大きいということと，確定価格契約が多いということである。しかも，原価補償契約にも FP のなかにも日本では全く見られない多様な契約価格算定の方式が用意されているということである。

　米国政府の原価補償契約は，原価計算をベースにするという点では日本の原価計算方式と類似する。しかし，その実態は少なくとも4つの点で異同点が見られる。

　第1に，防衛省では原価計算方式であっても，国防省のような原価補償契約ではない。第2に，手続き的には，防衛省では原価計算方式にもとづいて計算価格を計算し，それを基礎にして予定価格を算定する。第3には，防衛省の予定価格にも上限拘束性がある。同様に，国防省では天井価格が設けられている。第4に，防衛省では市場価格方式によりがたい時には原価計算方式が原則であるのに対して，国務省では原価補償契約の他，FP 契約に関して多様な契約形態が用意されている[24]。

23　情報の非対称性の回避には，EVM の導入が有効である。
24　防衛省でも，「防衛装備庁における契約事務に関する訓令」（第24条～28条）において，確定契約，準確定契約，概算契約，一般確定契約，超過利益返納条項付契約，中途確定条項付契約，履行後確定条項付契約，概算契約などが設けられてはいる。

(1) コスト・プラス方式の問題点とその対策

　防衛省の現行の原価計算方式には，幾多の優れた利点がある。主要な利点としては，①契約業者の適正な原価と平均的な利益が補償される。②原価監査による追跡が可能であるので，原価情報のアカウンタビリティを高める。③予定価格方式を採用し予定価格に上限拘束性を設けることで，財務省にとって，財務規律を守ることができる。④政府が契約企業の原価情報を把握することで，次の防衛装備品の購入に貴重な情報を得ることができる。

　しかし，現行の原価計算方式には，欠点もある。主要な欠点は，①コストカットには有効であるが，革新的で性能の高い（パフォーマンスの優れた）防衛装備品を開発・生産するには最適であるとはいえない，②原価監査に一定の人員（原価監査官）を割かなければならない，③防衛省と契約業者の間には情報の非対称性が横たわっているがゆえに，契約企業は原価情報を隠蔽したり改竄することが起きる。そのことが，契約企業のモラルハザードの原因となる。加えて，④現行の「訓令」にあるように，原価計算方式で計算価格から予定価格を算定し，業界の平均値をもとに利益率を決めている場合には，利益率の低い（ないし業績の悪い）企業にとっては実にハッピーである。しかしながら，業績の優れた利益率の高い企業の防衛装備品の開発・生産担当の責任者は，民生品の事業部に対して常に肩身の狭い思いをしなければならない。最悪の事態は，パフォーマンスの優れた優良企業が防衛産業から撤退するという事態も予想される。昨今の日本の状況のように株主利益が尊重される時代には，優良企業が心ならずも防衛産業から撤退するといった事態は，決してありえないストーリーではないことを防衛関係者は心しておくべきである。

　原価補償契約（国防省）にとっても，また原価計算方式にもとづき計算価格から予定価格を算定し，そこから契約価格が決まる（防衛省）にしても，コスト・プラス方式は一般に，効率の向上と原価低減には効果的である。しかし，ガードナーが指摘しているように，「原価加算契約の下では，政府にとっては都合がよくても，契約業者に創造的な革新がもたらされないばかりか積極的な投資へのインセンティブにもならない」［Gardner, 2008, p.78］という問題がある。

　今後とも，防衛装備品には効率性と原価低減が求められるのはいうまでもな

い。しかし，先進的で性能の優れた防衛装備品の開発と生産を行うために，今後は新たな時代の要請に適した価格契約の方式を用意する必要があるように思われてならない。

(2) 固定価格契約制度化の必要性

本章で述べたと同じ意味でのFP契約は，わが国には存在しない。防衛省が仮に防衛装備品契約に米国で制度化されている本格的なFP契約を利用するようになるとすれば，いくつかの利点が得られる。

第1は，FP契約を導入すれば，先進的で高性能の防衛装備品を効率的かつ効果的に開発・生産することが可能になる。国防省の実例では，原価補償契約ではなく，FP契約が，契約業者にとっても優れた性能の防衛装備品を開発するうえで効果的であることが実証されている。たとえば，ガードナー［Gardner, 2008, pp.54-55］は，国防省と契約業者へのインタビューの結果を総括して，FP契約が，F-35A，F-35B，F-35CなどJSF（ジョイント・ストライク・ファイター）統合攻撃戦闘機計画といった革新的で性能が優れた防衛装備品を開発するうえで有効であったことを明らかにしている。

第2に，FPによれば，河野［2013, p.57］が指摘しているように，超過利益を返納する必要がなくなる。さらに，工期が短縮されれば企業はその空いたところに仕事を挿入することができる。

第3に，現行の防衛省の契約では，契約企業が工期を短縮して工数を減らせば次の契約では予定価格の基礎となる計算価格が引き下げられる。そのことは，企業にとってのモチベーションを低下させる。FP契約ではこのような制約がなくなるから，防衛装備品の契約業者の間で見られてきたモラルハザードが減少することが期待される。

第4に，FP契約によれば，受注企業と下請企業との利益のやり取りの問題になるので，原価計算方式において生じてきた問題のいくつかは解消することが予想される。

第5に，FP契約が導入されれば，防衛装備品の運用と維持整備に関しても，効率的かつ効果的なマネジメントが可能になる。たとえば，ロッキード・マーチン（Lockheed Martin）社のゴーリー（Gourley）氏は，2014年に行った

講演で，PBL（Performance-Based Logistics）に関連して，米国での実践のいくつかを次のように語っている。

　固定価格にもとづいて PBL 契約を実施するうえでのリスクを減少させるためには，①要求事項の予測，②購入数量の特定，③単価基準にもとづく支払，および④部品，修繕，納入時期，数量に関するすべてのリスクを検討することで信頼性を改善し，修繕のプロセスを改善することが必要である。その結果，伝統的な原価補償契約では時間の経過とともにライフサイクル・コストが上昇するが，FP にもとづく契約を採用すれば時間の経過とともにライフサイクル・コストが低下するので，契約業者だけでなく政府（顧客）にとっても大きな福音が齎される［Gourley, 2014, pp.61-67］。

以上のような見解のもつ意義については，第 11 章において PBL との関係で改めて考察するが，防衛省で導入が始まっている PBL などの**パフォーマンス基準契約**にもとづくインセンティブ制度をより効果的に実施するためには，FP にもとづく契約体系の制度化が必要だといえる。

(3) ドイツにおける契約価格算定の価格の形態

本章では米国における防衛装備品の契約形態を述べてきた。しかし，日本との友好国であるドイツの価格法との関連についても触れておく必要があろう。太田［2014, p.24］の研究によれば，ドイツの価格法では，次の順位で 4 つの価格の形態が設けられているという。

① 市場価格　価格競争が存在する場合には，原価の調整はない。
② 固定価格（Fixed-Price/Firm-Price）　ここで Fixed Price は契約期間を通じて価格が変化しない契約期間固定価格，Firm-Price は Fixed Price の変形で，価格調付き固定価格である。
③ 目標価格　固定価格と実費精算価格の組み合わせ。
④ 原価償還価格（Cost-Plus-Price/Cost-Reimbursement-Price）　実際の原価を事後的に計算して監査する。

ドイツの市場価格は，「訓令」の市場価格方式と同じと想定できる。ここで注目すべきは，ドイツでも米国と同様，固定価格契約（確定価格契約を含む）が原価補償契約より上位に位置づけられていることである。

（4） 新たな契約制度導入の壁と将来展望

　一概に，原価加算契約といっても，防衛省と国防省の扱いには大きな相違点がある。防衛省の原価計算方式では，見積原価を用いて将来納入される防衛装備品の予定価格を算定し，契約する。確定契約のため，基本的に金額に変更はない。これに対して，国防省の原価補償契約は完成後に実際原価にもとづき清算される。防衛省でも，確定契約は実施されている。しかし，米国でいう意味でのFP契約のいくつかは，防衛省では会計法の制約があって認められていない。米国でFP契約では，確定契約とは違って実際原価を使用して天井まで価格の上昇を認めている。防衛省でこれができない最大の理由は，財政規律を優先してきた結果だといえよう。

　以上を勘案すると，最適の戦略は，現行の制度を全面的に改定して，そのなかでFP方式にもとづく契約形態を用意することである。しかし，それには省庁を超えた息の長い協議が必要となりそうである。そこで，次善の方策としては，財務省が許容できる範囲内でFP方式を徐々に導入していくことである。本章で述べた契約形態の研究を通じて日本にも有効と思われる契約形態を徐々に導入することによって，原価を低減し，納期を早め，品質を向上し，先進的な技術の開発を促進し，もって納税者の負担を軽減する契約制度を防衛省が構築していくことを切に期待する。

ま　と　め

　本章では，主としてオイヤー［Oyer, 2011, pp.13-38］を参考にして，FARとの関係で，国防省における契約価格の内容を考察した。米国政府の調達形態は2種類の契約―FP契約と原価補償契約―からなる。契約業者のリスクが低く業者のパフォーマンスの差が少ないときには確定価格契約が適しているが，確定価格によりえないときには，FP契約と原価補償契約のバリエーションが活用されている。原価補償契約は，契約で期待された範囲まで，発生した許容原価の支払いを行う契約である。原価補償契約が用いられるのは，リスクが高いために，FPを用いるほどの正確な原価を予測できないときである。米国政府では，原価補償契には，原価補償のみの契約の他，CPFF契約，CPIF契約，

CPAF 契約などが用意されている。

　著者が本章でとくに強調したのは，現行の「訓令」の原価計算方式は性能の優れた先進的な製品の開発と生産には必ずしも適さないということである。換言すれば，現行の制度は財政規律の確保には有効であるが，効果性（efficiency）の達成には課題が残されているといえる。**効率**と**効果性**は，図9-8のとおり表される関係として捉えている。一言で両者の違いを例示すれば，コストカットにより防衛装備品の原価を低減することで効率性を高め得る。一方，政府と契約業者が win-win の関係もつことで高品質で革新的な防衛装備品を開発・生産するのは，効果性を高めることに繋がるといえる［櫻井，2015，pp.46-48］。

　例えば，原価低減活動によって効率を向上させることで少ないインプット（原材料）で多くのアウトプット（製品）を獲得することができる。しかし，企業の目的は製品を生産することだけではない。顧客の欲する良質のアウトプット（製品）を生産することで利益を獲得し，先進的な製品開発と生産への再投資を行う必要がある。防衛装備品についていえば，先進的で機能・性能に優れ，しかも合理的な価格で高度な防衛装備品を調達するには，「訓令」が想定しているものとは違った目的の達成が求められる。組織目的は企業によって異なり，利益の増大を目的とする企業もあれば，利益の確保だけでなく優れた従業員の育成，社会への貢献を組織目標とする企業もある。これらの組織目的を達成できたときに，効果的な経営を達成できたといえる。

　最後に，日米における契約価格の採用状況について触れておきたい。日本とは違って，国防省での契約方式と契約形態のデータは未公表である。とはいえ，現実には，関係諸機関はしっかりした国の統計データを保有している。

　本章末の付録1は，日本の防衛省と米国の国防省を対比の形で示したものである。日本のデータは防衛省の装備施設本部から発表されているデータ［防衛省，2016，p.57］によって作成した。一方，米国のデータは米国の防衛装備品の

図9-8　インプット，アウトプット，組織目的との関係

出典：著者作成。

専門家からいただいたものである[25]。国防省では未公表である。

付録 2 は，米国の防衛関係の専門家から送付いただいた資料である。他の関係機関から頂戴した他のデータと比較しても，大きな差は見られないことからしても，出所は明示できないが，信頼できるデータであると考えている。

次章では，国防省の連邦規則 - 補足である DFAR-S が契約利益をどのような算定方式で決定しているかを考察する。

〈参考文献〉

太田康広「フランスおよびドイツの防衛装備品・航空宇宙産業資材調達における原価監査と契約形態について」平成 25 年度海外行政実態調査報告書，2014 年 3 月。

河野美登「合理的なライフサイクル・コスティングに向けて」（松村昌廣（編著）『防衛調達の制度改革を考える―制度的制約の除去・緩和に向けて（平成 24 年度）』）防衛基盤整備協会，2013 年。

櫻井通晴『管理会計（第六版）』同文舘出版，2015 年。

櫻井通晴「第 2 章 米国政府が調達する財貨・用役の契約形態」『企業が国際共同開発に参加する場合の契約制度上の課題（その 3・平成 27 年度）』防衛基盤整備協会，2016 年。

事務次官（通達）「インセンティブ契約制度について」日経装第 9132 号，25.6.28『防衛省中央調達の手引（平成 26 年）』防衛基盤整備協会，2015 年。

日本コスト評価学会『コスト評価知識体系 Cost Estimating Body of Knowledge』第 5 分冊モジュール 14，15，16，Ver.1.1，2013 年。

防衛基盤整備協会『防衛省 中央調達関係法令集（平成 28 年 改訂版）』防衛基盤整備協会，2016 年。

防衛省『防衛施設本部の概況（平成 27 年度）』装備施設本部，2015 年。

Gardner, Christopher P., *Balancing Government Risks with Contractor Incentives in Performance-Based Logistics Contracts*, Air Force Institute of Technology, 2008.

Garrett, Gregory A., Chapter 2, Government Contract Types, in *Government Contract Cost Accounting*, edited by Garrett, Wolters Kluwer, 2010.

Gourley, Michael D. "Bo", The Current State of Performance Based Logistics (PBL), Proceeding, Logistics Officer Association Symposium, 2014.

Oyer, Darrell J., *Pricing and Cost Accounting, Handbook for Government Contractors*, 3rd ed., Management Concepts, Inc., 2011.

Parker, William, *Program Managers Tool Kit*, Sixteen Edition (Ver.1.0), DAU (Defense Acquisition University), January 2011.

Wang, Chong and Joseph G. San Miguel, Are Cost-Plus Contracts (Justifiably) Out of Favor? *Journal of Governmental & Nonprofit Accounting, Vol. 2,* 2013.

---

[25] 作表に当たっては，一般競争契約と指名競争契約を sealed bids，随意契約を negotiation として算定した。FMS は日本に特有であるので，FMS を外して比率を算定し直した。小数点以下は四捨五入した。

付録1　MoDとDoDの契約方式の比率（米国側の回答）

	防衛省（MoD）		国防省（DoD）	
	Number（%）	Yen（%）	Number（%）	$（%）
Sealed bids	85%	15%	未公表	10%以下
Negotiation	40%	60%	未公表	90%

付録2　DoDで最も用いられている契約形態は何か

契約	金額（$10億）	%	英語表現	摘要
CNF	5.6		Cost No Fee	原価補償契約
CPAF	30.5		Cost Plus Award Fee	〃
CPFF	47.3		Cost Plus Fixed Fee	〃
CPIF	10.1		Cost Plus Incentive Fee	〃
小計	93.5	35.4		原価補償小計
FFP	132.2		Firm Fixed Price	確定価格契約
FPAF	0.5		Fixed Price Award Fee	固定価格契約
FPI	19.5		Fixed Price Incentive	〃
FP-LOE	0.5		Fixed Price, Level of Effort	〃
FPR	0.1		Fixed Price Redeterminable	〃
FPEPA	6.3		Fixed Price Economic Price Adjustment	〃
小計	159.1	60.2		固定価格小計
LH	4.2		Labor Hour	その他
T&M	6.5		Time & Materials	〃
Misc.	1.0		Miscellaneous	〃
小計	11.7	4.4		その他小計
総合計	264.3	100.0		契約価格総合計

（注）　CNF；Cost and Freight（運賃込み原価）とかCost no Fee（運賃込み渡し）と解される。CPAF；原価加算アワードフィー。CPFF；原価加算固定フィー。CPIF；原価加算インセンティブフィー。FFP；確定価格。FP-AF；固定価格アワードフィー。FPI；固定価格インセンティブ。FP-LOE；固定価格・努力水準。FPR；契約価格見直条項付固定価格。FPEPA；経済価格調整付固定価格。LH；作業時間。T&M；タイム・アンド・マテリアル。Misc.；その他。

第10章

DFAR-Sによる契約利益の算定

はじめに

　本章では，米国の国防省において，防衛装備品の契約利益がいかに決定されるかを考察する。具体的には，パフォーマンス基準契約にもとづく調達推進の潮流のなかで，契約業者が防衛装備品の開発・生産におけるパフォーマンスを高めるよう動機づけるため，国防省は政府の納税者の負担を軽減すべく交渉契約にもとづく**利益**[1]をどのように決定しているかを明らかにする。

　国防省の契約利益算定の理論的な枠組みを研究する目的は，日本政府が契約業者の経営の効率化や革新を促進するために，必要な規程類を研究することが日本の防衛省にとって喫緊の課題であるからである。その際，防衛省が参考にすべき規則の1つとして有用なものがある。それが**国防連邦調達規則-補足**（Defense Federal Acquisition Regulation-Supplement；DFAR-S）[2]である。本章では，DFAR-S（DFARS 215）をもとに，防衛省における防衛装備品の契約利益算定の方式との対比を通じて，国防省での契約業者の利益がどのように算定されるかを考察する。

---

1 利益は交渉契約において契約業者にとって死活的な重要性をもつ。オイヤー［Oyer, 2011, p.159］によれば，米国政府の規則では，正式には，固定価格契約で"プロフィット（利益）"と称されるのに対して，原価加算契約では"マークアップ"の語が使われるのだという。なお，マークアップは原価に与えられる利益のことを意味する。通常，カナで表現される。

2 国防省連邦調達規則-補足か国防連邦調達規則-補足の訳が考えられる。連邦調達規則の国防省による補足であることから，本書では国防関係であることを明示できる簡潔な表現を用いた。

1 防衛省における防衛装備品の利益の計算

　国防省の利益の算定に関する諸問題を考察する前に，まず日本の防衛省では利益をどのように計算しているかを述べておく必要があろう。そこで本節では，日本における防衛省の契約制度，防衛装備品の売価と原価，および防衛装備品の利益の計算方法についてごく簡潔にレビューする。

(1) 防衛省の契約制度

　防衛省だけでなく，国が契約を行う場合には，国の会計法規にもとづいて事務処理を行わなければならない。防衛省の契約に関わる諸規程類についてもまた，国の予算の効率的な使用を主目的とした会計法にもとづく契約制度に従うことになる。

　会計法の規定を受けて，**防衛装備庁の契約制度**は「防衛装備庁における契約事務に関する訓令」[防衛基盤整備協会，2016, pp.227-229]において，契約の種類を，①確定契約，②準確定契約，③概算契約に区分している[3]（第24条）。

　確定契約とは，契約金額をもって契約相手方に支払われる代金の金額を確定している契約をいう。確定契約には，一般確定契約の他，超過利益返納条項付契約がある（第25条）。

　準確定契約とは，代金の金額をあらかじめ定める基準に従って契約金額の範囲内で確定することとしている契約である。これには，中途確定条項付契約，履行後確定条項付契約，特約条項付契約が設けられている（第26, 27条）。

　概算契約は，費目の代金の金額を実績にもとづいて確定することが適当であると認められた場合に採用される（第28条）[4]。

---

[3] 米国のように，確定価格契約が固定価格契約の1つとして位置づけられていないことに留意されたい。また，確定契約を準確定契約，概算契約と併記しているところもユニークである。

[4] 現行の「防衛装備庁における契約事務に関する訓令」の前身，「装備施設本部の契約制度」においては，確定契約，準確定契約，概算契約の3つを柱にして，超過利益返納条項付契約，インセンティブ契約制度，作業効率化促進制度などの契約制度が定義づけられていた［防衛基盤整備協会，2015, pp.4-11-4-14］。

(2) 防衛装備品の売価と原価の計算

防衛省における価格の計算は，市場価格方式と原価計算方式とで異なる。**市場価格方式**では卸売業者販売価格または大口需要者売渡価格が市場価格とされる。明確な市場価格がない場合には，類似価格または分析計算により市場価格を推定する。国産品の価格を前提にすれば，その手数料は，品代に手数料率を乗じて算定する（「訓令」第11条～第22条）。

市場価格方式によりえないときには，**原価計算方式**が用いられる（「訓令」第4条）。具体的にいえば，個別の仕様にもとづいて製造される防衛装備品や研究開発のための試作品の調達，防衛装備品とその構成品の修理，改修，点検などを政府が調達する場合には，原価計算方式を用いて費用や利益を積算して予定価格を算定する。原価計算方式では，防衛装備庁または企業が提示する過去の原価実績にもとづく数値が利用される。また，厳格な**原価監査**が実施されている。原価計算方式における原価の計算は，「訓令」において詳細に決められている（第29条～第80条）。製造原価等の計算に関連して，「訓令」が防衛省独自のユニークな規定を設けていることは，図1-2との関係で見た。

計算価格とは，「予定価格の決定の基準とする価格として計算される見積価格」（「訓令」第2条（4））のことをいう。**予定価格**は，「予算決算及び会計令」（予決令）において，次のように規定されている。「予定価格は，競争入札に付する事項の価格の総額について定めなければならない」（予決令第80条），「予定価格は，契約の目的となる物件又は役務について，取引の実例価格，受給の状況，履行の難易，数量の多寡，履行期間の長短を考慮して適正に定めなければならない」（予決令第80条①）。

随意契約の場合には，「契約担当官等は，随意契約によろうとするときは，あらかじめ第80条の規定に準じて予定価格を定めなければならない」（予決令第99条の5）。これを受けて，「**訓令**」で**予定価格**は，「落札決定の基礎となる最高制限価格または契約締結の基準とする価格であって，入札または契約に先だって決定される」（「訓令」第2条（3））。

(3) 防衛装備品の利益の計算に見られる特徴

「訓令」における利益の計算方法は，「訓令」（第73条～第79条）において規

定されている。第 2 章で述べたことを簡潔に纏めれば，次のようになる。まず利益の額は，総原価に利益率を乗じて計算する。利益率は，基準利益率に契約履行難易度調整係数を乗じて計算する。基準利益率は，標準利益率に事業特性調整係数を乗じて計算する。標準利益率は，標準営業利益から経営目的に使用された標準金利を差し引いた金額を標準総原価で除して計算する。そこからさらに，契約の難易度を加減するための契約履行難易度調整係数を加味して計算する（以上の下線は，著者挿入）。

　利益の計算方法の詳細は第 2 章に譲るが，防衛省における防衛装備品の利益の計算に見られる特徴は，次のようになる。インプト要素である総原価を基礎にして業界の平均的な利益を計算し，それに事業特性や難易度を勘案して，経営資本利益率にもとづく利益を算定する[5][6]。

2　国防省の交渉契約における利益の算定

　世界貿易機関（World Trade Organization：WTO）の「政府調達に関する協定」（Agreement on Government Procurement：GPA）では，1994 年協定（第 14 条）に続いて 2012 年改正協定（ジュネーブ協定：第 12 条）で，交渉契約（negotiation contract）[7]を定義づけている。細部に違いがみられるものの，交渉契約は，日本における随意契約とほぼ同義とされている。それでは，WTO（第 12 条交渉）で定義づけられている交渉契約を採用している米国では，FAR の

---

[5] 利益は長期（例：10 年）にわたる黒字企業の平均値による。短期過ぎると利益率にバラつきが生じやすいが，長期過ぎると，現時点での利益率との乖離が大きすぎるという難点がある。
[6] 防衛省と国防省の著しい特徴の 1 つは，オープンにされている国防省とは違って，防衛省では，予定価格算定のための基準利益率，事業特性調整係数，契約履行難易度調整係数など，利益算定に係わる 23 項目は，職務上知る必要のある国の職員以外には開示してはならないとされていることに見られる（防衛装備庁長官「調達物品等の予定価格の算定基準に関する訓令の解釈及び運用のための細部事項について（通知）」装管原第 83 号，27.10.1）。
[7] 封印契約では，契約業者が利益を含めた価格を契約業者の意思で決定するのに対して，交渉契約においては，利益をどこに決めるかが重要な課題になる。なお，交渉契約が用いられるのは，①工期（時間）が重要な場合，②価格以外の要素にもとづいて業者の選定が必要な場合，③入札業者との議論が必要な場合である［大野・原田，2005, p.154］。

規定を受けたDFAR-Sにおいて，利益をどのように算定しているのか。以下の記述と議論の概要は，DFAR-S（215.404-71）にもとづく契約利益の算定方法を基礎にしている。

(1) 構造化アプローチによる利益の計算

交渉契約において，契約担当官は，認定された原価または価格決定データを入手している場合には，交渉前に利益の額を決定するために，構造化アプローチ（structured approach）[8]を用いなければならない。ただし，CPAF契約，および連邦政府から資金提供を得ている場合を除く。

① 契約担当官（Contracting Officer；CO）の責任

政府の契約担当官は，契約業者から調達する防衛装備品の利益を算定するにあたって，下記の留意事項に従って業務活動を行う必要がある。

ⅰ）競争条件のもとでの調達では，**原価の真実性**（cost realism）の評価には利益分析を行わない[9]。

ⅱ）構造化アプローチを使っているときには，契約担当者は次のことを行う。

(a) 原則的には，**加重ガイドライン法**[10]を使う（DFAR-S 215.404-71参照）。

(b) 加重ガイドライン法は，公式の価格決定の交渉において利益率を決定するために活用する。つまり，利益に影響する条件が変わらない限り，加重ガイドライン法に従って利益率を決定する。

(c) 契約書に利益分析の結果を記述する。

個々の利益要素に対して適用された重みづけまたは値に関する特定の交渉が試みられることはないが，契約担当官は契約業者に次のことを促す。

---

[8] 構造化アプローチにおける「構造化」とは，合理的・効率的に反復・展開していくうえで，共通に必要とされる基軸・枠組みを用意すること（Numo-TR-07-01）をいう。代替的な方法は，DFAR-Sを参照されたい。本章では加重ガイドライン法のみを議論の対象にしている。

[9] 交渉契約は競争性に乏しい契約である。競争性がなければ利益の分析は必須であるが，競争条件のもとでの調達では，利益分析の必要性は低い。

[10] 加重ガイドライン法（weighted guideline method）というときの加重すべき要素は，①パフォーマンス・リスク，②契約の種類別リスク，③設備の使用資本，④原価効率である。誰のためのガイドラインかといえば，それは契約担当官にとってである。

▶加重ガイドラインまたは同様な構造化アプローチで提案された利益額の詳細を提示する。
　▶交渉に参加した下請契約業者のために，利益目標を設定するうえで加重ガイドライン法を使う。
　② 契約担当官はまた，関連する変数（例；パフォーマンス・リスク，利子率，出来高払いの比率，設備資本の配分）が大きくは変わっていないことを検証しなければならない。
　③ 利益分析の要素：共通の係数は国防省の構造化アプローチで具体的に示されているので，契約担当官はそれ以上の検討を要しない。

(2)　加重ガイドラインの記録と方法

　利益分析に対する構造化アプローチが必要なときには，DD Form 1547[11]を利用するため，契約業者はDFAR-S 215.404-70の手続きに従う必要がある。加重ガイドライン法によるときには，利益に関係する次の4つの要素に焦点が当てられる（DFAR-S 215.404-71）。

ⅰ）　**パフォーマンス・リスク**
ⅱ）　**契約の種類別リスク**
ⅲ）　**設備の使用資本**
ⅳ）　**原価効率**

　① 契約担当官は，それぞれの利益要素にパーセントで表された値を与える。具体的には，金額に利益率を乗じて，加重ガイドライン法による利益を計算する（式10-1参照）。

加重ガイドライン法の利益 ＝ 金額 × 利益率（％；通常値，指定範囲）　式(10-1)

　各利益要素には，原価効率に関連した特殊要因を除いて，通常値と指定可能な範囲がある。**通常値**（normal value）は，国防省が取得したすべての財貨およびサービスを比較して，想定される契約に関して平均的な値である。**指定範囲**（designated range）は，通常の値以上か通常の値以下かの基準にもとづいた値

---

[11] DD Form 1547に関しては，HPで1枚紙のRecord of Weighted Guideline Application（加重ガイドライン適用の記録）を入手することができる。章末の付録を参照されたい。

である。価格交渉の過程で，契約担当官は通常値をつけた理由を説明する必要はないが，通常値以外の値をつけたことの理由を説明できるように文書化しておかなければならない。

② 原価効率の特殊要因：原価効率の特殊要因については，値を設定しない。特殊要因[12]があるときには，値の選択には健全なビジネス上の判断が必要となる（215.404-71-5）。

3 パフォーマンス・リスクと利益

契約の必要条件を満たすにあたり，契約業者のリスクがどれだけ利益決定の変動要因に影響を及ぼすかを示している。利益を決定する要因は，次の２つの部分からなる（DFAR-S 215.404-72）。

ⅰ）技術：契約遂行上の技術上の不確実性
ⅱ）マネジメント・コントロール[13]／コスト・コントロール：必要な経営者の関与の度合い。マネジメント・コントロール／コスト・コントロールの評価には，
（a）原価低減とコスト・コントロール[14]の活動が契約の要求条件をどこまで満足させたか，
（b）それらの活動がどの程度必要とされるかを検討しておく必要がある。

---

[12] FARでは，原価効率化の要因として，８つのケースをあげている。①初度生産におけるプロセス改善，②前回のコスト低減，③遊休設備の排除，④原価低減活動（例；VE活動，ITに見られるようなアウトソーシング，陳腐化した部品のコントロール活動，スペア部品の有効活用など），⑤プロセス改善，⑥下請業者の原価低減，⑦スピンオン（民間技術の防衛への活用），⑧防衛装備品の生産性向上が見込まれる新規の設備投資。

[13] CASBのCASの制定に当たって主導的な役割を果たしたハーバード大学のアンソニー教授によれば，マネジメント・コントロールは，「組織目的のために，資源を効果的かつ効率的に取得・利用することを経営者が確保するプロセスである」と定義づけている。アンソニーによれば，management planning and control を短く表現して management control と呼んでいるという［Anthony, 1965, pp.16-18］。

[14] 原価低減とコスト・コントロールの違いであるが，原価低減は主として原価計画を意味すると解されている。たとえば，原価を長期的に引き下げるには，新鋭の機械の設置が必要である。新機械の購入は長期にわたる計画（長期計画）の結果である。それが原価低減である。一方，その機械を使用して原価をいかに標準以下に引き下げるかは，コスト・コントロール（原価統制）の課題である。

(1) 利益の算定

利益の算定において決定的な意味をもつのは，契約企業の**技術力**，**マネジメント・コントロール**，**コスト・コントロール**，および**パフォーマンス・リスク**である。契約業者が利益を算定するためには，表 10-1 に従って，各要因別に利益を算定する。

表 10-1 パフォーマンス・リスクと利益算定のフォーマット

項　目	摘　　要	指定比率	指定値	原価	利益
	契約業者のリスク要因	重みづけ	値	20 項	金額
21 項	技術力	i	ii	N/A	N/A
22 項	マネジメント／コスト・コントロール	i	ii	N/A	N/A
23 項	パフォーマンス・リスク	N/A	iii	iv	v

注 1) 21 項から 23 項までは，章末の付録：1 DD Form 1547 の Item 数を表す。
　 2) 右端の金額の下の「金額」欄は，13 項から 20 項に対応する金額表示の欄である。

<u>表 10-1 の説明</u>（付録：DD Form 1547, Jul 2002 と対比するとよい）

ⅰ）全体のパフォーマンス・リスクとの関係で，各リスク要素の重みづけ（％）を行う。技術力とマネジメント／コスト・コントロールの比率の合計は，100％になる。

ⅱ）後述する (3) の技術力に対する評価基準と (4) のマネジメント／コスト・コントロールの評価基準を使って指定比率を設定し，(2) の表 10-3 を使って指定値を設定する。

ⅲ）表 10-2 の計算例のように，加重値の計算を行う。

表 10-2 リスク要素と加重値の計算

契約業者のリスクの要素	指定比率	指定値	加重値
技　術　力	60％	5.0％	3.0％
マネジメント／コスト・コントロール	40％	4.0％	1.6％
パフォーマンス・リスク	100％		4.6％

計算例

iv) 総原価の金額を記入する。なお、表 DD Form 1547 の Block 20 は、設備についての**貨幣の資本コスト**（capital cost of money）を除く契約原価の総額である。[15]

v) iv（トータルコスト）に iii（加重値）を掛ける。

(2) 値：通常値と指定範囲

表 10-3 通常の値と指定範囲の値

指定範囲	通常値	指定範囲
標　　準	5%	3%～7%
技術力インセンティブ	9%	7%～11%

ⅰ) 標準：多くの契約では、標準指定範囲が適用される。

ⅱ) 技術力インセンティブ：契約担当官は、技術要素に対してのみ、技術力インセンティブの指定範囲を使う。それには、革新的な新技術の開発、生産および応用が含まれる。

(3) 技術力に対する評価基準

契約の要求事項を検閲し、作業指示書またはスペックの重要なパフォーマンス要素を重点的に調査する。考慮すべき要因には、次のものがある。

ⅰ) 適用または開発されている技術が契約業者によるものか

ⅱ) 技術の複雑性

ⅲ) プログラムの成熟度

---

[15] 章末の付録：DD Form 1547 の Record of Weighted Guideline Application の欄 20 が、トータルコスト（total Costs）である。DD Form1547 では、トータルコストには販売費が含まれず、原価は製造原価＋一般管理費に限定されている。その理由は、販売費の多くが非許容原価だからであろう。ただ、政府との契約には販売促進費（例：広告費、交際費など）は除外すべきであるが、物流費（例：運賃）の一部は許容原価として認められるべきである。なお、総原価というときには、製造原価＋販売費及び一般管理費のことをいう。その意味で、ここでトータルコストは、総原価ではない。

ⅳ) パフォーマンスのスペック（仕様書の内容）と許容限度
ⅴ) 納期
ⅵ) 品質保証ないし保証契約の適用範囲

A. 通常以上の条件

ⅰ) 契約担当官は，技術上のリスクが大きい場合には通常の値よりも高い値をつける。その指標には，次のものがある。
  (a) 厳しい許容限度をつけたスペックを使って生産された防衛装備品
  (b) 高い技術をもつ技術者，または最新の機械の活用
  (c) 国防省にとって極めて重要なサービスと分析能力であり，厳しい基準の達成が可能[16]
  (d) 契約業者の独立した開発と投資によって，国防省のリスク・原価を減少させてきた実績
  (e) 国防省の要請に応えて，納期の短縮に契約業者が応諾
  (f) 保証条項を通じて，契約業者が付加的に発生するリスクの負担

ⅱ) 例外的に優れた能力，経験，専門的な資格をもつ人材を必要とする困難な技術上の障碍を克服する複雑で重要な努力があれば，通常よりも著しく高い値をつける。

B. 最高値の条件

ⅲ) 次の場合には，最高の値を付与するに値する。
  (a) とくに技術水準または品質のスペックが厳しい場合における，新規の防衛装備品の開発または初度生産[17]
  (b) 高水準の開発または同時生産

C. 通常以下

ⅳ) 技術上のリスクが低い場合には，契約担当官は通常よりは低い値をつ

---

[16] 測定が難しいとも思えるが，KPIによって測定することになろう。
[17] 国防省では，技術的に優れた防衛装備品の開発と初度生産には，高い利益を付与している。他方，防衛省で初度生産にかかわる問題は，現在，初度費として，防衛省と財務省との間で激しい議論が行われているところであるので，本書では議論の対象から外している。なお，ここで初度費とは，設計費，専用冶工具，試験費，技術提携費（ライセンス，ロイヤリティ）といった費用を指す。現在問題となっているのは，契約企業が現実には「訓令」（第56条）に定められた原則的な方法ではなく，「訓令」（第59条）の特例にもとづいて計算していることにある。

ける。その指標(判定に当たって参考にすべき指標)には,次のものがある。
- (a) 要求水準が比較的低い。
- (b) 技術が複雑ではない。
- (c) 作業内容が高い技術水準をもった技術者を必要としない。
- (d) 作業内容がルーティン業務である。
- (e) プログラムが成熟している。
- (f) 調達物件が継続的または反復的調達である。

D. 最低値の条件

ⅴ) 次の場合には,契約担当官は通常よりも著しく低い値をつける。
- (a) ルーティンなサービス
- (b) 単純な防衛装備品の生産
- (c) 国防省が提供する情報にもとづく機械的な入力または統合
- (d) 国防省が提供する資産を使った単純な作業

E. 技術のインセンティブ指定範囲

ⅵ) 契約のパフォーマンスに新しくて目覚ましい技術革新を含んでいる場合には,契約担当官は技術インセンティブの指定範囲内で値をつける。技術インセンティブの指定範囲は,最も革新的な契約業績に対してのみ使用されなければならない。革新は次の2つのうちいずれかからなる。
- ▶既存の製品またはシステムの特徴を抜本的に変革し,技術上のパフォーマンスを高め,信頼性を改善し,または原価を低減させる新技術を開発または適用するケースがそれに該当する。
- ▶置き換えようとしている防衛装備品またはシステムに比べて,著しい技術的進歩を含む新しい防衛装備品またはシステムである。

ⅶ) 著しい技術力インセンティブの指定範囲内で値を選択するとき,契約担当官は調達物件に対する提案された革新の総体の価値を全体として考慮する。革新がマイナーであるときには,契約担当官は通常よりも低い値を用いる。他方,防衛装備品またはプログラムに対して大きな正のインパクトをもたらす革新的なものについては,契約担当官は通常よりも高い値を付ける。

(4) マネジメント／コスト・コントロールの評価基準

契約担当官が評価すべき事項は，次のものである。
(a) 契約担当官は，現場の契約管理担当官または国防省の現場担当官が作成した契約事務所がもつデータ，情報，検討資料を使って，マネジメントと内部統制システムの評価を行う。
(b) 将来見込まれる契約で予期される経営者の関与の度合いを評価する。[18]
(c) 契約業者によって使われる資源の種類と得られた付加価値を示すものとして，製品別のコスト・ミックスの評価を行う。[19]
(d) 連邦政府の社会経済プログラムへの契約業者の貢献度を評価する。[20]
(e) 契約業者の原価見積（それには，契約業者の原価見積制度が含まれる）によって期待される信頼性を評価する。
(f) 原価管理とスケジュール管理に関する契約業者のマネジメント方法の妥当性を評価する。
(g) その他，原価目標を達成するための契約業者の能力に影響を及ぼす要因を評価する（例：為替レートとインフレ率）。

A. 通常以上の条件

高いレベルの経営努力がなされているとき，契約担当官は通常の値より高い値をつける。それには次の条件が含まれる。
(a) 契約業者の提供する付加価値が相当高く，その達成が困難と思われるものを達成している。
(b) 業務遂行の達成には高度の統合と協調が必要とされる。
(c) 契約業者は，過去のパフォーマンスに対して高い記録を保持している。
(d) 契約業者が連邦政府の社会経済的活動に積極的に参加した記録がある。

---

[18] たとえば，生産のプロセスにおいて，EVM の導入（防衛省における契約利益算定における EVM の意義については，第12章を参照されたい）など，マネジメント／コントロールを変更することといったことが見込まれるときには，それも評価に含めるということである。

[19] たとえば，特定製品に使われる材料費の価格変動が見込まれることによって，製品別の原価の変化が見込まれることがあろう。そのような場合には，それを事前に予測しておく必要がある。

[20] 環境問題を含む企業の社会的責任の評価結果を防衛装備品の利益算定の要素の1つとして考慮することは，現代社会において極めて大切なことである。

(e)　契約業者は完全に文書化された信頼できる原価見積書を提供している。
　(f)　契約業者は適切な自製か購入かの意思決定をしている。
　(g)　契約業者は原価の追跡と原価管理に関する証明済みの記録を保持している。

B. 最高値の条件

契約担当官は，契約業者の努力が最大の価値をもつことを説明できれば，通常よりも高い値を付ける。

　(a)　最も複雑な性質をもつ大規模な統合を必要とするとき
　(b)　重要なマネジメントの努力を伴った主要な国際的活動が行われること
　(c)　極めて重要なマイルストーンを保持しているとき

C. 通常値以下の条件

経営者の努力が最低レベルであるとき，契約担当官は通常の値よりは低い値をつける。その指標には次のものが含まれる。

　(a)　プログラムが成熟していて，最終成果物に新規性が見られない。
　(b)　契約業者が防衛装備品に対してほとんど価値を付加していない。
　(c)　仕事の内容がルーティン業務からなり，監督にも手がかからない。
　(d)　契約業者が品質の劣る時宜に欠けた提案書の作成をしている。
　(e)　契約業者が下請業者の原価について適切な分析をする能力がない。
　(f)　契約業者は提案書の評価と交渉で連邦政府に協力しない。
　(g)　契約業者の原価予測システムが不完全である。
　(h)　契約業者は原価低減プログラムに最低の努力しかしてきていない。
　(i)　契約業者による原価の提案書の作成が不適切である。
　(j)　契約業者には，実際原価が見積原価を大幅に上回るなどの信頼性のない原価見積とコスト・コントロールの記録がある。
　(k)　契約業者の過去のパフォーマンスの記録が芳しくない。

D. 通常値より著しく低い値の条件

次の要素が見られれば，通常値より著しく低い値をつけるだけの正当な理由があると見做しうる。

　(a)　現場の契約担当官が，不完全なマネジメントの存在と**内部統制システム**（例：品質保証，財産管理，安全性，セキュリティ）を発見した場合

(b) 経営努力としては，経営者の関与がほとんど必要とされない。[21]

(5) パフォーマンス・リスクと利益の規定の意義

　米国の国防省における利益算定の方法は，以上で見たとおり，日本の防衛省のように，製造業の平均値をもとに利益を決定するのとは違って，極めて客観的な事実関係にもとづいて，個々の企業のパフォーマンスにもとづいて決定される仕組みが形成されている。防衛省にとって，米国流の制度を導入することは手続き的に無理と思われる筋もあろう。しかし，このような利益算定のシステムを導入することによって得られるメリットは計り知れない。そこで，防衛装備庁［防衛省，2015, p.11］のリスク対応の取り組みについて触れておく。

　2015年に発足した防衛装備庁では，装備品のライフサイクルを通じたプロジェクト管理を実施する体制を整備し，より高機能な装備品のより効率的な取得を目指している。さらに同庁は，官民でのリスクシェア型のインセンティブ契約制度を構築し，①官民でコスト情報を共有し，契約上のリスクを共同して極小化することを検討している。その検討案では，②官は，適正で合理的なコストを一定の範囲で負担し，③民は，コスト低減，超過の状況に応じて，報酬が増減する契約制度を検討している。さらに，④EVM評価を通じてコスト超過が見込まれた場合には，適宜，生産性の評価・審査を実施するとしている。

　これらの制度が案の段階でとどまらず，実現に近づけるためには，本章で紹介してきたDFAR-Sの規則が大いに参考になろう。とくに，新制度を導入する企業のEVM導入の費用補償の方法や契約利益の算定に関する国防省の規定は，防衛省にとって参考にするだけの十分な価値がある。

4　契約の種類別リスクと運転資本調整の意義

　契約の種類別リスク要因は，異なった契約の種類のもとで契約業者によって受容される原価のリスクの程度に焦点が当てられている。運転資本調整は，契約の種類別リスクに対する利益目的に賦課されている調整である。運転資本調

---

[21] 経営者の関与のレベルが低ければ，マネジメント／コントロールの報奨の必要性は低くなる。

整は，プログレスペイメント（progress payment；出来高払い）[22]のために準備されている固定価格契約にのみ適用される。

以下では，DFAR-S 215.404-71-3 をもとに，固定価格契約における出来高払いに対する運転資本の調整について検討する。

(1) 出来高払いのための運転資本調整計算

出来高払いのための運転資本調整計算の目的は，異なった契約環境，金融政策および経済環境のもとで契約業者の運転資本コストに一般的な考え方を示すことにある。表 10-4 は，運転資本調整のための計算のプロセスを説明するために，DD 1547 の指標を表示したものである。

表 10-4　運転資本調整のための諸指標

項目	契約業者リスク要因		指定値値	基準(20項)	利益客観値
24	契約上のリスク		①	②	③

			原価	期間	利子	調整
			資金調達額	年月	率	⑤×⑥×⑦
25	運転資本④		⑤	⑥	⑦	⑧

表 10-4 の説明

① 契約種類別の評価基準（後述の (2) 参照）を使って，表 10-5 の"契約種類別の運転資本調整表"からその値を選択する。
② DD1547（本章末の付録参照）における Block 20[23] から金額を挿入する。すなわちそれは，設備に関わる貨幣の資本コストを除く総許容原価である。

---

[22] プログレスペイメントとは，完成割合または特定の完成ステージの比率で，発生した原価にもとづいて，契約にもとづく作業の進捗度に応じてなされる支払のことをいう。この条項には，契約の中止にもとづく契約または部分的な支払のもとで政府によって認められている部分的な成果引き渡し物件に対する支払いを含まない [DoD, 2005]。日本では，JAXA の出来高払い，防衛省では一般的ではないが，前受金とか部分払いがこれらに該当する。

③ ①に②を掛ける。
④ 予測される契約がプログレスペイメント条項を含む**固定価格（FP）契約**であるときにのみ，表を完成させる。
⑤ 契約種類別の評価基準（後述の（2）参照）をもとに計算された金額を挿入する。
⑥ 資金調達した原価（後述の（3）参照）から計算された数値を挿入する。
⑦ **米国財務省**が設定した利子率を使って，その利子率を挿入する。米国財務省以外の利子率を使ってはならない。
⑧ ⑤と⑥と⑦を掛ける。これが運転資本調整である。ただし，Block 20 に掲げられている契約原価の 4% を超えてはならない[24]。表 10-5 は，契約種類別の運転資本調整表である[25]。

表 10-5　契約種類別の運転資本調整表[26]

契約の種類（カッコ内は，ファイナンスの有無）	摘要	通常値（%）	範囲
1　FFP（ファイナンスなし）	①	5	4〜6
2　FFP（業績に応じた支払）	⑥	4	2.5〜5.5
3　FFP（プログレスペインメント）	②	3	2〜4
4　FPI（ファイナンスなし）	①	3	2〜4
5　FPI（業績に応じた支払）	⑥	2	0.5〜3.5
6　FPR（見直条項付）	③		
7　FPI（プログレスペインメント）	②	1	0〜2
8　CPIF	④	1	0〜2
9　CPFF	④	0.5	0〜1
10　T&M（T&M にもとづくオーバーホールを含む）	⑤	0.5	0〜1
11　作業時間	⑤	0.5	0〜1
12　FP-LOE	⑤	0.5	0〜1

---

[23] Record of Weighted Guideline Application において，Block 20 は，Total costs（トータルコスト）である。

表10-5の説明

① "ファイナンスなし"とは，契約でプログレスペイメントもパフォーマンス基準の支払も提供しないか，または契約で限定的な基準にもとづいているとき（たとえば，初回に資金提供している場合）にだけ資金提供することを意味する。そのような場合には，運転資本の調整は行わない。

② 契約がプログレスペイメント条項を含む場合には，運転資本調整額（付録：DD Form 1547の表で，Block 25）を計算する。

③ 利益の値を決定する目的のためには，FPR契約を，あたかも固定価格インセンティブ契約であるかのように扱う。

④ 原価加算契約では，運転資本調整を行ってはならない[27]。

⑤ これらの種類の契約は，利益額を決定する目的のためのCPFF契約であると考えられる。これらでは，Block 25における運転資本調整を行えない。しかし，原価の部分が固定されている限り，指定範囲のなかでは，通常値よりも高い額を受け取ることもある。

(2) 契約種類別の評価基準

契約担当官は，契約種類別のリスクに影響を及ぼす要因を検討する必要がある。それらの要因を例示列挙すると，次のようになる。

① 契約の期間

---

[24] 契約原価の4％という数値が科学的に算定されたものであるか否かは不明である。過去のデータの分析から，数値を編み出す方法などはその1つの方法であろう。運転資本の調整が必要な理由は，表10-5を参照されたい。原価補償契約では運転資本の調整値が低いのに，固定価格契約では通常値が高いことに1つの解答を見出すことができるように思われる。

[25] リスクは契約の種類によって異なるから，契約の種類ごとに運転資本の調整をしようとするものである。FAR 215.404-71-3 Cost type risk and working capital adjustment では，次のように述べられている。「契約の種類別リスク要因は，異なったリスクの種類に契約業者によって認められているコストのリスクの程度に焦点を合わせている。運転資本の調整は，契約の種類別リスクに対して利益に賦課される調整額である。……」。

[26] 不明な用語は，前章の表9-1と付録2を参照しながら読むと分かりやすくなろう。

[27] 日本の原価計算方式は米国の原価補償契約とは異なるため，原価計算方式と原価補償契約とを同一に扱うことはできないが，原価計算方式は本質的には原価加算契約の特質をもつ。防衛省の契約では米国でいうところの固定価格契約は殆ど見られないので，運転資本の調整は防衛省では関係が薄いということになる。

② 予測に使われた原価データの妥当性
③ 経済環境
④ 下請契約先での活動の性質と範囲
⑤ 契約業者に与えられた保護的な契約条項（例：経済価格調整条項）[28]
⑥ インセンティブ条項に含まれる天井（価格の上限額）と配分の線引き[29]
⑦ 米国の予算額の補助を受けていない，**対外有償軍事援助**（Foreign Military Sales；FMS）[30]に対する契約に伴うリスク
⑧ 契約にパフォーマンス基準支払条項が含まれている場合には，ⅰ）支払の頻度，ⅱ）FAR 32.1004（b）（2）に規定された最高の許容額に対応する支払総額，ⅲ）契約業者にとっての支払スケジュール上のリスク

A．契約前に発生した原価の扱い

契約担当官は，契約活動の内容を定義づけする前に，発生した原価の状況を評価しなければならない[31]。その評価には，定義づけ前の契約と残っている契約の両者に関する減少した契約業者のリスクを含めなければならない。

定義づけ前に原価が発生している場合には，一般には，指定した範囲の最も低い値まで契約上の種類別リスクを尊重する。定義づけ前に原価の大部分が発生している場合には，契約担当官は契約の種類の如何にかかわらず，リスクの値をゼロにする。

B．通常の条件以上

契約上のリスクが大きければ，契約担当官は通常より高い値を与える。この指標は，

---

[28] 具体的には，経済価格調整額付固定価格契約がある。インフレとデフレを考慮した固定価格の契約形態である。
[29] 具体的には，固定価格インセンティブ契約を指す。
[30] 米国製の防衛装備品を有償で提供・輸出してきた対外軍事援助のプログラムのことである。輸出の窓口が米国の防衛装備品メーカーではなく，アメリカ合衆国の政府（国防安全保障局）になっている。
[31] 契約活動の内容の定義づけの意味についてであるが，米国文献では，特定の課題の内容を明らかにすることを定義づけという表現をする。ここでは，契約活動の内容を明らかにするといった意味で捉えるべきではなかろうか。

① 原価の履歴がほとんど残されていない作業内容
② 契約業者を保護する条項のない長期契約（とくに，経済の不確実性が大きい場合）
③ 契約業者に対して高いリスクがある場合のインセンティブ条項（例：原価とパフォーマンスのインセンティブ）
④ FMS（国防省のロジックス・サポート軍事支援またはアメリカ合衆国政府の棚卸資産ないし在庫支援以外のもの）。ただし，国防省で一般的に示される以上の大きなリスクが同様の品目にあることを契約業者が立証できることを条件とする。
⑤ リスクを増大させる積極的なパフォーマンス基準支払のスケジュール

C．通常の条件以下

契約のリスクの種類が低い場合には，契約担当官は通常よりは低い値を課す。この指標には，以下のものが含まれる。
① 原価が広く知れ渡った歴史をもつ非常に成熟した製品ライン
② 比較的短期の契約
③ 契約業者のリスクを大幅に減少させる契約条項
④ 契約業者に低いレベルのリスクを課すインセンティブ条項
⑤ 最大の許容総額となるパフォーマンス基準の支払
⑥ 最小のリスクで定常的なパフォーマンス基準の支払スケジュール

(3) 資金調達した原価

① 資金調達したコスト（cost financed）[32]は，総コストに契約業者が資金調達したコストの部分（パーセント）を乗じて算定する。
② 総コストは付録の表のBlock 20について[33]，次のときに適切である。
　ⅰ）契約業者がほとんど現金投下資金をもたない（たとえば，下請業者への出来高払いは，契約実行期間より遅れて流動化される[34]）とき。

---

[32] 個々のケースでは，前払を受けたケースであると考えられよう。
[33] 日本とは全く状況が異なり別表の意義が小さいと考えられるので，本章では削除した。
[34] 流動化は，現金化されることを含意する。

ⅱ）　いくつかのコストは，出来高払いのように，特別の資金調達条項によって回収される。
　　ⅲ）　契約は多期間にまたがり，特別な資金支援の取り組みが必要となる。
③　契約業者が資金調達するのは，一般に，出来高払いによって回収されない部分である。たとえば，契約業者が80％[35]だけ出来高の金額を受け取っていれば，契約業者が資金調達するのは，20％ということになる。中小企業への出来高払いによる支払の便宜を図っている契約に関しては，大規模なビジネスには，慣行的に使われている出来高率を使う。

(4)　契約の長さの要素

　契約期間の長さの要素とは，契約業者が契約に実際に使用した運転資本への期間をいう。その期間の意味は，以下のとおりである。
　ⅰ）　契約業者が作業の相当部分を完成させるために必要な期間である。
　ⅱ）　必ずしも契約の落札と最終的な出荷（ないし最後の支払）との間の期間ではない。たとえば，活動が行われない期間は除外させるべきである。
　ⅲ）　オプション条項に含まれる期間を含めてはならない。
　ⅳ）　複数年度にまたがる契約については，プログラムの初年度に予定されていた作業以外の作業期間は含まれない。
①　契約担当官は，
　ⅰ）　契約期間の要素を選択するために，表10-6を用いなければならない。
　ⅱ）　契約の履行に度重なる納入が必要であれば，加重平均契約期間を決めなければならない。
　ⅲ）　代表的な結果を得ている場合には，サンプリング技術を使用する。
②　契約期間の係数表

例　示

　予測される契約期間は，40ヵ月のパフォーマンス期間で，最終的な物品は契約の34，36，38，および40ヵ月ごとに出荷されると仮定しよう。加重平均契約期間は37ヵ月（(34＋36＋38＋40)÷4）であるから，契約の係数は1.15

---

[35] FARでは，中小企業では慣行的に85％であるが，その適用は弾力的である。

表10-6 作業期間と契約期間の要素

主要な部分の作業期間（月）	契約期間の係数
21以下	0.40
22～27	0.65
28～33	0.90
34～39	1.15
40～45	1.40
46～51	1.65
52～57	1.90
58～63	2.15
64～69	2.40
70～75	2.65
75以上	2.90

となる。

(5) 契約の種類別リスクと運転資本調整の意義

本節で考察されている規則は，出来高払いのために準備されている**固定価格契約にのみ**適用される。そこで，日本で出来高払いのために運転資本の調整がなされている類似の規則類について検討しよう。

宇宙航空研究開発機構（JAXA）では，作業終了ごとに支払いが行われるという意味からすると，JAXAで通称，**中間払い**と呼ばれているものが，米国で出来高払いと同義と考えることができる。JAXAの「契約事務実施要領」（第134条 契約の種類，第3項）では「中間払いは，支払金額を契約相手方より提出された見積書等の経費発生予測に基づき，仕様書上の項目等作業別に算定し，当該作業の終了毎に支払うものとする。ただし，支払回数の多寡，契約の性質，取引慣習，機構又は契約相手方の資金事情等を勘案し，これと異なる支払方法に拠ることができる。」［宇宙航空研究開発機構，2017］とされている。

防衛省における規定は，JAXAに比べると，防衛省の契約業者には厳しいものとなっている。「防衛装備庁における契約事務に関する訓令」［防衛基盤整備協会，2016，p.232］によれば，代金の支払いと題する次の規定がある。

「第42条　代金は，契約物品の全部の納入があった場合に支払うものとする。

2 部分払は，部分払に関する特約条項の定めるところに従って行うものとし，当該条項が付されていない契約については，これを行ってはならない。
3 前払金は，前払金に関する特約条項の定めるところに従って行うものとし，当該条項が付されていない契約については，これを行ってはならない。」

防衛省では，出来高払いに関する規定はないが，第42条の第2項の部分払いと第3項の前払い金の規定が米国でいう出来高払いに相当すると考えてよかろう。原則は，前払金が契約物品の全部の納入があった場合に支払うとされており，厳格にその適用がなされていることが窺われる。

ただ，防衛省［2008, p.5］の「防衛施設整備コスト構造改善プログラム」の施策14の②では，「出来高部分払いの活用拡大を図り，下請企業までのキャッシュフローを改善する」とされている。なお，中間前払金の第36条関係（前払金）に関しては，経理装備局長の「建設工事請負契約書の運用基準について（通知）」によって，対象となる範囲，割合，および条件が定められている。

5　設備資本投資の促進と報奨

国防省にとって利益を与える設備への投資の促進と報奨のために，DFAR-S 215.404-71-4 が設けられている。契約業者が契約の遂行にあたって用いる設備への資本投資と，生産性を改善するための契約業者の約束事項の実行という両方の目的に対して適用される。

(1) 契約設備資本の見積もり
契約担当官は，設備についての貨幣の資本コストと使用資本を見積もらなければならない。それには，
① 適切な Form CASB-CMF と貨幣の資本コストの要素（48 CFR 9904.414）と FAR 31.205-10，および，
② DD Form 1861，契約設備についての貨幣の資本コストが含まれる。

(2) DD Form 1861[36] の活用
DD Form 1861 の準備のための現場の価格決定支援のために，PGI 215.404-

71-4（c）を参照されたい。
① 目的：DD Form 1861 は Form CASB-CMF と DD Form 1547 を結びつける手段を提供する。つまり，1つは，契約担当官に色々な種類の資産（土地，建物，設備）の利益目的を差別化させる。この手続きは，契約上の製造間接費を算定するための製造間接費配賦基準として配賦率を適用することに類似する。いま1つは，DD Form 1547 に繰り越される契約設備についての貨幣の資本コストと資本を記録し計算すべく設計されている。
② DD Form 1861 の完成：契約業者の原価提案を評価したら，直ちに DD Form 1861 を完成させ，貨幣の資本コストの要素を確定し，交渉が始まる前の原価計算対象を確定する。その Form は，次の手続きで完成させる。
　ⅰ） 契約業者の原価提案と Form 1861 とは全く同じ構造で，間接費勘定と，（あれば）直接賦課できるサービスセンター（direct-charging service center[37]）をリストアップする。
　ⅱ） 年度別に，評価された原価のブレークダウンまたは交渉前の原価計算対象から適切な契約製造間接費配賦基準を抽出し，製造間接費勘定と直接賦課するサービスセンターとを対比させてリストアップする。
　ⅲ） 各配賦基準の数値に，それに対応する貨幣のコスト率を乗じて，各年度に発生すると見積もられる設備資本のコストを算定する。これらの積の合計は，当該年度の努力[38]の見積契約設備資本を表す。
　ⅳ） 契約設備についての貨幣の資本コストの総額は，年度別の金額の合計額である。
　ⅴ） 設備の貨幣の資本コストは Form CASB-CMF の Column 1 の適用可能な貨幣の資本コスト率を反映するから，貨幣の資本コストを算定

---

[36] 本章では，本書における重要性に鑑みて，DD Form 1861 の雛形は省略している。しかし，関心のある読者には，ホームページ（DD Form 1861）から入手されたい。
[37] 直接賦課できるサービスセンターは，典型的には，物流センターが考えられる。特定の物品の物流センターへの納品は当該物品と直接的に跡付けることができる。
[38] この規則では努力（efforts）の語がしばしば使われているが，抽象的な表現である。著者は，（経営上の）努力とか，経営活用，業務活動など，その場その場で妥当と思われる語を読者が補足して読むことが必要ではないかと考える。

するために，貨幣の資本コストを契約設備使用資本で割って，資本コスト率を求める。

(3) 落札前の設備資本の適用

原価と価格を決定するには，設備についての貨幣の資本コストと使用資本を次のように適用する。

ⅰ) 貨幣の資本コスト

原価計算対象（cost objective）[39]： インセンティブ契約を構造化するときに，原価計算対象または目標原価を算定するには，正規の帳簿上の原価とともに，設備についての付加原価としての資本コストを使う[40]。契約の実施期間中に実際の貨幣の資本コスト率が明らかになったにしても，最初に計算した目標原価を調整してはならない。

利益計算対象（profit objective）[41]： 交渉前の利益計算対象を設定する目的で，契約業者の努力を測定するときには，原価基準を正規の帳簿上の原価に限定する。貨幣の資本コストを原価基準の一部に含めてはならない。

ⅱ) 設備の使用資本

215.404-71-4 の利算定のガイドラインに従って，設備の使用資本に関するリスクに対して，利益計算対象を評価し，重みづけする。

---

[39] 原価計算対象（cost objective）は，おおむね，「原価計算基準」で規定されている給付（Leistung）に該当する。典型的な原価計算対象は，製品，サービスなどの財貨を意味する。原価計算対象というときには，製品やサービスの他，半製品，仕掛品の他，プロジェクトや活動も含まれる。詳細は櫻井［1981, pp.21-38］を参照されたい。

[40] 付加原価は機会原価と同義と考えてよい。公式の定義は，アメリカ会計学会が与えている。すなわち，「付加原価とは，いかなる時でも実際の現金支出を伴うものではないし，その結果，財務会計上の記録には現れないが，原価計算を行う人の立場からすると，その価値犠牲を計算できるような原価である」［青木監訳／櫻井訳, 1975, p.89］。

[41] Profit objective は，原価計算・管理会計の領域で著者が初めて遭遇した英語表現である。ここでは，原価計算対象との対応で，利益計算対象と訳出した。契約上の利益を算定するための対象の意。cost objective は cost object とも表現される。cost objective は CASB の CAS が初出であった。詳しくは，原価計算対象に関する論文［櫻井, 1978, pp.44-65］を参照されたい。

(4) 設備についての貨幣の資本コストの算定方式

DD Form 1547による表10-7は，契約業者が算定に用いるプロセスを説明するために設けられている。

表10-7 契約業者の使用資本に賦課される値，金額，利益目的

契約業者の使用資本	賦課される値	金　額	利益計算対象
土　　地	N/A	②	N/A
建　　物	N/A	②	N/A
設　　備	①	②	③

表の説明

① 後述する(6)の評価基準を使って，表10-8の値を選択する。
② DD Form 1547（章末の付録）から得られたように，土地，建物，設備に帰属できる配賦された投下資本を使うこと。
ⅰ）契約業者が合理的な証拠を提出すれば，設備の正味帳簿価額に加えて公式の投資計画の一部である設備資本を考慮する。合理的な証拠とは，国防省が当該投資から得る達成可能な便益，または投資から得られる便益が予測的な価格決定構造に含まれて表示されていることである。
ⅱ）会社間振替の値が（一般管理費と利益を除く）原価でBlock 20に含まれてきたならば，契約業者の配賦された設備資本，つまり会社間振替を提供している会社の事業部の建物と設備に帰属できる配賦された設備資本を加算する。会社間振替の値が（一般管理費と利益を含む）価格でBrock 20のなかに含まれてきたならば，加算してはならない。

以上から，上記の①と②を掛けて③を算定する。

(5) 資産別数値割り当て

土地，建物，設備に区分し，表10-8の値を使って，通常値を使うか，または指定範囲内で数値の割り当てを行う。

貨幣の資本コストの規定が日本に対して持つ意義を考察するにあたって，残

表10-8 土地，建物，設備の通常値と指定範囲の値

資産の種類	通常値	指定範囲（％）
土　地	0％	N/A
建　物	0％	N/A
設　備	17.5％	10％〜25％

された課題がある。それは，誰でもが"**貨幣の資本コスト**"という語感から受ける感覚と，著しく高い**数値17.5％**はどこから算定されたのかという疑問に応えることである。次頁の(7)での記述は，その疑問に応えたものである。

(6) 評価基準

設備の使用資本を評価するにあたって，契約担当者に求められるのは，次の事項である。

ⅰ) 設備資本の有用性を，予測される契約のもとで獲得される財貨または用役と関連づける。

ⅱ) 設備資本の投資から得られる効果を高める生産性の改善その他の産業基盤を分析する。その際，2つのことを考慮する。

1つは，物理的耐用年数，未償却の金額，遊休施設，将来の防衛上のニーズへの予期される貢献額である。

いま1つは，国防省との契約業者の全ビジネスのうち，当該部分と比較して国防に関連する設備への契約業者の投資水準である。

ⅲ) 投資回収に関する契約業者のリスクを減らす契約条項を考慮する。その条項には，契約廃棄禁止条項や資本投資額の損害保証が含まれる。

A．通常値以上

ⅰ) 設備資本への投資が直接的で，識別可能で，大きな利益をもたらす場合には，契約担当官はより高い値を課す。その指標となるものには，2つ

---

[42] 土地，建物，設備のうち，表10-8で，なぜ設備のみに報酬が支払われるのか。ここで設備は機械設備が想定される。企業がイノベーションによって価値を増大できる余地が大きいのは設備である。国防という側面からすれば，技術革新は不可欠の要素である。技術革新を生み出す設備への投資の促進と報奨金を支払うのは，アメリカ国防省としては必然的な措置であると考えられる。

ある。1つは，原価低減や製品の品質の改善とか出荷日数の短縮といった目に見える効果が得られる最新技術への新規投資である。いま1つは，研究開発のための設備投資である。

ⅱ）　直接的で測定可能な能率の改善および価格との対比で著しい原価低減を果たしているときには，契約担当官は通常値よりも著しく高い値を課す。最高値（25％）が適用されるのは，設備資本投資から得られる効果が通常より大幅に上回ったときに限る。

B．通常値以下

ⅰ）　通常値以下：設備資本投資が国防省にほとんど効果をもたらさなければ，契約担当官は通常値よりも低い値を課す。その指標は，3つある。

　第1は，資本投資額の配分は専ら市販品に充てられている。第2は，具体的には，事務机とその付属品，寄宿舎や管理者の事務所，会社所有の航空機，体育館である。第3に，設備が老朽化したりほとんど稼働していないものも含まれる。

C．最小値

ⅱ）　最小値：防衛装備品関連の設備の大部分が，時代遅れで，非効率，労働集約的な資本設備に対するものであるときには，契約担当官は通常よりも著しく低い値を課す。

（7）　貨幣の資本コストの規定の意義

日本の防衛省では，「訓令」（第71条～第72条）において，**利子の計算方式**が規定されている［防衛基盤整備協会，2016, p.71］。それによれば，利子＝総原価×利子率で算定される（「訓令」第71条）。また，利子率（パーセント）＝（経営資本×標準金利）／期間総原価×100で算定される（「訓令」第72条）。

米国の国防省での利子の扱いは，日本とは大きく異なっている。CAS 414では，設備資本のコストの一要素としての**貨幣のコスト**は，設備に投下された資本コストである。FARでは，貨幣のコストとは，借入金利子の形を指しているのではない（FAR 31.205-10）。それは，原価加算契約の下での原価補償目的のためには，**付加原価**である（FAR 31.205-10（2））と述べている。ここでの付加原価もまた，財務会計数値に結びついた原価ではなく，計算上の原価，す

なわち機会原価を意味する。

具体的にいえば，次のように整理できるであろう。CAS，FAR のいずれも設備についての貨幣の資本コストというときには，支払金利に限定せず，配当金などを含む**加重平均資本コスト**（Weighted Average Cost of Capital ; WACC）を指す。日米の貨幣の資本コスト[43]の計算に関して，算定の土台が異なっているので単純な比較は困難ではあるが，日米の金利に対する考え方の比較をするとどうなるか。表 10-9 は貨幣の資本コストに関する日米比較を試みたものである。

表 10-9　貨幣の資本コストに関する日米比較

	防衛省	国防省
法令・規則	防衛省の「訓令」	FAR, DFAR-S
「利子」の本質	計算上の利子	加重平均資本コスト（WACC） （付加原価としての"利子"）
計算式	利子＝総原価×利子率	出資者の期待収益＋借入金利子
資本コスト率	利子率　防衛省が提示 平成 28 年度　0.3％[1)]	加重平均資本コスト 通常値　17.5％[2)]

注 1)　平成 27 年度は 0.4％*。
　 2)　表 10-8 参照。
　 *　防衛装備庁・調達管理部・原価管理官「平成 28 年度経費率算定のための大臣承認事項について」。標準金利の算定は，無利子負債，短期借入金，長期借入金，社債，自己資本の加重平均として算定されている。自己資本の構成率は 51.7％であるが，金利等には 10 年国債平均利回りの 0.235 が使われている。
出典：著者が作成。

表 10-9 において，防衛省での法令・規則は「訓令」による。国防省では，CAS，FAR および DFAR-S によって規定されている。いわゆる利子の本質をどうとらえるかに関しては，防衛省では，第 4 章で述べたとおり，実質的に計算上の利子が用いられている。他方，国防省では，貨幣の資本コストは**付加原価**（機会原価の本質をもつ計算上の"利子"）として捉えている。付加原価を

---
[43] 防衛省では計算上の利子が対象である。他方，国防省では加重平均資本コスト（貨幣の資本コスト）が対象である。対象が異なるために，単純な比較は困難であるが，借入資本利子は加重平均資本コストの一要素である。それゆえ，借入資本利子を含む貨幣の資本コストをタイトルとした。

用いたことの目的の1つは，財務会計上の支払利子によって計算すると，自己資本比率の高い企業は"利子"への補償が不利に扱われることになるからである。

防衛省と国防省の計算式を比較すると，防衛省の利子に対する考え方は，その算定方式（「訓令」第71条）から判断すると，利子が総原価の関数として発生するという前提に立脚している。他方，国防省では，現代の財務論や管理会計では常識になっている理論を基礎にして，企業が長期にわたって生存していくためには出資者の期待収益と銀行等の借入金の確保が必要であるとする見解に立脚している。[44] 以上の結果，資本コスト率は，国防省では設備に対して通常は17.5％である。これでは，日本の防衛産業をリードしている先進企業の経営者が嘆くように，民生品の事業部と比較して，防衛装備品の事業部は常に肩身の狭い思いをしていると述べていることは，実によく理解できるところである。

日米の相違点は2つある。1つは，防衛省では資本コストの一要素として計算上の利子に限定しているが，国防省では貨幣の資本コストは借入資本利子ではなく，機会原価としての加重平均資本コストが想定されている。いま1つは，「訓令」では，総原価に利子率を乗じて利子が算定されるのに対し，国防省では設備と運転資本に投下した資本コストが算定されている。

第1の相違点については，「訓令」は総原価に利子率を乗じていることからすると，一種の機会原価として算定しているといえなくはない。[45] しかし，「訓令」が制定された1960年代初頭の原価計算理論では，機会原価や付加原価の考え方が日本では浸透していなかった。それゆえ，「訓令」では機会原価の概念は明確な形では活用されていない。しかも，基本的には当時の規定が現在までもそのまま引き続いて用いられている。仮に日米ともに計算の結果が大きく異ならないにしても，「訓令」が制定された1960年代の初めとは資本コスト概念の研究が進み，近代的な理論で武装された米国のCAS, FARの方が，少な

---

[44] 設備投資の経済計算において，DCF法で計算するときに，日本での優良企業の加重平均資本コストは，時代や業種によっても異なるが，現時点では概ね5％から7％程度である。他方，米国では8％から15％程度ではないかと考えられる。なお，個別企業の資本コストは，一般に，外部から正確には知りえない。一般には，公表されることもない。

[45] このような考え方は，2004年の「訓令」改定以降の考え方であるといえる。

くとも管理会計を専攻とする著者には，はるかに説得力がある。[46]

　第2の点に関しては，貨幣の資本コストが製造原価の関数として発生すると考えるのか，それとも防衛装備品に投下された設備資本や運転資本から生じると考えるかの違いによる。「訓令」では，利子の額は総原価に利子率を乗じて計算している。しかし，理論的に考えれば，利子は総原価との関係で発生するというよりも，設備や運転資本などに活用した資源に対して発生すると考えるのが自然である。

6　原価効率促進のためのインセンティブ

　DFAR-S 215.404-71-5は，契約業者に原価を低減するためのインセンティブを与えている。ペンディングとなっている契約に契約業者が効果的な原価低減の努力をすれば，契約担当官は原価計算対象の原価総額[47]の4％を超えない範囲（DD Form 1547のBlock 20）内で，利益の増額を認める。

　原価効率の要素の使用が適切であるか否かを決めるために，契約担当官はいくつかの規準に合致しているかを考慮する。原価効率決定の基準は，契約業者の原価低減努力がペンディングになっている契約に効果をもたらすか否かである。その判定基準には，次のものが含まれる。

---

[46] 例をあげて説明する。A，Bの2社があるとする。A社は100万円の設備をすべて借入金で賄ったとする。支払利息4％とする。一方，B社は借入金ゼロの無借金経営である。B社の支払利息はゼロである。支払利息に対してのみ補償する場合には，A社には4万円の原価が許容される。他方，B社の補償額はゼロである。これは不合理である。論理的に考えれば，自己資本を用いている場合であれば，B社の資本提供者である株主に対して配当金に相当する額，たとえば5％の対価を補償すべきである。それが，CAS，FARが前提としている付加原価（機会原価）の基本的な考え方によった場合である。

[47] 原材料費，外注工賃（外注費），直接労務費，その他の直接費，一般管理費からなる。

[48] シングルプロセス・イニシアティブ改善活動は，国防契約との関連で，原価低減の活動によって業務活動を効率化しようとするプログラムである。しかし，ホームページにおいて，KP（Kepner）の Avoiding the Pitfalls of Business Process Improvement と題する記事では，ビジネスプロセスの改善活動が必ずしもよい結果をだしてはいないとする内容も指摘されている。
　類似の用語としては，日本には，トヨタ生産方式の一環として多くの日本企業で実施されてきたシングル段取（single minute exchange of die；SMED）が金型交換において成功を収めている。

ⅰ）シングルプロセス・イニシアティブ改善活動[48]への契約業者の参加
ⅱ）先の契約に関して達成した実際の原価低減額
ⅲ）超過設備，遊休設備の削減ないし排除
ⅳ）契約業者による原価低減の活動（例：競争促進プログラム，技術開発プログラム，陳腐化部品の排除活動，交換部品の価格改革，情報技術のような機能のアウトソーシング）。契約業者によって開発された測定尺度，たとえば，フル操業での作業時間（例：直接費と間接費のすべてを含む作業時間当たり原価）といった生産性尺度は，契約業者の原価低減の有効性を評価する上での基礎になる。
ⅴ）契約業者による原価低減のためのプロセス改善方法の採用
ⅵ）下請業者による原価低減努力
ⅶ）契約業者による市販品とその生産プロセスの有効利用
ⅷ）新規投資がよりすぐれた資産の利用か生産性の改善に貢献するときには，契約業者によるそのような目的への新規投資

　この特別の要素のために使用するパーセントを選択するときには，契約担当官は最大の職権をもっている。ただしその場合には，契約担当官は品質の相違，組織学習，契約対象範囲の変更，インフレやデフレといった経済的な要因が原価低減に及ぼす効果にも十分に配慮しなければならない。

　以上，加重ガイドライン法にもとづいて防衛装備品の利益をどのように計算するかを，DFAR-S にもとづいて説明してきた。ただ，留意すべきことがある。それは，加重ガイドラインの計算例（章末の**付録**，DD Form 1547, Jul 2002）は政府が利益を企業の契約担当官と交渉するための方向性を決めるために使われるのであって，利益の最終結果を示すものではないということである。

7　契約価格算定のための利益の仮設例

　以上，FAR を前提にして説明を行ってきた。そこで，本章でこれまで述べてきた内容を具体的に理解していただくために，次に，FAR を参考にして著者が作成した仮設例を示そう。

〈仮設例〉

① 交渉契約において，加重ガイドライン法によって計算する。
② 原価は，外注費 50,000 千円，直接労務費 550,000 千円，製造間接費（間接経費；indirect expenses）350,000 千円，直接経費（その他直接費；other direct charges），10,000 千円，販売費及び一般管理費（一般管理費；general and administrative）40,000 千円と仮定する。以上から，総原価は 1,000,000 千円と仮定する。
③ 経営資本は，固定資産は，土地 300,000 千円，建物 100,000 千円，設備（機械設備）200,000 千円，流動資産は 400,000 千円と仮定する
④ 技術とマネジメント／コスト・コントロールによるパフォーマンス・リスクの値は，表10-1と表10-2の数値を使って作表する。比率の値，およびパフォーマンス・リスクは，下記のとおり算定する。

　技術／M&C（複合値）算定；　(0.6×0.05)+(0.4×0.04)=0.046
　パフォーマンス・リスク；　1,000,000 千円×0.046=46,000 千円

⑤ 契約上のリスクは，表10-4の説明⑧から2％を使って作表する。
⑥ 設備資本については，表10-8の通常値17.5％を使って作表する。
⑦ 原価効率の要素は，原価計算対象の原価の最大限の4％を活用する。その理由は，原価低減活動が予定どおり成功したことの成果と，EVMを成功裏に活用したことによる。
⑧ 運転資本のリスク要因は，現時点では国防省でいうところの固定価格契約を採用せず，原価計算方式に留まっているので，現時点でのわが国では理解が難しいと思われる。そのため，リスク要因の調整は設例に含めない。

〈計算結果〉

加重ガイドライン法を前提にして作成した契約価格算定のための計算プロセスは，以下の計算のようになる。表10-10で示すように，原価 1,000,000 千円で，利益は 141,000 千円と計算される。

以上から，売上高利益率と経営資本利益率を計算すれば，それぞれ 12.36％ と 14.10％ となる。

表 10-10 契約利益算定のための計算プロセス（DD Form 1547）（単位；千円）

項　目		加重値	指定値	原　価	利　益
技　　　術		60%	5.00		
マネジメント／コスト・コントロール		40%	4.00		
パフォーマンス・リスク			4.60%	1,000,000	46,000
契約上のリスク			2.00%	1,000,000	20,000
運転資金	契約企業の調達額		期間	資本コスト	
設　備　資　本			値	金　額	
土　　地					
建　　物					
設　　備			17.5%	200,000	35,000
原価効率の要素			4.0%	1,000,000	40,000
利　　　　　　益					141,000

売上高利益率＝141,000千円÷（1,000,000千円＋141,000千円）＝12.36%

経営資本利益率＝141,000千円÷（600,000千円＋400,000千円）＝14.10%

8　設備に投下した資本コストの算定と分析

　本章でのこれまでの論述によって，読者は，国防省における契約利益が契約担当官のためにいかに算定されているかを概ねご理解いただけたと思われる。しかし，1つだけ大きな疑問点が残されている。それは，平均値が17.5%（表10-8参照）という高い貨幣の資本コストがどのようなプロセスによって算定されるのか，またそれは妥当な数値であるかの理論的な検証である。

　国防省の発想は次のとおりである。そもそも貨幣の資本コストは設備に投下された契約業者の資本コストに関連した機会原価である。設備資本のコストの1要素としての貨幣コストに関して，CAS 414は設備資本の貨幣コストの額を計算するための指針を提供している。CAS 414のもとでは，公法92-41に財務長官によって半年ごとに特定されているビジネスユニット（Business Unit；

BU)$^{49)}$の設備投資の正味帳簿価額に貨幣レートのコストを乗じて計算する。次に，BU の設備の貨幣資本コストは製造間接費プールに分類され，製造間接費プールの間接費を配賦するために同じ配賦基準を使って特定の契約に配賦する。

設備の貨幣資本コストは，当該資金源泉が持分資本（株主が提供した資本）であろうが借入資本（借入金）であろうが，それらに関係なく生じる。誤解してならないのは，貨幣の資本コストが借入金利子だけを表しているわけではなく株主が提供した資本と借入資本の資本コストが含まれているということである。つまり，設備の貨幣資本コストは，(**出資者の期待収益＋借入金の利子**) からなる。CAS 414 で許容されている設備の貨幣の資本コストは，CAS 417 で許容されているコストと全く同じではないし，それに代わるものでもない。

CAS 414「設備資本の原価の一要素としての貨幣コスト」の目的は，FAR-Appendix Cost Accounting Preambles and Regulations に掲載されている。FAR App B，9904.414-20 によれば，この規定の目的は，契約原価の一要素として設備に投下した資本コストの測定と配賦に関する基準である。財務長官が決定した貨幣のコスト率を使うのは，この基準に統一性を付与するためである。また，投資を魅力あるものにするために，将来の見込投資利益率は，投資をするのに必要な資本コストよりも高く設定しなければならない。それゆえ，資本コストは投資意思決定に影響を及ぼすコストである。資本コストをいくらにすべきかを決定するうえで留意すべきことは，貨幣の資本コストはすべての資金源泉（例：持分資本と長期負債）やすべての期間に対して同じ率というわけではないということである。

以上が，国防省における借入資本利子に対する処理法である。それでは，防衛省は国防省方式で参考とすべきところがあるのか，それとも無視すべきか。

DFAR-S と「訓令」とでは，次の点で大きな違いが見られる。それは，借入資本利子だけでなく，資本コストとして計算されていることである。米国と日本とでは，会計基準，会計法，防衛装備品の調達に関する国民の意識などに関

---

49 特定のビジネス情報を収集・報告する事業単位のこと。企業のセグメントの1つ。たとえば日立製作所では，電力ビジネスユニット，原子力ビジネスユニットなどがビジネスユニットになる。

して大きな隔たりがある。過去の経緯を見れば，建前としてはともかく，防衛省の契約担当官が借入資本コストではなく，加重平均資本コストの概念を導入するのが望まれる[50]。以上を勘案するとき，当面はDFAR-Sの規則とどう対応すべきか，さらなる検討が必要である。

まとめ

　本章では，防衛装備品の交渉契約において，米国の国防省が交渉契約における利益をいかに決定しているかを明らかにする目的で，米国の契約原価・利益の算定方式を考察した。その目的のため，まず初めに，日本の防衛省における利益算定の方式を述べた。

　米国では，政府関係機関の契約原価・価格の算定のためにFARが用意されている。それでは，日本でFARに相当するものは何が用意されているのか。その主要な法典は，国の財政会計に関連する会計法である。それでは，本章で考察対象とした防衛装備品調達に関するDFAR-Sに対応する日本の主要な規則は何か。それは，「訓令」であるといえよう。このような考えから，本章では契約利益の算定に絞って，主として会計法を前提とした「訓令」との対比において，FARを前提にしたDFAR-Sを検討した。

　本章での議論を通じて読者は，防衛省の契約利益は，「インプット要素である総原価を基礎にして業界の平均的な利益を計算し，それに事業特性や難易度を勘案して，経営資本利益率にもとづく利益を算定している」ことをまず初めに確認した。防衛省方式によれば，利益は業界の平均値によって決定づけられるから，極めて民主的である。コスト・カットにも有効である。

　財務業績の劣る企業にとっては，ハッピーな制度である。他方，パフォーマンスが優れている企業では，自社内で民間製品を開発・生産する事業部と比較して，低い利益率を嘆くことになろう。この数年の急速な株主重視の高まりにより，防衛装備品事業の低い資本利益率に対して，防衛産業から撤退するとの

---

[50] 「訓令」を見る限り，加重平均資本コストによる計算が活用されているとは思われないが，もし実質的に加重平均資本コストが活用されているとすれば，「訓令」の早期の改正が望まれる。

厳しい希望が出されないとは言い切れない。さらに加えて、現在の「訓令」の下では機能、性能、品質、革新性といったパフォーマンスを向上させようとするモチベーションが湧かないといった問題点もある。

他方、国防省の利益は、個別企業のパフォーマンス向上の努力が利益算定の方式の中に組み込まれている。日本の随意契約においても、このような米国で実践されてきたパフォーマンス基準にもとづく合理的な利益の算定方式から学習すべき点があるかどうか、更なる研究が必要である。[51]

〈参考文献〉

青木茂男監修・櫻井通晴訳『A.A.A. 原価・管理会計基準〈原文・訳文・解説〉(増補版)』中央経済社, 1981年。なお, 初版は1975年で, 1981年に増補版を上梓。

宇宙航空研究開発機構 (JAXA)「契約事務実施要領」2017年。

大野泰資・原田祐平「日・米・欧における公共工事の入札・契約方式の比較」『会計検査研究』No.32, 2005年。

櫻井通晴「原価計算対象の変遷」『会計』第113巻 第3号, 1978年。

櫻井通晴『アメリカ管理会計基準研究』白桃書房, 1981年。

防衛省「防衛施設整備コスト構造改善プログラム」2008年7月。

防衛省「総合取得改革に係る諸施策について (平成28年度概算要求)」2015年。

防衛基盤整備協会『防衛省 中央調達の手引 (改 平成26年)』2015年 (第6刷)。

防衛基盤整備協会『防衛省 中央調達関係法令集 (平成28年 改訂版)』2016年。

Anthony, Robert N., *Planning and Control Systems, A Framework for Analysis,* Graduate School of Business Administration, Harvard University, 1965.(高橋吉之助訳『経営管理システムの基礎』ダイヤモンド社, 1967年, pp.21-23)。

DoD, Dictionary, Military and Associated Terms, 2005.

Defense Federal Acquisition Regulation-Supplement (DFAR-S 215), Retrieved from http://farsite.hill.af.mil/reghtml/regs/far2afmcfars/fardfars/dfars/dfars215.htm 2015/06/18.

Oyer, Darrell J., *Pricing and Cost Accounting, Handbook for Government Contractors*, 3rd ed., Management Concepts, Inc., 2011.

---

[51] 本章で考察した国防省の契約利益に関する日本の先行研究は、最後まで見つけることができなかった。それゆえ本章の執筆に当たっては、他の多くの章と同様、海図のない航海をしている気持ちで記述した。執筆では自分なりに推敲に推敲を重ねたつもりではあるが、当然のことながら異論がないとはいえない。万一異論があれば、是非とも読者からのご意見を賜りたいと思う。

付録： DD Form 1547, Jul 2002

			RECORD OF WEIGHTED GUIDELINES APPLICATION				REPORT CONTROL SYMBOL DD-AT&L(Q)1751	
1. REPORT NO.	2. BASIC PROCUREMENT INSTRUMENT IDENTIFICATION NO.					3. SPIIN	4. DATE OF ACTION	
	a. PURCHASING OFFICE	b. FY	c. TYPE PROC INST CODE		d. PRISN		a. YEAR	b. MONTH
5. CONTRACTING OFFICE CODE				ITEM	COST CATEGORY		OBJECTIVE	
6. NAME OF CONTRACTOR				13.	MATERIAL			
				14.	SUBCONTRACTS		50,000.00	
7. DUNS NUMBER		8. FEDERAL SUPPLY CODE		15.	DIRECT LABOR		550,000.00	
				16.	INDIRECT EXPENSES		350,000.00	
9. DOD CLAIMANT PROGRAM		10. CONTRACT TYPE CODE		17.	OTHER DIRECT CHARGES		10,000.00	
				18.	SUBTOTAL COSTS (13 thru 17)		960,000.00	
11. TYPE EFFORT		12. USE CODE		19.	GENERAL AND ADMINISTRATIVE		40,000.00	
				20.	TOTAL COSTS (18 + 19)		1,000,000.00	
			WEIGHTED GUIDELINES PROFIT FACTORS					
ITEM	CONTRACTOR RISK FACTORS		ASSIGNED WEIGHTING	ASSIGNED VALUE		BASE (Item 20)	PROFIT OBJECTIVE	
21.	TECHNICAL		60 %	5.00				
22.	MANAGEMENT/COST CONTROL		40 %	4.00				
23.	PERFORMANCE RISK (COMPOSITE)			4.60		1,000,000.00	46,000.00	
24.	CONTRACT TYPE RISK			2.00		1,000,000.00	20,000.00	
25.	WORKING CAPITAL		COSTS FINANCED	LENGTH FACTOR		INTEREST RATE %		
	CONTRACTOR FACILITIES CAPITAL EMPLOYED			ASSIGNED VALUE		AMOUNT EMPLOYED		
26.	LAND							
27.	BUILDINGS							
28.	EQUIPMENT			17.50		200000	35,000.00	
29.	COST EFFICIENCY FACTOR			ASSIGNED VALUE 4.00 %		BASE (Item 20) 1,000,000.00	40,000.00	
30.						TOTAL PROFIT OBJECTIVE	141,000.00	
			NEGOTIATED SUMMARY					
				PROPOSED		OBJECTIVE	NEGOTIATED	
31.	TOTAL COSTS			1,000,000.00				
32.	FACILITIES CAPITAL COST OF MONEY (DD Form 1861)			35,000.00				
33.	PROFIT			141,000.00				
34.	TOTAL PRICE (Line 31 + 32 + 33)			1,176,000.00		0.00	0.00	
35.	MARKUP RATE (Line 32 + 33 divided by 31)			17.6 %		%	%	
			CONTRACTING OFFICER APPROVAL					
36. TYPED/PRINTED NAME OF CONTRACT-ING OFFICER (Last, First, Middle Initial)			37. SIGNATURE OF CONTRACTING OFFICER			38. TELEPHONE NO.	39. DATE SUBMITTED (YYYYMMDD)	
			OPTIONAL USE					
96.		97.		98.			99.	

DD FORM 1547, JUL 2002   PREVIOUS EDITION IS OBSOLETE.   Reset   Adobe Professional 6.0

第11章

PBL の意義, 適用事例, 理論的根拠と課題

はじめに

　防衛装備品は，長期的な観点から，安全性を確保したうえで稼働率の向上とライフサイクルコストの抑制を図りながら，効率的かつ効果的に運用していくことが望まれる。その目的のために成果が期待されているのが，PBL[1]である。PBL はその名称（Performance-Based Logistics；パフォーマンス・ベースト・ロジスティックス）が表しているように，その主目的は，（稼働率など）ロジスティクスへのパフォーマンスの向上を意図したアプローチである。

　本章の目的は，日本の防衛省でも2016年度から試行段階に入った PBL の意義や現状を明らかにするため，PBL の意義，適用事例，理論的根拠を論究することにある。加えて，防衛省では今後 PBL に対してどのような取り組みが必要とされるのかについて，PBL の課題を考察する。

1　PBL の理論的根拠と防衛省での PBL への挑戦

　PBL は，防衛装備品の運用と維持整備に対して費やされた作業量ではなく，得られたパフォーマンスを購入すること（例；戦闘機であれば，戦闘能力）にその本質がある。加えて，対価を支払うのがインプット（例；原価）に対してではなく，**アウトカム**（outcome；成果）[2]であることに PBL の特徴がある。

1　DAU［2005］は PBL を国防省の立場から取り上げている。他方，Geary and Vitasek［2008］は，契約業者の立場から論じている。これら2つのアプローチに対して Gardner［2008］は，個々のテーマに対する政府・契約業者両者の意見・見解を整理している。

(1) PBL の意義とその役割

　防衛装備品は，民生品に比べて運用年数が相対的に長い。PBL の主要な対象は，航空機や艦船である。運用年数が長いために，管理すべき原価は開発・生産段階で発生するコストだけでなく，運用や支援のために発生するコストを含むライフサイクルコスト全般にわたった管理が必要になる。防衛装備品の可動率や信頼性を確保するためには，保守の作業量に対してではなく，稼働率を中心とするパフォーマンスの良し悪しに応じて，ライフサイクル全体にわたった検討が必要になる。このような発想から生み出された手法が PBL である。

　PBL における L（ロジスティックス）の意味について，軍事用語とビジネス用語との違いを（ビジネス用語は脚注で）明らかにしておこう[3]。航空機や艦船といった防衛装備品の**ライフサイクルコスト**は，現在の防衛装備庁において，①構想，②研究開発，③量産（調達）取得，④運用・維持整備，⑤廃棄という5つの段階に区分・把握される[4]。河野［2013, p.54］によれば，「原価面から見ると，維持整備段階で発生する原価は，全体の半数以上のコストを占める」という。軍事用語で兵站（logistics）というときには，一般に，防衛装備品の調達，補給，整備，修理，人員・装備の輸送，展開，管理運用までを総合的に表現する。

　PBL は，米英において防衛装備品の運用・維持整備の管理を目的にして

---

[2] ビジネスにおいて，インプット（input；入力）に対するアウトプット（output；出力）とは，投入された資源に対してどれだけの製品が生産されたかを表す。一方，アウトカム（outcome）というときには，投入された資源によって目的に対してどんな成果（達成された成果）が得られたかを表現する。前者の測定結果は効率，後者は効果（有効性）として区別することもある。

[3] たとえば，コトラーとケラー［Kotler and Keller, 2009, p.501］は，マーケティング分野でのロジスティックスを market logistics と呼んで，他の意味でのロジスティックスと区別している。なお，物流のロジスティックスは，現在では，その焦点がロジスティックスからサプライチェーン・マネジメントに移行している。

[4] 民間であれば，製造業者のライフサイクルは，①研究開発，②企画・設計，③製造，④販売促進，⑤物流で，ユーザーのライフサイクルは，⑥運用，⑦保守，⑧処分［櫻井，2015, p.393］と考えられる。防衛省でも本文の分類の他，河野［2013］は，①構想開発段階，②調達段階，③維持整備段階に区分している。なお，防衛省では，少なくとも建前上は，構想と開発は政府の役割である。また，米国で保守は米軍（工廠）が行うのに対して，日本では企業が行うのが原則である。優良企業にとって，保守は開発などに比べると利益の薄い仕事である。

1990年代後半から実践的に取り組まれてきたアプローチである[5]。[6] PBL で防衛装備品の対価が支払わるのは，維持・整備に費やされた作業量や原価に対してではなく，達成された防衛装備品の**パフォーマンス**に対してである。

国防取得大学（Defense Acquisition University；DAU）の見解によれば，PBLの目的は，防衛装備品を取得するというよりもその優れた「**パフォーマンスを取得すること**」［DAU, 2005, p.2-4］にある。また，PBLの最も重要な意義は，信頼性を高めるのと同時に運用・維持整備にかかわるコストの低減を通じて，契約業者に原価低減のインセンティブを与える上での価格設定上の取り決めが含まれていることにある［DAU, 2005, p.3-24］。

米国の国防省では，PBLを「統合ロジスティックス・チェーンと官民のパートナーシップを実現し，パフォーマンスを調達することで武器システムのレディネスを改善するための製品支援戦略である。PBLの骨格は，部品や技術サービスをインプット尺度ではなく，統合的なパッケージとして，武器システムの支援を購入することにある」［Wynne, 2004, p.4］と定義づけている。

GAO は，防衛ロジスティックスと題する Highlights（GAO-09-41）を通じて，国防省の PBL を次のように特徴づけている。

「2001年，国防省は PBL を兵器システム支援戦略と位置づけている。国防省では，PBLを**パフォーマンスのアウトカムを購入**することであると位置づけている」（GAO, 2008, p.1）。

PBLには，防衛装備品のパフォーマンスのアウトカムの購入という特徴の他に，一度限りではなく長期にわたる防衛装備品の維持・整備のためのアプローチという特徴もある。つまり，PBLを適切に実施すれば，政府にとっては費用対効果の高い信頼できるシステムのパフォーマンスが得られるとともに，契約業者にはより多くの利益が与えられる。加えて，PBLは政府と契約業者の間における**コラボレーション**を前提とする［Geary and Vitasek, 2008, pp.3-5］といった特徴をもっている。

PBLはDoDにおいて全プログラムのうちどの程度まで導入が進んでいるの

---

5 PBLの最も初期の事例の1つは，空軍のF-117ナイトホーク，ステルス攻撃機のための支援センターであった［Geary and Vitasek, 2008, p.5］。

6 PBLの歴史は，Geary and Vitasek［2008, pp.10-12］を参照されたい。

表 11-1 国防省における PBL の実施状況

	全プログラム	現プログラム	実施予定	現在実施中	含実施予定
陸軍	60	18	28	18 (30%)	46 (77%)
海軍	85	25	50	25 (29%)	75 (88%)
空軍	70	33	17	33 (47%)	50 (71%)
合計	215	76	95	76 (35%)	171 (80%)

出典：Geary and Vitasek [2008, p.15] をもとに，著者が"現在実施中"のデータを加えた。

か。表 11-1 は，その実施状況である [Geary and Vitasek, 2008, p.15]。

表 11-1 で，合計欄のパーセントは，全プログラムのうちでの PBL の実施状況である。原典に現在実施中を加えたのは，原典のように実施予定を含めて表示すると，実施中の数が実際よりも多いかのように誤解されるリスクを避けるためである。また，実施予定だけでは海軍が熱心な PBL 実践者のように見えるが，現在実施中のプログラムを見ることで，逆に，空軍の熱心さも分かる。なお，表の数値にはタイヤなどの部品の PBL は含まれていない。

(2) PBL におけるパフォーマンス基準契約の有効性の理論的根拠

製品のメンテナンスが必要とされるときに，米国では伝統的に販売後のサービスは T&M 契約によってスペア部品や労働用役の対価を算定してきた。しかし，近年では，新しい形態のサポート契約が現れてきた。それらの新しいタイプの契約が強調されるときには，その契約はパフォーマンス基準契約（Performance-Based Contracting；PBC）と呼ばれている。

PBC と表現されるときには，顧客（政府）から実現された顧客価値のアウトカムをもとに契約業者に報酬が支払われる契約という意味が含意されている。たとえば，航空機の顧客は航空機の飛行時間数に比例して航空機の契約業者に運賃を支払う。飛行時間はエンジンのアップタイム（稼働した状態）によって影響を受けるが，それが顧客の得た価値を決定づける。PBC の語はとくに航空機産業において盛んに活用されてきた。その理由は，航空機業界においては，顧客（政府）とサプライヤーにインセンティブを付与することが多大な便益をもたらすからである。PBC の活用が製品の信頼性を改善することは，

近年の研究［Guajardo etc., 2012, pp.961-979］によって明らかにされている。

(3) 防衛省における取組みと防衛省における PBL の定義

　防衛省では，2001 年に PBL の導入を正式に宣言した。続いて，2003 年からは調達規模の大きな契約について PBL 適用の候補として位置づけられた。さらに，2010 年には防衛省改革に係る防衛大臣指示が発表されるなど，注目すべき大きな前進が見られた。具体的には，EC225LP のパイロット・モデルの試行が行われた後，2016 年度には陸上自衛隊特別輸送ヘリコプター（EC-225LP），海上自衛隊練習ヘリコプター（TH-135）の機体維持および陸上自衛隊のヘリコプター（AH-64D）の構成部品について，PBL 契約をもとに締結するとされている［防衛省，2016, pp.361-362］[8]。以上のように，わが国でも，PBL による防衛装備品の維持・整備が着々と進められてきている。

　それでは，このように防衛省で取り組みが本格的に始められてきた PBL とはいかなるものなのかを考察しよう。ところで，PBL には多様な適用領域がある。また，それぞれの適用領域に対応して，PBL をどのように定義づけるかについてみると，米国［Davis et.al., 2016, p.11］だけでなくわが国においても多様な定義がみられる。そこで次に，防衛省に関係する報告書や『防衛白書』で PBL をどのように定義づけているかを見てみよう。

　「新たな時代の安全保障と防衛力に関する懇談会」［2010, p.35］では，「<u>運用のパフォーマンスの達成に対して対価を付与する形態</u>」（下線は著者挿入；以下同様）であるとしている。防衛省経理整備局装備政策課［2011, p.4］は，<u>成果の達成に応じて対価を支払う契約方式</u>」であると特徴づけている。また，『防衛白書』では，PBL をもって「装備品の可動率の向上と長期的なコスト抑制

---

[7] 2003 年には「総合取得改革推進委員会」が設置された。2008 年には「総合取得推進プロジェクトチーム報告書」が発表されている。2010 年には防衛省改革に係る防衛大臣指示が発表されているなどの他，2010 年には大きな前進が見られた［防衛省経理装備局，2011, p.1］。

[8] PBL による削減効果は，EC-225LP と TH-135 の機体維持にかかる長期契約による縮減効果として，約 99 億円の経費削減も見込まれるとしている。当年度ではなく，長期契約の効果であることに留意されたい。著者は算定基礎データをもっているわけではない。しかし，PBL は決して短期的なコスト・カットを意図しているわけではない。国の生死を決定づけるような長期的な効果が得られることに，PBL の大きな効果があるといえる。

を図る観点からする成果保証契約」である［防衛省, 2016, p.361］としている。

　国防省のPBLと対比して防衛省のPBLの特徴はどこにあるのか。『防衛白書』において「契約ベースで約99億円の経費の削減を見込んでいる」と述べられているように，日本の防衛省のPBLではコスト抑制が謳い文句になっている。このコスト抑制という目標を掲げていることは，戦略性を前面に打ち出している米国のPBLとの明確な違いであるといえよう。

　以上でみたとおり，PBLには幾多の定義があるが，本章ではPBLがもつ「**パフォーマンス基準にもとづく対価支払いの契約形態**」という観点からPBLの議論を展開する。本章の事例では，米空軍のケースを主要な対象にしたガードナー［Gardner, 2008, pp.17-22］から多くの示唆を得た。一方，米海軍のPBLに関しては，Geary and Vitasek［2008, p.141, 146, 147］を参考されたい。また，日本の海上自衛隊との比較では，河野［2013, pp.55-57］[9]が参考になる。

2　契約の形態とインセンティブ

　優れたパフォーマンスを達成するには，契約業者にインセンティブを付与することが有効である。国防省ではどのような形でインセンティブを与えているのか。本節では，ガードナー［Gardner, 2008, pp.17-22］を参考にして，契約の形態とインセンティブとの関係を考察する。

　PBL契約において最も重要な成功要因の1つは，契約業者がいかなる契約形態をとるかにある。固定価格契約でPBLに最も多く適用されてきた契約形態は，FFP契約である。原価補償契約ではCPIF契約とCPAF契約である。ガードナー［Gardner, 2008, p.17］[10]によれば，PBLに最も多く適用されている契約形態の特徴と運用は，表11-2のとおりであるという。

　原価が許容原価でかつ合理的に計算されている限り，**FFP契約**では，原価

---

[9] 河野［2013, pp.55-57］は，米海軍のPBL契約には，3つの原則があるという。①5～10年の多年度（マルチイヤー）であること，②期間中の契約額は固定価格とすること，③企業利益を認めるインセンティブ契約であること。

[10] ガードナーは，原典として，DAU（2007）のホームページを示唆しているが，すでに削除されている。それに代り，DAU［2005］では，本書の研究と極めて類似する防衛装備品についての詳細な分析が行われている。ガードナーの著書と併せて参照されたい。

表 11-2　PBL に最も多く適用されてきた契約形態

FFP 契約	特徴	①価格は確定（不変），②契約業者のリスクが大きい，③政府には最低の管理費負担，④望ましい契約形態。
	適用	①政府は要件定義を明確化する，②公正かつ合理的な価格決定が可能である。
CPIF 契約	特徴	①政府は許容原価とインセンティブフィーを支払う。②客観的な測定目標を達成した契約業者を基準にしたインセンティブフィー，③原価にはコスト・ゲインシェアリング[11]（実際原価を目標原価と比較して，原価節約額をシェアする）契約も含めることができる。
	適用	フィーとパフォーマンス尺度との関係が確立されている。
CPAF 契約	特徴	①政府は許容原価，基準フィーおよびアワードフィーを支払う，②基準フィーはパフォーマンスの如何にかかわらず変わらない，③アワードフィーはパフォーマンスに対する主観的な評価によって決定する，④アワードフィーは片務的。
	適用	①主観的な評価（例；戦闘能力に優れている）が望まれるときに適用するのが望ましい。

出典：Gardner［2008, p.17］。

のいかんにかかわらず，契約業者には一定額の利益が支払われる。**原価補償契約**では，契約業者が契約通りにプロジェクトを完成させれば，契約業者は原価に利益を加算した金額が確保できる。

　固定価格契約にするかそれとも原価補償契約にするかの決定要因は，リスクの如何によって決定される。一般に，リスクは防衛装備品の開発・生産の初期段階の方が高くなるから，初期段階では原価補償契約を適用するのが契約業者にとって負担が少ない。生産が安定してくるに従って，固定価格契約が取られるようになる。

11　ゲインシェアリング（gain sharing）を雑駁に表現すれば，成果配分である。たとえば，人事管理でインセンティブ制度を導入する上でゲインシェアリングといえば，まさに成果配分という意味になる。マーケティングでサード・パーティ・ロジスティックス（third party logistics；3PL）においてゲインシェアリングといえば，荷主と 3PL の事業者（物流業者）が得られた効果を両者で配分することを意味する。ここでゲインシェアリングは，括弧で挿入した意味で用いられている。

3 インセンティブの種類とその特徴

契約業者がインセンティブにもとづくフィーやアワードを獲得するためには，契約上の要件定義にもとづいて，契約で定められたこと以上のパフォーマンスの達成が必要である。最も一般的なPBL契約のインセンティブを，ガー

表11-3 PBL契約インセンティブ

インセンティブ	特 徴
インセンティブフィー	①多くのインセンティブ契約は，利益またはフィー調整公式を用いた原価低減を意図している。どのようなインセンティブ契約でも，原価低減インセンティブが付与されている。 ②インセンティブフィーには，(価格の天井／床のフィーの範囲で) 目標原価，目標利益またはフィー，およびフィーの調整公式が含まれている。
アワードフィー	①アワードフィー計画を設定，②客観的・主観的評価の組み合わせも可能，③アワードフィー（またはその一部）を獲得するには，実際のパフォーマンスがその目標値に達していなければならない。
アワードターム[12]	満足できる契約業者のパフォーマンスにもとづいて，元の契約に契約年数が追加される。
ゲインシェアリング	①固定価格−契約業者の原価＝契約業者の利益[13]。 ②あらかじめ契約しておいた契約業者の最高の利益が増加する（つまり，契約業者が原価低減に成功する）と，その節約額を国防省と契約業者がシェア（例；50％／50％）する。ただし，利益だけでなく，原価が固定価格を上回ったときには，原価もまた国防省と契約業者がシェアしなければならない。

出典：Gardner [2008, p.19]。

---

[12] Term（ターム）という英語には，ビジネスでは，①専門用語，②条件，③期間といった意味がある。ここでは，termが期間の意味で用いられている。アワード，フィーといった用語には日本語では表現できないニュアンスを含むので，ここではカタカナで表現した。

[13] 契約業者の原価が固定価格を下回れば，それは契約業者の利益になるという意味。日本の超過利益返納条項付契約のことを考えると，本文が間違いではないかとすら思える。しかし，②においては，あらかじめ契約しておいた契約業者の利益が天井を超えたときには，その節約額ないし超過額をゲインシェアするということから見ると，日本の防衛省のような片務的な契約とは違って，国防省は業者に対して手厚い報酬でもてなしていることが理解できる。

第11章　PBLの意義，適用事例，理論的根拠と課題　　247

ドナー［Gardner, 2008, p.19］に従って要約すると，表11-3のようになる。

　インセンティブ契約は，契約業者に優れた業績をあげるよう動機づける。1つの事例をあげれば，それは1909年の最初の航空機について，**ライト兄弟**と交わした政府との契約がある。インセンティブがいかに契約上のパフォーマンスに影響を及ぼしうるかの事例として，おそらく国防省における最初のパフォーマンス基準契約と呼びうるものであった。

　政府はまず航空機の能力に相応したスピード目標を設定し，目標を上回った速度に対してフィーを上積みした。インセンティブは，目標を上回った航空機のパフォーマンスに対して与えられる。表11-4は，政府がライト兄弟と交わした契約内容である[14]［Gardner, 2008, p.20］。

　パフォーマンスに与えられるアワードは，PBL契約では不可欠である。しかし課題は，オペレーショナルリスクと信用リスクに見合ったリスク[15]をいかに決定するかである。原価加算契約での経験があれば根拠にもとづくリスクを想定することができるが，ライト兄弟の事例のように全く新しい航空機の開発では，固定価格を決定するのに必要な客観的データが不足している。

　国防省にも原価意識はあるものの，航空機の速度が速まったからといってそれを貨幣価値で表すのは難しい。このような状況においては，主要業績評価指

表11-4　1909年のライト兄弟の初飛行の政府との契約

要件定義	①目標速度：40MPH，②最低速度：36MPH，③目標価格：＄25,000。
インセンティブ	①目標を超えるごとに，契約業者は＄2,500/MPH受け取る。 ②目標を下回るごとに，契約業者は＄2,500/MPH減額される。
結　果	①達成した速度：42MPH。 ②獲得したインセンティブアワード：＄5,000。

（注）MPH；miles per hour（時速マイル）。
出典：Gardner［2008, p.20］。

---

[14] ガードナーの著書では，契約を締結したのは，政府であると述べている。国防省は政府の決定を受けて，連邦政府の意向に従って実際の業務活動を行ったようである。

[15] オペレーショナルリスクは業務活動において生じる数々のリスク，信用リスクは債務不履行の危険性といったリスクである。伝統的なリスクマネジメントでは，市場リスク，信用リスク，オペレーショナルリスク，ビジネスリスクなどに区分される。最近では，戦略上のリスク，カントリーリスク，レピュテーションリスクなども話題になってきている［櫻井（a），2008, pp.180-196］。

標（Key Performance Indicator；KPI）[16]の活用も必要になる。

4　国防省における PBL の対象プログラムとその契約期間

　DAU の支援を受けてガードナー［Gardner, 2008, p.37］が実施した研究によって，防衛装備品に PBL が適用された結果どのような成果が得られたか，またその問題点は何であったかを検討しよう。

　調査の方法であるが，調査では 7 つのプログラムについて，12 人の職員にインタビューを行った。加えて，6 名の内容領域専門家（subject matter expert；SME）にも加わってもらって，計 18 名とインタビューを実施した。1 つのインタビューで，複数の職員と PBL の専門家に回答をお願いした。質問は，PBL プログラムごとに，インタビューの対応者，契約の種類，契約の長さについてなされた。その調査結果は，表 11-5 のとおりである。

　表 11-5 で，オプションイヤーという表現がある。日本にとって馴染みの薄い表現であるので理解しにくいが，アワードタームと併せて説明を加えておく。**オプションイヤー**（option years）とは，契約を早期に終了する必要が生じたら予定を変更して契約期間を変更できる保証がない契約をいう。一方，**アワードターム**（award term）とかアワードタームイヤーは，オプションの年度とほぼ同様の意味で使われているが，優れたパフォーマンスを得ることで契約業者が稼得する期間を延長できることを表現するときに用いられる。

5　PBL 契約が業務の改善と投資利益率に及ぼすインパクト

　契約の種類と契約の長さが，パフォーマンスにいかなる影響を及ぼしたか。DAU では，契約業者に対して，インセンティブの効果として投資促進と投資利益率はもちろんのこと，政府および契約業者にいかなるインパクトを及ぼしたかを調査した。その調査結果は，表 11-6［Gardner, 2008, p.53］のとおりであった。

---

16 KPI は，バランスト・スコアカードの実施においても不可欠な業績評価指標である。関心のある読者は，櫻井（b）［2008, p.74, 140, 162, 399, 497］を参照されたい。

第11章 PBLの意義，適用事例，理論的根拠と課題　249

表11-5　PBLプログラムの契約形態と契約の長さ

PBLプログラム	インタビューの対応者	契約の種類	契約の長さ
C-17（航空機）愛称；グローブマスターⅢ	①アメリカ合衆国空軍プログラム室，ロジスティックス・マネジメント ②ボーイング社，ビジネス開発部門	① FPIF＋CPIF	①PBLの開始1998年 ②その後のの契約期間は，2004-2008年 ③5年基準＋3年のオプションイヤー ④J&A[1]は2011年まで
T-45（航空機）愛称；ゴスホーク（日本語ではオオタカ）	①アメリカ合衆国海軍NAVAIR[2]ロジスティックス・マネジメント部門 ②L-3コミュニケーションズ社，プログラムマネジメント	① FFP契約（契約のラインアイテム数とパフォーマンス以上で，ボーナスが支給される）	①契約期間は，2004-2008年まで ②1年基準＋4年のオプションイヤー
HIMARS（ハイマース高機動ロケット砲システム）ライフサイクル契約者支援（Life-Cycle Contractor Support；LCCS）Ⅰ／Ⅱ	①アメリカ合衆国陸軍LCCSチーム ②ロッキード・マーティン社，ミサイル火器管制システム	① FPIF ② CPFF（コンティンジェンシー時の配備）	①LCCSⅠの期間；2004-2007年まで ②LCCSⅡの期間；2008-2010年まで ③1年基準＋オプションイヤー
E8 J-STARS（ジョイントスターズ；航空機）空軍と陸軍との共同計画で開発	ノースロップ・グラマン社，航空宇宙主契約者の3名	CPAF＋アワードターム	①PBL契約は2000年に1年基準＋5年オプションイヤーで開始 ②22年のJ&A期間 ③2010年まで交渉（アワードターム）
F/A-18（航空機）愛称；ホーネット（国によってはF-18とも呼ばれている。）	アメリカ合衆国海軍F/A-18Gプログラム局ロジスティックス海軍在庫管理ポイントオフィス	① FFP契約 ②現在の契約＋先の2つの別個の契約NAVAIR, NAVICP[3]。	①現在の契約期間は2006-2015年まで ②5年の基準＋5年のオプションイヤー
F-117（世界初のステルス攻撃機）愛称；ナイトホーク（TSPR[4]とTSSP[5]）	ロッキード・マーティン社，ストラテジックプラン＆サステインメント・インテグレーション	① CPIF ②最初の8年間は安定化資金（stabilized funding）	①TSPR期間：1999-2006年（5年基準＋3年のオプションイヤー） ②TSSP期間：2007-2008年
F-35（ステルス戦闘機）統合打撃戦闘機計画（JSF）にもとづいて開発された	ロッキード・マーティン社，グローバルサステインメント・ビジネスインテグレーションIPT[6]	①当時は，未だ公的な契約に至らず	

出典：Gardner [2008, p.37]。

注1) Justification and Approval（J&A）とは，FAR.6.3で要請されている完全かつオープンな競争条件を満たさないで契約をするのに必要となる書類のことをいう。（FARでは6.302-1から6.302.7までJ&Aの規則が充てられている）。
2) NAVAIRは米国海軍航空システム司令部のことである。英文はNaval Air Systems Commandである。NAVAIRは1966年に設立されている。
3) The Naval Inventory Control Point（NAVICP）のPBLは，DAU［2005, pp.5-6］を参照されたい。
4) TSPR（Total System Performance Responsibility；トータルシステム・パフォーマンス責任）アプローチは，AFMC（空軍資材コマンド）を支援する調達コミュニティによって一般に知られ，利用されている方法である。
5) TSSP（Total System Support Partnership）に，ノースロップ・グラマン社がB-2爆撃機を支援すべくより効率的な方法を導入するため，2億ドルをアワードした。
6) 統合プロジェクトチーム（Integrated Project Team）。

表 11-6 契約の種類と長さが契約業者の投資利益率に及ぼしたインパクト

プログラム	契約の種類	投資促進と投資利益率へのインセンティブ
C-17	FFP/AF＋CPIF 契約 5＋3	①オプションイヤーを契約業者に付与することは開発プログラムに弾力性を与えるとともに，契約の期間を延長することで種々の開発準備が可能になった。 ②ボーイング社はこのプログラムに多額の資金を投入したが，それなりの利益を得ることができた。
T-45	FFP 1＋4	①オプションイヤーを与えることで，政府へのリスクを付加することなしに，契約から投資のより大きなインセンティブが与えられた。 ②L-3 コミュニケーションズ社では投資利益率には満足している。
F/A-18	FFP 5＋5	海軍は現在の契約に満足しているが，もっと長くして欲しかった。5 年＋5 年は妥当であった。
HIMARS	FFP/IF （緊急配備のためのCPFF 契約） LCCS：1＋3 LCCS：1＋2	①LCCS Ⅰ について，投資インセンティブはよかった。つまり，ロッキード・マーティン社は予備品に先行投資ができたので，投資利益率が高まった。 ②LCCS Ⅱ について，ロッキード・マーティン社にとって原価低減のための投資インセンティブが少なすぎたので，改善の余地がかなりあった。ただし，貨幣節減額は利益になるから，FFP 契約はそれなりのインセンティブを与えた。
JSTARS	CPAF アワードターム	①J&A の長さはノースロップ・グラマン社から何らかの投資を引き出すには充分であったが，1 年ごとの契約が長期投資を抑制させた。その結果，会社は当該プログラムに十分な投資をしていない。 ②1 年ではなく 3 年で契約を交渉することが，投資の改善に貢献した。 ③TSSR は，収益の流れとの関係で他のノースロップ・グラマン社のサステインメント・プログラムを事後追跡した。その結果，契約の保証を付けることで原価節減目標の達成に貢献することが判明した。
F-117	CPIF （TSPR のための安定化資金付）	①ロッキード・マーティン社の他のプログラムと比較すると，TSPR 契約における安定化資金は，投資により大きなインセンティブを与えた。 ②対照的に，FA/22 契約は，期間の長さでは類似しているが，契約年数と資金調達が保証されないという意味で，ロッキード・マーティン社はプログラムへの長期投資をすると考えてはいない。

（注）文中の数値は，基準年度＋オプション／アワード年度。
出典：Gardner［2008, p.53］。

読者には，表11-6を表11-5と対比しながら読まれることをお薦めしたい。なお，F-35は当時，公的な契約に至っていないため，投資利益率に対するインパクトは示されていない。

PBLに関して行われたインタビューでは，数多くの知見が得られた。以下で，ガードナー［Gardner, 2008, pp.54-55］をもとに，インタビューの結果を5つの側面から総括する。

第1に，契約において，多年度にわたる保証を行えば，投資のインセンティブが最も高くなることが判明した。

第2に，政府による資金調達手続きの簡略化と予算不足の解消という2つの要因が，真に有効なPBLを実施するうえでの障碍の克服になりえることが判明した。

第3に，契約期間の延長は契約業者の投資に対する福音にはなりえる。しかし，J&Aは契約ではないので，他の契約業者が参入するというリスクは残る。

第4に，契約業者にとって優れた性能の防衛装備品を開発するうえで最も効果的なことは，①長期契約と，②（原価基準契約ではなく）固定価格契約である。このことは，F-35A，F-35B，F-35CなどJSF（ジョイント・ストライク・ファイター）統合攻撃戦闘機計画に携わったロッキード社の代表者が述べていたことである。政府もまた，可能な限り長期の固定価格にもとづくPBL契約を指向したいと考えていることを示唆している。

第5に，国防省の担当官は，**プロフィット・シェアリング**（profit sharing）[17]について，可能な限り低コストで優れた効率を求めてきた。PBLの実施に当たって，契約業者と国防省の間でプロフィット・シェアリングが実施されればさらに大きな原価低減と効率性の向上が予測されるといった意見は，T-45航空機プログラムに携わった契約業者からも出された。彼らによれば，この方式を取れば，契約期間の長さはあまり問題にはならなくなるであろうという。

---

17 プロフィット・シェアリングは，原理的には，利益の配分と考えてよい。会計学では，利益（profit）と利得（gain）とを明確に区分している。利益は主要な経営活動から得られるのに対して，利得は偶発的な取引から得られる稼得利益をいう。FASBのNo.6, par.87によれば，「…収益と費用（revenues and expenses）は企業の現行の主要なまたは中心的な業務活動から得られる。…対照的に，利得と損失（gains and losses）は偶発的または補助的な企業取引の結果得られる」［FASB, 1985, No.87］と定義づけられている。

以上を纏めて，ガードナーはPBL計画を成功させるためには，次のことが必要であるとしている。

①資金調達方法の改善，②必要とする予算編成，③J&A計画，④オプションイヤー，⑤長期契約，⑥固定価格契約，⑦プロフィット・シェアリングが有効であること，である。

これらのインタビューでの発見事項を総括して，ガードナー［Gardner, 2008, p.78］は次のように述べている。

「政府は歴史的に，原価補償契約を活用して効率の向上と原価低減には成功してきた。しかし，原価補償契約の下では，政府にとっては都合がよくても契約業者には創造的な革新がもたらされないばかりか積極的な投資へのインセンティブにもならない[18]。対照的に，契約業者が固定価格契約で能率を改善して利益をあげれば，政府はパフォーマンスの改善を享受できるが，原価低減には多くを期待することはできない。このような状況を改善するためには，政府と契約業者との間でPBL契約のなかでプロフィット・シェアリングを実施して，実現したベネフィット（便益）を契約業者と政府とで分配することによってwin-winの関係を高めていくべきであろう」。

ガードナーの提言では，原価補償契約のもとでは，積極的な投資へのインセンティブが働かないと述べている。たしかにそのとおりであるかもしれない。しかし，全く新しい創造的な革新を要する防衛装備品では，根拠のある原価の見積もりを行えないので，リスクが大きすぎる場合だと契約業者に過度な負担をかけることになる。以上から，開発の初期段階で原価補償契約を結ぶことにはそれなりの合理性が認められるべきである。

仮に固定価格契約を結ぶとすれば，民間企業に過大なリスクを負わせないように，得られた利益（損失）を政府と契約業者がシェアして，民間企業に対して新たな挑戦が可能な制度を構築するというアイディアは，実践可能性がある限り，日本の防衛省にとっても優れた施策の1つとなりうると思われる。

---

18 原価補償契約によると，なぜ投資へのインセンティブが湧かないのか。察するに，ハイリスクの防衛装備品の開発と生産において革新的な防衛装備品を次々と開発している米国の先端的な防衛産業に属する契約業者は，日本の防衛産業のように平均的な利益率に甘んじている契約業者とは違って，高いリターン（投資利益率）を要求する当然の権利があると考えるからであろう。

6 防衛省がPBLを実施するうえでの課題

わが国でPBLを実施するうえで，法整備上や経営管理上で整備しておかなければならない課題がある。それは，(1) 予定価格方式の見直し，(2) 国庫債務負担行為対象期間の拡大，および (3) 原価監査の見直しである。

(1) 予定価格方式の問題点

競争入札において重要な役割を果たすのが予定価格である。会計法第29条の6第1項は，契約の目的に応じて「予定価格の制限の範囲内で最高又は最低の価格をもって申込をした者を契約の相手方とする」と定めている。随意契約でも，予決令99条5の規定により予定価格を設定するものと規定されている。

随意契約における予定価格の性格は，競争入札における予定価格とは異なっており，厳密な意味での上限拘束性（収入原因契約にあっては下限拘束性）はないと考えられる［碓井, 2005, p.229］。とはいえ，実態としては，「予決令」(80条2項) で，予定価格は「取引の実例価格，需給の状況，履行の難易，数量の多寡，履行機関の長短等を考慮して適正に定められなければならない」と規定されていることもあって，鈴木［2013, p.38］は，"予定価格は適正価格"といったレトリックが一般に植えつけられているという。以上，判例では上限拘束性はないとされているものの，現実の運用では上限拘束性の意識が働いている。[19]

随意契約をより合理的に行うためには，コンペ方式やプロポーザル方式及び公募型プロポーザル方式などを行う［碓井, 2005, p.233］のが望ましい。

防衛省「PBL導入ガイドライン」［防衛省 経理装備局, 2011, p.33］において指摘されているように，PBLでは信頼性や可動性の業務評価指標を保証することを条件に契約を締結しており，工数にもとづく原価要素や作業内容を条件として決定しているわけではない。それゆえ，わが国でPBLを効果的に運用していくためには，新たな積算方法を案出することなどが必要になろう。

---

[19] 「訓令」(第2条 (3)) では，「…入札又は契約に先だって定め，落札決定の基準とする最高制限価格又は契約締結の基準とする価格をいう」とされている。

現行の原価計算方式は，これまで原価低減と効率の向上にはそれなりの効果をもたらしてきたと防衛省関係者には思われるかもしれない。しかし，原価計算方式にもとづく予定価格の計算方式は，防衛省には好都合であっても，契約業者の多くが片務的な現行の原価計算方式の下で，モラルハザードを起こしているとする企業が少なくない。その理由は，2つある。

　第1は，現行の制度の下では，業界の平均値によって利益率が決定されるため，平均以下の利益率の会社にとっては好都合であるにしても，高い技術力を有し業界の平均値を上回る企業の場合，防衛事業部での低い収益性に社内の他の事業部から常に白い目で見られる。現状をそのまま放置することは，廉価で高品質，革新性の高い防衛装備品を開発・生産すべく日夜努力している企業経営者にとってみれば，モチベーションを挫く仕組みになっている。

　第2は，日本では原価計算から得られた結果から計算価格として予定価格を算定しているため，企業が必死になって原価低減に努力すると，次の契約ではその引き下げられた原価を基準にして予定価格が算定される。当然と言えば当然ではあるが，そのことを理由にして，契約業者は継続的な原価低減活動に励む動機づけを失ってしまうのである。

(2)　国庫債務負担行為対象期間の拡大

　第2の課題は，わが国の単年度主義の予算にあって，PBLが想定している長期の契約がどこまで可能であるかである。「長期継続契約」は，財政法上の基本原則の1つである予算の単年度主義に対する特別規定である。財政法第15条第3項では，「前二項の規定により国が債務を負担する行為に因り支出すべき年限は，当該会計年度以降五箇年度以内とする。但し…」として，翌年度以降にわたって支出することとなる契約（すなわち，年度をまたがる契約）ができる旨を規定している。これが**国庫債務負担行為**である。国庫債務負担行為は，予算の一部をなし，国会の決議を受ける［大鹿，2010，pp.649-650］必要がある。

　防衛省［防衛省 経理装備局，2011，p.36］の報告書でも指摘されているように，PBLは長期間の契約を保証したうえで，民間企業が新たに投資した資本の回収リスクを低減しつつ，原価低減などパフォーマンスの向上に向けた積極

的な取り組みを契約業者に促す契約である。米国の PBL に関して多くの関係者が指摘しているとおり，PBL は複数年度にわたる契約が効果的である。同様のことは，日本でもそのまま妥当するであろう。

　幸いなことに，2015 年 4 月には，「特定防衛調達に係る国庫債務負担行為により支出すべき年限に関する特別措置法」（法律第 16 号，第 2 条）が成立し，最大で 10 年までの契約が可能になった。時限立法であることに加えて，一定程度の価格低減など，厳しい条件をクリアしたわずかな案件のみが対象になるが，契約業者にとっては朗報である。2016 年度に実施する EC-225LP，TH-135 ではこの法律を適用して 6 年に契約期間が延長されている。この制度の更なる活用が期待される。

（3）　原価監査と検査の見直し

　第 3 の課題は，原価監査事務が「防衛装備庁における原価監査事務に関する訓令」［防衛基盤整備協会，2016, pp.299-303］に従って実施されていることに関連している。原価計算方式のもとでは，場合によっては，防衛省は契約業者との間で工数，原価要素，作業内容を精査して対価を支払うことに合意したうえで契約を締結する。また，防衛装備品の購入に当たっては，「調達物品等に係る監督及び検査に関する訓令」［防衛基盤整備協会，2016, pp.143-150］に従って，検査を実施してその品質および数量の確認を行うことになっている。

　PBL では，原価発生額などのインプット要素にもとづいて対価が支払わるのではなく，成果（品質，機能，性能，革新性などのパフォーマンス）に対して対価が支払われる。それゆえ，これまで実施されてきた意味での伝統的な監査（例：原価監査）の必要性が低下する可能性がある。加えて，パフォーマンスの成果の測定は，会計数値だけでは十分でない。それゆえ，KPI などのパフォーマンスの達成度が適切に測定できる仕組みの必要性が現在以上に高まることが予想される。防衛省でも，可能な限り，これらの優れた新たなシステムを構築することが望まれる。

7　防衛省がPBLを実施することの理論的根拠と留意点

　防衛省がPBLを実施するには，前節で述べたような，解決すべきいくつかの課題がある。さらに，近年の日本を取り巻く国際環境の変化によって，PBLの実施は喫緊の課題になりつつある。そこで最後に，防衛省がPBLを実施することの理論的な根拠を考察する。加えて，防衛省がPBLを本格的に実施するうえでの留意点を検討したい。

(1)　防衛省がPBLを実施することの理論的根拠と将来への影響

　防衛省がパフォーマンスに応じて報酬が支払われるPBLの採用に踏み切ったことの理論的根拠と将来への影響は，次の3つのことにみられる。①現状の「訓令」に見られるような平等という名の不平等を是正するきっかけになり得る。②原価計算方式が有する固有の問題解決に役立つことが期待できる。③パフォーマンス基準制度の導入の起爆剤になりうる。

　第1は，現行の原価計算方式では，繰り返し述べてきたとおり，利益率の算定は日本の**製造業**に属する黒字企業の**平均値**にもとづいて決定される。業界の平均値であるということは，収益性の低い契約業者にとっては望ましいが，逆に収益性の高い契約業者にとってみれば，収益性の低い防衛装備品事業部が企業内で肩身の狭い思いをしなければならないことを意味する。PBLはこのような平等という名の不平等を回避する効果が期待できる。

　第2は，防衛省はこれまで，本書の第2章で見たとおり，現防衛装備庁の契約制度として，インセンティブ契約制度，作業効率化促進制度などのインセンティブ制度が設けられてきた。ここ数年にわたってこれらのインセンティブ制度に改善が行われてきたことは大いに評価すべきであり，それらの制度改革が実質的に実効性のあるものになれば，たいへん喜ばしいことである[20]。さらに，既存のインセンティブ制度に加えて，パフォーマンス基準契約にもとづくPBLが加わることで，原価計算方式が本来的に有する課題を克服するキッカケになることが期待される。

　第3に，PBLは元来欧米流の手法である。しかし，パフォーマンスにもと

づいて支払いがなされるPBLが日本の防衛省への有効性が認められてきた現在，日本でのPBLの成功はその他の領域—防衛装備品の研究試作や開発段階—に関連する調達の基本的アプローチにおいても，閉塞感のある現状をブレークスルーする可能性に期待を寄せることができる。

防衛省経理装備局の「防衛省PBL導入ガイドライン」[2011, pp.29-30]では，「目標達成に対する企業努力を促すため，成果達成時にはインセンティブの追加支払いが行われるコスト償還型インセンティブ／アワード契約[22]による方法を採用する」「工数や利益の見積の精緻化が可能となった段階以降は，金額を固定化することで，経費削減に対する企業努力を促す固定金額型インセンティブ／アワード契約[23]とする」と述べている。

著者は，このガイドラインで述べられている原則が今後とも一貫して実施されることを期待する。さらに加えて，これらの施策の円滑な実施が，今後は研究試作・開発段階でのパフォーマンス基準制度の促進にも貢献することを期待する。

(2) 防衛省がPBLを実施する際の留意点

防衛省がPBLを実施する際の留意点として，本項では，原価情報の開示にかかわる課題と，長期契約の意義について述べたいと思う。

第1は，現状の原価計算方式にもとづいて計算価格として算定された予定価格とは違って，固定価格契約では必ずしも原価情報の必要性は高くはない。し

---

[20] 2012年には，作業効率化促進制度を改善し，企業が製造工程上の作業のロスなどを排除する作業効率化によってコストダウンを約束した場合には，一定の条件のもとで，削減される工数の50％相当額をインセンティブ料として認める制度とした。さらに2013年には，同種契約の継続的な受注を可能にすることにより企業の作業効率化に対する一層の取り組みを促す観点から，企業が同制度を利用し，大幅なコスト削減を行う約束をした場合には，制度の適用を受ける契約を随意的な契約とする制度を施行した。

[21] 業界関係者の1人からは，「欧米では，一般にはペナルティやインセンティブのついた契約ですが，防衛省においては確定的な契約のみで行っています」という意見をいただいた。PBLは，このような契約業者の長年にわたる不満の解消になることが期待される。

[22] コスト償還型インセンティブ／アワード契約（CPIF/CPAF）は，コスト＋妥当な利益＋コスト削減とパフォーマンス向上に対する報酬からなる。

[23] 固定金額型インセンティブ／アワード契約（FPIF/FPAF）は，一定金額＋コスト削減やパフォーマンス向上に対する報酬。

かし，そのことは固定価格契約では政府にとって原価情報が不要であるということを意味しない。防衛省が原価情報を知り得なければ，契約業者は商議に臨むことはできない。それゆえ，いかなる場合でも防衛省が契約業者の原価情報を知りうるような会計システムを整備しておく必要がある。

現実には，契約業者の側での原価情報の開示は，①企業の営業秘密であることが少なくない。②営業上の秘密でなくとも，原価情報の開示には企業側からの抵抗が強い。③監査付契約を減らして一般確定契約に移行している防衛省の現状に逆行することにもなる。しかし，第1章でも述べた，モラルハザードの原因となる情報の非対称性を減少するためには，防衛省にとって必要不可欠となる原価情報の開示は，これまで通りキッチリと実施していく必要があろう。

第2に，長期の契約は，契約業者にとっては有益である。なぜなら，契約業者にとっては，生産の継続性が図れることで原価低減が可能になること，投資を促進すること，経営の安定性に寄与することなどの利点があるからである。しかし，契約が長期にわたると，**国家財政が硬直化**する恐れがある。国の財政が豊かな時代には大きな問題にならないにしても，現在のように制約された資金を適正に配分することの必要性の高い時代には，一定の歯止めも必要となる。

ま と め

本章では，PBLによる原価，利益の算定に関して，国防省の事例の紹介を通じて，防衛省のPBLのあり方を検討してきた。その最大の理由は，現在の防衛省における防衛装備品の調達を現在以上に効果的に行えるのは，現時点で見る限りにおいて，インセンティブ契約制度，作業効率化促進制度にさらなる改善を加えるとともに，PBLを積極的に推進することによってパフォーマンス基準制度がわが国の将来にとって最も望ましいと考えられるからである。これまで各章での考察の中心が防衛装備品の購入段階でのパフォーマンス基準契約の適用であったのに対して，本章で考察したPBLの意義は，運用と維持整備段階へのパフォーマンス基準契約の適用であるといえよう。

PBLといっても多様なPBLが提唱されてきた。本書では，主として，パフ

ォーマンス基準にもとづく対価支払いの契約形態としての側面からPBLを考察してきた。パフォーマンスを高めるための最も重要な成功要因は，官民がいかなる契約形態をとるかについての合意ができるかによって決まってくる。本章ではまず初めに，最も多く用いられている契約形態として，①FFP契約，②CPIF契約，③CPAF契約の3つについて，その特徴を明らかにした。次に，どのようなインセンティブがいかなる局面で適用するのが効果的であるかを述べた。加えて，ライト兄弟のインセンティブの事例を紹介した。

実例として，国防省におけるPBLの対象プログラムとその契約期間を明らかにした。さらに，その事例をもとにして，対象となったPBLのプログラムが契約業者の投資利益率等に及ぼした効果を明らかにした。その結果，米国におけるガードナー［Gardner, 2008, pp.54-74］の調査結果から，①長期の資金提供の保証が投資のインセンティブを高めること，②資金調達手続きと予算不足がPBLの障碍になりうること，③契約期間の延長は投資へのプラス効果になること，④優れた性能の防衛装備品を開発する上で重要なことは長期契約と固定価格を基準とした契約であること，⑤プロフィット・シェアリングが原価低減と効率の向上に貢献することを明らかにした。

最後に，国防省の事例をもとに，防衛省がPBLを本格的に実施するうえで解決を要する課題として，予定価格の算定，国庫債務負担行為対象期間の拡大，および原価監査と検査の見直しの必要性に触れた。加えて，防衛省がPBLを実施することの理論的根拠と留意点を考察した。

本章は，国防省における契約価格，原価，利益を考察した第Ⅱ部の最後の章にあたる。次の第Ⅲ部では，EVMの防衛省への導入に関連した課題を述べる。具体的には，第12章で日本企業のためのEVM簡易版を提唱するとともに，最後の第13章では，NASAにおけるEVMシステムに関連させることで，契約業者がEVMを導入するに当たって想定される課題の解決策を提示する。

〈参考文献〉
新たな時代の安全保障と防衛力に関する懇談会「新たな時代における日本の安全保障と防衛力の将来構想―「平和創造国家」を目指して―」2010年。
碓井光明『公共契約法精義』信山社，2005年。
大鹿行宏編『会計法精解』大蔵財務協会，2010年。

河野美登「合理的なライフサイクル・コスティングに向けて」(松村昌廣 (編著) 『防衛調達の制度改革を考える―制度的制約の除去・緩和に向けて (平成 24 年度)』) 防衛基盤整備協会,2013 年.

櫻井通晴『バランスト・スコアカード―理論とケース・スタディ―』同文舘出版,2008 年 (a).

櫻井通晴『レピュテーション・マネジメント―内部統制・管理会計・監査による評判の管理―』同文舘出版,2008 年 (b).

櫻井通晴『管理会計 第六版』同文舘出版,2015 年.

鈴木満『公共入札・契約手続きの実務―しくみの基本から談合防止まで―』学陽書房,2013 年.

防衛省 経理装備局「防衛省 PBL 導入ガイドライン」2011 年.

防衛省 経理装備局 装備政策課「防衛省 PBL 導入ガイドラインの概要」2011 年.

防衛省『平成 28 年度 防衛白書』日経印刷,2016 年.

防衛基盤整備協会『防衛省 中央調達関係法令集 (平成 28 年 改訂版)』防衛基盤整備協会,2016 年.

DAU (Defense Acquisition University), *Performance Based Logistics : A Program Manager's Product Support Guide*, Defense Acquisition University Press, 2005.

Davis, Jim, Dean Newman and Mike Kotzian, "Performance Based Logistic…, What's Stopping Us?", *Defense AT&L*, March-April, 2016.

FASB, Statement of Financial Accounting Concepts, No.6, A Replacement of FASB Concepts Statement No.3 (incorporating an amendment of FASB Concepts Statement No.2), December 1985.

GAO, Highlight (GAO-9-41) Defense Logistics, Improved Analysis and Cost Data Needed to Evaluate the Cost-effectiveness of Performance Based Logistics, December 19, 2008.

Gardner, Christopher P., *Balancing Government Risks with Contractor Incentives in Performance-Based Logistics Contracts*, Air Force Institute of Technology, 2008.

Geary, Steve and Kate Vitasek, *Performance-Based Logistics, A Contractor's Guide to Life Cycle Product Support Management,* Supply Chain Visions, 2008.

Guajardo, Jose A., Morris A. Cohen, Sang-Hyun Kim and Serguei Netessine, "Impact of Performance-Based Contracting on Product Reliability : An Empirical Analysis," *Management Science*, Vol.58, No.5, May 2012.

Kotler, Philip and Kevin Lane Keller, *Marketing Management*, 13th ed., Prentice Hall, 2009.

Wynne, Michael W., "Performance-Based Logistics : A Program Manager's Product Support Guide, Acquisition," *Technology and Logistics*, Nov. 10, 2004.

第Ⅲ部
政府調達のためのEVMSの有効性

第12章

日本企業のための EVM 簡易版の提唱

はじめに

　防衛装備品の研究試作・開発で革新性の高いプロジェクトでは，官も民も参考にすべき十分な原価情報が蓄積されていない。そのような場合には，EVMの活用によって納期の短縮化や原価低減を図る必要性が高まってきている。国防省によれば，既に多くの契約企業が EVM を導入しており，FAR および DFAR-S において EVM に関する詳細な規則が準備されている。

　EVM は，「プログラムのパフォーマンスと進捗度を客観的な方法で測定するためのプログラム・マネジメントの手法」［Kranz and Bliss, 2015, p.80］である。米国では，防衛装備品の契約業者が FAR と DFAR-S の規則に従って，一定規模以上の防衛装備品の原価低減，納期短縮等を目的として EVM を利用している。その理由は，企業の防衛装備品やソフトウェア開発の大型プロジェクトマネジメントの主要なツールとして，EVM の有用性が一般にも広く認識されているからである。他方，防衛省との契約業者で EVM を導入していると宣言している企業は，著者が知る限りでは，2 社でしかない。

　本章の目的は，EVM Lite の考察を通じて，日本企業に適すると思われる EVM の構想を提供することにある。その目的のため，本章ではフレミングとコッペルマン［Fleming and Koppelman, 2007, pp.1-10］の提案を拠り所にして，著者が構想する日本型の EVM を提案する。なお，フレミングとコッペルマンの両氏は EVM のフレームワークは示しても，その具体的な内容には触れていない[1]。本章で述べる EVM 手法の提案は，両氏のアイディアをもとに，必要に応じて DoD の EVMS 解釈指針［Kranz and Bliss, 2015］等を参照したうえで，

著者自身が構想したものである。

1 EVM Lite がなぜ必要か

EVM は，2010 年代において，連邦政府だけでなく国防省と防衛産業にとって最もホットな話題にもなってきた [Garrett, 2010, p.272]。それでは，なぜ EVM が米国でこれほどホットな話題になってきたのか。

(1) 米国の契約業者はなぜ EVMS を活用しているのか

米国の契約業者がアーンド・バリュー・マネジメントシステム（Earned Value Management System；EVMS）[2] を導入する最大の理由は，EVMS が原価低減と納期短縮に有効だからである。それでは，すべての業者にとって EVMS の導入が費用効果の面から企業にとって必要かということになると，意見が分かれる。EVMS の導入にはそれ相応のリスクが伴い，その実施にはコストがかかるからである。とはいえ，米国の大手の契約業者には EVMS が必須である。その理由の 1 つは，一定規模以上の防衛装備品の契約には連邦政府の規則によって EVMS が強制されているからである。

FAR では，「開発のための主要な取得には，OMB Circular A-11 に従ったアーンド・バリュー・マネジメント・システム（EVMS）が要請される。政府はまた，関係諸機関の手続きに従って，他の取得にも EVMS を要請することがある」（Subpart 34.201）と規定されている。

DFAR-S では，「調達業者が 5 千万ドル以上の提案書を提出するときには，…連邦政府機関は，業者によって構築された EVMS が米国規格協会（American National Institute；ANSI）[3] ／電子工業会（Electronic Industries Alliance；EIA）の基準 748 の EVMS ガイドライン，申請時における最新版 EVMS（ANSI/EIA-748）に準拠して作成された申請書類であることを確認しなければならな

---

1 Fleming & Koppelman のペーパーの全訳は，櫻井［2015b, pp.156-173］を参照されたい。なお，櫻井の翻訳の原典は，両氏の執筆になる 2007 年版によっている。
2 国防省は EVM の断片的な導入ではなく，体系的なマネジメント・システムとしての EVMS を導入することを要請している。
3 ANSI 規格は，日本の JIS 規格に類似する。

い。」（DFAR-S 252.234-7001）と規定されている。以上，防衛装備品の契約業者は，5千万ドル以上の防衛装備品の開発と（必要な場合には）生産に関わる契約には，EVMS の実施が義務付けられているということである。

(2) 米国で EVM がなぜこれほどホットな話題になったのか

米国で EVM がこれだけホットな話題になったことにはいくつかの理由がある。その理由は，次の3点に纏めることができよう。

第1に，FAR と DFAR-S で EVM の詳細な諸規定が設けられたことで，EVM 導入と普及・促進に多大な影響を及ぼしたこと。

第2に，近年，国防調達の主要なプロジェクトマネジメントの活用方法を大幅に修正してきたことから，EVM の活用方法に著しい進歩が見られたこと。

第3に，EVM によって得られる効果は認められるが，EVM の実施にはコストと時間がかかり，導入に関してリスクも伴う[4]ことが分かったこと，である。

(3) 日本ではなぜ EVM にネガティブな意見が多いのか

翻って，わが国における EVM の導入事例をみると，民間企業では，「失敗プロジェクトを軽減するための特効薬」［角田, 2003, p.6］として EVM の有効性を評価する意見が多い。他方，契約企業での EVM の導入は防衛省が予期したほどには進んでいない。それはなぜか。どこに問題があるのか。

EVM は，防衛省がパフォーマンス基準制度にもとづく調達を推進するには不可欠の手法である[5]。パフォーマンス基準にもとづく契約方式と契約形態を採用するその最終的な目的は，効率性と経済性を高めることで**納税者の負担を軽減**することにある。それにもかかわらず，日本企業で EVM にネガティブな意見が多いのはなぜか。それには，少なくとも次の3つの理由がある。

第1に，最大の理由は，日本では納期に遅れる案件は極めて稀であったこと

---

[4] EVM をいかに最少のコストと負担で実施するかの議論もまた，EVM への関心を高める結果になっているというのが，その理由の1つである。

[5] パフォーマンス基準にもとづく契約を実施する場合には，種々の客観的なデータが必要となる。プロジェクトの原価低減活動と納期短縮化の成功度を可能な限り測定するには，EVM のようなプロジェクト管理のツールが必要となる。

による[6]。防衛省のある高官は，日本での防衛装備品の調達で納期に遅れる事例は極めて稀にしか見られなかったという。この点に，日本でEVMに対してネガティブな意見が多い最大の理由があるように思われる。

　第2の理由は，契約企業が苦労してEVMを導入して原価を低減し，納期を短縮化し，技術革新に成功しても，現行の「訓令」をはじめとする制度の下では，EVMを導入することによって契約企業が報いられることが少ないからである。日本の契約業者が自らEVMを進んで導入するようになるためには，EVMの導入と活用に努力した企業が十分に報いられる制度や規則が必要である。

　第3に，米国では1994年前後から，歴代の政権がパフォーマンス基準を強力に推進してきた。他方，日本の政権内ではそのような目立った動きは見られなかった。政府が信頼できる原価データを入手できなければ，実際の原価効率を検証できない。EVMは非能率の原因を追究できるので，原価の妥当性に関する追跡が可能になる。他方，現行の防衛省の原価計算方式によれば，一部ではあるが，原価について監査証跡が残されるから，建前上は，過去に生産実績のある防衛装備品については，EVMがなくても原価効率の検証が可能である。

　それでは，今後ともわが国でEVMは不要なのか。日本の防衛省で今後EVMが必要になる環境要件としては，3つのことが考えられる。第1は，米国との共同開発が進展することで，日本の契約業者にもEVMの実施が求められること。第2に，PBLの実施が進展するにつれてアワードフィー付原価加算契約や固定価格契約の必要性が高まり，これらの契約形態が制度化されることで，監査証跡のためのデータとしてEVMが求められること。第3に，従来，日本の革新的な防衛装備品の多くは，米国の最新鋭の兵器を超高値で購入したものが多かった。しかし，昨今の緊迫した国際情勢の変化が，日本でも革新的な新製品を低コストで開発する必要性が高まってきている。

　今後わが国では，本来の意味での固定価格契約[7]の必要性が増大することが予

---

[6] 日本企業では納期に遅れることが少ないことは事実であるし，そこに日本企業の素晴らしさがあることも事実である。しかし，日本の防衛産業では，①契約企業がもともと十分な余裕をもって調達期限を設定していること，②原則として追加注文がないので，年間の生産計画が立てやすいこと，③これまでは比較的確立された技術を活用してきたので，米国とは違って遅れの発生する要因が少ないことなども考慮すべきである。

測される。かかる理由から，米国との共同開発が進展すれば，EVM 導入の必要性は今後ますます増大するといってよい。

そのような時，日本企業が自ら進んで EVM を導入するにしても，単なるアメリカの物まねではなく，日本企業に適した手法を構築することが必要になる。[8]それには，日本企業に適した簡潔な EVM を開発する必要がある。その手法の1つの候補となり得ると思われるのが，EVM の簡略版として知られる，EVM Lite[9]である。

2　国防契約と EVM Lite との関連における EVM の沿革

日本における EVM の将来を考えるために，米国における EVM の歴史を簡潔に述べておく必要があろう。米国の空軍調達担当官が，EVM に 35 の規準を定義づけたのは 1965 年であった。その2年後，DoD は「原価／スケジュール管理システム基準」（C/SCSC）と称する基準を公式に採用した。この 35 の EVM 規準が，その後約 30 年にわたってすべての**原価補償契約**と**インセンティブ型の契約**に適用された EVMS の原型である。

---

[7] 「防衛装備庁における契約事務に関する訓令」［防衛基盤整備協会，2016，pp.221-237］で規定されている固定契約は，確定契約の他，準確定契約（以上は第 24 条），一般確定契約，超過利益返納条項付契約（以上は第 25 条），中途確定条項付契約，履行後確定条項付契約，特約条項付契約（以上は第 26 条）などであるが，これらの多くはグローバル・スタンダードとは違って，まさに防衛装備庁にのみ通用する規定であるといえる。

[8] なぜ日本企業に適した経営管理の手法が必要になるのか。著者が経験した3つの例を引いて説明しよう。最初の経験によれば，パッケージ・ソフトウェア主体の米国の場合，チャージバック・システムがソフトウェアの原価管理に使われていたが，カスタムソフトを好む日本企業では，チャージバック・システムではなく，ソフトウェア原価計算［櫻井，1992，p.111］が有効であった。1980 年代に防衛庁からの依頼で講演をしたのは，チャージバック・システムではなく，ソフトウェア原価計算であった。第2の経験の場合，ABC はアメリカで製品戦略に活用されたが，日本では ABC 概念を活用した ABM の利用が多くの民間企業で活用されている［櫻井，1998，pp.125-144］。第3の場合，バランスト・スコアカードはアメリカ企業では業績評価に利用されるが，日本企業では業績評価への活用では失敗のリスクが大きい［櫻井，2008，pp.186-188］。日本企業においては，戦略策定への活用が数多くみられる。これらの違いは，組織文化や企業実践の違いによる。

[9] アメリカで売られているビールに，ミラーライト（Miller LITE）がある。軽い口当たりのミラーは著者の好みではなかったが，EVM Lite はミラーライトに似て，軽いタッチであるところから EVM Lite の名称が付けられた。

1996年，民間企業がEVMを有効に活用できるように，C/SCSC 35の規準を改定した。その後も，DoDによるEVMSの更新と再定義が行われた結果，総数は35から32に減少した。

　民間の産業界が，国防産業協会（National Defense Industrial Association；NDIA）を結成し，規準の概念を一歩前進させた。具体的には，1998年6月，NDIAが作成した規準がANSIより，ANSI/EIA-748[10]基準と命名され，EVMSとしての承認を得た。この承認によってEVMSが基準化されたことは良かったが，32の規準でもなお，世界の契約企業にとって，EVMの導入と実施が困難であるという欠点が完全に払拭されたわけではなかった。

　以上の状況に鑑みて，プロジェクトをよりよく管理するために，過度の要求事項がないEVMの基礎体系を理解する方法を欲している経営者が容易に使用できるツールを開発する必要性が高まってきた。ANSI/EIA-748基準が承認され，ルーティンな調達に活用できるFAR条項に取り入れるようになってきた現在，多くのプロジェクトのニーズを満足させ，小規模なソフトウェアのプロジェクトにも適用可能な方法を見つけなければならないと，フレミングとコッペルマンは確信したという。

　1996年以降，フレミングとコッペルマンは，巨大組織向けの複雑なシステムだけではなく，すべてのプロジェクトが使用できるEVMの簡単な形態を研究してきた。プロジェクトのリスクと複雑性が完全に解決されるときには，32の規準を完全に適用すれば問題とはならない。しかし，EVMSの基本原理は，どのような産業の，どのような規模の，どのようなプロジェクトにも適用されなければならない，と彼らは考えた。

　そこで，フレミングとコッペルマンは，どのようなプロジェクトにも簡単かつ低価格で導入するための基本的な10のステップ（第4節では11のステップに修正した）に絞ったEVMの構想を考案した。これが，アーンド・バリュー・ライト（EVM Lite）[11]と呼ばれているものである。

---

[10] ANSI/EIA-748（American National Standards Institute/Electronic Industries Alliance Standard-748）．ANSI/EIA-748のアーンド・バリュー・マネジメントシステムは，国防省のアーンド・バリュー・マネジメントのための基準である。

[11] ORACLE［2009, p.4］参照。

3 EVM Lite が日本企業に対してもつ意義

　EVM Lite の基本原理は，中小規模の企業でもどのような産業にも適用できる。日本の経営管理の手法は「シンプル・イズ・ビューティフル」であるべきだと信じている経営者が多い。世界的に知られている"かんばん方式"にしても，日本的品質管理として知られている"TQC"にしても，その基本原理は極めて単純である。契約業者が EVM を規則で押し付けられるようなことがあれば，契約業者にはやらされ感だけが残ることになる。契約業者が実践されるべき EVM Lite は防衛省の要求に合致し，契約業者の導入目的にも適合する（換言すれば，費用対効果が高く，導入によって大きなメリットが得られる）EVMS でなければならない。

　これまで何種類かの EVM Lite が提唱されてきた。[12] その典型的なモデルの1つが，本章で扱うフレミングとコッペルマンによる10の基本的ステップである。このモデルで提案されているステップは，EVM の導入に"簡単な"（導入と実施にコストのかからない）必要最小限の手続きと内容からなる。

　EVM の簡略版（EVM Lite）の採用には，少なくとも最低で10の要求事項が必要である。この10の要求事項は，将来必要とされるときに国防省の32の規準／ガイドラインにまで容易に拡張することができるからである，とフレミングとコッペルマンは述べている。

　しかし，DoD では統合ベースライン・レビュー（Integrated Baseline Review；IBR）の導入が義務付けられるようになった。そのため，本章ではステップを1つ加えて，11のステップにしている。なお，IBR は比較的早い段階で準備すべきであるが，説明の便宜から，次頁以降の説明ではステップ7に挿入した。

　日本でも，矢崎・山口［2012, pp.8-14］のように，改良型 EVM を活用して

---

[12] その1つに，ORACLE［2009］による EVM Lite がある。この ORACLE 版には日本語訳もあり，読者の参考になろう。なお，著者が活用した原典は ORACLE のものとは異なっている。2015年10月5日現在では，内容が更新されている。なお，オラクルとプリマヴェーラ（Primavera Systems, Inc.；コッペルマンはプリマヴェーラの共同経営者）の関係についてであるが，オラクルは2008年10月8日プリマヴェーラを買収し，同社を傘下に収めている。

いる企業も数多くある。しかし，アメリカ企業との防衛装備品の共同開発に備えるという目的からすると，日本の防衛省と契約業者は，NDIA の要請によって制定された ANSI/EIA-748 基準にもとづく EVM Lite を導入するための検討が必要である。それでは，EVM Lite として最低限必要とされる 11（10＋1）のステップにもとづく EVM とはどんなものか。以下次節で示すのは，11 のステップにもとづく改訂版 EVM Lite である。

4　EVM Lite の 11 のステップ

ステップ 1：
WBS を使ったプロジェクトのスコープの定義

　プロジェクトマネジメントでは，5 つのプロセスを通じて管理が行われる。その 5 つのプロセスは，立上げ（initiating），計画（planning），実行（executing），監視・コントロール（monitoring and controlling），および終結（closing）からなる［Project Management Institute, 2013, p.5］。
　上記の 5 つのプロジェクトマネジメントのプロセスを，PDCA のマネジメント・プロセスと対応させて図解すると，図 12-1 のようになる。
　ステップ 1 は，プロジェクトマネジメントのプロセスの立上げと計画に相当する。プロジェクトを開始するにあたり，まず何を作るかが決められる。
　仕事の範囲が，**スコープ**（scope；仕事の対象範囲）である。スコープとは，「プロジェクトが提供するプロダクト，サービス，および成果物（results）」［Project Management Institute, 2013, p.562］のことをいう。

図 12-1　マネジメント・プロセスとプロジェクトマネジメント

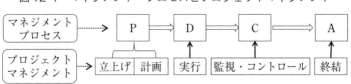

出典：著者が作成。

スコープを構造的に表現したのが，WBS（Work Breakdown Structure；作業分解図）である。プロジェクトで作り上げていくスコープは，WBSで表現される。WBSとは，「プロジェクトの目標を達成し，必要な成果物を作成するために，プロジェクト・チームが実行する作業の全範囲を階層的に要素分解したもの」[Project Management Institute, 2013, p.584]である。

プロジェクト・マネジャーは，WBSのフレームワークのなかで，すべての仮定された作業をレイアウトすることによって，新しい作業を定義づけ，さらに各要素を測定可能な作業パッケージに分解する。WBSはプロジェクト・マネジャーの方針に従って構築される。住宅建設を例に使って，WBSを説明しよう。

図12-2を参照されたい。図12-2は，家を建設するときの簡単なWBSである。このWBSでは，プロジェクト・マネジャーは3層（レベル1～3）でWBSを作成してある。レベル1は住宅で，レベル2は敷地，住宅構造，付帯システム，その他からなる。レベル3は，電気配線，配線工事，床，コンクリートなどである。

EVMが利用されていないときには，完成度はプロジェクトの"20％完成"，とか"50％完成"といったように表現される。しかし，仮に20％完成とか50％完成したといわれても，何をもって20％，80％であるかが明らかにされな

図12-2 住宅建設のWBS

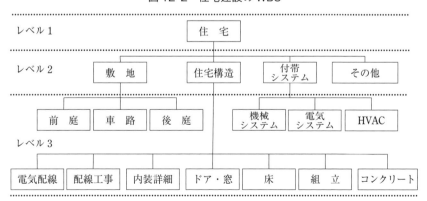

出典：Fleming and Koppelman［2000, p.55］の"プロジェクトマネジメント"の語を"その他"に代えたことの他は，原典どおり活用した。

いままでは，比率自体に意味がない。WBSを用いることによってはじめて，その意味が明らかになる。

　WBSが新しいプロジェクトを合理的に表現していることが分かれば，WBSはプロジェクト計画プロセスにおける次の重要な役割を果たすことができる。そのステップには，①自製か購入かの意思決定[13]，②リスクの評価，③スケジューリング，④予測，そして，究極的には，⑤予算の認可が含まれる。

ステップ2：
スコープで定義づけられた作業の担当者を決定する

　プロジェクトマネジメントでは，定義づけられた作業を誰が行うかの決定が大切である。経験のある作業員は一般に未経験の作業員に比べて難しい作業でも迅速に行うことができる。その反面，コストが高くなる。熟練した作業員を雇用することは，一種の優れた投資である。とはいえ，プロジェクトを抱えた会社で重要な新技術には未経験なこともある。そのような場合には，企業は労働市場を通じて技術力の高い経験者（社員または派遣社員）を雇用する。

　特定のプロジェクトについて**スコープ**を定義づけるということは，プロジェクトと成果物に関する詳細な記述書を作成するプロセスであるといえる。プロジェクトマネジメント協会［Project Management Institute, 2013, pp.120-123］によって定義づけられているスコープの定義をもとに，図12-3の果たしている

図12-3　スコープの定義；インプット，ツールと技法，アウトプット

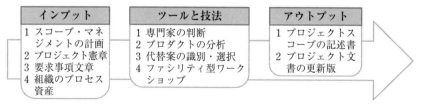

出典：Project Management Institute［2013, p.120］．

---

[13] "自製か購入かの意思決定"（make or buy）といえば，ある製品を自社で生産するのと他社から購入することのいずれが有利かの経営意思決定上の問題である。

意義を検討する。

　スコープ・マネジメントの計画は，プロジェクトのスコープを作成・モニターし，コントロールする活動計画である。プロジェクト憲章には，ビジネスと顧客のニーズの認識，対象とする製品とサービスなどが含まれる。個々の要求事項文章では，プロジェクトのビジネス・ニーズをどのように満たすかについての記述がなされている。組織のプロセス資産には，①スコープ記述書のための方針，手順，テンプレート，②過去のプロジェクトのファイル，③過去のプロジェクトから得られた教訓などが含まれる。

　専門家の判断には，他部門，コンサルタントなどの専門家，顧客，業界団体などの意見が反映される。ファシリティ型ワークショップは，各部門にまたがる関係者を集めた集中的な会議である。アウトプットには，スコープの記述書やプロジェクト文書の更新版が作成される。

　外部から調達しなければならない作業の識別も重要である。その理由は，プロジェクトの契約では，法的な取り決めが必要になるからである。公式の契約は売り手と交わされる。不必要なモノを購入したり要求事項を変更することがあれば，そのような変更事項には価格を記入して文書化しなければならない。売り手はスコープの変更を望む。その理由は，変更を行うごとに売り手に競争入札によって有利な立場に立つ可能性が生じるからである。

　対照的に，社内での予算はより非公式のやり方で実行できる。それゆえ，同じ給料をもらっていても，なにがしかのスラック[14]の余地がある。他方，契約にもとづいて外部から調達される装備品には，スラックが生じる余地はない。調達は初めに適切に処理されなければならない。さもなければ，プロジェクトで予定されていなかった金額を支払わなければならない。

　いま1つ留意すべきことは，プロジェクトの作業が自らの組織で実施されようが会社の外部から調達されようが，進捗状況の測定と報告は実施されなければならないということである。社内であろうが外部であろうが，プロジェクト

---

[14] Slackは，組織スラックともいわれる。ここでは予測される金額より高く予算に計上された給料を意味する。自動車の販売店の店長は，予算の編成に際して，本年度500台の車の販売が予想されたにしても，450台として予算を設定することで，頑張ったことを誇示しようとする。その50台がスラックである。

は実施されたアーンド・バリューと実コストを対比の形で継続的に測定できなければならないからである。

ステップ3：
定義づけられた作業の計画とスケジュールの設定

アーンド・バリュー技術は，スケジュールが認可され（つまり，予算がつけられ）た，優れたスケジューリング・システムにほかならない。スケジュールは承認されたスコープと時間枠を反映させ，達成度に応じて作業の出来高を記録する。スケジュールの管理が効果的になされ，納期が短縮されれば，原価も低減できる。プロジェクトのスケジュールは，アーンド・バリューを実施する上で必要不可欠である。なぜなら，プロジェクトのスケジュールはプロジェクト・マネジャーのベースライン，つまり，それを引き継ぐすべての人にとっての計画値を反映しているからである。

アーンド・バリューを適用するためには，公式のスケジューリング・システムが必要となる。その理由は，アーンド・バリューシステムではプロジェクトのスコープと計画値を記述し，アーンド・バリューを測定するからである。

EVMにおいて，計画値と実際値だけでなく，なぜアーンド・バリュー[15]を計算するのか。それは，**スケジュール差異**（Schedule Variance；SV）と**原価差異**（Cost Variance；CV）を算定するためである。DoDの解釈指針［Kranz and Bliss, 2015, p.55］では，契約企業は少なくとも，スケジュール差異と原価差異を計算しなければならないと述べられている。図12-4を参照されたい。

図12-4で，**スケジュール作業の予算原価**（Budgeted Cost for Work Scheduled；BCWS）は，当初の計画値である。**実施作業の予算原価**（Budgeted Cost for Work

---

[15] アーンド・バリューは，実際に費やした資源の費消に対して，実際に作りだした成果物のことをいう。"出来高"とか"達成した価値"ということになる。図12-4において，実施作業の予算原価（BCWP）がアーンド・バリューである。標準原価計算と予算管理に造詣が深い読者は，標準原価計算を活用した予算差異分析における製造量差異を想起して欲しい。製造量差異は，予定生産量と実際生産量との違いから生じる差異である。関心のある読者は，櫻井［2015a, pp.203-204］を参照されたい。計算問題を解いてみると，理解が容易である。

図 12-4　EVM のスケジュール差異と原価差異

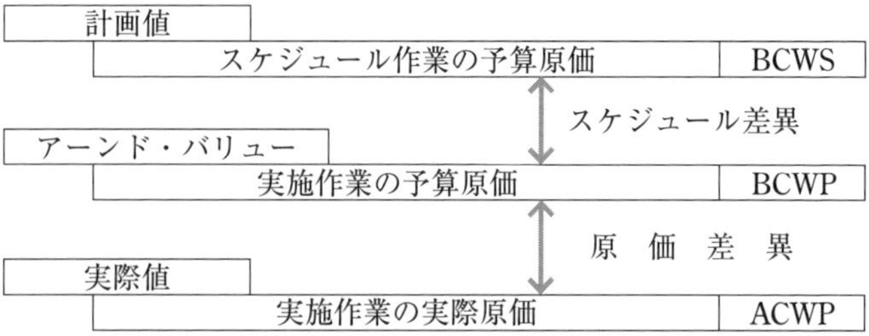

```
計画値
    スケジュール作業の予算原価    BCWS
                    ↕ スケジュール差異
アーンド・バリュー
    実施作業の予算原価          BCWP
                    ↕ 原　価　差　異
実際値
    実施作業の実際原価          ACWP
```

出典：著者作成。

Performed；BCWP）は，作業の進捗状況を加味した上での予算原価である。**実施作業の実際原価**（Actual Cost of Work Performed；ACWP）は，実施した作業の実コストである。BCWS は**計画値**（Planned Value；PV），BCWP は**アーンド・バリュー**（Earned Value；EV）ないし出来高，ACWP は，いってみれば実際値（実コスト）である。

　計画値と実際値とを対比させて差異を算定しても，作業の真のパフォーマンスを知ることはできない。アーンド・バリューを介在させることによって初めて，出来高との関係で，真の意味でのパフォーマンスを測定することができる。このことを説明するため，EVM なしのプロジェクトマネジメントと，EVM によるプロジェクトマネジメントを，**仮設例**で対比させて説明しよう。

　計画値を 10 億円，実コストを 10 億円と仮定する。EVM をもたない場合のプロジェクトマネジメントでは，支出計画に対する差異はゼロ（0）である。式（12-1）のように，実績は予算どおりで，問題はないように見える。

計画値(10 億円) － 実際値(10 億円) ＝ 支出計画に対する差異(0)　…式(12-1)

　アーンド・バリュー（出来高）を介在させてみよう。計画のスケジュールに対して，本来であればかかるであろう値を 8 億円と仮定する。現実には作業の遅れを原因として，実際値が 10 億円に膨らんだと仮定する。[16]

---

[16] 標準原価計算と予算管理の事例を使って説明しよう。標準原価計算とは違って，予算管理では，直接費であっても，差異分析では製造量の違いによって製造量差異が算定されなければならない［櫻井，2014, p.327］。それが出来高から見た真の原価差異である。

作業の遅れはいくつかの原因から生じる。ソフト開発であれば，予想以上のバグがあれば，その発見と修正に多くの余計な人材を投入しなければならない。その理由は，バグの発生によって余計な人材の投入（コストの上昇）と納期の遅れが発生しているからである。ソフト開発においては，バグなどの不具合の発生はある意味ではつきものですらあるが，WBS の活用によってバグを大幅に減少させることができる。EVM を活用することでどんなメリットが得られるのか。図 12-5 を参照されたい。

図 12-5 で，EVM がなければ，計画値と実際値の差異ゼロで，メデタシ，メデタシで終わってしまう。しかし，EVM を活用することにより，スケジュールの遅れによる差異である 2 億円と，出来高から見た真の原価差異の 2 億円とが相殺されていることが明らかになることで，本当の意味での負の原価差異の 2 億円が発生したことが分かる。それが，**スケジュール差異（SV）** と真の**原価差異（CV）** である。[17]

より複雑なプロジェクトでは，1 つのタスクと他のタスクの制約を抜き出すいくつかの方法がある。どの作業が他の作業にとって必要か。この要請を満足

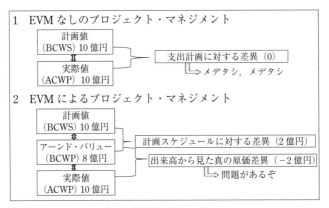

図 12-5　EVM によるプロジェクトマネジメント

出典：著者作成。

---

[17] 製造間接費の差異分析では，基準操業度と実際作業時間の差異を分析するのではなく，許容標準作業時間（実際生産量で標準どおり生産活動が行われたら許容される標準作業時間）が算定される。この許容標準作業時間に相当するのが，アーンド・バリュー（作業実績にもとづく出来高）である。

させるためには，典型的に，**クリティカルパス**[18]を使うのがよい。クリティカルパスは，負のアーンド・バリュー差異との関連でしっかりと管理しなければならない。スケジュール差異の背後にあるアーンド・バリューは，当該プロジェクトがベースライン計画を下（上）回っていることを含意している。

遅れているタスクがクリティカルパスにある時や高いリスクのタスクである時にも，プロジェクトを成功裏に完了させるためには，しっかりとした管理が必要である。

ステップ4：
必要な資源を見積もり，予算を公式に認可する

プロジェクトのスコープを完全に定義づけ，計画とスケジュールを設定すると，次にはすべての定義づけられたタスクに必要な資金（予算）が見積もられる。プロジェクトによっては，スコープ，スケジュール，予算のスタートアップに付随するものもあるし，スコープ，予算，スケジュールを引き継ぐだけというケースもある。たとえば，ソフトウェア製品の開発では，しばしば限定された資源が利用可能か否かによって制約を受けるので，利用可能な人材によってプロジェクトのスケジュールが立てられる。

定義づけられた WBS の各要素には，変更作業をも含めて，すべての特定の作業を完成させるのに見積もられる資源の価値が測定されなければならない。経営者はそこで承認された予算の達成に必要な資源を評価して，承認された予算の形でその価値を表示する。この段階では，個々の WBS 予算には偶発的な事象への予備や**マネジメント予備**（Management Reserve；MR）[19]は認められない。仮に認められるとすれば，別扱いにして，プロジェクト・マネジャーが MR を管理する。

計画値は2つのことを表している。それは，①スケジュールされた作業と，②承認された予算である。アーンド・バリューもまた2つのことを表してい

---

[18] クリティカルパスとは，プロジェクト・アクティビティのうちの最長の経路のこと。そこから最短の所要時間が導かれる。

[19] 予期しない作業に備えて，経営者が予備として確保しておく予算。

る。それは，①完成され承認された作業スケジュールと，②同じく，承認された予算である。それゆえ，アーンド・バリューを計画・測定するためには，当該タスクを完成させるのに必要な承認された予算と並んで，定義づけられたタスクのスケジュールを立てておく必要がある。

　活用できるプロジェクトのベースラインをもつため，すべての承認された予算には実現可能性がなければならない。

ステップ5：
計画値（PV）をアーンド・バリュー（EV）に変換するためのスケジュール・マトリックスの決定

　計画値からアーンド・バリュー達成度を測定するにはどうすべきか。その答えは，ベースライン・スケジュールのなかに測定可能で検証可能な作業の完成度を記載することである。特定のマイルストーンまたはタスクに加重値を加味して，それらが物理的に実施されたときに測定すればよい。

　アーンド・バリューが最初に導入されてから，プロジェクトのパフォーマンスを測定するための各種の方法が考案されてきた。一定時点を表す特定のマイルストーンは指定された値であり，それが指定された予算値を完全に達成したときには，出来高となる。

　タスクの値は，その報告期間に，完成した作業に加算される。スケジュール・マトリックスを決定するには，ガントチャート[20]が利用される。

ステップ6：
パフォーマンス測定ベースライン（Performance Measurement Baseline；PMB）を作成し，コントロール・アカウント・プラン（Control Account Plan；CAP）と呼ばれるマネジメント・コントロールのポイントを決める

　PMBは，スコープ，スケジュール，原価などを統合した承認済みのプロジ

---

[20] ガントチャートは，縦軸に作業ないし資源を，横軸に期間をとって，各作業（または資源）の所用期間を横軸で表したチャートである。

ェクト作業の計画のことである。EVMでは，計画に対するプロジェクト実行のパフォーマンスを測定し管理する。

ベースライン（baseline）とは，「公式の変更コントロールを通じてのみ変更でき，比較の基準として用いられる作業プロダクトの承認済みのバージョン」〔Project Management Institute, 2013, p.529〕を意味する。図12-6は，複雑なプロジェクトの場合のパフォーマンス測定ベースラインである。

図12-6で，契約価格から利益を差し引くと，**契約予算ベースライン**（Contract Budget Baseline；CBB）が導かれる。CBBは**プロジェクトのコストベース**（cost base）であり，その原価はプロジェクト・マネジャーが管理する。CBBからMRを差し引いたものが，PMBである。PMBはEVMSの中心的役割を果たしている。MRは，予見できないが契約のスコープでは予備として備えた予算額である。PMBはCAPsと未配分の予算，そして将来の計画パッケージの概要からなる。**未配分の予算**は，現在ではWBSに配分されていないが，特定の作業に適用できる予算である。

WBSの末端の成果物は，**ワークパッケージ**（Work Package；WP）である。

図12-6 契約価格からパフォーマンス測定ベースラインのメカニズム

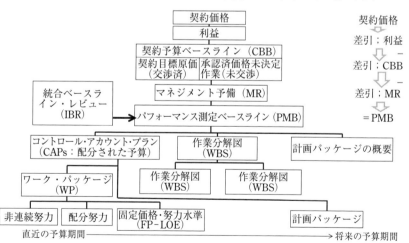

出典：Garret〔2010, p.279〕とFleing and Koppelman〔2000, p.107〕を参考にして著者が作成した。著者が加筆したのは，ステップ7で述べる統合ベースライン・レビュー（IBR）である。

WPにはWBS辞書[21]がついていて，WPの手順を誰がまとめて，誰が実施の承認を行い，誰が責任をもって実施するかといったことが決められている。WPにはまた，会計システムで使っているコードや勘定番号が割り当てられている。

プロジェクトマネジメントでは，WPで原価管理を行う場合もあるが，通常，**コントロール・アカウント**（Control Account；CA）を設定し，そのCAの単位で予算単位や原価集計の単位にする。CAは，パフォーマンスの測定を行うためにスコープ，予算，実コスト，スケジュールなどを統合し，アーンド・バリューと比較するマネジメント・コントロールの中心である。経営者は，経営者が焦点を当てるべきCAPs[22]を作成する。

企業によってはプロジェクト・マネジャーが直接作業時間と直接労務費についてのみ責任をもつ。他方，直接材料費と直接労務費だけでなく，直接経費や一般管理費あるいは利益にまで責任をもたせる企業もある。

CAPsは，完全に詳細に細分できない場合には，直近のWPに対してだけでなく，将来の計画パッケージとして識別することができる。

伝統的な組織では，一般に**責任会計制度**[23]にもとづいて設定された部門別の予算からなる。しかし，伝統的な組織とは違って，プロジェクト管理ではプロジェクト別の横割りの組織が必要となる。伝統的な組織とEVMにおける組織とはどこが異なるのか。伝統的な組織とEVMによる組織を対比させて，EVMにおいてCAPsの果たす役割を図解してみよう。図12-7を参照されたい。

図12-7の左半分は，機能別（タテ軸）の組織である。それゆえ，部門（ないし，機能）間の意思疎通がバラバラでも，部門に横串を通すことができな

---

[21] WBS辞書には，成果物の内容，成果物の属性・性能・品質要件，要員配置，承認プロセス，予算，スケジュールの日付，資源，アーンド・バリューの測定基準，その他が含まれている。

[22] コントロール・アカウント・プラン（CAP）は，複数のCPAsからなる。

[23] 責任会計制度（responsibility accounting system）とは，会計システムを管理上の責任に結びつけて職制上の責任者の業績を明確に規定し，もって管理上の効果をあげるように工夫された会計制度のこと［櫻井, 2015a, p.51］をいう。責任会計制度における経営組織上の構成単位を責任センター（責任中心点）という。典型的な責任センターには，部門（例；原価センター），事業部（例：利益センター），投資センター（例：カンパニー制）がある。責任会計制度では，部門を中心にした伝統的な意味での縦割り組織（図12-7）が前提とされている。予算は責任会計制度に立脚している。

図 12-7 伝統的組織と CAPs

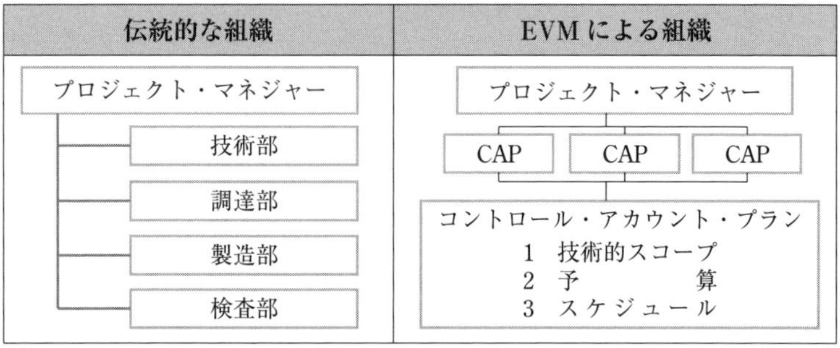

伝統的な組織	EVM による組織
プロジェクト・マネジャー 　├ 技術部 　├ 調達部 　├ 製造部 　└ 検査部	プロジェクト・マネジャー 　├ CAP　　CAP　　CAP コントロール・アカウント・プラン 　1　技術的スコープ 　2　予　　　算 　3　スケジュール

出典：Fleming and Koppelman [2000, p.39] の様式のみ修正して活用。

い。

　右半分が，CAPs にもとづく方式である。この組織をもつことによって複数の部門が協力して目的達成に努力することが容易になる。社内のプロジェクトには，通常，直接費や利益は含めない。多くの社内プロジェクトのベースラインはただ単に定義づけられた CAPs の総計でしかない。直接作業時間だけからなることも少なくない。経営者によって承認されたプロジェクトのベースラインは，予定どおり実施しなければならない。

ステップ 7：

　契約の履行に先立ち，統合ベースライン・レビュー（Integrated Baseline Review；IBR）を中心にして契約に関わる原価，納期，スケジュールなどについて，官と民が協議し，契約の妥当性を確認し，官民が共同して契約履行管理を遂行する。

　防衛装備品の契約業者には，**統合ベースライン・レビュー**の導入が必要となる。[24] IBR は，政府と契約業者がパフォーマンス測定ベースラインの現実性と正確性を検証するために実施される官民共同の評価である。IBR は，官民が win-win の関係を目指して運用する上で有効である。さらには，第 1 章で述べ

---

[24] 民間用に構想された EVM Light では IBR の記述はない。著者が加えた内容である。

たような情報の非対称性を減少させ，情報の非対称性があるがゆえに惹起されるモラルハザードを回避させる。

DoD の Earned Value Management Implementation Guide［Ernst, 2006, p.52］によれば，過去において，米国で多くの契約に対して非現実的なベースラインが過大な原価の増大とスケジュールの遅れをもたらしたことから，IBR が1993年に導入されることになったのだという。

DoD の規定 DFAR-S 252.234-7001 (f) では，次のように規定されている。政府はできるだけ早く IBR を実施する。IBR のレビューのプロセスは，(1) 契約のアワード，(2) 重要な契約オプションの実施，および (3) 主要な修正を終了した後，180日以内に実施しなければならない。そのレビューでは，政府と契約業者が共同で契約業者のベースラインを評価する。その目的は，**作業範囲記述書**（statement of work；SOW），作業活動の論理的なスケジューリング，適切な資源調達，および固有のリスクを識別するためのパフォーマンスの測定のために行われる。

SOW には何が含まれるのか。PMBOK®ガイドによれば，SOW は，①需要，技術の進歩，法的要件，規制，環境要件などのビジネス・ニーズ，②プロダクト・スコープ記述書，③組織のビジョン，組織目的を含む戦略計画書であるとされる［Project Management Institute, 2013, p.68］。一方，わが国の契約企業が EVM を実施する場合には，プロジェクトのアウトカム，IBR のプロセス，リスク分析なども SOW の記載事項に含めるべきであろう。

IBR の具体的な検討事項は何か。それは，次の事項の検討からなる。①報酬および総コスト，②WBS（通常はレベル3まで）と WBS 要素ごとの CA（作業と原価の責任部署），③WBS 要素ごとの計画値および WBS 全体としての計画値である**完成時予算**（budget at completion；BAC），④EVM での評価頻度，⑤コスト評価に適用する各種係数，⑥その他必要な事項の確認と検討，である。

プロジェクトの初期に官と民とが協議した IBR に関して，これまで契約企業のみが負っていたコスト超過のリスクを官民が適切に負担しようとする場合には，受託契約締結後1ヵ月以内に，統合ベースラインを見直したのちに官民合同の会議を開催し，IBR を中心にした協議を行う。評価後の措置として，官

と民は，EVMの評価にもとづき，当該契約の実現可能性を検討する。遅延のリスクがあれば，その原因と対応策を検討し，コストの超過とスケジュール遅延を最小限に抑える努力を払うことになる。

原価の合理性を高めるために，大型の防衛装備品について，政府は納期の遅れや原価の膨張を事前に科学的に分析して納期短縮化や原価低減に役立てることのできるEVMに関する情報を，契約業者に求める。しかし，そのことが企業に二重の負担を強いるものであってはならない。その意味では，現行の原価監査のような会計帳簿等との照合によるものではなく，CAレベルでWBS要素ごとの実コストのデータを日々収集し，集計するためのシステムが正常に機能していることを不断に確認することによって現行の原価監査に代わるものとする必要がある。

IBRの確定値は，EVMにおいて契約業者から報告される実コストの報告書をもって決定する。記入の誤りなどの理由で後日修正が必要となった場合には，官民がその都度，協議して対応する。

以上が，国防省のIBRへの対応であり，防衛省もほぼ上記の対応が検討されているものと想定される。ただ，日本で官民がIBRを巡り一同でお互いが協議するということが実際に可能であろうか。過去の経緯からみると，著者には困難であるように思われてならない。とはいえ，官民ともにそのような困難な状況を是非とも乗り越えて欲しいと願う。

万一，官民の協力が得られない場合には，官民の両方に利害関係をもたない独立のEVMアナリストが防衛省の契約担当官に代わって契約業者のIBRの協議を行う方法なども用意しておく必要があるかもしれない。それは，次章のNASAにおけるIBRチェックのアイディアをヒントにしている。契約業者はIBRのコストとスケジュール・リスクを自己評価するのであるが，その官の仕事の一部を独立の立場にあるEVMアナリストに任せようというものである。その他にも，EVMアナリストには，官と民とを公平に纏めて結論を導く座長（行司）の役割を付与するといった方法も考えられる。

ステップ8：
　承認されたベースライン予算に準拠して，プロジェクト別のすべての直接費

を企業の総勘定元帳に記録する

　この基準は，プロジェクトにいくらの金額をかけるかをプロジェクト・マネジャーに知らせるという簡単な要件のように見える。しかし，企業にとってこのステップは極めて難しい課題である。なぜなら，多くの企業の組織は図12-7の伝統的な組織で見たとおり，機能別に形成されているため[25]，個々のプロジェクトのパフォーマンス情報（例：間接費）を収集しにくいからである。直接費については，作業の進捗に合わせてプロジェクト別に識別することが絶対に必要である。

　アーンド・バリューを使うと，どのようなプロジェクトでも，承認されたプロジェクト予算と実コストとを対比させることができる。その際，次のルールを忘れてはならない。計画値は承認された作業が予算として表現され，さらにそれが総合的な予算に纏められ，その予算がアーンド・バリューを表すということである。

　アーンド・バリューは**コスト・パフォーマンス指標**（Cost Performance Index；CPI）と呼ばれる原価の効率性要因を決めるために，アーンド・バリューを実コストと関連づけなければならない。CPIは**コスト効率指標**とも呼ばれる。それは，費やされた実コストと，物理的に達成された価値関係を表す。つまり，CPIはアーンド・バリュー（EV）に対する実コスト（AC）の比率として，式（12-2）のように表される。

$$\text{CPI} = \text{EV} / \text{AC} \qquad \cdots 式(12\text{-}2)$$

　パフォーマンスの測定にあたって，アーンド・バリューを使用したプロジェクトに見られる1つの特徴は，週基準の適用である。ここで，なぜ週単位の集

---

[25] 日米とも，会計制度は責任会計制度を前提にして構築されている。ただし，責任会計制度は部門の責任者の会計上の責任を問う制度にはなっていても，横串を通すのに必要な原価集計は想定されていない。そのため，伝統的な会計制度ではプロジェクト別の原価の集計は難しい。そのうえ，1980年代までのアメリカ企業の多くの組織は縦割りで，日本の優良企業に見られたような部門に横串を通す風通しの良さが見られなかった。ただ，1990年代以降にはアメリカ企業にも大きな改善の跡が見受けられるようになった。逆に，日本企業のなかには縦割りの組織にとどまる企業もしばしば見受けられるようになった。

計が行われるのかを考えてみたい。

　直接費は，消費または発生した時点で，総勘定元帳[26]に記帳される［Fleming, 2001, p.171］。それでは，パフォーマンスはいつ測定されるべきか。その測定は，週ごとに行う。週ごとのアーンド・バリューの測定は，社内の直接作業時間の計算と直接関連している。会社の作業記録には，週ごとに，計画値，アーンド・バリュー，社内の作業時間が記帳される。しかし，米国企業では直接労務費[27]，製造間接費，購入部品，旅費などは通常，週単位には入手できない。そこで，パフォーマンスの測定では，社内の直接作業時間についてのみが活用される。

ステップ9：
　アーンド・バリューのパフォーマンスを継続的にモニターして，コストとスケジュールとプロジェクトのベースライン計画との差異，つまり，スケジュール差異［（計画値）－（アーンド・バリュー）］と原価差異［（アーンド・バリュー）－（実コスト）］を算定する

　アーンド・バリューを使用するプロジェクトでは，プロジェクトの実施中，原価とスケジュールの結果を，承認されたベースラインと対比させてモニターする。経営者はベースライン計画に対する例外事項に特別の注意を払う。その意味では，アーンド・バリューは経営学でよく知られている**例外による管理**（management by exception；例外管理[28]）の概念に立脚している。

　負のアーンド・バリュー差異は，実施された作業が予定された作業と対応していなかったことを意味している。つまり，プロジェクトがスケジュールされ

---

[26] 総勘定元帳（general ledger）は，仕訳帳（毎日の仕訳を日付順に記帳する帳簿）の内容を勘定科目ごとに転記した帳簿をいう。

[27] 直接労務費は，賃率×直接作業時間で算定される。直接作業時間は毎日測定されるが，賃率は通常，月次の支払金額を作業時間で除して算定する。なお，わが国の「基準」では，職場もしくは作業区分ごとの予定平均賃率によって計算することができる（「基準」12(1)）。なお，賃率差異は当年度の売上原価に賦課または売上原価と期末棚卸資産に配賦する（「基準」45(4)，47(1)）。

[28] 予算管理や標準原価計算では，差異の大きなもの（例外事項）に注意を向けるべきであるという意味である。

ていた作業計画に達しなかったということである。他方，予定されているタスクの背後に隠れている**リスク要因**も評価すべきである。仕事が遅れてスケジュールを割り込んだプロジェクトの遂行に高いリスクがある場合には，遅れた仕事を何とか取り戻す努力をしなければならない。しかし，リスクが低かったり，クリティカルパスのフロート[29]が正であるような場合には，通常，プロジェクトの資源を追加要求することはできないとされている。

(1) スケジュール差異と原価差異

DoDの通称「32のガイドライン」(the 32 Guideline) によれば，契約業者は少なくとも，スケジュール差異と原価差異を計算しなければならないとされている［Kranz and Bliss, 2015, p.55］。図12-8は，スケジュール差異（Schedule Variance；SV）と原価差異（Cost Variance；CV）の骨格を図解している。

図12-8は，図12-4と比較しながら参照されると理解が深まるであろう。図12-8と対比しながら，SVとCVの関係式を図解するならば，両者の関係は式（12-3）と式（12-4）のように表すことができる。

$$SV = BCWS - BCWP \qquad \text{…式(12-3)}$$
$$CV = BCWP - ACWS \qquad \text{…式(12-4)}$$

図12-9は，マネジメント予備，計画上の遅れとの時間と金額の関係も分かるように，ギャレット［Garrett, 2010, p.291］と山戸・永地［2009, pp.80-84］を

図12-8　スケジュール差異（SV）と原価差異（CV）との関係

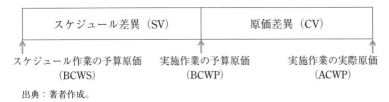

出典：著者作成。

---

[29] CPM（Critical Path Method；クリティカルパスメソッド）は，プロジェクトの活動をスケジューリングするための手法である。クリティカルパスとはプロジェクトの完成までにかかる必要時間を積算した時に最長となる，一連の活動を表す。フロートとは，余裕時間である。

図12-9 EVMにおけるスケジュール差異と原価差異

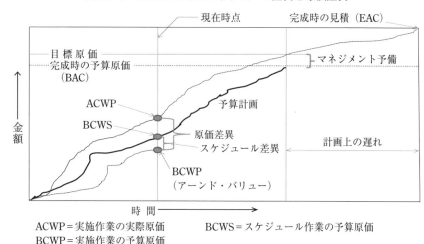

ACWP＝実施作業の実際原価　　BCWS＝スケジュール作業の予算原価
BCWP＝実施作業の予算原価

出典：Garrett［2010, p.291］と山戸・永地［2009, pp.80-84］を参考に，著者作成。

参考にして図解したものである。

(2) 原価効率の差異分析

アーンド・バリューを使用するうえで最も重要なことの1つは，**原価効率**の判断である。作業が予定どおり実施された作業の価値と発生した原価との差額は，原価効率性要因を表す。プロジェクトが，受け取れる価値よりも多くのコストを費やしているのであれば，オーバーラン（コスト超過）の状況に陥っていることを意味する。オーバーランは，通常は，回収不能な状況を意味する。

コスト・パフォーマンスの効率は，契約価格の算定において重要な意味をもつ。それらは，**コスト・パフォーマンス指標**（Cost Performance Indicator；CPI）と**スケジュール・パフォーマンス指標**（Schedule Performance Index；SPI）によって算定される。式（12-5）と式（12-6）を参照されたい。

$$CPI = EV / AC \qquad \cdots 式(12\text{-}5)$$
$$SPI = EV / PV \qquad \cdots 式(12\text{-}6)$$

式（12-5）と式（12-6）から，CPIは式（12-2）で先に算式で示したとお

り，アーンド・バリュー（出来高）を実コストで除したものであり，SPI は出来高を計画値で除したものであることが分かる。

アーンド・バリューから得られる最大の便益は，アーンド・バリューの原価効率の比率がプロジェクト完成の，たとえば 20％の時点から安定してきたということが分かることである。そのため，プロジェクト・マネジャーにとっては，原価効率のモニターが必須である[30]。

(3) 直接労務費差異と直接材料費差異

DoD では，以上の差異分析に加えて，直接労務費と直接材料費の差異分析をコントロール・アカウント（CA）で行うことが要請されている［Kranz and Bliss, 2015, p.57］。式（12-7）～式（12-10）を参照されたい。

直接労務費差異
 賃率差異＝（予算賃率－実際賃率）×実際作業時間　　　　…式（12-7）
 操業差異＝（予算時間－実際時間）×予算賃率　　　　　　…式（12-8）
直接材料費差異
 価格差異＝（予算価格－実際価格）×実際材料消費量　　　…式（12-9）
 数量差異＝（予算数量－実際数量）×予算価格　　　　　　…式（12-10）

直接労務費差異と直接材料費差異の分析方法は，基本的にはわが国の標準原価計算で行われている方法と同じである。ただし，直接労務費の差異分析においては，時間差異ではなく**操業差異**（volume variance）と表現されていることに留意されたい[31]。

---

[30] EVM 基準＃22：少なくとも月次ベースでは，コントロール・アカウントおよびその他のレベルで，実際原価データまたは会計制度と整合性のあるデータを使って，マネジメント・コントロールに必要な次の情報を提供する。①計画上の予算額と，達成した作業について稼得した予算額との比較。この比較から，スケジュール差異が算定される。②稼得した予算額と，同じ作業に対する実際（適切な場合には適用される）直接費との比較。この比較によって，原価差異が算定される。
[31] 標準原価差異分析と違って，予算が介在すると，製造量差異の本質をもつ操業度差異が算定されることになる［櫻井，2015a, pp.203-204］。EVM では，この差異を操業差異と呼称している。

ステップ10：

アーンド・バリューのデータを使って，実際のパフォーマンスにもとづく最終的に必要な原価を予測し，必要な場合には経営者が是正措置を取れるように，継続的にパフォーマンスを評価する

アーンド・バリューにはいくつかの利点がある。その利点の1つに，**完成時原価見積**（Estimate at Completion；EAC）[32]と呼ばれる，迅速かつ独立してプロジェクトを完成するのに必要な総資金を予測できる能力がある。実コストとスケジュールのパフォーマンスをベースライン計画と対比することで，プロジェクトは一定の範囲内で，ジョブを完成させるのに必要な総資金を正確に見積もることができる。

経営者（契約業者）か顧客（政府）のいずれかは，最終的なプロジェクトの原価がいくらになりそうかについては，ある程度まで事前に認識している。最終的な見積原価についてのアーンド・バリューの統計的予測値が，プロジェクトを完成するためにプロジェクト・マネジャーが実施した「公式の」予測よりも大きければ，両者間での予測値の違いを調整しておく必要がある。

プロジェクトのパフォーマンスは，良い結果であることも悪い結果で終わることもある。しかし，過去に起こった結果としての原価は，将来の意思決定には関係のない**埋没原価**[33]でしかない。埋没原価はプロジェクトが過去に達成したパフォーマンスを表している。ところが，パフォーマンスの改善は将来の作業からなされる。改善すべきタスクは現在のプロジェクトに潜んでいるので，それは将来の改善活動に活かすべきである。

アーンド・バリューでは，目標とする日までに達成すべき原価とスケジュールがプロジェクト・マネジャーによって計量化される。その日までに達成した過去の結果が経営者の望んだ結果に達しなければ，残された作業を順調に実施

---

[32] 国防省では，ガイドライン27［Kranz and Bliss, 2015, p.61］を参照されたい。完成時推計コストと呼称することができよう。

[33] 将来の意思決定にとって関係のない原価のことを埋没原価（sunk cost）いう。埋没原価のことは，1950年代から1960年代初めまでは，①過去に発生した原価，とか②回収不能の原価と解されることもあったが，現在では，③意思決定に関係のない原価と解されるようになってきた。

して損益への良好な影響を及ぼすべく，より積極的に原価低減活動と納期の短縮化に努力することが求められる。ここで留意すべきことがある。納期の短縮化は早期に防衛装備品を政府に提供できるだけでなく，その分だけ人件費の節減になるということである。逆にいえば，納期が遅れれば，その遅れた分だけ余分に人件費がかかることを意味する。

　アーンド・バリューは達成した作業の価値を正確に計量化できるので，原価の発生を経営者が設定したプロジェクトの目的の範囲内に収まるように，将来の作業の価値を計量化することができる。最終的な原価の結果を予測する最も優れた方法の1つは，設定された原価効率を参考にしてプロジェクトを設定することである。しかし，狭い限定的な範囲内でも，原価効率が良くなったり悪くなったりする。そのような理由から，完成度を測定するための公式として最も一般的な見積値には，完成時予算であるBACが用いられる。BACは時間軸を用いて表現した完成時の総予算であって，コスト・パフォーマンスを測定，監視，コントロールする目的で活用することができる。

　是正措置（corrective action）とは，プロジェクト作業のパフォーマンスをプロジェクトマネジメントの計画書に沿うように是正する意図的な活動［Project Management Institute, 2013, p.81］のことをいう。PDCA[34]（計画，実施，コントロール，行動）のマネジメント・サイクルでは，是正措置は行動（action）ないしA（図12-1との関係では，終結）に位置づけられる。

　是正処置のことは修正行動ともいわれる。承認された計画の変更を実行するには，是正措置の他，必要に応じて，予防措置，欠陥修正が行われる。

図12-10　PDCAと是正措置の関係

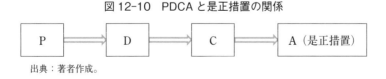

出典：著者作成。

---

[34] PDCAのマネジメント・プロセスには，戦略観が欠落している。戦略の重要性が大いに高まってきた今日，そのことを日本の経営者は銘記しなければならないと思う。Pを計画ではなく企画と呼び換えて実態を糊塗しても実態は変わらない［櫻井, 2015a, pp.6-7］。

ステップ11：
　すべての変更を承認または否認することによって承認されたスコープを管理し，承認された変更をプロジェクトのベースラインにタイムリーに組み込む

　プロジェクトの開始時に準備されたPMBは，プロジェクトの期間中，ベースラインに対して提案されたすべての新しい変更管理にも有効である。プロジェクトのすべての変更要求には，承認・拒絶の如何にかかわらず，迅速に対応する必要がある。すべてのプロジェクト・マネジャーはその要求を拒絶するだけの権限をもつ。プロジェクト・マネジャーは個々のあらゆる変更点をしっかりと管理していなければならない。承認されたベースラインを予定どおり実施することは，プロジェクトのスタート時点におけるプロジェクト・スコープの最初の定義という意味で，挑戦的な仕事である。[35]

　EVMの原価はどのように集計し差異分析するのか。DoDによれば，直接費は通常WBSの第3段階までのCAで集計する。製造間接費の期中の集計には製造間接費予算を活用する。製造間接費の配賦は，契約業者の手続きに従って適正に実施する。CAで直接費が適正に集計されていることを確認するために，内部統制が適切に実施されていることが要請される。差異分析は，月次に原価差異とスケジュール差異を実施し，差異報告書を作成する［Kranz and Bliss, 2015, p.45, 47, 55］としている。

　EVMの導入にかかる相応の費用は，官が契約金額のなかで負担する。導入費用の負担方法は，①製造間接費，②製造間接費と製造直接費，③製造直接費のいずれかが考えられる。EVMに関わる費用には製造直接費だけでなく製造間接費も少なくない。そこで，製造間接費は配賦計算を通じて，製造直接費はプロジェクトに直課させるのが契約原価の可視化を図るためには望ましい。

　原価監査に関していえば，現行の原価監査のような会計帳簿との照合を中心とした監査は行わない。現行の原価監査に代えて，IBRを原価監査に代わるものと認定する。ただし，その条件には2つある。1つは，受注会社はコストの

---

[35] EVM基準＃28：承認された変更をタイムリーな方法で組み込み，変更の効果を予算とスケジュールに記録する。変更の協議に先立って，そのような改定がプログラム組織に対する見積額と予算額に及ぼす影響を基礎とすること。

発生源となるCAレベルでWBS要素ごとの実際コスト・データを日々収集し集計するシステムが正常に機能していることを不断に確認することが必要である。いま1つは，取得対象の装備品に関するWBSが適切に作成され，各WBS要素に関係するCAごとに原価がもれなく正確に収集され，集計するシステムが整っていることである。

　EVMのステップの説明を終了するにあたり，IBRを防衛省に定着させることの意義を述べておきたい。第1章で述べたとおり，わが国の防衛契約は，契約業者にとって片務的であるといわれている。官と民の間には情報の非対称性が存在し，それによって契約業者にはモラルハザードが生じている。しかし，IBRの着実な実施に成功すれば，IBRをもって原価監査に代えることができる。当面は，パフォーマンス基準制度が研究試作・開発段階における先進性の高いプロジェクトについてのみに適用されるにすぎなくても，IBRを導入することによって官民の間で情報の非対称性が解消され，官と民との関係に米国並みのwin-winの関係が生まれるのであれば，廉価で品質，機能・性能に優れた防衛装備品の開発と生産が期待できるようになる。

5　EVM LiteとFAR，DFAR-Sとの整合性

　フレミングとコッペルマンが述べてきたことは，10の単純なステップからなるEVMを，まずは限定的な方法で導入し，その後，必要に応じて完璧を目指すというアプローチである。では，EVM Liteの成果物は何か。また，この簡略版はFARやDFAR-Sが想定しているEVMSと整合性があるのか。

(1)　各ステップで提供される成果物

　前節では，EVMに最低限必要な11のステップの内容を考察した。各ステップには，ANSI/EIA 748の基準に沿った成果物の提供が必要となる。以下本項では，EVM Liteの基準に従って，各ステップの成果物のリストを掲げる。

　表12-1で，ステップ1の作業の分解構造を表すWBSを準備する。契約業者は，IBRの準備をする。ステップ2では，作業担当者を選任するための職務分担表を欠かすことはできない。ステップ3で，作業計画とスケジュールを立

表 12-1　11 のステップから得られる成果物

ステップ	各ステップの成果物
1	WBS 図，WBS 辞典，WBS インデックス／コーディング，プロジェクトの目的リスト・成果物リスト・仕様リスト，IBR の準備
2	職務分担表，自製か購入かの分析，調達リスト（材料明細表）
3	プロジェクトのタスク一覧表，制約／インターフェイスの識別，クリティカルパスの識別，プロジェクトのマスター・スケジュール，プロジェクト別のリスク一覧表
4	すべての作業の見積もり，マネジメント予備，全認可済み作業の公式予算
5	全タスクのパフォーマンス測定のためのマトリックス
6	コントロール・アカウント・プラン（CAPs）の階層
7	官と民によって協議・作成された IBR
8	月次の実際原価報告書発行のための会計データ，週次の作業時間報告書を発行するための会計データ，コスト・パフォーマンス指標（CPI）
9	スケジュール差異（SV）とスケジュール・パフォーマンス指標（SPI）の算定，原価差異（CV）とコスト・パフォーマンス指標（CPI）の算定
10	完成時原価見積（EAC）の有効範囲を予測
11	プロジェクトの変更のコントロール手続き・コントロール・ログ IBR の確認

出典：Fleming and Koppelman［2007, pp.1-10］の 1 と 7 に IBR を加えて作成。

てるには，クリティカルパスが効果的である。ステップ 4 では，経営トップの認可を受けた予算編成が中心的な課題となる。ステップ 5 では，ガントチャートを使ったスケジュール・マトリックスが EVM の推進に大きく貢献する。ステップ 6 では，CAPs が役立つ。CAPs の理解を深めるには，図 12-6 と図 12-7 を参照されたい。ステップ 7 では，官と民によって協議・作成された IBR が成果となる。ただし，IBR はこのステップですべて終了というわけではなく，ステップが終了されるまで継続的に官民によって記録・保持される。ステップ 8 では，原価報告書や作業時間報告書といった原価計算関連データが主要な成果物となる。ステップ 9 では，スケジュール差異（SV），スケジュール・パフォーマンス指標（SPI），原価差異（CV），およびコスト・パフォーマンス指標（CPI）が重要な役割を果たす。ステップ 10 ではプロジェクトの実行に必要な必要経費を明示できる完成時原価見積（EAC）表が重要な役割を果たす。最後のステップ 11 では，IBR の確認が必要となる。[36]

(2) EVM Lite の FAR, DEAR-S との整合性

EVM Lite は，DoD の ANSI-EIA 基準 748 と矛盾しない。そのことについては，フレミングとコッペルマンの両氏が述べているだけでなく，オラクル社の白書もまた，「10 の手順（ステップ）は，各項に記述しているアーンド・バリュー・マネジメント・システム（EVMS，ANSI/EIA 748 標準）の特定の基準にそれぞれ対応」[ORACLE, 2009, p.3] しているからだと述べている。

DoD は，アーンド・バリュー・マネジメントシステムが米国規格協会／米国電子機械工業会の基準 748，アーンド・バリュー・マネジメントシステムス（ANSI/EIA-748）の EVMS ガイドラインに準拠していることを義務づけている。それは，48 CFR 252.234-7001 Notice of Earned Value Management System で確認できる。加えて，近年では，IBR が義務づけられている。そのため本書の修正 EVM Lite では，現時点での国防省からの要請を取り入れて，トータルで 11 のステップとして構築した。

政府と契約業者の間では，契約にもとづかない企業が実施している EVM とは違って，計画された EVM が予定どおり実施されているかについての確認が必要となる。IBR は，契約業者のパフォーマンス計画とマネジメントコントロール・システムに固有のリスクを官と民が共有している必要がある。そのために行われるのが IBR である。

これらの点に関して，著者は日本の防衛装備品の契約業者と深いかかわりを有するグレンハート氏に，EVM Lite が米国政府の要請に応じうるかを確認した。同氏の回答は，It depends（その内容によって異なる）ということであった。著者も全く同感である。少なくとも，フレミングとコッペルマンの 10 のステップに加えて，IBR のステップが 1 つ追加的に必要になることだけは是非とも留意しなければならない。

---

36 IBR は事後的に監査するためではなく，事前に官と民が互いに協議して優れた防衛装備品を開発・生産しようとするものである。しかも，IBR をもってこれまで行われてきた原価監査に代えようとするものであるから，契約監査官にはこれまでのように監査や原価計算の知識だけではなく，工学に関する深い知識も必要となる。ただし，IPR の官民の協議を防衛省が EVM の導入を真剣に検討するのであれば，将来に備えた人材の確保と教育には，いまから準備を始めておく必要がある。

6 EVMによって得られる効果

　企業がEVMを実施するには十分な知見と時間とコストが必要である。そのためもあり，多くの日本企業はこれまでは必ずしもEVMの導入には積極的ではなかった。しかし，EVMによって得られる効果を考えれば，大型の研究試作や開発にはEVMを導入するのにかかるコストを上回る多大な便益[37]が得られるはずである。そこで最後に，防衛省，契約業者，国民が得られる便益を述べることにしよう。

　まず，**防衛省**が得られる便益であるが，EVMの導入によりコスト超過の未然防止に役立つ[38]。さらに，計画どおりの防衛装備品を納期どおり取得できるようになる。加えて，官民による最良の防衛装備品の追求により，高い機能をもった防衛装備品を取得することができる，といった効果がある。ただ，防衛省ではEVMに深い知見と見識をもった専門家を育成することが必要になる。

　契約企業にとっては，プロジェクト別にコストを管理することでプロジェクト別の採算管理がさらに有効となり，技術基盤が強化される。また，コストが可視化されることで生産性と競争力の向上が見込まれる。その結果，適正利益を得ることができる。加えて，パフォーマンス基準制度にもとづく契約形態が選択できるようになれば，パフォーマンスを向上させることがプロフィットシェアリングの導入によって政府と契約業者の利益の増加に結び付くようになる。さらに，日本がEVMを導入することで，EVMを前提で仕事をしている米国との共同開発もスムーズになり，国際競争力の向上も期待できる。

　しかし，官とは違って，EVMを導入し，それを運用する民間企業には，EVMの導入費用がかかることのほか，企業でもEVMを専門とする優秀な技

---

[37] 便益（benefit）とは，決算上の利益ではないが，計量化しようとすれば計量化が可能な効果である。たとえば，工場を自動化すれば人件費が減少する。その人件費の減少は決算上の利益として計算できる。しかし，工場を自動化することによって，人件費の削減だけでなく，納期短縮化，危険作業の減少，床面積の削減，品質向上といった効果も得られる。それらの効果のことが便益と称される。便益による効果は，機会原価として計算するか，またはKPI（主要業績評価指標）として評価する［櫻井，2015，p.516, p.780, p.810］。

[38] 現実には，財務省が当初から予算要求を下げてくるため，コスト超過はありえないようである。

術者を雇用・教育しなければならない。官は，EVM の導入と運用には企業にとって多額の費用と多くの知見が必要になるということを十分に認識しておかなければならない。

　最後に，**国民**にとっての効果であるが，EVM の導入によって国家予算の効率的な執行が期待できる。さらに，コストを可視化することによって防衛装備費の金額の透明性が高まる。それらのことによって，最終的には防衛装備費の抑制に繋がり，納税者の負担軽減に繋がる。

　EVM の導入によるコスト・データの積み上げは，次の防衛装備品の適正な予測と評価にも役立ちうる。そのことは，合理的かつ効率的な次期の予算獲得にも貢献するものと期待される。

ま　と　め

　本章で中堅企業のための EVM の簡易版を提案したのは，2014 年度の防衛基盤整備協会の報告会を兼ねた講演（講演内容は，櫻井［2015b, pp.77-132］）で，聴衆者の 1 人から，「米国流の EVM では導入コストがかかりすぎて導入のメリットはない」という趣旨の意見が提示されたことによる。

　そのため本章においては，防衛省と契約業者が EVM を使いやすく活用できることを目的に，フレミングとコッペルマンが執筆している 10 のステップを参考にするとともに，ステップを 1 つ追加し，さらにそれに図，脚注および解説を加えて，日本型の修正 EVM Lite を提案したのである。

　プロジェクトマネジメントの専門家にとって，EVM の概念を理解し使いこなすことは決して難しいことではないかもしれない。しかし，EVM の専門家ではない企業経営者が EVM の全体系を理解しそれを実施することは容易なことではなかろう。フレミングとコッペルマンは，10 のステップを適用することで，経営者にも効果的なアーンド・バリューの導入が可能であると述べている。また，これら 10 のステップは，どのようなプロジェクトでも，どのような規模の，どんな業種にも適用できるようになり，アーンド・バリューはいまや大衆のものとなったとも述べている。

　しかし，本章で参考にしたフレミングとコッペルマンのペーパーを読んだだ

けでは，EVM 専門家ではない経営者が EVM Lite の内容を容易に理解できるとは到底思えない。オラクル社からも EVM Lite 白書と称する小冊子とその翻訳が出されているが，その内容もまた本章が参考にした原典の内容と大差はない。その理由は，2008 年にはオラクル社がフレミングとコッペルマンの所属するプリマヴェーラ社（Primavera Systems. Inc.）を買収したこともあって，いずれも同じ原典（見解）をもとに執筆しているからである。

著者が日本の契約業者との対話を通じて感じてきたことは，日本の契約業者は EVM の導入に対しては"やらされ感"が充満していて，対応策なしでEVM の導入を推し進めることは決して業者だけでなく防衛省にとっても最善の策だとは思われないということである。

以上を踏まえたうえで，著者は EVM を日本企業に導入させ，それを普及させるためには，少なくとも 3 つの対策が必要ではないかと考えている。

第 1 は，本章で述べたような簡単に導入できる EVM システムを用意することである。実務への導入にあたっては，本章で提示したモデルでは，まだ検討すべき余地が多く残されていることは十分に認識している。この修正 EVM Lite を出発点として読者の批判を受け，さらなる深掘りがなされることがあれば，著者の慶びとするところである。

第 2 に，EVM を導入するのには，コストがかかる。そのコストをすべて契約業者に被せて EVM の導入を進めることは，政府として虫が良すぎるのではないかというのが契約業者側の不満の最大の原因である。著者は，契約業者がこのような不満を覚えていることに対しては理解ができる。第 10 章で述べたように，米国の DFAR-S ではそのコストを補償している。本書では，その規定に従って EVM に要したコストを契約業者に補償する仮設の算定例を策定した。その理由は，日本政府も EVM Lite を導入した契約業者にはその応分の額を補償するシステムを制度化する必要があると考えたからに他ならない。[39]

第 3 に，EVM も決して万能ではない。原価低減と納期の短縮化には貢献しえても，品質の向上への役割には多くを期待することはできない。そこで，EVM の短所を補う方策の 1 つとして，原価企画［櫻井，1988，pp.17-23；

---

[39] 過去の財務省の厳しい査定を見ると，この補償は難しそうには見えるが，官は自らの都合だけを考えるのではなく，契約業者の痛みも理解することが必要であるように思われる。

Sakurai, 1989；櫻井, 2015a, pp.305-346] を提案したい。品質には設計品質と適合品質とがある。製造現場では，品質が当初に設計者が意図した品質に適合しているか（設計品質）が重要であるが，政府にとってさらに重要なことは，製品がユーザーである防衛省の要求する品質を満たしていること（適合品質）である。原価企画は，設計品質を満たすだけでなく，防衛装備品であれば防衛省が要求する品質（例；戦闘能力）をも向上させるとともに低コストで製品を作り込んでいくことで真にすぐれた製品を開発・生産することができる。原価企画については，次章の第5節で補足説明を加える。

　EVMおよびEVM Liteの導入には，以上の準備を十分に行った上でなされなければならない。ただ，本章には残された課題もある。それは，ここで提案したEVM LiteをFARとDFAR-Sが全面的に容認するか，それとも内容しだいであるかを確認する必要があるということである。

　防衛省と契約業者が，本章で紹介した簡易版EVM（EVM Lite）を応用することで，無理なくEVMの導入に成功することができることがあれば，それは著者の望外の慶びとするものである。

〈参考文献〉

角田昌嗣「実践的なEVMの活用方法」*Journal of the Society of Project Management*, Vol.5 No.3, 2003年。

櫻井通晴「ハイテク環境下における原価企画（目標原価）の有効性」『企業会計』Vol.40, No.5, 1988年。

櫻井通晴他『ソフトウェア原価計算—原価管理・価格決定・資産評価のために—［増補版］』情報サービス産業協会編，白桃書房，1992年。

櫻井通晴『新版 間接費の管理—ABC/ABMによる効果性重視の経営—』中央経済社，1998年。

櫻井通晴『バランスト・スコアカード—理論とケース・スタディ—［改訂版］』同文舘出版，2008年。

櫻井通晴『原価計算』同文舘出版，2014年。

櫻井通晴『管理会計［第六版］』同文舘出版，2015年a。

櫻井通晴「アーンド・バリュー・マネジメント（EVM）の適用可能性」『企業が国際共同開発に参加する場合の契約制度上の課題等（その2）』防衛基盤整備協会，2015年b。

櫻井通晴「中堅プロジェクトのためのEVM Lite」『企業が国際共同開発に参加する場合の契約制度上の課題等（その3）』防衛基盤整備協会，2016年。

防衛基盤整備協会『防衛省 中央調達関係法令集（平成28年改訂版）』防衛基盤整備協会出版局，2016年。

矢崎裕幸・山口和夫「プロジェクトマネジメントシステムと WEB コラボレーションによる情報共有化」『三井造船技術』No.205, 2012 年 3 月.

山戸昭三・永地恒一『WBS／EVM による IT プロジェクトマネジメント』ソフト・リサーチ・センター, 2009 年.

Ernst, Keith D., "Department of Defense," *Earned Value Management Implementation Guide*, October 2006.

Fleming, Quentin W., Earned Value Management, …an analysis of the EVM Criteria…, Website：http://www.QuentinF.com, 2001.

Fleming, Quentin W. and Joel M. Koppelman, *Earned Value Project Management*, 2nd ed., 2000.（PMI 東京（日本）支部監訳『アーンド・バリューによるプロジェクトマネジメント』日本能率協会マネジメントセンター, 2004 年）。日本語訳は参考にはさせていただき, 得るところ大であったが, 本書の訳語は必ずしもすべて本書の日本語訳に準拠したわけではない。

Fleming, Quentin W. and Joel M. Koppelman, Start the Earned Value Process with "Earned Value Lite" …on All your Projects, 2007. Retrieved from http://www.nu-solutions.com/downloads/earned_value_lite.pdf
（2015 年 9 月 15 日現在では, 上記の HP は, 表題が次のようになっていた。Earned Value Lite for the Masses；Start the Earned Value Process with "Earned Value Lite" …on all your Projects.）

Garrett, Gregory A., Earned Value Management Systems, Chapter 11 in *Government Contract Cost Accounting*, Wolters Kluwer, 2010.

Kranz, Gordon M. and Gary R. Bliss, Department of Defense, Earned Value Management System, Interpretation Guide, February 2015.

ORACLE「Earned Value Lite：アーンド・バリュー・マネジメントをあらゆるプロジェクトで使用するために」Oracle White Paper, 2009 年 5 月。(この「白書」なるものは, ANSI/EIA-74 に関連付けられているので, 本章で述べている Earned Value Lite と出典は同じである。)

Project Management Institute, *A guide the Project Management Body of Knowledge* (PMBOK®), Fifth Edition, An American National Standard ANSI/PMI, 2013.（Project Management Institute,『プロジェクトマネジメント知識体系ガイド』第 5 版 PMBOK ガイド, プロジェクトマネジメント協会, 2013 年）。

Sakurai, Michiharu, "Target Costing and How to Use it," *Journal of Cost Management*, Summer, 1989.

第 13 章

EVM 導入の現状と課題，課題解決の提案

はじめに

　製品およびサービスの業者が少数しか存在せず，競争入札が適切でない業界では，契約は，原価加算契約にもとづいて原価に利益を加算する，いわゆる**コスト・プラス方式**（cost plus pricing method）[1]によるのが一般的である。防衛装備品の調達においては，伝統的に原価加算契約にもとづくことが多いとされてきた。しかし，米国の国防省の契約制度では，近年，パフォーマンス基準にもとづく契約価格と原価の算定方式を導入する傾向が強まってきた。その結果，**原価補償契約**にもとづく契約方式にも変化がみられてきた。

　契約価格の方式に関して，オイヤー［Oyer, 2011, p.14］は次のように述べている。原価補償契約は第一次世界大戦の開始後に始まった。第二次世界大戦以降は，1960 年代を通じて契約は原価補償契約か FFP 契約による方式が定着した。その後，FP 契約のバリエーションが活用されるようになった。FP 契約では，一般に契約業者の負担するリスクが高まる。当時は原価補償契約，FP 契約のいずれも，契約価格は実際原価にもとづいて決定されていた。1990 年代のなかばになると，FP 契約のもとで，廉価でより多くの購入が可能になるように，コモディティ（市場で流通している商品が個性を失い，どの業者の商品でも大差がない状態にある商品）の定義が拡張され，監査を前提にした原価

---

[1] 内容的には，コスト・プラス・利益の意味。正確には Cost plus markup method である。原価＋利益によって価格決定を行う方式。市場の諸条件を勘案して価格を決定する競争価格とは対照的である。なお，国防省の原価補償契約は防衛省の原価計算方式とは異なることに留意されたい。

補償契約の活用が大幅に減少した。原価補償契約だけでなく FP 契約を活用する機会が多くみられるようになるなかで，国防省では納期管理の推進とパフォーマンス基準にもとづく契約制度を活用する目的で，アーンド・バリュー・マネジメント（Earned Value Management；EVM）を導入するようになったという。

日本の契約業者は，前章で明らかにしたとおり，実際に EVM を導入している企業は少ないし，EVM の導入には消極的な契約業者が少なくない。しかし，今後わが国の企業が国際的な競争力をつけ，米国と対等な立場で防衛装備品の共同開発を実施していくには，EVM の導入は必須である。それでは，米国の組織は EVM をどのように導入してきたのか。

本章では，日本の防衛省における EVM の円滑な導入と活用を促進することを目的に，クワークとアンバリ [Kwak and Anbari, 2012, pp.77-87] を参考にして NASA（National Aeronautics and Space Administration；米国航空宇宙局）のケースを紹介する。その目的は，米国の政府機関ではどのように EVM 導入を図ってきたかを解明することによって，日本の防衛装備品の契約業者への EVM の導入を促すことにある。以下では，その事例をもとに，日本での EVM 導入の留意点を述べるとともに，NASA のケースから得られた知見をもとに，若干の提案を行う。

1　NASA における EVM 導入の経緯

歴史的に，宇宙開発計画は政府の資金によって実施されてきた。しかし，現在の宇宙開発のビジネス・モデルは，設立当初とは異なり，民間の商業的な要素を含む宇宙開発プロジェクトに変貌してきている。

NASA の年間予算は，米ドルで約 180 億ドル[2]である。政府の NASA に対する支出は納税者の負担からなる。NASA が EVM を導入しようとしてきたのは，EVM を活用すれば，プロジェクトをより**効果的・効率的**に遂行することによって**納税者の負担を軽減**できると考えたからである。つまり，NASA で

2　論文発表当時。$1＝110 円と仮定すれば，約 2 兆円になる。一方，日本の JAXA の年間予算は 1,534 億円（2016 年），職員は 1,534 人。JAXA の 2017 年度概算要求額は 3,303 億円（要求額：2,548 億円＋優先課題推進額：754 億円）。

EVMが活用されてきたのは，EVMによればプロジェクトの支出を追跡・管理して，開発スケジュールのパフォーマンスを効果的に管理できると考えられたことによる。

1997年2月，NASAは「NASAポリシー・ディレクティブ（NPD）」9501.3 *Earned Value Performance Measurement* を発表した。その趣旨は，NASAの契約にEVMを導入する基礎を提供することにあった。そのNPDが発表される以前は，NASAの場合にはパフォーマンスの測定システムに関して個々の政策によっていた。この1997年のディレクティブでは，NASAのプロジェクト・マネジャーに，契約におけるEVMの導入が促された。NASAの監察総監室とGAOは定期的に当面のプロジェクトの査察を実施し，EVM関連の統合と改善のための勧告を行っている。これらの勧告において，NASAがEVMを適用してきたプロジェクトの長所と短所が指摘されてきた。クワークとアンバリのケース・スタディは，これらの勧告を参考にして執筆されている。

(1) NASAの組織とプロジェクト

NASAの組織構造は2つの主要なレベルの管理責任のうえに成り立っている。それは，NASAのマネジメントと戦略的エンタープライズ・マネジメントであって，それらにはマネジング・センターとプログラムが含まれる。

戦略と方針は多数の運営評議会と理事会を通じて策定される。評議会や理事会は個々のエンタープライズ間，および政府の諸機関（Agency[3]）とエンタープライズ・マネジメントのレベルとの間での活動と計画を調整している。NASAはまた，プログラム／プロジェクト&エンジニアリング・アカデミー（Academy of Program/Project & Engineering Leadership；APPEL）と呼ばれるユニークな組織をもっている。このアカデミーでは，プログラム／プロジェクトマネジメントとエンジニアリングを推進し，カリキュラムの提供，知識の共有，パフォーマンスの向上および研究を推進する役割が与えられる。

NASAが行っているすべてのことは，基本的にプログラムとプロジェクトの管理に関係する。NASAはそのミッションを5つのカテゴリーに区分してい

---

[3] agencyというときには，英国や日本でいう独立行政法人はいうに及ばず，官公署，各種の行政執行機関（例；資源エネルギー庁）などが含まれる。

る。それは，①宇宙空間での活動，②探査，③航空学と宇宙の研究と技術，④科学および⑤教育である。宇宙空間での活動と科学のミッションは5つのカテゴリーのなかでは最も大きな部分である。

NASAでは，すべてのミッションはプロジェクトマネジメントとの関係で定義づけられている。ミッションの定義づけでとくに強調されているのは，総合的な制度の観点からプロジェクトを検討しリードできる専門的な人材を育成することにある。

(2) NASAのEVMに関する要求事項と法規制

現在，NASAは強固なプログラムとプロジェクトマネジメントが可能となる基盤を確保している。NPD 7120.5—*NASA Space Flight Program and Project Management Requirements* と NPD 7120.7—*NASA Information Technology and Institutional Infrastructure Program and Project Requirements* は，次の条件で，NASAのプロジェクトにEVMを使用するよう指示している。

① 2,000万ドルから5,000万ドルの価値をもつ契約と下請契約に対して，契約業者はANSI/EIA-748に準拠すること。

② 5,000万ドル以上の価値をもつ契約と下請契約に対して，契約業者は連邦政府によってEVMSの有効性が認められ，受諾されていること。

③ EVMがプログラム・マネジャーの判断によって，基礎研究や応用研究プロジェクトはもちろんのこと，非開発的なプログラム，経常的な活動，および管理者的／整備的なメンテナンスのサービスに適用されること。

④ 契約業者は，EVM計画が妥当か否かを判断するために，DCMAを活用すること。

政府業績成果法（Government Performance and Results Act；GPRA）は，各執行機関に業績目標を設定させることにより，業績評価を行い，最終的に予算配分と関連づけることを目的とした制度改革の1つである。行政管理予算庁の長官に戦略的計画の提出と年次の業績計画を策定させている。

---

4 後述する3つのケースとの関係では，①がハビタット・ホールディングラック，②がジェット推進研究所，③がコンストレーション計画に相当する。④と⑤は3つに共通すると解してよかろう。

連邦調達合理化推進法（Federal Acquisition Streamlining Act；FASA）の Title V は，政府の諸機関の責任者が主要な調達物品に対する原価，パフォーマンス，スケジュール[5]の目標を定義づけ承認し，平均して10％の原価低減と，パフォーマンスとスケジュールにはそれぞれに適合した目標の達成を求めている。

FARとの関係では，EVM導入の意図に関する通告だけでなく，契約に関する募集等に関して，NASA連邦調達規則-補足[6]（NASA Federal Acquisition Regulation-Supplement；NASA FAR-S）における募集と契約条項が用いられる。NASAのプロジェクトで，EVMを使用しない場合，プロジェクト・マネジャーは，ウェイバー条項[7]を了解してもらうために，NASAのチーフ・エンジニアにその旨を申請しなければならない。要するに，柔らかい表現ではあるが，NASAのプロジェクトでは，実質的にEVMが義務付けられている。

国防省の連邦調達規則であるDFAR-Sでは，5,000万ドル以上（2015年現在）の契約には，ANSI/EIA-748のガイドラインに従ってEVMSを義務付けている（DFAR-S 252.234）。なお，EVMにはFFP契約が好ましくないことも記述されている。表13-1は，パフォーマンス基準とEVMに関連した連邦政

表13-1　パフォーマンス基準とEVMに関する連邦政府の主要な法律と法規制

年代	タイトル	追加情報
1993	政府業績成果法（GPRA）	連邦政府の金額を使った全プログラム
1994	連邦調達合理化法 Title V	平均，目標の90％の目標達成を要求
2006	連邦調達規則（FAR）	48 CFR part 34, subpart 34.2, EVMS
2008	国防連邦調達規則-補足（DFAR-S）	DFAR-S は FAR の補足 DoD 特有の EVM

出典：Kwak and Anbari［2012, p.80］をもとに，本章に必要な事項のみに絞って掲載した。

---

[5] 原価低減の他は具体的な例示は明示されていないが，たとえば，納期の遅れを現状の4日ではなく2日に短縮することなどが考えられる。これら原価低減と納期管理に最も効果的と目されているのが，EVMである。

[6] 連邦調達規則（FAR）の補足。国防省にはDFAR-Sが設けられているのに対応している。

[7] 通常は自発的な権利の放棄を意味する。ここではウェイバーは実際にはやるべきことをやらないと申し出ることから，権利の放棄というよりも，指令の拒絶と表現すべきであろうかと思われる。その意味では，面白い英語表現である。

府の主要な法律と法規制である。

(3) NASAにおけるEVMの教育訓練

NASAでは，教育訓練のカリキュラムが設けられている。そのカリキュラムは，NASAのスタッフ全員のために，プロジェクトマネジメントのプロセスをサポートし，かつNASA全体に一貫した実務を定着させている。それには，教育訓練のためのコースとスケジュールが計画され，リーダーシップ，スケジューリング，EVM，データ・アナリシスを含む，NASA全体にまたがる教育訓練のカリキュラムが含まれている。

NASAは *EVM Implementation Handbook*［NASA/SP-2012-599, 2013］と題する手引書を発表している。その手引書では，EVMの導入手続き，プロセスおよびEVMをNASAのプログラムとプロジェクトに導入するための詳細な手引きが示されている。加えて，必要条件の明確な定義，実行プロセスのための責任といったことまでも記述されている。また，手引書とはいえ100頁を超えるモノで，NASAでのEVMの導入から事前と事後のアワード手続きまで記述されている。日本人の目から見ると，完璧とも思える"手引書"である。

(4) NASAにおけるEVM導入のステップ

EVM実施のためのステップは5つからなる。そのアプローチの概要は，次のとおりである。

ステップ1　統合ベースライン・レビュー（integrated baseline review；IBR）によるレビュー

このステップは，NASAにおけるIBRプロセスのための標準的指針を示している。IBRの利用を予定しているのは，プロジェクト・マネジャー，プロジェクト・スタッフおよびEVMの技術者である。IBRはこれらの専門職担当者に技術上の評価における標準的な指針を与えている。その目的は，プロジェクト・マネジャーがプロセスの当事者としての責任意識をもち，IBRの責任を定義づけることにある。

前章で見たとおり，IBRは国防省においてもその導入と運用が契約業者に義

務付けられている。しかし，国防省と全く異なることが1つある。それは，国防省では，官と民が互いに集まって検討を行うことが前提になっていることである。ところが，NASAでは，契約業者は各プロジェクトにEVMアナリスト（EVM Analyst）を選定しておいて，そのEVMアナリストが指定した機能のうちの1つとして実施する［NASA/SP-2012-599, 2013, p.2-3］。このアイディアは，国防省の対応と比較すると，極めて現実的な対応であるように思われる。

なお，契約業者は，契約アワードが与えられた6ヵ月後，およびベースラインに大きな変更が加えられている場合には，ベースライン変更後の6ヵ月以内に，PMBプランを政府に提示することが義務付けられている［NASA/SP-2012-599, 2013, p.B-1］。

ステップ2　プロジェクト・スケジュールの検閲

このステップでは，プロジェクト・マネジャーが，**スケジュール健全性評価**（schedule health assessment）と呼ばれるプロジェクト・スケジュールの評価——プロジェクト・スケジュールの健全性と妥当性の評価——を実施する。スケジュール健全性評価は，プロジェクトマネジメントのためのスケジュールの信頼性と実施可能性を支援する計量的・評価的な評価の手法である。スケジュール健全性評価の目的は，ライフサイクル計画を評価し，併せてEVMプロセスを改善し，IBRのためのスケジュール健全性評価を支援し，プロジェクトの実施期間にわたってプロジェクトの健全性をモニターすることにある。

ステップ3　統合情報システム

内部でのEVMの利用を通じて，プロジェクト・レビューの概念を適用するために，情報システムが用いられる。機能を高めたEVMのサーバとデータベースのコンフィグレーション[8]を利用することによって，NASAは，NASAプログラムとプロジェクトの計画設定，実行および業績管理の機能を高める実践的な組織に固有のEVMを，プロジェクト・マネジャーに提供している。

この**統合情報システム**はまた，小規模なプロジェクトに対して，基本的な業

8　コンフィグレーション（configuration）とは，サーバやデータベースなどの設置のことをいう。

績管理ツール，ユーザーフレンドリーなインターフェイス，スケジューリングのケイパビリティとインターフェイス，分析と報告機能，および標準的なソフトウェアを提供している。NASAのデータ要求ドキュメントではコスト・パフォーマンス報告書の活用が要請されており，またその報告書の構造が公式化されている。NASAにおけるEVMの優れた特徴は，モニターの機能が下部に委譲されている点にある。

ステップ4　自動データ分析

　自動データ分析システムの利用を通じて，データの継続的なモニターが可能になる。また，前述の統合情報システムを利用することで，EVMの計算を行う自動分析能力を通じて行われるEVMデータのタイムリーで定常的な分析が促進される。これにより，リアルタイムでのプロジェクト関連の意思決定が可能になる。

　自動データ分析能力は原価とスケジュールのドライバーを迅速に識別し，いつ完成するかの独立の見積書を提供し，中央データベースのデータを生成する。中央データベースは，NASA全体にまたがる先進的技術の導入を促し，標準的な報告書の作成能力を提供している。

　NASA/SP-2012-599［2013, p.2-1］によれば，プロジェクト・マネジャーは継続的なEVMのモニタリング機能を国防契約管理局に委譲できるが共同のモニタリング協定において資源と助言を提供しなければならないと記述している。リスク緩和プロセスの追跡と管理を促進するためには，EVMデータのプロジェクトマネジメント計画との統合と相関も強化されなければならない。

ステップ5　組織における権限の下部委譲

　NASAによる指示は特定のプロジェクトの規模と複雑性いかんによって，弾力的に扱われている。どの程度までNASAの**プロジェクトマネジメントの実践を下部に委譲する**かは，プロジェクト・マネジャーの判断に委ねられている。その理由は，プロジェクト・マネジャーの場合は確立されたNASAのフレームワークのなかで仕事をしているが，ある決定が行われたのはミッションのもつ意味（コンテクスト）を理解し，そのコンテクストをいかにして成功に

導くかを理解するためになされるという期待感があるからである。しかし，NASAという組織あるいはアプローチという観点からいえば，NASAには次の事項が求められる。それは，予算の制約のなかで実行できる結果を達成すること，一般の人々による理解を深めること，そして，NASAのプロジェクトを管理する全般的なアプローチが法令に従っていること，加えて，明確な成功の結果を達成すること，その結果を一般大衆に示すこと，である。

以上，NASAでは部門全体でEVMを活用できるように組織が作られてきた。EVMの活用にあたっては，下部委譲のレベルも明確に規定されている。

2　NASAにおけるEVMの3つの事例

NASAにおける3つの事例では，EVMによって計画設定，マネジメント，コントロールが成功裏に実施されてきた。クワークとアンバリ［Kwak and Anbari, 2012, pp.84-85］によって紹介されている事例とは，次の3つである。

① ハビタット収納装置[9]（Habitat Holding Rack；HHR）
② ジェット推進研究所（Jet Propulsion Laboratory；JPL）
③ コンストレーション計画[10]（Constellation program）

本節では，EVM原則の実行とNASAの経営上のツールについて述べ，主要な導入手順にスポットを当てる。これら3つのケースから，EVMから得られる便益を最もよく発揮できるのは，プロジェクトの最初からEVMを導入することが重要であることが明らかになろう。

EVMの活用によって，スケジュールとコスト・ベースラインを維持するための十分な基礎作業と科学的知識が提供され，プロジェクトのパフォーマンスが低下し始めるときには，プロジェクト・マネジャーは適切な行動を取ることが求められる。その行動によって，スコープ，原価，スケジュールのトレンド

9　ハビタット収納装置とは，「ハビタット（各種生物飼育箱；Habitat）を収納し，地上で長期に作り出すことがほぼ不可能な軌道上特有の微小重力環境にて各種ハビタット内生物試料の飼育，培養あるいは栽培の支持を目的とした装置」である［中野, 2005, pp.155-159］。
10　NASAが進めていた有人宇宙機計画である。アレスⅠ・アレスⅤの打ち上げ機と，アルタイル着陸機から構成されている。

の追跡が可能になるからである．EVM は，プロジェクト・マネジャーに対して果敢にリスクに挑戦させ，最善の経営意思決定に導くことができる．

(1) 国際宇宙ステーションのハビタット収納装置 (HHR)

NASA における EVM 導入の成功例の1つは，国際宇宙ステーション（International Space Station；ISS）の HHR プロジェクトの各種ハビタット建設にかかわる生態学上の研究である．

ISS プロジェクト（生態学上の研究）のサブチームは，2004 年に HHR の建設を行った．PMB を設定するためのミニ IBR[11]（mini-IBR）を実施している間，契約業者はプロジェクトの特定の側面でクリティカル・パスを識別していた．しかし，HHR の引き渡しに関しては，すべての側面を結びつけるための高度なスケジュールをもっていなかった．そのため，高度なスケジュールを作成し，プロジェクトの真のクリティカル・パスを識別し，プロジェクトの現実的な最終日の予測を行うことができるようにするための変更を行った．

EVM の価値は，既存のスケジュールが統合されてはじめて実現できる．契約業者の職員はプロジェクト・スケジュールのあらゆる箇所にクリティカル・パスを設定するが，全般的にいって，それらを統合した高度なスケジュールが存在しない．統合したプロジェクト・スケジュールを作ることによって，NASA のスタッフに対し作業完成日を予測する能力を与えることができる．スケジュールの統合によって，スケジュールの変更と更新も可能になる．このような変更がプロジェクトの明確なクリティカル・パスを識別し，また変更による影響を受けやすいプロジェクトの最終日を正確に定めるうえでチームの助けとなる．

優れた EVM のツールをもち，しっかりした先端的な計画設定とツールの有効な利用を図れば，プロジェクト・マネジャーに対してプロジェクトの全期間にわたって効果的な意思決定が可能な情報を提供できる．EVM の利用によって，契約業者と NASA は，いかにして当該プロジェクトがその点まで進捗したのか，とられてきた方向性，および真の原価とスケジュールが適切であった

---

11 IBR の設定に，簡易手続きを実施したことが興味深い．防衛省でも，これは参考になりそうである．

(2) JPLにおけるEVM

　JPLは，カリフォルニア工科大学（California Institute of Technology；略称はカルテック）におかれた政府設立の非営利の研究開発センターである。JPLは，宇宙への無人探索のためと，DoD，エネルギー省（Department of Energy；DoE），運輸省（Department of Transportation；DoT）その他の政府諸機関のためのNASAセンターである。

　JPLはEVMを使って財務報告の要請を満たすだけでなく，プロジェクトマネジメント原則を統合するのに役立てるため，コスト・マネジメント／アーンド・バリュー・マネジメント（CM/EVM）システムを採用している。特にプロジェクト・チームは，予算，原価および差異を設定・管理・分析するとともに，CM/EVMを使ってプロジェクトの報告をファシリテート[12]している。

　CM/EVMシステムがJPLで始められ，開発され，展開されるまでには，多くの要因が影響を及ぼしてきた。それらの要因には，次のものがある。

① JPLによるプロセスベースのマネジメントへのシフト
② 1995年にはJPLで主要なリエンジニアリング活動を実施し，1999年にはISO 9000の認証を受けたこと
③ 1998年のNASAプログラムとプロジェクトマネジメント・プロセスの実行のための必要条件の公表
④ 1999年のJPLに対するNASAの主要契約，および，
⑤ JPLでEVMシステムを導入しようとする以前の失敗の経験

　1990年代の初頭，JPLは完全な基準にもとづくEVMの導入に失敗した。失敗の主要な原因は，JPLにおける組織文化がプロジェクトマネジメント原則を採用し導入するには適しておらず，既存のシステムとの統合の技術的なケイパビリティ[13]と適合性が欠けていたからである。

　EVMのミニ導入は，JPLフライト・プロジェクトとは別個に行われた。し

---
[12] 会議やミーティングで，発言や参加を促したりしてスムーズに進行するように促すこと。

かし，この一連のミニ導入にも次の欠点があった。
① 優れた EVM システムの不足
② JPL の既存ビジネス・システムの統合不足
③ 支援する複雑な資金調達と原価計算モデルを支援できない二流のシステムでしかないこと

換言すれば，JPL では，EVM のツールと実務を採用し導入するには，よく定義づけられたプロジェクトマネジメントのプロセスではなかったということであった。そこで，1990 年代の後半，JPL は EVMS を導入するための目標を達成するため，3 つのフェイズからなる戦略を展開した。第 1 のフェイズでは，EVM モデルを既存のビジネス・システムに統合するシステムを構築した。第 2 のフェイズでは，ユーザーを巻き込んで，チームのメンバーで受け入れられるように，プロトタイプの開発アプローチを使ってメンバーからのフィードバックを受け入れた。第 3 のフェイズでは，プロジェクトの資源管理プロセスを採用して，その後に，システム導入，異なったシナリオのテストを行って，必要な教育を行った。

以上の 3 つのフェイズからなるアプローチは，JPL が新しいプロセスとツールにスムーズに移行し，EVM を成功裏に導入するのに役立った[14]。

(3) コンステレーション計画

コンステレーション計画は，地球環境から離れたところで経験を積むことを目的とした有人宇宙機計画で，宇宙の最前線で活動するのに必要とされる技術を開発し，基礎科学を推進することに狙いがおかれた。コンステレーション計画の目標は，プロジェクトの行く末を見届けるためにプロジェクトのデータを統合，概観，分析することにおかれた。各種のコンステレーション計画を成功させるためには EVM を使って管理しモニターすることが必要であった。EVM

---

[13] ケイパビリティ（capability）は，企業が持つ組織能力を意味する。ある企業が他社に真似のできないような強みをもつとき，コアコンピタンス（core competence）という。両者の違いは，語源から，capable（…できる，…力量がある）と competence（能力，潜在能力）の違いを考えるとよい。

[14] NASA では，その後，R&D 環境への EVM の導入を行っている。そのペーパーは Owen [2008, pp.12-17] を参照されたい。

の原則を効果的に適用し導入を図るには，次のステップが必要であった．
　① すべてのステークホルダーと，コミュニケーションを確立すること
　② プロセスの文書化を進めて，導入のスケジュールを樹立すること
　③ 既存のツールとガイドラインを使って，プロジェクトのための要求事項と期待を定義づけること
　④ 組織文化を理解し，EVMS を履行するにあたって弾力的に実施すること
　⑤ 主要なステークホルダーに，得られる便益を明示すること
　⑥ 製品，サービス，データを配送する厳格な締め切りを厳守すること

　コンステレーション計画には，いくつかの残された課題があった．その1つは，財務システムと EVM との間の統合であった．その理由は，データが完全に統合されていなかったからである．もう1つは，組織の支援を得るために，プロジェクトマネジメントのチームとその他のステークホルダーのための基本的な EVM 原則の教育と訓練が必要であった．

　その後の目標は，プロジェクト・マネジャーとチームのメンバーがプロジェクトの業績を分析し，リスクを管理し，適切な意思決定ができるように，EVM のデータにアクセスできるプロセスを構築することにおかれた．ただ，このコンステレーション計画は，2010年に中止が発表されている[15]．

(4) NASA の EVM 導入とプロジェクトマネジメントの評価

　連邦政府の諸機関，民間企業および他国の諸組織には，多数の EVM の優れた導入事例がある．アメリカ合衆国の導入事例には，NASA の他にも，DCMA，DoD，DoE，連邦航空局（Federal Aviation Administration；FAA），米国沿岸警備隊（United States Coast Guard；USCG）などがある．

　ミッションを成功させるためには，専門的知識をしっかりと身に付けたうえでプロセスを熟知し，適切な意思決定ができる有能な人材が必要である．優れた意思決定ができる人材であれば，顧客との関係もさらによくなり，結果とし

---

[15] コンステレーション計画は，新宇宙政策とも呼ばれる有人宇宙機計画である．開発の遅れ，予算の膨張，リーマンショックによる財政の落ち込みなどから，2010年に中止に追い込まれた．

て投資利益率も向上させることができるようになる。NASAの価値を高める方策には，次のことが必要である。

　結果を測定し，パフォーマンスをモニターし計量化する。管理の必要性があれば，焦点を絞る。全般的な方向づけとリーダーシップは組織構造のなかで参加者の役割によって定義づける。NASAのリーダーの1人は，価値の創造は大量の制度的な英知を結集し，マネジャーとディレクターに成功と失敗の話題を共有することで達成できると指摘している。

　さらに，NASAのリーダーの1人は，次のことを強調した。すなわち，複雑なシステムを理解し，職員の管理と優れたコミュニケーション能力をもち，かつ，リーダーシップのセンスを有するプロジェクト・マネジャーの新しい世代を育成する重要な役割をNASAは果たすべきである，と。換言すれば，NASAは"プロジェクトの感性"をもった人材を求めているということである。

　NASAによって定義づけられているプロセスを特定の種類のプロジェクト／ミッションに適用できるかに関しては，若干の不安を感じさせた。NASAのリーダーの1人が述べていたように，科学プロジェクト，技術プロジェクト，有人探索プロジェクトなどすべてのプロジェクトは異なったレベルの予算管理，スケジューリング，安全性の制約があり，一様に適用することはできない。そのことがプロジェクトの複雑性のレベルに影響を及ぼすのではないか，と。プロジェクトの最初に適切な人材を揃え，成功のカギ（原価，時間，品質）となるプロジェクトのガイドラインに従ってプロジェクトを実施し，プロジェクトのパフォーマンスと現況に関する全般的な課題を熟知し，プロジェクトの進捗状況に関する報告を正直に行うことは，NASAのプロジェクトマネジメントの中核的価値である。それこそが，NASAが創設期からこれまでプロジェクトマネジメントの適用と実行に成功してきた主な理由である。

　NASAは，適用業務のすべてに対してを適用しているプロジェクト志向の組織である。NASAは，プロジェクトとプログラムにおけるモニタリングとコントロールのツールの必要性を規定しているアメリカ合衆国のFARに準拠している。NASAはその目的，戦略およびミッションを遂行するために，プロジェクトマネジメントに関連した方針と手続きを効果的に適用している。

　残された課題は，2つある。1つは，NASAのプロジェクトが極めて高い成

功率を誇れるほど組織目的の達成に貢献しているか否かの検討である。いま1つは，EVMのプロジェクトマネジメントとその導入に対してNASAのアプローチを採用することが，他の組織でも有用であるか否かの検討である。

3 NASAにおけるEVM改善のための提案

NASAのEVMのケーススタディから，クワークとアンバリ［Kwak and Anbari, 2012, p.86］は，4つの提案を行っている。次に，彼らが述べている提案を紹介し，あわせて各提案に対する著者の見解を述べることにする。

提案1　NASAは2,000万ドルかそれ以下のプロジェクトにもEVMを適用すべきである。

　NASAは，2,000万ドル以上のプロジェクトにEVMの適用を要求している。また，この規定どおり実施しないときには，チーフ・エンジニアはこの指示に従わないことの許可を求めなければならない。低コストのプロジェクトに対してもEVMを適用する方法を開発すれば，あまり注目を引くとは考えられないプロジェクトにも適用することで，NASAはすべてのプロジェクトに対して標準的なプロセスと手続きを付与することになろう，とするのがクワークとアンバリの提案である。

　著者は，評者達のこの提案に賛同する。なぜなら，一般的には大企業ほど高度な制度の導入が抵抗なく導入できると考えがちであるが，逆に，小さな事業体であれば，お互いの意思疎通が支障なく行えて（換言すれば，風通しが良い）簡略化したEVMで本来の目的を達成しやすいとも考えられるからである。

　ただ，この見解に賛同するといっても，1つだけ条件がある。それは，中小規模の組織に対して，大規模組織に期待している高レベルのEVMSを期待するのは所詮無理である。小規模の組織に対しては，中堅組織のためのEVM Liteの適用なども検討されるべきである。前章で述べたEVM Liteは，そのような中堅企業や，導入後により優れたツールに改善していこうとする企業に適したEVMSとして提案したものである。

提案2 NASA は FFP 契約のプロジェクトに EVM の適用を認可すべきである。

　EVM は通常，原価補償契約かインセンティブ・タイプの FP 契約で実施される。FFP 契約は，実務上の経験では，EVM ではうまく管理できないとされてきた。その理由は，FFP 契約では NASA にではなく契約業者にリスクを移転しているからである。それにもかかわらず，NASA は実際に，品質，スケジュール，プロジェクトを完成させる能力に不安を感じるほどの極めて高いリスクに晒されている。NASA を高いリスクに晒すことは，究極的には政府の諸機関の目的に悪影響を及ぼすことにもなる。

　以上の理由から，NASA を世間の批判から守るという目的からすれば，修正 EVM アプローチの活用がこの問題の解決に役立つであろうとする意見は，いくつかの論文から読み取ることができる [Marshall, 2005, pp.30-34；Marshall et.al, 2008, pp.288-294；Kwak and Anbari, 2012, p.86] と評者達は主張する。

　著者は，FFP 契約を EVM の契約価格算定に含めるべきか否かについては，ネガティブである。その理由は，研究開発型のプロジェクトはリスクが高い。予算が大幅にオーバーする事態も当然考え得る。それらの最終的な責任を FFP 契約という形で契約業者とその協力会社に押し付けるのであれば，最終的には政府の負担として跳ね返ってくる可能性がないとはいえない。過重な負担に耐えかねた優良契約業者を失うリスクも想定される。実際に，日本の主要な防衛装備品の契約業者 10 社との勉強会（2015 年に 6 回実施）において，可能な限りリスクを背負わない価格契約を望む意見が多かった。とはいえ，それは日本における防衛省での話である。航空宇宙の問題に対して門外漢である著者は，実例を見たうえでないと，確たることを発言すべき資格はない。

　次に，より重要ないま 1 つの提案である修正 EVM アプローチについて著者の見解を述べたい。評者達 [Kwak and Anbari, 2012, p.86] は，NASA の EVM に適用される FFP 契約には修正 EVM が使われるべきだと述べている。しかし，修正 EVM を用いてまで FFP 契約を用いなければならない理由が著者には理解できない。第Ⅱ部でも指摘したとおり，リスクの高いプロジェクトには，そもそも FFP 契約ではなく，契約価格の諸規定が整備されている米国では，インセンティブ付の原価補償契約が用いられるべきであろう。

GAOの報告書では，研究開発型のプロジェクトに対しては一貫してCPAF契約の優位性を主張している。その理由として，研究開発型のプロジェクトのようにリスクが高すぎる場合にはFFP契約は契約業者に大きな負担を強いることと，CPAF契約であれば，納期，優れた技術性，コストコントロールの成果を強調できるからであると述べている［GAO, 2007, p.4］。

　著者は，中小の企業が参画する修正EVMに対してはなおさらのこと，GAOの見解に賛意を表したい。

提案3　EVMの一部として，スコープ・マネジメント指標の開発を考慮すべきである。

　現在，NASAは原価とスケジュールの制約だけを測定している。この重要な制約の安定性に関する情報を把握するために，スコープ・マネジメントを含めることが可能であろうというのが評者達の意見である。

　EVMの主要な目的が原価低減と納期管理にある限り，その指標がこの2つの指標に焦点が合わされているのは当然のことである。しかし，ユー［Yu, 1996, pp.25-32］の事例から判断すれば，著者もまた，適切なスコープ・マネジメントの指標がある限り，原価とスケジュール以外の指標の開発に努力することが必要であると考える。

提案4　NASAはEVMデータを用いて差異を含めて考慮すべきである。

　NASAにおける現在のEVM尺度は金額であって，実際時間ではない。スケジュール差異を金額で表示することの必要性は認めるが，差異を時間単位，あるいは持続期間でも表示する方が有益であろう。金額だけによるスケジュール差異では，スケジュールの再調整をするためには真の必要条件を効果的に際立たせることはできない[16]，と評者達はいう。

　著者もまた，この見解には全面的に賛同する。なぜなら，現場管理は，金額だけではなく非財務データを中心とする実物管理が最も重要だからである。会

---

[16] 財務担当者はしばしば，金額上の差異ですべてが判明すると思いがちである。しかし，実務的には数値データを併用しない限り，その原因も，対策も浮かんでこない。このような見解に，著者は全面的に同意する。

計専門家ではなくエンジニアが深く関与する EVM では，とりわけ実物管理との関係で原価差異による管理を実施することは，EVM の生産管理上の効果を高める上でも不可欠である。

4　政府と産業界など他の組織への EVM の波及効果

　歴史の長い実務経験と幅広い研究成果から，企業や政府の諸機関へのプロジェクトマネジメントの価値は世界的に認められている。政府におけるプロジェクトマネジメントとその適用もまた増大し続けている。政府の諸機関は，政府の掲げる原価低減と納期短縮，および可能であれば品質向上という目標を達成し，EVM の認められた原理を成功裏に利用することが望ましい。

　EVM はプロジェクトの現況を可視化する。その結果，経営者にリスクをより効果的に管理する力を与える。EVM はまた，プロジェクト資源とスコープ・マネジメントに関する証拠にもとづく推論を行うにあたって経営者に大きな自信を与える。それゆえ，EVM はより多くのコントロールと監視が可能になる。ただ，EVM の実施にはプロジェクト志向の管理構造，組織学習，専門的なスキルと知識，報告にあたってより多くのインターフェイスと相互依存関係を必要とするので，それらへの備えが重要な課題となる。

　EVM はこれまでより強力なキャッシュフロー・マネジメントの能力を支援[17]し，ガバナンスの強化を促し，コンフリクトを防止または緩和し，特に大規模なプロジェクトの完成を，適時にそして予算内での達成を支援してきた。EVM はまた，それが適切に適用され，各種のプロジェクトとプログラムの原価とスケジュールのコントロールを保持するための機会を明確に計量化する限りにおいて，プロジェクトの客観的な評価に役立つ。

　EVM は多くの面でその長所が証明されてきており，多方面で EVM の方法論が応用されてきた。現在では，プロジェクト計画と実行に強みを発揮し，プロジェクトの成功にとって前提条件になっていることは否定できない。EVM の利用または特定の状況に適合させた EVM の活用によって，経営者は多くの

---

[17] 納期の短縮化を促すことは，人件費を節減するだけでなく，早期の資金回収を促す。そのことが，キャッシュフロー・マネジメントに繋がる。

便益が得られる。たとえば，キャッシュフロー・マネジメントへの活用，顧客関係の改善，プロジェクトの不満に対する適切な管理などがそれである。

　プロジェクトマネジメントを必要とする世界では，EVMに対する知識やスキルの向上，適用業務の拡張，および成熟度の向上は日々続いており，この技術としてのEVMは益々広く活用されるようになってきた。EVMに関連する試験合格者や有資格者の数にもハッキリと増大傾向が認められる[18]。EVMのどこに欠点があるかも次第に明らかにされてきており，それとともにその欠点を改善する機会に変える努力も行われるようになった。

　以上から，NASAだけでなく，JAXA[19]を含む日本の主要組織の多くが，防衛調達品への適用を1つの契機にして，契約業者に適合した効果的なEVMシステムを構築することは，日本の産業の発展のためにも望ましいことであると考えられる。

---

[18] PMI日本支部ニューズレター（Vol.62，2015年春号）によれば，PMP資格保有者数は，世界全体では648,485人，日本在住者では31,528人（2015年1月現在）である。それとは別に，PMI日本支部担当者（中谷氏）から個人的にいただいた資料では，世界レベルでのPMP資格保有者数では，アジアで見ると，中国83,094人，インド34,681人に次いで，日本はアジアで第3位に甘んじて，31,803人（2014年4月）にとどまった。ここでも中国とインドの存在をまざまざとみることができる。2006年の論文［木村，2006，p.32］で，少し以前の日本の「PMPの資格取得者は，9,000名を超えており……米国，カナダに次いで第三位の位置を占めている」とは劇的な変化である。

　なお，有資格者というときには，4つのことに留意されたい。①資格保有者とは日本在住者であって，日本人だけではない。②資格にはPMPのほかPgMP，PMI-RMP，CAPMなど6種類の資格がある。③資格者で圧倒的に多いのはPMPである。④PMIの会員数，各支部の会員数も公表されているが，種類別に異なった数値が公表されているので，発表母体を確認する必要がある。

[19] JAXAは，新型基幹ロケットの開発で，「開発進捗に応じてプロジェクトの状況を定量的に把握する仕組みを検討（EVMの考え方）」［宇宙航空研究開発機構(b)，2013，p.5］するとともに，「EVM等の新たな管理手法を，今回初めてロケットシステム全体の開発に導入することを検討」［宇宙航空研究開発機構(a)，2013，p.3］しているという段階である。なお，JAXAは防衛省と並んで，調達物品を契約業者から購入している組織の1つである。2017年1月23日に訪問したJAXAの担当者の話によれば，JAXAの実施している原価計算の方式は，細部では異なるところが少なくないが，当初には防衛省の原価計算方式を参考にしたこともあって，基本的には，防衛省の原価計算方式をベースにして作られているという。また，宇宙開発プロジェクトにおいて，2017年初頭の段階では，JAXAではEVMをいまだ本格的には導入していないとのことであった。

5 NASAのEVMから得られる知見

　EVMは，それがもつ潜在的価値のゆえに，米国の国防省において古くから使われてきた。米国だけでなく海外でもEVMの経営上の貢献に対する意識が高まり，政府の諸機関と契約業者によるEVMの利用が増加してきた。それにもかかわらず，キム他 [Kim, et.al., 2003, pp.375-382] によれば，米国では公的機関以外でEVMが用いられているという報告が思いのほか少ないという。EVMがプロジェクトマネジメントに便益をもたらすことはよく知られているが，WBS，バーチャート，類推見積法，CPMといったプロジェクトマネジメントのよく知られたツールや技術よりも，EVMは日本の産業界ではあまり用いられていないという意見もみられる。

　それでは，米国の政府と産業界でEVMは拒絶されているのか。キム他 [Kim, et al., 2003, p.377] の上記論文でのアンケート調査によると，平均して82％の政府・企業関係者がEVMを受容または強く受容すると答えている[20]。つまり，この調査結果は，EVMを活用している企業の全体の数は想定よりもまだ少ないものの，経験を積んだ多くの企業はEVMの価値を認識していると解釈できるであろう。

　米国だけでなく，日本においても，EVMの価値はよく知られてはいる。しかし，米国と比較すると，産業界での実例が少ない[21]。このことは，日本が米国の政府調達に倣ってPMBOKのひな型のEVMを前提にした議論を行うのは必ずしも生産的でないことを示唆している。むしろ，日本の防衛装備品の契約業者にとって重要性をもつのは，国防省によって記述された「**EVMS解説ガイド**（Department of Defense, *Earned Value Management System Interpretation Guide*）」

---

[20] 調査対象は153社。受容せず，まあ受容する，受容，強く受容の4つに区分。政府では，それぞれ8社（7％），10社（9％），36社（32％），60社（52％）であった。企業は，5社（13％），5社（13％），12社（31％），17社（45％）で，平均では，13社（8％），15社（10％），48社（31％），77社（51％）であったという。

[21] 著者は，防衛装備品の契約業者への工場訪問で，また勉強会の場で，さらには雑談の場で，三度，「自分の会社はすでにEVMを実施しているが，これはここだけの話」という"囁き"を聞いている。それゆえ，研究者にとっては，実施状況のアンケートを行っても，本音は聞かれないということを"確信"している。

[Department of Defense, 2015] である[22]。EVM 導入を目指す契約業者にとっては，88 ページほどのボリュームの解説ガイド（略称は EVMSIG）は，EVM を導入する防衛関連企業にとっては必読書ともいえよう。

米国での EVM の普及状況を踏まえたうえで，日本を代表する組織である防衛省，JAXA のいずれもようやく EVM を導入し始めるか否かというお寒い状況にある。それはなぜなのか。本書の直接の研究対象である防衛省において EVM の導入を阻む要因は何か。阻害要因を除去する方策はないのか。EVM を促進する方策としては，少なくとも次の 3 点に関する課題に応えることではないかと考える。

（1） 簡易型 EVM を許容することの必要性

マネジメントの手法は，理論的に優れているだけでなく，誰にでも理解できて容易に契約業者に導入できるものでなければならない。前章で見たとおり，米国では，EVM Lite と呼ばれる簡易版 EVM [Fleming and Koppelman, 2010] が提唱されている。EVM Lite の日本企業への応用版は，前章で提案した。

米国型のマネジメントの手法を日本で根付かせるためには，可能な限り誰にも理解できて，低コストで簡単に導入できるツールであることが望まれる。EVM の導入に携わってきた事務のエキスパートである矢崎・山口 [2012, pp.8-14] も同じ見解をもっている[23]。これが，著者がこれまで日本企業に管理会計の手法—ソフトウェア原価計算，CIM 投資の評価，原価企画，IT 投資評価，ABC（Activity-Based Costing；活動基準原価計算），バランスト・スコアカード（Balanced Score Card；BSC），コーポレート・レピュテーションなど—を自ら開発，または米国から移植してきた経験から得られた教訓である。

必要に応じて簡易版を用いて，業種や適用業務との関係で，自社に合った EVM の簡易版を適用し，経験を得た後にそのシステムを拡張するによって，

---

[22] 2007 年の 2 月に，U.S. Department of Homeland Security からは Earned Value Management Guidance, Version1.1 も発表されている。ただし，この 25 ページからなる書類は承認された配布物としてのみ作成されたのであって，公示用に準備されたものではないとされている。

[23] 三井造船での石油化学プラントの建設では，PMBOK のモデルを業務に合わせて自社仕様に変更してきたという。

コストのかからない効果的な EVM を適用することができる。政府は企業が弾力的に EVMS を導入できるような環境を整備する必要がある。

(2) EVM の泣き所（品質管理）への対応

　政府との物品・サービスの調達において，最も重視されるべきパフォーマンス基準の要素は，**品質機能展開**（Quality Function Deployment；QFD）である。この QFD という観点から見ると，EVM はプロジェクトタイプのプログラムで，しかも納期管理を厳重に行う局面で強く求められる。納期を早めれば，その分だけ人件費が削減できる。たとえば，ソフトウェアの受託開発において，バグが見つかったために納期が遅れればその分だけ原価（人件費）が嵩むことになる。社外監査役を仰せつかっている IT 企業において，WBS を確実に実践しているプロジェクトではプロジェクトの失敗事例がなく効率的な開発が可能になる事例を見てきた。それだけでも，納期管理に優れた貢献が認められてきた EVM が原価管理や利益管理にも貢献できることが分かるであろう。しかし，マネジメントのためのいかなる手法も万能ということはありえない。EVM の泣き所は，少なくとも 2 つある。

　1 つは，QCD の観点からすれば，EVM は一般に，品質の向上に十分に貢献しないとされている。ソロモン［Solomon, 2010, p.17］は，ANSI/EIA-748 が作業スコープにのみに焦点を当てすぎて，**品質の問題を無視している**ことに警鐘を鳴らしている。ソロモンの警告どおり，2011 年 1 月にはオバマ大統領が品質と技術上のパフォーマンスの尺度をアーンドバリュー・マネジメントシステムに含めるべきか否かを協議・検討するために，DoD 通達 5000.02 を含む調達指針検討のための準備に取り組むべきことに関する法律制定にサインした［Solomon, 2011, p.25］。

　品質原価計算に見られることであるが，アメリカの企業経営者は伝統的に品質と原価をトレードオフで考える傾向がある。しかし，日本の経営者は原価と品質を同時に良くしようと努力する。そのためもあってか，日本では品質管理に焦点を合わせた EVM の提案が，実務家からなされている。宮下［2008, pp.121-154］は，プロジェクト管理力はソフトウェア開発[24]が鍵となる IT プロジェクトが目標を達成するための核となるという認識から，品質管理シート[25]を活

用した品質管理への活用を次のように述べている。

「EVMは，品質，コスト，スケジュールの視点を一括してプロジェクト状況を**見える化**させることができる。また，組織の成熟度によって異なってくる活用可能なプロジェクトデータの範囲に合わせて品質価値を解釈することによって，成熟度レベルに適応したプロジェクトの見える化が可能になる」。

以上の提言から，少なくともプロジェクトのためのソフトウェア開発についていえば，日本の経営者にとってEVMは決して品質管理に無力だとは考えられていないことが分かる。

EVMのいま1つの泣き所は，プロジェクトタイプのプログラムではその有効性を発揮できるにしても，加工組立型の産業ではその効果が発揮できない点にある。EVMが適するのは，プロジェクトタイプの業種である。生産される製品が厳格な納期管理を必要とする業務であれば，EVMが最適であろう。

原価低減だけでなく品質も同時に向上させるには，EVMと同時に，VE（Value Engineering；価値工学）を活用した戦略的原価低減の手法として原価企画［櫻井，2015，pp.305-346］が有効である。

(3) 原価企画の提唱

EVMは1967年以降，米国連邦政府が原価／スケジュール・コントロールシステム（Cost/Schedule Control System）の名で，大型の調達計画で活用してきたという長い歴史がある。もちろん，日本でも戦艦大和の建造に当たってはEVMに類する手法が使われていた［石津，2013，pp.14-16］[26]。

---

[24] プロジェクトタイプの製品の開発に，ソフトウェア開発がある。わが国では，ソフトウェア開発にEVMの活用を図ってきた。約10年にわたり監事を仰せつかった情報処理推進機構（通称IPA；旧名 情報処理振興事業協会）［2003］を参照されたい。

[25] 管理シートを用いて，要求分析，基本設計，詳細設計ごとに検出されたバグ数ごとに，計画品質価値，実品質価値，獲得品質価値の差異から品質価値を算定している。品質原価計算でいえば，失敗原価に焦点を当てた分析であるといえる。

[26] 西島亨二技術中佐は，西島式とされる材料管理法や工数管理曲線，先行艤装を用いており，戦艦大和の建造時には呉工廠の船殻工場長であった。これがEVMの原型とされるものである。ついでながら，NTT初代社長には真藤恒が就任したが，NBC呉造船部時代（1951年～1958年）には，西島式工数管理曲線を適用するなどして，他社の水準を超越する生産効率を達成した。

しかし，連邦政府が活用してきたマネジメントの手法は，EVM だけではない。もっと古くから使われてきた工学的手法がある。それは，VA（Value Analysis；価値分析）である。当時，米国の国防長官，ロバート・S. マクナマラが国防品への VA の推奨を行い，国防省での原価低減の手法として用いられていた[27]。当時の VA には改善が加えられ，現在では VE[28] と呼ばれるようになっている。

① VE と原価企画

VE を管理会計の手法として体系化した手法が，**原価企画**（target costing）である[29]。トヨタ自動車が VE を柱とした原価企画を誕生させたことは，興味ある事実である。原価企画は，日本が世界に向かって発信してきた独創的な管理会計の手法である。原価企画の特徴を一言で表現すれば，原価企画は，源流管理[30]の思想をもとに，企画・設計の段階で原価を低減させようとする戦略的コスト・マネジメントの手法である。

原価企画の具体的な目的は，戦略の策定と実行，源流工程での原価低減，利

---

[27] 著者の最初の論文，［櫻井，1967］は，ロッキード社で実践していたケースをもとに，VA を日本企業へ紹介したものであった。その後，1968 年に交換学生としてカリフォルニア州のバークレイに滞在する機会をもった。そこで，その原典となった論文の翻訳と論文を携えて，ロッキード社の内部監査室長を訪問した。その折，昼食は社長と同席で豪華なレストランで食事を楽しんだことを忘れることができない。

[28] 同じく VE といっても，日本の VE は，米国でいう VE とは実質的に大きな違いがある。なお，VA と VE の用語も，最近では価値分析とか価値工学に代わって頻繁に使われるようになってきている。

[29] 1980 年代のことである。いすゞ自動車の原価企画（当時，著者は原価企画のことを目標原価計算と呼称していた）を研究するため，専修大学出身の副社長の紹介を得て，いすゞの工場を訪問したことがある。当時のいすゞでは，60 名の VE 担当者が現在でいうところの原価企画を行っていた。トヨタやダイハツの原価企画とは違って，いすゞの"原価企画"は技術者のためのモノであった。この企業訪問によって，それまでは技術者の手法でしかなかった目標原価計算を管理会計の手法として位置づけるべきだと決意した。その論文が，櫻井［1988］である。

　なお，当時はまだ日産自動車には原価企画は導入されていなかった。日産自動車に原価企画の導入を薦めたが，当時の担当常務は原価企画には全く関心を示すことはなかった。担当常務が変更されてから，日産は利益管理に結びつけた新たなタイプの原価企画を導入した。当時の日産には 27 回，訪問した。

[30] 通常，原価管理といえば，製造活動が始まってからの原価の管理を意味する。しかし，原価企画は製造の上流（upstream）での管理を意味する。これを源流管理という。

図 13-1　原価企画設定のプロセス

```
予定販売価格   －   目標利益   ＝   許容原価
5,000,000円 － 1,000,000円（＝5,000,000円×0.2） ＝ 4,000,000円
              成行原価 ──→（原価低減）──→ 目標原価
```

費　目	金　額	VE活動	目標原価
エンジン	800,000円	60,000円	740,000円
ボディ	1,800,000円	110,000円	1,690,000円
内　装	1,200,000円	130,000円	1,070,000円
シャフト	210,000円	20,000円	190,000円
………	………	………	………
合　計	4,600,000円	500,000円	4,100,000円

標準原価
4,000,000円

出典：著者が考案・作成。

益管理，品質向上に役立つ。すでに述べたとおり，プロジェクトマネジメントにEVMが適するように，原価管理にはVEが経営工学のツールとして用いられる。図13-1を参照されたい［櫻井, 1988；Sakurai, 1989］。

図13-1で，予定販売価格を設定して，そこから売上利益率で算定された目標利益を差し引いて許容原価を算出する。成行原価（見積原価，基礎原価）に対してVEによる原価低減活動を行う。成行原価から原価低減額を差し引いて目標原価が算定される。さらに原価を引き下げるためには，標準原価計算によって原価維持活動を実施する。原価企画によって，イノベーションがもたらされる。[31]

②　EVMと原価企画

EVMもVEと同様，米国の国防省で長い間用いられてきた工学的手法である。しかし，それぞれの果たす役割を見ると，大きな違いも見られる。VEは製品のもつ価値の分析を通じて原価低減を図る。一方，EVMは納期管理とコスト低減に着眼したプロジェクト管理の手法である。

EVMと原価企画にも相違点がある。そもそも，EVMの源流は日本にも見られるが，原価企画はまさに日本人の発想になる管理会計のマネジメント・ツ

---

[31] トヨタを中心とする原価管理の体系は，①標準原価計算を中心とした原価維持，②予算を活用して実施する原価改善，③原価革新を引き起こしうる原価企画からなる。

表13-2　EVMと原価企画の経営管理上の特徴

名称	EVM	原価企画
主要な目的	プロジェクト・マネジメント	戦略的コスト・マネジメント
具体的な目的	納期管理 原価低減	原価低減，利益管理，品質管理
適合する製品	プロジェクト型製品 （例：船舶）	多品種大量生産（例：自動車） プロジェクト型製品（例：船舶）

出典：著者が作成。

ールである。原価企画では，VEが活用される。論者によって重点の置き方に違いはあるが，両者の経営管理上の異同は表13-2を参照されたい。

　表13-2で，原価企画の主目的はプロジェクト・マネジメントではなく，**戦略的コスト・マネジメント**にある。その具体的な目的は，納期管理と原価管理というよりも，源流管理にもとづく原価低減と利益管理にある。設計品質だけでなく適合品質の向上にも貢献する。原価企画は市場志向・顧客志向のツールである。これらのことから明らかなように，原価企画では企画・設計の段階で顧客の好む品質を作り込む。原価企画は適合する製品も，NASAのプロジェクトのようなプロジェクトタイプの製品よりは，自動車や家電製品に代表されるような多品種生産品が最もよく適合する。

③　原価企画を活用したEVMの実践提案

　原価企画の活用方法に関して，VEとEVMへの実践や提案に関連して，3つの点からEVMと原価企画の関係に関する提案について触れておく。そのことが，近い将来行われることが期待される原価企画を活用したEVMの研究を促進すると期待されるからである。

　第1は，従来，原価企画は多品種大量生産の加工組立型の製品に適用可能であるとされてきた。しかし最近では，船舶のような組立型の製品にも適用が可能であることが分かってきた。一例として，パラマックス型タンカーに見る原

価企画の適用のように，設計段階において原価企画を適用することで，15％の省エネを図ることができた。これは，**原価企画がもつ VE の原価低減機能**を活用して，商品企画段階，商品化段階，製造段階で VE を適用することで，大幅な原価低減に成功した［宮地，2015，pp.25-26］事例である。

第 2 は，品質管理への貢献である。原価企画の具体的目的について，一般には品質管理への役立ちは取り立てて原価企画の利点の 1 つとして指摘されることはない。しかし現実には，原価企画には設計品質を大幅にカイゼンするのに役立つ。原価企画がなぜ品質管理に貢献するかを敷衍しておこう。

品質には，設計品質だけでなく適合品質が求められる。設計品質とは，設計者が企画・設計段階で目標として設定した品質である。設計品質を守ったからといって，顧客が求める高品質の製品が提供できるわけではない。企業では究極的には顧客が求めている品質が高められなければならない。そのために適合品質が求められるのであるが，原価企画では顧客の視点に立った設計が行われる。そのため，原価企画では設計品質だけでなく適合品質も考慮される。そのうえで，原価企画では企画・設計の段階で品質を作り込む。このことは，原価企画を実践することで，ライフサイクル・コストまでをも勘案した新たな高い品質水準を目標としてその達成に努力することを意味する。近年の防衛装備品には，この適合品質も求められてきているはずである。このように考えるならば，原価企画の活用は，源流段階で設計品質の水準を高めるツールとして，政府への調達物品の管理にも適合した優れたツールであるといえる。

事実，欧米の研究者のなかには，原価企画の目的に品質管理への貢献を掲げる論者も少なくない。ブース［Booth，1995，pp.42-45］は，原価企画をもって品質機能展開（QFD）[32]の特徴をもつ手法であると特徴づけている。このような主張は，原価企画が品質を高め，機能の高度化に貢献することを考えれば，適切な指摘であるといえる。

なお，欧米の場合，EVM は品質管理に無力であるとする議論が盛んである。しかし，論文［宮下，2008，pp.121-154］や情報処理振興事業協会［2003］

---

[32] QFD は，1978 年に水野滋，赤尾洋二の両氏によって体系づけられ，いまや世界的に知られている手法である。顧客が満足できる設計品質を設定し，その設計の意図を製造工程にまで展開していることに特徴がある。そこで日科技連が果たしてきた役割は大きい。

でも先に記述したとおり，日本では，品質管理への貢献やソフト開発への EVM の適用が提案されている。

　第3は，DoD との関係では，国防省の新しいイニシアティブ（実施項目）として，CAIV の名称で，原価企画のプロセスに合わせた活動が行われてきた。それにはアンサリ他［Ansari, et al., 2007, p.524］による原価企画の DoD への提案がある。

ま　と　め

　本章では，NASA による EVM 導入の経緯を，3つの事例をもとに紹介するとともに，併せてその問題点を検討した。まず，米国における政府への物資の調達に関わる規則，組織，教育について述べた後に，国際宇宙ステーションの HHR プロジェクト，JPL，およびコンステレーション計画がどのような経緯で EVM を導入し，いかにして問題点を解決していったかを述べた。そして事例紹介の最後に，クワークとアンバリによる EVM による改善提案を紹介するとともに，それぞれの提案に対する著者の見解を述べた。

　以上の NASA での事例をもとに，日本でのプロジェクトマネジメントとの関連で，3つの提案を行った。第1は，政府は契約業者に適した簡易型 EVM の活用を許容することの必要性を指摘した。第2に，EVM といえども万能ではなく，米国では品質問題（とくに設計品質）への対応が不十分であると考えられていること，およびプロジェクト型のプログラムではその有効性を発揮できても加工組立型の産業ではその効果を十分には発揮できないことを指摘した。そして第3に，原価企画は品質管理への役立ちという EVM の抱える問題の解決に役立ちうる可能性を指摘した。

　諸外国と防衛装備品の共同開発・生産を行うとき，米国のマネジメントの手法だけを模倣することが推奨されるべきであるとは思われない。もちろん EVM のような米国の優れた手法は大いに学ぶべきではあるが，原価企画のように日本が海外へ移植してきた原価管理の概念と手法は，しっかりと世界に向けて発信すべきではないかと考える。

　世界に向けて積極的に原価企画の有用性を訴え続けてきたのは，門田安弘教

授による海外への発信によるところが大である。原価企画研究の創世記には，田中雅夫教授（東京理科大学）を筆頭として，門田安弘教授（筑波大学；当時），牧戸孝郎教授（名古屋大学；当時）が，またそれに著者も加わって研究が進められ，それに神戸大学の研究者等が加わることで原価企画の研究は一段の発展を見てきた。海外への移植に関しては，著者は Monden and Sakurai [1989], Sakuri [1989, pp.39-50], Sakurai [1990, pp.39-62], Sakurai [1996, pp.1-19] を論文として，著書では原価企画を中心とする日本の戦略的コストマネジメントの世界への発信に努力してきた。その結果，米国で発表した拙著の *Integrated Cost Management*, 1996 の翻訳はドイツ [Sakurai, 1997] とブラジル [Sakurai, 1997] において当地の研究者によって出版されるなど，世界的に拡がっていった。現在では，1996 年に日本会計研究学会から発表された著書『原価企画研究の課題』（森山書店）をはじめとして，紹介しきれないほどの数多くの優秀な日本の研究者による研究成果が，日本だけでなく海外に向けて発信されている。さらに最近では，東南アジアでの原価企画の促進に日本の研究者が精力的に努力していることは，誠に喜ばしいことである。

最後に，EVM の導入と活用に関連して，残された課題を述べておこう。当面の課題としては，第 1 に，パフォーマンス基準制度を導入することによる成功のポイントとして述べてきた WBS, IBR, 報酬の算定と配分，契約業者が防衛省に提供すべきデータなど EVMS との関連の更なる研究が必要である。第 2 に，EVM にはいかなる契約価格が望ましいかの研究が必要である。第 3 には，防衛装備品に適用すべき原価企画との関係で用いられる利益は，①「訓令」が用いてきた経営資本利益率が妥当か，それとも② DFAR-S のように客観的な評価基準の下で個別企業ごとの契約利益を算定すべきかの検討である。これらの残された課題については，EVM への原価企画の進展状況との関係で研究を継続させたい。

〈参考文献〉
石津康二「真藤　恒の素顔」『海友フォーラム　第 19 回　懇談会報告』2013 年 2 月 1 日。
宇宙航空研究開発機構（a）「第 9 回　宇宙輸送システム部会　議事録」2013 年 10 月 7 日。
宇宙航空研究開発機構（b）「新型基幹ロケットの開発について　資料 13-3」2013 年 12 月 24 日。

木村良一「EVM (Earned Value Management) の基礎」『MSA 技報』Vol.17, 2006 年。
櫻井通晴「価値分析とコスト・マネジメント」『経営実務』企業経営協会, 1967 年。
櫻井通晴「ハイテク環境下における原価企画 (目標原価) の有効性」『企業会計』Vol.40 No.5, 1988 年。
櫻井通晴『管理会計 [第六版]』同文舘出版, 2015 年。
情報処理振興事業協会「EVM 活用型プロジェクト・マネジメント導入ガイドライン」(平成 14 年度情報技術・市場評価基盤構築事業), 情報処理推進機構, 2003 年。
中野完「国際宇宙ステーション・セントリフュージ施設の宇宙生物学研究」『日本マイクログラビティ応用学会誌』Vol.22 No.3, 2005 年。
日本会計研究学会『原価企画研究の課題』森山書店, 1996 年, pp.1-186。
宮下洋一「品質価値に焦点をあてた EVM 手法」『プロジェクトマネジメント学会 2008 年度春季研究発表大会予稿集』プロジェクトマネジメント学会, 2008 年。
宮地晃輔「地域造船企業の再興のための原価企画の活用に関する研究」『管理会計学』第 23 巻 第 2 号, 2015 年。
矢崎裕幸・山口和夫「プロジェクトマネジメントシステムと WEB コラボレーションによる情報共有化」『三井造船技術』No.205, 2012 年 3 月。
Ansari, Shahid, J. Bell and Hiroshi Okano, "Target Costing：Uncharted Research Territory," *Handbook of Management Accounting Research*, 2007.
Booth, R., Hitting the Target, *Management Accounting*, UK, Vol.73 No.1. 1995.
Department of Defense, *Earned Value Management System Interpretation Guide (EVMSIG)*, Defense Contract Management Agency, February 2015.
GAO (GAO-07-58), NASA Procurement-Use of Award Fees for Achieving Program Outcomes Should be Improved, January 2007.
Fleming, Quentin W. and Joel M. Koppelman, *Earned Value Project Management*, 4th ed. 2010.
Kim, E.H., Wells, W.G., Jr., and Duffey, M.R., "A model for Effective Implementation of Earned Value Management Methodology," *International Journal of Project Management*, 21 (5), 2003.
Kwak, Young Hoon and Frank T. Anbari, "History, Practices, and Future of Earned Value Management in Government：Perspectives from NASA," *Project Management Journal*, 2012.
Marshall, R.A., "The Case for Earned Value Management with Fixed-Price Contracts," *Contract Management*, 45(10), 2005.
Marshall, R.A., Ruiz, P. and Bredillet, C.N., "Earned Value Management Insights Using Inferential Statistics," *International Journal of Managing Projects in Business*, 2008, 1(2), 2008.
Monden, Yasuhiro and Michiharu Sakurai, editor, *Japanese Management Accounting*, Productivity Press, 1989, pp1-490.
Monden, Yasuhiro, editor, *Japanese Cost Management*, Imperial College Press, 2000, pp1-490.
NASA/SP-2012-599, *EVM Implementation Handbook*, February, 2013.
Oyer, Darrell J., *Pricing and Cost Accounting, Handbook for Government Contractors*, 3rd ed., Management Concepts, Inc., 2011.

Owen, Julie K., "Implementing EVM in an R&D Environment : From Infancy to Adolescence," *Cost Engineering*, Vol.50/No.10, October 2008.

Sakurai, Michiharu, "Target Costing and How to Use it," *Journal of Cost Management*, Summer, 1989.

Sakurai, Michiharu, "The Influence of Factory Automation on Management Accounting Practices : A Study of Japanese Companies," in *Measures for Manufacturing Excellence*, Edited by Robert S. Kaplan, Harvard Business School, 1990.

Sakurai, Michiharu, *Integrated Cost Management, A Companywide Prescription for Higher Profits and Lower Costs*, Productivity Press, 1996.

Sakurai, Michiharu, *Integratives Kosten-Management, Stand und Entwicklungs-tendenzen des Controlling in Japan*, Verlag Vahlen, 1997.

Sakurai, Michiharu, *Gerenciamonto Integrado de Custos*, Atlas S.A., 1997.

Solomon, Paul, "Earned Value Management Acquisition Reform," *Defense AT&L*, November-December, 2010.

Solomon, Paul, "Path to Earned Value Management Acquisition Reform," *Defense AT&L*, May-June, 2011.

Yu, K., "Project Controls : Cost/Schedule/Progress Management on the NASA Wind Tunnel Restoration Project," *Cost Engineering*, 1996, 38(4).

結　章

　防衛省の予定価格は，永らく市場価格方式と原価計算方式により算定されてきた。原価計算方式によるときには，原則として，効率の優れた企業も劣る企業も，一律に総原価に経営資本利益率を乗じて利益が算定される。これまでにも契約履行難易度調整係数と事業特性調整係数による調整，作業効率化促進制度，インセンティブ契約制度といった利益を補正するための諸制度が試みられている。しかしながら，原価計算方式の下では，基本的には総原価が増えればそれだけ利益額が増えるため，根本的な解決策とはなりえない。また，原則として契約業者の利益を公平に扱うということは，たしかに民主的な方法ではある。しかし，現行の「訓令」の下では，革新的な技術開発を行う能力をもち経営効率や品質・性能が優れている企業もそうでない企業も同列に扱うこと—平等という名の不平等—に陥る危険性がある。

　そこで本書では，防衛装備品の開発と生産において，リスクが高くしかも企業によってパフォーマンスの相違が大きく現れる研究試作・開発には，パフォーマンス基準にもとづく契約制度を導入すべきであると提案した。そのような制度のことを，著者はパフォーマンス基準制度と名づけた。パフォーマンス基準制度とは，「原価を低減し，納期を早め，品質を向上し，革新的な技術の開発を促進し，もって納税者の負担を軽減に役立つ制度」のことである。

　パフォーマンス基準制度は，一気呵成に導入できるものではなく，徐々に導入を試みる必要があろう。なぜなら，半世紀以上も馴染んできた制度を変革することは，防衛省内部での強い抵抗が予想されるからである。防衛省だけではない。契約業者においても，制度変更には多大な抵抗があることが容易に予想できる。それにもかかわらず，著者がこの制度を提唱したのはなぜか。最後に，防衛省での改革を著者がなぜ提唱するに至ったかを述べたいと思う。

1 必要なのはマネジメントの変革

　日経 BP 社から，『Team of Teams（チーム・オブ・チームズ）―複雑化する世界で戦うための新原則―』(McChrystal, Stanley, *TEAM of TEAMS, New Rules of Engagement for A Complex World*, Penguin, 2015) と題する著書の翻訳が出版されている。その一節に次のような記述がある。
　　「勝つためには自分たちが変わらなければならない。驚くべきことに，変化が必要であったのは，戦術や新しいテクノロジーよりも，内部の組織構造と文化，つまりマネジメントの問題であった。」

　日本の自衛隊は，戦争を他国に仕掛けるためにもたれているのではない。戦争はできる限り，避けるべきである。とくに，著者のように戦災によって住むべき家を失い，毎日の食にも事欠く人知れぬ苦難を経験した者の 1 人としてはとくに，戦争は避けねばならないと考える。しかし同時に，世界のなかで民主国家として応分の役割が期待されている以上，日本が国際社会において世界に恥じることのない立派な役割を演じて欲しいとも願う。そのためには，防衛問題の議論では，戦術や新しいテクノロジーだけではなく，外部環境と組織文化，会計制度や原価計算制度，契約形態のあり方と価格や利益の計算などの公正かつ妥当性のあるマネジメントの制度設計を目指した研究が必要である。毎年多額の国民の血税が使われている現状と，納税者の負担軽減という立場からすれば，そのために行われる研究は国民の当然の責務であるとも思う。
　著者は，2014 年の春，中央大学の富塚嘉一教授の紹介で，防衛基盤整備協会から依頼された委託研究を始めた。1970 年代に原価計算基準審議会（CASB）による原価計算基準（CAS）を研究の中心に置いたときから実に半世紀以上の歳月が流れていた。研究を再開してほどなくして分かってきたことは，経営学や会計学の領域で，契約価格，原価，利益に直接関連する防衛装備品の価格に関わる論文を発表した研究者は極めてわずかでしかないことである。具体的には，研究を再開した 3 年半前の時点でみると，原価計算基準（CAS），連邦調達規則（FAR），国防連邦調達規則-補足（DFAR-S），契約価格，原価，利益に

関する日本での総合的な研究はほとんど皆無の状態に等しいことが分かった。

　研究が進むにつれて，防衛省の「訓令」が，1962年以降の日本の経済・社会の大幅な変化にキャッチアップしておらず，著者の眼から見る限り，欧米の潮流から完全に周回遅れで止まっていることが判明した。加えて，「訓令」には現代の原価計算理論や経営理論および企業実態にそぐわないところが数多く明らかになった。著者が引用したマクリスタルが述べている提言，「変化が必要なのは，戦術や新しいテクノロジーだけでなく，内部の組織構造と文化，つまりマネジメントの問題」であるとする見解が仮に正しいとすれば，いまこそ，将来に備えて内部の組織にかかわる契約価格，原価，利益の算定方法についての研究を本格化しなければならないと考えたのである。

2　失敗を繰り返さないための自己革新の必要性

　マネジメントの問題から防衛問題を考察する上で必読の書がある。戸部良一他『失敗の本質―日本軍の組織論的研究―』（ダイヤモンド社，1984年，p.264，p.246）がそれである。同書では，本書との関係で注目すべき次の記述がある。

　　「1つの組織が環境に継続的に適合していくためには，組織は環境の変化に合わせて自らの戦略や組織を主体的に変革すること（自己革新；著書挿入）ができなければならない。」……「日本軍という1つの巨大な組織が失敗したのは，このような自己革新に失敗したからである。」

　1962年に制定されて以降本格的な修正が見られない現在の「訓令」を含む諸規程は，1960年代の前半から1980年代頃までは立派に通用していた。しかしながら，それから半世紀以上を経ても相変わらず市場価格方式と原価計算方式にもとづく予定価格の算定という「訓令」制定当時の基本的枠組みを今後も利用し続けることには，随所に無理が現れ始めてきているように思われる。

　1980年代に，経団連（2001年に経済団体連合会から日本経済団体連合会に改組）から，その当時，契約利益の計算のために「訓令」で採用していた「自己資本利益率」があまりにも低過ぎるので，リスクを加味した契約価格算定の方式を提案して欲しいとの依頼があり，三菱重工業と石川島播磨重工業（現

IHI) の社員とともに，関係機関と企業を積極的に調査したことがある。われわれが提唱した答申書は当時の国内事情から国会への上程までには至らなかった。しかし，当時から心ある関係者は，世間の常識からみて，パフォーマンスに優れた契約業者が他の業績の劣る契約業者と同様に低い利益率に甘んじなければならない現状を改めて，「企業が努力をすれば，その努力の成果が報いられる」制度にすべく，新たなリスクに対応できるようなパフォーマンス基準にもとづく契約価格，原価，利益の新方式を求めていたことに思いつく。

　以上の事実は，2015 年から 2016 年にかけて実施した防衛省での契約担当官との勉強会，その後の検討委員会，および契約業者との勉強会や講演などを通じて，しだいに明確に確認できるようになってきた。これらの国際状況の変化と防衛省関係者，契約業者との勉強会や対話とが，著者に本書で「パフォーマンス基準制度」を提唱させるに至った最大の原動力となった。

　現代の社会において，多くの日本企業は国際的および国内で熾烈な競争に晒されながらも，立派に活躍している。日々新製品の開発にしのぎを削っている現代の企業にあって，防衛省の防衛装備品の開発・生産システムだけを今後とも特別扱いして旧来の制度のままで許されるとは到底思われない。とくに先端的な防衛装備品の調達については，平等という名の不平等ではなく，原価の引き下げや機能・性能，品質向上に成功し，革新的な技術開発をした企業が真に報いられる制度への変革が求められる。それゆえ，納税者である国民の負担を軽減すべく，防衛省のために廉価で高品質の製品の開発・生産が可能になる制度を調査・検討することは，管理会計研究者としての重要な責務の 1 つではなかろうか。それが，本書の執筆と出版に著者を駆り立てた真の理由であり動機でもある。

3　常に他者から学び，自己革新に挑戦することの重要性

　ボーイングジャパン バイスプレジデント（防衛・宇宙＆セキュリティ部門）のジェームス・F・アーミトン氏は，「国防を語らないことに違和感－現場と開発との間に距離感も」と題する『週刊東洋経済』［2012.1.21, p.40］のコラムにおいて，次のように述べている。

「米国では議会の権限が強く，多くの防衛委員会が予算の使い道を監視している。また企業や政治家が国防について，メディアなどに政府の範囲内で語ることはできるが，日本ではまったくない。日本の大手企業の中には，ブランディングの点から売上高が少ない防衛関連事業についてホームページに記載しない企業もある。推察するに，防衛問題について，日本にはタブーや，企業や政治家の難しい立場があるのはわかるが，こうした状況は不思議だ。」

　日本では，いかなる問題も，タブー視することなく，堂々と語るべき自由が存在しているはずである。それにもかかわらず，いまの日本では，現在に至るも，政治や企業の世界だけでなく，学界でも防衛問題をタブー視する風潮が残っている。これでは，自由に新しい見解や技術を他国から取り入れ，自己革新に挑戦することができようはずがない。

　現在の防衛省において，マネジメントの問題のうち，喫緊の課題は何か。それは，政府としては余分な財政支出を抑止し，契約業者が自ら率先して低コストで高品質，かつ機能性の優れた防衛装備品の開発と生産ができるような制度を構築することである。そのことが財務省の財政規律にも役立つとともに，納税者の負担軽減にもつながるのではないかと思われる。

　幸いにして，防衛省内にも契約業者の中にも，真剣に日本の将来を考える数多くの人々がいる。加えて，戦後も引き続き新たな制度の構築に日夜努力して築いてきている米国の先行研究やCAS，FAR，DFAR-Sという参考にすべき規定がある。ただ，日米の間には社会・経済環境において大きな違いが見られる。第二次世界大戦の勝者と敗者では，戦争観が全く異なる。文化も異なる。政治体制も異なる。国の経済規模も財政規模も全く異なる。国防（防衛）省の職員数にも格段の差がある。企業の組織文化も，日米には大きな違いがある。日本には，財政規律を理由に防衛費の抑制を迫る財務省の存在もある。会計法や予決令の制約もある。それにもかかわらず，日米両国に共通する課題や問題点も数多く存在する。要するに，現在の日本は米国の国防政策から学ぶべきところが数多くあるということである。

　本書は，以上で述べた理由から，主として現代の米国の防衛装備品の契約価格，原価，利益の算定方式を研究することで，管理会計と原価計算の研究者と

しての立場から，日本の防衛省が，**努力した者が報いられる制度**を導入すべく世に問うたものである。本書が日本の防衛調達の問題を考える上での一助となるのであれば，著者にとってはこれに過ぎたる慶びはない。拙い著書ではあるが，最後までお読みいただいた読者に対して，深い敬意の念と，心からの感謝の気持ちをお伝えしたい。

　平成29年初秋

櫻井　通晴

付録1　契約担当官に対するアンケート調査

「調達物品等の予定価格の算定に関する訓令」改定の方向性

はじめに

　本調査は，防衛施設庁の幹部と契約担当官に向けて2015年7月21日から2015年7月28日にかけて行った「調達物品等の予定価格の算定基準に関する訓令」（以下，「訓令」）改定の方向性に関する調査結果の分析である。調査は，2015年5月から4回にわたって行った防衛省との勉強会に参加した職員に対して，最後の勉強会において実施したものである。

　勉強会には毎回20～30名前後の職員が参加した。そのうち，アンケート調査には，原価計算の理論と実務に精通した専門家からなる6チームを代表して各チーム1名，合計で6名の職員の方にご協力いただいた。調査表の作成と調査結果の分析は，専修大学商学部の伊藤和憲教授が行った。

　評価は5点リッカートスケールで，5が「全く同意」，1が「全くそうは思わない」としてお答えいただいた。

1　「訓令」改定のためのビジョンと目的

　本「勉強会」で掲げてきた「訓令」改定のビジョンは，「世界に通用する防衛生産力の基盤を確保し，競争力を上げる」ことにある。具体的には，次の目的を達成する。

(1) 契約業者が<u>イノベーション</u>を促進し，イノベーションを達成した企業が報いられるような規定を設けること。

(2) 契約業者が<u>優れた品質</u>の防衛装備品を<u>廉価で</u>生産するため，研究開発費を増額し，製造間接費，本社費負担額を軽減すること。

(3) 契約業者が得た利益の一部を<u>再投資</u>に回し，資本循環する企業に対するインセンティブを設けること。

　調査結果は，表1と表2のとおりであった。表1では，「訓令」を変える必要ありと回答した4名に対して，2名が反対である。表2では，回答者の全員が効率性・効果性を「訓令」改定の目的としていることが注目される。

表1　「訓令」改定のための理念・ビジョン

	①訓令を変える必要がある	②訓令の改訂は日本の正しい道である
はい	4	5
いいえ	2	1

表2　「訓令」改定の目的

i 輸出促進	ii 不利な立場回避	iii 効率性・経済性	iv EVM/原価企画	v 訓令の後進性
	1	6	2	1

2　「訓令」改定の基本方針

表3から，改定は「訓令」に限定せず，総合的な改正を行い，別の規定を設けるという意見が多くを占めたものの，現在の「訓令」をそのまま使い続けるべきだとする強い意見をもつ契約担当官が存在することも明らかになった。

表3　「訓令」改定の基本的方針

	全く違う←			→全く同意		n	中央値	平均値	標準偏差
	①	②	③	④	⑤				
① 予定価格訓令に限定	1	3	1		1	6	2	2.6	1.517
② 別に，総合的な改定をする		1		3	2	6	4	4.4	0.548
③ 訓令の他，規定を設ける	2			4	1	6	4	3	1.871

3　「訓令」改定の基本的思想

3-1　パフォーマンス基準

表4から見て取れるように，回答者の全員が「パフォーマンス基準は必要」と答えていることが注目される。

表4　改定の基本的思想

①　パフォーマンス基準が不要	②　パフォーマンス基準は必要
	6

3-2　改正を要する条項

表5は，パフォーマンス基準を満たす要因を調査した。まず，コスト増／コスト減を改善は「"原価をかけるほど利益も増える"状況に改善するため」，努力／利益

増は「企業が努力すれば契約利益を増加させる」という意味である。怠け／利益減少は，これと逆のことを聞いたものである。これらの質問にはほぼ全員が賛同した。防衛省と契約のある会社の顧客満足度を加味するかについては，意見が分かれた。

「訓令」第76条の基準利益率の計算式に，過去の実績を加味すべきかに関しては意見が分かれたが，いずれかといえばネガティブな意見が多かった。

GCIP（一般管理販売費率＋支払利子率＋利益率）の共有ライン（shared line）についてもまた，意見が分かれた。表5を参照されたい。

表5 パフォーマンス基準を満たす要因

	全く違う←			→全く同意		n	中央値	平均値	標準偏差
	①	②	③	④	⑤				
③ コスト増／コスト減を改善				2	4	6	5	4.6	0.548
④ 努力／利益増加を促進					6	6	5	5	0
⑤ 基準利益率＋実績	1	1	3	1		6	3	2.6	1.14
⑥ 顧客満足度を加味	1	1	1	2	1	6	4	3.4	1.302
⑦ GCIPにシェアードライン	1		2	2	1	6	3	3	1.225
⑧ 怠け／利益減少の制度				2	4	5	5	4.6	0.548

3-3 費目別にみたパフォーマンス基準実現の具体的方法

「訓令」第69条では，「一般管理費及び販売費の額は，製造原価に一般管理費及び販売費率を乗じて得た額とする」と規定されている。随分とドンブリ勘定のように思われる。利子の原価性に関しては，意見が分かれた。多くの契約担当官が現状に満足していないことが判明した。表6を参照されたい。

表6 パフォーマンス基準にもとづいて規定すべき条項

	全く違う←			→全く同意		n	中央値	平均値	標準偏差
	①	②	③	④	⑤				
① 一般管理費，販売費	1	1	1	3		6	3	2.8	1.304
② 利子	1	1	3	1		6	3	2.8	1.095
③ 利益	1			2	3	6	4	3.8	1.643

利益の計算に関しては，1人を除き，全員が是非とも改正すべきであると考えている。全く違うと回答した契約担当官は，「訓令」はすべてにおいて優れているので改定の必要性はないとしている強硬な現状維持派の1人である。

4 今後の方向性（訓令に盛り込みたい事項）

4-1 理念1：世界に通用する防衛生産力基盤の確保と競争力の向上

イノベーションのためのインセンティブの必要性は，4名が全面的に賛同した。廉価，研究費増，原価低減については意見が分かれた。利益を再投資に回すことには，1人を除き，ほぼ全員が同意した。表7を参照されたい。

表7 インセンティブの必要性

	全く違う←			→全く同意		n	中央値	平均値	標準偏差
	①	②	③	④	⑤				
① イノベーション			2		4	6	5	4.2	1.095
② 廉価／研究費増／原価減	1	1	1	1	2	6	3	3	1.581
③ 利益を再投資に回す	1		1	2	2	6	4	3.4	1.516

4-2 能力の向上

「訓令」の改定では，契約担当官自らが予定価格の計算ができる能力をつけることが肝要である。その方策として，10項目にわたって調査した。

表8 契約担当官の能力向上の方策

	全く違う←			→全く同意		n	中央値	平均値	標準偏差
	①	②	③	④	⑤				
① 事業基準の採用			1	3	2	6	4	4.2	0.707
② 見積もりに依存	1			1	4	6	4	4.8	0.447
③-ⅰ 消費量の計算		1		1	4	6	4	4.6	0.894
③-ⅱ 工数計算		1		1	4	6	4	4.6	0.894
④ 会社の努力／利益の増減					6	6	2	4.4	1.342
⑤-ⅰ 利益率の計算	2	3	1			6	2	2	0.707
⑤-ⅱ 利子率の計算特例	3	2		1		6	2	2.4	1.517
⑤-ⅲ 利子率の計算			1	2		6	4	4.2	0.837
⑤-ⅳ 基準利子率の計算	1	1		1	3	6	5	4	1.732
⑤-ⅴ 契約履行難易度	1		2	2	1	6	4	3.4	1.517

表8で見るように，上部の②見積もりに依存から④会社の努力／利益の増減に繋がる能力向上策には "全く同意" が4名と大多数もしくは6名全員が賛同した。その反面，⑤-ⅰから⑤-ⅳまでの利益率と利子率の計算になると，意見が分かれた。その理由は，現在の「訓令」は多くの問題—消費量と工数計算は自らが計算できず見積もりに依存せねばならないことや，現状では利子・利益の計算が個別企業の資産

構成と防衛事情との関連性や難易度を反映していないことなどにある。加えて，低い回転率の会社に利益を機械的に増額していることなど—を抱えていることによる。

5　アメリカン・スタンダードと日本の組織文化の統合

5-1　基本理念1　アメリカ基準か日本基準か

「アメリカ基準が論理的であれば，それを大幅に取り入れる」という質問には，2つのキーワードを取り入れた。"論理的であれば"と"大幅に取り入れる"という文言である。否定的な回答を想定したが，2名がやや賛同したことは，想定外であった。「日本基準を可能な限り残す」という質問にはポジティブな回答を想定したが，ネガティブな回答の多さには驚かされた。最後の「日本の実態に合わせて，アメリカの基準も取り入れていく」という質問項目が，著者が本書でも取り入れているアプローチである。

表9　アメリカン・スタンダードか日本基準か

	全く違う←			→全く同意		n	中央値	平均値	標準偏差
	①	②	③	④	⑤				
① 論理的なアメリカ基準	2	1	1	2		6	2	2.2	1.304
② 日本基準を残す	2	2	2			6	2	2	1
③ 日本の実態と米国基準			1	2	3	6	5	4.6	0.548

5-2　基本理念2　EVM／原価企画

「EVMが日本の防衛省で積極的に導入するだけの価値がある」との質問項目に対しては，概ねポジティブな意見が多かった。業態が合えば導入させるかとする質問に対しても，概ねポジティブな反応が見られたといえる。

表10　EVM／原価企画

	全く違う←			→全く同意		n	中央値	平均値	標準偏差
	①	②	③	④	⑤				
① EVMの導入を積極的導入			1	3	2	6	4	4	0.707
② 業態が合えば導入させる			2	1	3	6	4	4	1
③ EVM／原価企画の両者	1			3	2	6	4	3.6	1.516
④ 両者を強制する	1	4	1			6	2	1.8	0.447
⑤ 強制せず，イノベーション					6	6	5	5	0

表10を参照されたい。EVM／原価企画の両者の導入を図るべきかに関しては，全員が賛意を表明した。全く同意は2氏であった。しかしそれを強制すべきかにつ

いては，ほぼ全員がネガティブな反応を示した。逆に，「いずれも強制はしない。逆に，EVMや原価企画で，イノベーション，納期短縮，原価低減が達成できれば，それらのパフォーマンスの達成を褒める（フィーを高くする）「訓令」にする」については全員が賛同した。

6 市価方式への移行

原価加算方式には，原価が上昇すれば価格・利益ともに自動的に増加するため，原価低減への努力を怠ることに繋がるといった幾つかの欠点がある。しかし，防衛装備品の生産は特定企業に限定されるなどによって，簡単には市場価格方式に移行できない。調査結果は賛成と反対が明確に分かれた。表11を参照されたい。

表11 市価方式への移行

	全く違う←			→全く同意		n	中央値	平均値	標準偏差
	①	②	③	④	⑤				
① 改定の重要度	2		1	1	2	6	3	3	2

7 初度費の定義づけ

「訓令」では，初度費の定義づけが明確でない。そのため，解釈運用通達で規定している。とくに，費目が曖昧である。そこで，初年度を定義づけて，処理基準を規定すべきである。この質問には回答者の全員が賛意を表明した。

表12 初度費の定義づけ

	全く違う←			→全く同意		n	中央値	平均値	標準偏差
	①	②	③	④	⑤				
① 初度費の定義づけと規定				1	5	6	5	4.833	0.408

著者も，当然のことながら，初年度の定義づけが必要だと考えている。早期の改定が望まれる。「訓令」で関連する条文は，下記のように5項目である。

関連条文： （設計費の計算）　　　　第50条
　　　　　 （専用治工費等の計算）　第52条
　　　　　 （試験研究費の計算）　　第54条
　　　　　 （開発費の計算）　　　　第55条
　　　　　 （技術提携日の計算）　　第56条

本書の執筆との関連で付け加えれば，現時点では財務省と防衛省が議論の最中でもあるため，本書の本文では議論の対象とはしなかった。条文を改定すれば済む話だからである。[1]

8　武器輸出三原則の見直しと「訓令」

防衛装備品移転三原則にもとづく「訓令」のあり方を次の点から検討する。

(1) 目的・意義；物品調達等の定義のなかに，「プロジェクト管理や国外への装備移転」に関する定義を追加するか
(2) 計算価格上の一般原則；契約タイプごとの計算価格について，防衛省が装備を国外へ移転するための契約の場合を追加するか
(3) 利益率のための計算特例；プロジェクト管理において，価格を見積もる利益率に関する記述を追加するか
(4) 梱包費・輸送費の計算；国外への装備移転における価格を見積もる場合に必要な国の管理費（米軍のG&Aの相当）に関する記述が必要か
(5) 契約価格比による調整；政策的な配慮による調整に関する記述が必要か
(6) 標準および基準の設定，および調査の実施
(7) 大臣承認から防衛装備庁長官への権限委譲
(8) 「訓令」では，大臣承認が必要な事項について，過去の事案の反省にもとづくとされている。当該承認事項については，防衛庁長官に委譲した方が事務の効率化が図りうるか否かを検討する。

以上の予備知識を前提に，回答者は4つの質問項目への回答が求められた。表13は，4つの質問項目に対する回答である。

表13　武器輸出三原則の見直しと「訓令」

	全く違う← →全く同意					n	中央値	平均値	標準偏差
	①	②	③	④	⑤				
① 装備品移転の定義の追加	1		3	1	1	6	3	3.2	1.483
② その規定は訓令とは別	1		2	2	1	6	3	2.6	1.517
③ 定義は8つでよい	1		4		1	6	3	3.4	1.673
④ 議論の必要性		1	1	1	3	6	4	4	1.225

---

1 「訓令」でも第50条から第56条にかけて調達に関する条文はあるが，初度費については明確でない。これらを解釈通達で処理するのには無理がある。「HPの最適化効果指標・サービス指標一覧「防衛省OAネットワーク（共通システム）」によれば，初年度目と第2年度，第3年度の経費が比較検討されている。これらを参考にしたデータにもとづく議論が必要であろう。

以上みるように，武器輸出三原則に関する問題では，全体的に賛同する意見が多いとはいえ，意見が分かれた。

9 予定価格算定基準の実務上の問題

予定価格算定基準に関しては，質問項目は19にわたっている。まず，調査結果を明らかにする。表14を参照されたい。

表14 予定価格算定基準の実務上の課題

	全く違う←			→全く同意		n	中央値	平均値	標準偏差
	①	②	③	④	⑤				
① 契約条件の改訂が必要		2	2	1	1	6	3	3.2	1.304
② 品代の分析計算	2	2		1	1	6	3	2.8	1.789
③ 販売直接費の問題点			1	2	3	6	5	4.4	0.894
④ 加工費	2		1	3		6	4	2.8	1.643
⑤ 第41条の扱い（見積価格）	1	1		3	1	6	4	3.2	1.827
⑥ 事業基準	1		1	3	1	6	4	3.4	1.517
⑦ 消費量の見積			1	4	1	6	4	4	0.707
⑧ 自製品の評価	1	1	2	2		6	3	2.6	1.14
⑨ 作業時間予測の方式			2	3	1	6	4	3.8	0.837
⑩ 初期投資一括費用化				3	3	6	5	4.6	0.548
⑪ 合理的配賦の見直し			1	1	4	6	5	4.8	0.447
⑫ 一般管理費の一括的配賦				1	5	6	5	4.8	0.447
⑬ 個別企業の資産構成			2	1	3	6	4	3.6	1.673
⑭ 低回転率の会社への配慮					6	6	6	4.2	1.789
⑮ 契約履行上の難易度	1		1	2	2	6	4	3.4	1.566
⑯ 大臣承認と訓令	2	2	1		1	6	2	1.8	0.837
⑰ 過去の調査の必要性			1	2	3	6	4	4.2	0.837
⑱ 利子率と設備資本	2		1	2		6	3	2.6	1.517
⑲ 難易度，技術，経営／統制	1		2	2	1	6	3	3	1.225

すべての項目へのコメントは別稿に委ねることにして，本書の本文で議論したテーマに関連する項目についてのみコメントする。

④の加工費については，この調査時点では意見が分かれた。現状是認の主張も極めて強かったが，加工費による配賦を放置することは看過できないという著者の見解をもとに記述したのが，本書の第3章である。⑩の初期費の一括費用化に関しては，全員が「訓令」の改定に同意した。⑪の製造間接費の規定を合理的な配賦方法に改正すべきだとする意見には，反対者は皆無であった。「運用が加工費になってい

るのが問題」だとする意見もあった。

⑱の利子率と設備資本に関しては,「訓令」第85条を踏まえて実施すべきという意見3氏に対して,2氏が反対した。海外の会計基準との関係,国民感情の変化,国際関係の緊迫度など多様な要因によって意見がまとまりにくい課題である。とはいえ,現在の「訓令」をそのまま放置してよいとは思われない。

なお,契約利益の算定に当たって,DFAR-Sのように,契約内容の難易度,技術,マネジメント／コントロールを考慮すべきかの質問に対して,3氏が同意したものの,1人は絶対反対であった。

10　経理局長と財務省からの「訓令」改正の意見

10-1　経理装備局長の意見

経理装備局長から,次の3つの諮問があった。

諮問事項:
① 予定価格作成の透明性を図るため,見積もりを徴収した企業のみならず,業種等の平均値において予定価格の作成は可能であるか。
② 利益率算定の諸元となっている自己資本について,利子(コスト)は本当に必要であるか。
③ 加工費率の算定(前年度の加工費率に乗じるアップ率)において経費率算定企業の費用構成割合(労務費60%,企業物価連動20%,消費者物価連動20%)を平均値として適用するのではなく,個別企業の実情に合わせ,労務費,企業物価,消費者物価の増減率にあてはめればよいではないか。

表15　局長の意見に対する現場の反応

	全く違う←			→全く同意		n	中央値	平均値	標準偏差
	①	②	③	④	⑤				
10-① 予定価格の作成	1	3	1	1		6	2	2	0.707
10-② 利子(コスト)と利益率		1	1	2	1	5	4	3.6	1.14
10-③ 加工費率の算定	1	2	2			5	2	1.8	0.609

予定価格作成に否定的意見が多かったのは,消費量×単価を個々に標準化できないではないかとする意見が多かったためである。利子については意見が分かれたが,その理由は本書でも明らかにしたとおりである。加工費率の算定に関しては,ほぼ全員がネガティブな意見であるといってよかろう。

10-2　財務省の予算執行調査の意見

① 平成20年度に初度費の一括契約方式が導入されて以降に訓令の改正は行われ

ていない。現状では原則的な計算方法ではなく，特例にもとづき計算しているところであるため，初度費の特性に合わせた一般的な計上方法を新たに規定するよう検討すべきである。
② 技術提携費のうち，ロイヤリティ等や技術支援費を利益計算の対象経費とするか否かを含め，利益の計算については，その対象や計上方法について今後検討すべきである（これは，付加価値のあるものだけに利益を付加したいという財務省の考えがある。販売直接費に利益を乗ずるかどうかも含む）。

以上の諮問事項に対して，現場担当者からの回答は以下の通りであった。

表16 財務省の予算執行調査の意見

	全く違う←			→全く同意		n	中央値	平均値	標準偏差
	①	②	③	④	⑤				
10-① 初度費の一般的な方式	1			2	3	6	5	4.6	0.548
10-② 技術提携費の検討			1	1	4	6	5	4.4	0.894

初度費に関しては，1名を除いて，5人が諮問に賛同した。技術提携費についても，ほぼ全員が財務省の諮問に賛同している。

まとめ

以上が，2015年7月21日から2015年7月28日にかけて実施したアンケート調査を分析した結果の報告である。「勉強会」参加者からの率直な意見が得られたことに，心からの謝意を表明したい。

4回にわたる「勉強会」を主催してくれた防衛装備庁装備政策部長 堀地徹氏（当時）からも，今後のあり方についても貴重なご意見をいただいたことに心より感謝の意をお伝えしたい。アンケート調査を分析してハッキリと判明したことは，まさに現在こそが「訓令」を全面的に見直して，世界に誇れる「訓令」，および関連する諸規則を見直す最高の時期であるということであった。

防衛省との勉強会に続いて2015年12月3日から日本航空宇宙工業会での6回にわたる勉強会（主要な契約企業10社，20名で実施。ただし，途中から2名が追加参加）で得られた知見は，著者にとっては本書の骨格となるものであった。内外の論文や著書などでしか情報が得られない研究者にとって，これらの経験は何物にも代えがたい研究の場であった。勉強会に参加してくれた参加者の一人ひとりに心からの感謝の意を表したい。

最後に，種々の理由から，本書ではすべての分析結果を詳細に公表できなかったことを深くお詫び申し上げたい。

付録2

頭字語一覧

ABC	Activity-Based Costing	活動基準原価計算
AC	Actual Cost	実際原価，実コスト
ACWP	Actual Cost of Work Performed	実施作業の実際原価
AGP	Agreement on Government Procurement	政府調達に関する協定
ANSI	American National Standards Institute	米国規格協会
APPEL	Academy of Program/Project & Engineering Leadership	プログラム／プロジェクト＆エンジニアリング・リーダーシップ・アカデミー
ASPR	Armed Services Procurement Regulations	国防品調達規則
BAC	Budget at Completion	完成時予算
BCA	Board of Contract Appeals	契約異義申立委員会
BCWP	Budgeted Cost for Work Performed	実施作業の予算原価
BCWS	Budgeted Cost for Work Scheduled	スケジュール作業の予算原価
B&P	Bid & Proposal	入札・提案書
BSC	Balanced Score Card	バランスト・スコアカード
BU	Business Unit	ビジネスユニット
CA	Control Account	コントロール・アカウント
CAIV	Cost as Independent Variable	独立変数としての原価
CAP	Control Account Plan	コントロール・アカウント・プラン
CAS	Cost Accounting Standards	原価計算基準
CASB	Cost Accounting Standards Board	原価計算基準審議会
CBB	Contract Budget Baseline	契約予算ベースライン
CFO	Chief Financial Officer	最高財務責任者
CFR	The Code of Federal Regulations	連邦規則集
CICA	Competition in Contracting Act	契約における競争法
CO	Contracting Officer	契約担当官
CPAF	Cost Plus Award Fee	原価加算アワードフィー
CPFF	Cost Plus Fixed Fee	原価加算固定フィー
CPI	Cost Performance Index	コスト・パフォーマンス指標
CPIF	Cost Plus Incentive Fee	原価加算インセンティブフィー
CPM	Critical Path Method	クリティカルパスメソッド
CSF	Critical Successful Factors	重要成功要因
CV	Cost Variance	原価差異
DAU	Defense Acquisition University	国防取得大学
DCAA	Defense Contract Audit Agency	国防省契約監査局
DCF	Discounted Cash Flow	割引キャッシュフロー
DCMA	Defense Contract Management Agency	国防契約管理局

DFAR-S	Defense Federal Acquisition Regulation-Supplement	国防連邦調達規則-補足
DoD/DOD	Department of Defense	(米国の) 国防省
DoE	Department of Energy	エネルギー省
DoT	Department of Transportation	運輸省
EAC	Estimate at Completion	完成時原価見積
EIA	Electronic Industries Alliance	電子工業会
EV	Earned Value	アーンド・バリュー
EVM	Earned Value Management	アーンド・バリュー・マネジメント
EVMS	Earned Value Management System	アーンド・バリュー・マネジメントシステム
EVMSIG	Earned Value Management System Interpretation Guide	EVMS 解説ガイド
FAA	Federal Aviation Administration	連邦航空局
FAR	Federal Acquisition Regulations	連邦調達規則
FAS	Financial Accounting Standards	財務会計基準
FASA	Federal Acquisition Streamlining Act	連邦調達合理化推進法
FCS	Future Combat System	フューチャー・コンバット・システム
FFP	Firm Fixed Price	確定価格
FFP/AF	Firm Fixed Price, Award Fee	確定価格アワードフィー
FMS	Foreign Military Sales	対外有償軍事援助
FP	Fixed Price	固定価格
FP-AF	Fixed Price, Award-Fee	固定価格アワードフィー
FPI	Fixed Price Incentive	固定価格インセンティブ
FPIF	Fixed Price Incentive Fee	固定価格インセンティブフィー
FP-LOE	Firm Price, Level of Effort	固定価格・努力水準
FPR	Fixed Price Re-determinable	契約価格見直条項付固定価格
FSS	Federal Supply Schedule	連邦供給スケジュール
GAAP	Generally Accepted Accounting Principles	一般に認められた会計原則
GAO	Government Accounting Office	会計検査院 (2004 年 7 月まで)
GAO	Government Accountability Office	会計検査院 (現在の名称)
GCIP	General Cost, Interest, Profit	一般管理費及び販売費率,利子率,利益率
GPA	Agreement on Government Procurement	政府調達に関する協定
GPRA	Government Performance and Results Act	政府業績成果法
GSA	General Services Administration	連邦政府調達局
HHR	Habitat Holding Rack	ハビタット収納装置
IBR	Integrated Baseline Review	統合ベースライン・レビュー
IFB	Invitation for Bids	入札公告
IFRS	International Financial Reporting Standards	国際財務報告基準
ISS	International Space Station	国際宇宙ステーション

J&A	Justification and Approval	正当化と承認
JPL	Jet Propulsion Laboratory	ジェット推進研究所
KPI	Key Performance Indicators	主要業績評価指標
LCCS	Life-Cycle Contractor Support	ライフサイクル契約者支援
LIFO	Last-in First-out Method	後入先出法
LOCC	Limitation of Cost Clause	原価制限条項
MOD	Ministry of Defense	(英国の) 国防省
MR	Management Reserve	マネジメント予備
NASA	National Aeronautics and Space Administration	米国航空宇宙局
NASA FAR-S	NASA Federal Acquisition Regulation-Supplement	NASA 連邦調達規則-補足
NASA NPD	NASA Policy Directive	NASA ポリシー・ディレクティブ
NAVAIR	Naval Air Systems Command	米海軍航空システム司令部
NDAA	National Defense Authorization Act	国防権限法
NDIA	National Defense Industrial Association	国防産業協会
OFPP	Office of Federal Procurement Policy	連邦調達政策室
OMB	Office of Management and Budget	行政管理予算局
PBC	Performance-Based Contracting	パフォーマンス基準契約
PBL	Performance-Based Logistics	成果保障契約
PFI	Private Finance Initiative	民間資金等活用事業
PHR	Pension Harmonization Rule	年金調和法
PMB	Performance Measurement Baseline	パフォーマンス測定ベースライン
PTA	Point of Total Assumption	全体の仮定点
PV	Planned Value	計画値
QCD	Quality, Cost, Delivery	品質，原価，納期
QFD	Quality Function Deployment	品質機能展開
R&D	Research and Development	研究開発
RFIs	Requests for Information	情報提供依頼書
RFPs	Requests for Proposals	提案依頼書
ROI	Return on Investment	投資利益率
SBU	Strategic Business Unit	戦略的事業単位
SDB	Small Disadvantaged Business	中小企業の認可プログラム
SME	Subject Matter Expert	内容領域専門家
SMED	Single Minute Exchange of Die	シングル段取
SOW	Statement of Work	作業範囲記述書
SPI	Schedule Performance Index	スケジュール・パフォーマンス指標
SV	Schedule Variance	スケジュール差異
TCO	Total Cost of Ownership	所有に係る総コスト
TD	Treasury Decision	財務省告示
T&M	Time and Material	タイム・アンド・マテリアル

TINA	Truth in Negotiations Act	交渉における真実法
TSPR	Total System Performance Responsibility	トータルシステム・パフォーマンス責任
USCG	United States Coast Guard	米国沿岸警備隊
VA	Value Analysis	価値分析
VE	Value Engineering	価値工学
VFM	Value for Money	バリュー・フォア・マネー
WACC	Weighted Average Cost of Capital	加重平均資本コスト
WBS	Work Breakdown Structure	作業分解図
WP	Work Package	ワークパッケージ
WTO	World Trade Organization	世界貿易機関

(注) 日本の読者にとって，欧米人とは違って，頭字語には不慣れである。そのため，本書では，初出でなくても，章の初めには和文・英文を加筆するなどの配慮を施した。

邦語索引

《あ 行》

- アーンド・バリュー …………………… 274
- アーンド・バリュー・マネジメント …… 300
- アウトカム ……………………………… 239
- 後入先出法 ……………………………… 106
- アワード …………………………… 71, 144
- アワードターム ……………………… 246, 248
- アワードフィー ………………………… 246
- アワードフィー条項 …………………… 179
- アワードフィー付固定価格契約 ………… 180

- 一括配賦法 ……………………………… 125
- 1者入札 ………………………………… 143
- 一般管理費 ……………………………… 125
- 一般管理費予算 ………………………… 126
- 一般競争契約 ……………………… 13, 133, 134
- 一般競争入札 …………………… 136, 139
- インセンティブ契約 …………………… 171
- インセンティブ契約制度 …………… 26, 33
- インセンティブの種類 ………………… 246
- インセンティブフィー ………………… 246

- 宇宙航空研究開発機構 ……………… 12, 222

- 運輸省 …………………………………… 309
- エネルギー省 …………………………… 309
- 沿岸域戦闘艦 …………………………… 193

- オプションイヤー ……………………… 248
- オラクル社 ……………………………… 296

《か 行》

- 会計検査院 ……………………………… 87
- 会計責任 ………………………………… 93
- 会計年度 ………………………………… 97
- 会計法 …………………………………… 20
- 概算契約 ………………………………… 203
- 価格分析 …………………………… 155, 156
- 確定価格契約 …………… 138, 159, 160, 163, 165
- 確定契約 ………………………………… 203
- 確定数量契約 …………………………… 190
- 加工費 …………………………………… 15
- 加工費配賦率 …………………………… 39

- 加工費予定配賦率 ……………………… 40
- 加工費率 …………………………… 39, 51
- 加重ガイドライン法 …………………… 206
- 加重平均資本コスト ………………… 66, 229
- 価値工学 ………………………………… 321
- 価値分析 …………………………… 156, 322
- 貨幣コスト ……………………………… 111
- 貨幣の資本コスト ……………………… 227
- 借入資本のコスト ……………………… 56
- 完成時原価見積 ………………………… 288
- 間接費 ……………………………… 102, 122
- 間接費提案書 …………………………… 127

- 機会原価 ………………………………… 103
- 企画競争 …………………………… 13, 135
- 技術力 …………………………………… 209
- 「基準」 ………………………………… 40
- 基準利益率 ……………………………… 23
- キャピタリゼーション ………………… 55
- 給付 ……………………………………… 94
- 協議 ……………………………………… 153
- 競争契約 ………………………………… 134
- 競争の範囲 ……………………………… 152
- 許容可能性 ……………………………… 162
- 許容原価 ………………………………… 53
- 繰越報酬 ………………………………… 108

- 「訓令」 …………………………… 5, 12

- 経営資本利益率 ………………………… 24
- 計画値 ……………………………… 274, 276
- 経済価格調整付固定価格契約 ……… 138, 172
- 計算価格 …………………………… 11, 15, 204
- 計算の合理性 …………………………… 130
- 契約価格見直条項付固定価格 ………… 173
- 契約事前確認公募 ……………………… 135
- 契約における競争法 …………………… 132
- 契約予算ベースライン ………………… 278
- 契約履行難易度調整係数 ……………… 22
- ゲインシェアリング …………………… 246
- 原価加算アワードフィー契約 ………… 189
- 原価加算インセンティブフィー契約 …… 184
- 原価加算契約 ……………………… 26, 29
- 原価加算固定フィー契約 ……………… 183

351

原価加算方式	22
原価企画	79, 322
原価計算期間	97
原価計算基準	5, 81, 84
原価計算基準審議会	84
原価計算基準審査会議	5
原価計算制度	55
原価計算対象	94, 225
原価計算方式	12, 14, 21, 204
原価原則	89
原価効率の要素	231
原価差異	273, 285
減価償却費	104
原価制限条項	182
原価の許容可能性	115, 119
原価の集計	162
原価の真実性分析	150
原価の配賦可能性	90, 115, 121
原価分析	155
原価補償契約	7, 159, 180
原価補償契約の特徴	161
原価補償のみの契約	183

工廠	4
交渉	132
交渉契約	142
交渉における真法	133
公正	130
構造化アプローチ	206
合理性	119
コーポレートガバナンス・コード	69
国際会計基準審議会	57
国際財務報告基準	57
国防契約管理局	92
国防産業協会	267
国防省	85
国防省契約監査局	88
国防品調達規則	86
国防連邦調達規則－補足	5, 202
コスト・コントロール	208
コスト・シェアリング契約	183
コスト・パフォーマンス指標	283, 286
コスト・プラス方式	299
コスト効率指標	283
国庫債務負担行為	254
固定価格・努力水準契約	178
固定価格インセンティブ契約	166
固定価格インセンティブ遂次的目標	173
固定価格インセンティブフィー	174

固定価格契約	159, 163
コモディティ	299
コンステレーション計画	310, 307
コント・シフティング	6
コントラクト・オフィサー	96
コントロール・アカウント	73, 279
コントロール・アカウント・プラン	277

《さ 行》

最低価格落札方式	134
財務会計基準	56
財務省告示	117
作業効率化促進制度	25
作業時間契約	138, 190
作業範囲記述書	281
作業分解図	73, 270
32のガイドライン	285

ジェット推進研究所	307
事業特性調整係数	22
市場価格	138
市場価格方式	12, 204
実コスト	274, 283
実施作業の実際原価	274
実施作業の予算原価	273
自動データ分析	306
市販品	132, 136
指名競争契約	133, 134
取得原価	105
主要業績評価指標	75
準確定契約	203
商議契約	142
情報交換	151
情報提供依頼書	146
情報トレンド	193
情報の非対称性	32
条約異議申立委員会	182
初度生産	211
新インセンティブ契約制度	34
真の原価差異	275

随意契約	13, 133, 134
スケジュール・パフォーマンス指標	286
スケジュール差異	273, 278, 283
スケジュール作業の予算原価	273
スコープ	269
スピンオフ	4
スピンオン	4

請求裁判所 ･･････････････････････････ 183
製造間接費 ･･･････････････････････ 41, 122
製造間接費の配賦 ･･････････････････ 47
製造間接費予算 ･････････････････････ 123
製造原価 ･････････････････････････････ 15
政府業績成果法 ･････････････････････ 302
世界貿易機関 ･････････････････････････ 205
セグメント ･･･････････････････････････ 98
是正措置 ･････････････････････････････ 289
設備の貨幣資本コスト ･･･････････････ 235
戦艦大和 ･････････････････････････････ 321
戦略的コスト・マネジメント ････････ 324

操業差異 ･････････････････････････････ 287
総合評価落札方式 ･････････････ 13, 134, 135
双方独占市場 ･････････････････････････ 3

《た 行》

対外有償軍事援助 ･･････････････････ 219
タイム・アンド・マテリアル契約 ･･ 138, 189

中小企業の許可プログラム ･･････････ 151
超過利益返納条項付契約 ･･･････ 161, 24, 33
調達インテグリティ ････････････････ 145
直接費 ･･････････････････････････････ 102

通常の利益（フィー） ････････････････ 73

提案依頼書 ････････････････････････ 146
適正利益計算基準 ･･････････････････ 117
天井価格 ････････････････････････････ 163

統合情報システム ･･････････････････ 305
統合ベースライン・レビュー ･･ 73, 268, 280, 304
特別報酬（アワード） ･････････････････ 73
特命随意契約 ････････････････････････ 135
独立の研究開発 ････････････････････ 110

《な 行》

NASA 連邦調達規則－補足 ････････ 303
内部統制システム ･･････････････････ 214

入札 ････････････････････････････････ 132
入札・提案書作成費用 ･････････････ 110

年金費用 ･････････････････････････ 106, 107
年次 LIFO 調整法 ･････････････････ 106

《は 行》

売却時間配賦法 ･････････････････････ 41
配賦 ･･････････････････････････････････ 94
配賦可能性 ･･･････････････････････ 119, 162
裸価格 ････････････････････････････････ 15
ハビタット収納装置 ･･････････････ 307, 308
パフォーマンス ･････････････････････ 159
パフォーマンス・リスク ･･･････････ 208, 209
パフォーマンス基準契約 ････････････ 242
パフォーマンス基準制度 ････････ 69, 71, 75, 80
パフォーマンス測定ベースライン ･････ 277
バランスト・スコアカード ･･･････････ 319
バリュー・フォア・マネー ････････････ 142

非許容原価 ････････････････････････････ 95
非原価性 ･････････････････････････････ 62
ビジネスユニット ･･･････････････････ 234
標準経営資本回転率 ･･････････････････ 23
標準原価計算制度 ････････････････････ 99
標準利益率 ････････････････････････ 23, 27
品質機能展開 ････････････････････････ 320

フィー ･････････････････････････････････ 71
封印入札 ････････････････････････ 132, 139
付加価値 ････････････････････････････ 228
不確定納期契約 ････････････････････ 190
プリマヴェーラ社 ･･･････････････････ 296
プロフフィット・シェアリング ･････ 251
プロポーザルの評価 ････････････････ 150

米国財務省 ･････････････････････････ 217
ベースプラン ･･････････････････････ 278
ベスト・バリュー ･･･････････････････ 142
便益 ････････････････････････････････ 294

防衛省装備施設本部 ･･････････････････ 13
防衛装備庁 ･････････････････････････ 13
補給品 ･････････････････････････････････ 3
保険料 ･････････････････････････････ 109

《ま 行》

埋没原価 ･･･････････････････････････ 288
マネジメント・アプローチ ･･･････････ 89
マネジメント・コントロール ････････ 208
マネジメント予備 ･･････････････････ 276

未配分の予算 ･････････････････････････ 278

モラルハザード ················· 7, 32

《や 行》

有給休暇手当 ·················· 103
遊休設備 ······················· 96
有形固定資産 ·················· 104

予決令 ····················· 15, 20
予算価格 ················ 204, 15, 27

《ら 行》

ライト兄弟 ···················· 247
ライフサイクルコスト ·········· 240

利益計算対象 ·················· 225
リクワイアメント契約 ·········· 190
利子原価論 ····················· 54

利子の価格性 ··················· 59
利子の許容原価性 ··············· 64
利子の原価性 ··················· 60
利子の利益性 ··················· 59
利潤 ··························· 58
利子率 ························ 228

例外による管理 ················ 284
連邦規則集 ················ 86, 109
連邦供給スケジュール ·········· 139
連邦政府調達局 ············ 85, 139
連邦調達規則 ···················· 5
連邦調達合理化推進法 ·········· 132
連邦調達合理化法 ·············· 303

《わ 行》

ワークパッケージ ·············· 278

欧語索引

ABC ······················ 319	DFAR-S ················ 202, 263
ACWP ····················· 274	DoD ························ 85
APPEL ···················· 301	DoE ······················· 309
ASPR ····················· 117	DoT ······················· 309
BCA ······················ 182	EAC ·················· 288, 292
BCEP ····················· 274	EVM ············ 71, 78, 262, 300
BCWP ····················· 274	EVM Lite ·················· 262
BCWS ····················· 274	EVMS ··················· 76, 263
BSC ······················ 319	FAR ··················· 115, 263
CA ······················· 279	FASA ······················ 132
CAS ···················· 86, 88	FFP ······················· 159
CASB ······················ 86	FMS ······················· 219
CBB ······················ 278	FP ························ 159
CFR ······················ 109	FPI ······················· 166
CICA ······················ 132	FPIF ······················ 174
CO ······················· 206	FP-LOE ···················· 178
CPAF ······················ 189	FPR ······················· 173
CPFF ·················· 159, 183	FSS ······················· 139
CPI ······················ 286	GAAP ······················· 57
CPIF ······················ 184	GAO ···················· 43, 87
CV ························ 285	GPA ······················· 205
DCAA ······················· 88	GSA ··················· 85, 139
DCMA ······················· 92	HHR ······················· 307
DD Form 1861 ·············· 223	IBR ············· 73, 268, 280, 304

JAXA	12, 222, 317	QFD	320
JPL	307, 309	SDB	151
KPI	75	SOW	281
LOCC	182	SPI	286
MR	276	SV	285
NDIA	267	TINA	155
PBC	242	VA	322
PBL	33	VE	321
PFI	14, 142	WACC	229
PFIs	146	WBS	73, 270
PFPs	146	WP	278
QCD	76, 159	WTO	205

《著者紹介》

櫻井　通晴（さくらい　みちはる）

現職：専修大学名誉教授。商学博士。㈱インテリジェントウェイブ監事。

略歴：早稲田大学大学院商学研究科博士課程修了，ハーバード大学ビジネススクール・フルブライト上級客員研究員（89-90）。ロンドン大学大学院（LSE）客員教授（97），放送大学客員教授（90-94），早稲田大学商学研究科・アジア太平洋研究科非常勤講師（99-06），日本原価計算研究学会会長（01-03），日本学術振興会専門研究員（03-05），公認会計士第二次試験（92-95）・第三次試験委員（98-00），電気事業審議会委員（99），産業構造審議会委員（06），ＮＴＴドコモ監査役（04-07），東京医科大学監事（07-09）等を歴任。

受賞歴：日本会計研究学会賞（78）・太田賞（99），日本公認会計士協会学術賞（82），経営科学文献賞（92），日本内部監査協会青木賞（97），日本原価計算研究学会賞（09），日本管理会計学会文献賞（11）を受賞。

最近の主要著書：編著『ケース管理会計』（中央経済社, 17），『管理会計 第六版』（同文舘出版, 15），『原価計算』（同文舘出版, 14），共監訳『ソーシャルメディア戦略』（日本内部監査協会, 13），編著『インタンジブルズの管理会計』（中央経済社, 12），『コーポレート・レピュテーションの測定と管理』（同文舘出版, 11），『管理会計 基礎編』（同文舘出版, 10），『レピュテーション・マネジメント』（中央経済社, 08），『バランスト・スコアカード 改訂版』（同文舘出版, 08），編著『企業価値創造の管理会計』（同文舘出版, 07），『ソフトウエア管理会計 第2版』（白桃書房, 06），『コーポレート・レピュテーション』（中央経済社, 05），編著『企業価値創造のためのABCとバランスト・スコアカード』（同文舘出版, 02），『新版 間接費の管理』（中央経済社, 98），『企業環境の変化と管理会計』（同文舘出版, 91），『原価計算《理論と計算》』（税務経理協会, 83），『経営原価計算論 増補版』（中央経済社, 81）等。

《検印省略》

平成29年11月20日　初版発行　　　　　　略称─契約原価

契約価格，原価，利益
─管理会計の視点による防衛装備品の効率的・効果的な開発と生産─

著　者　　櫻井通晴

発行者　　中島治久

発行所　**同文舘出版株式会社**

東京都千代田区神田神保町1-41　〒101-0051
営業（03）3294-1801　　編集（03）3294-1803
振替 00100-8-42935　http://www.dobunkan.co.jp

©M.SAKURAI　　　　　　　　　　　　　印刷・製本　萩原印刷

Printed in Japan 2017
ISBN978-4-495-20671-0

JCOPY〈出版者著作権管理機構 委託出版物〉
本書の無断複製は著作権法上での例外を除き禁じられています。複製される場合は，そのつど事前に，出版者著作権管理機構（電話03-3513-6969, FAX 03-3513-6979, e-mail: info@jcopy.or.jp）の許諾を得てください。

本書とともに《好評発売中》

管理会計
〔第六版〕

(内容)
経営者・管理会計担当者必須の概念を完全網羅！
管理会計全般にわたり，体系的に詳述した定番書。
管理会計学習書として最適の書。

櫻井通晴 著

A5判・896頁
定価（本体価格5,200円＋税）
2015年6月発行

原価計算

(内容)
経営者・経理担当者必須の原価計算の理論と手続を体系的・包括的に詳解。各章末に本文を検証・捕捉できる演習問題を豊富に掲載し，原価計算学習書として最適！

櫻井通晴 著

A5判・624頁
定価（本体価格4,600円＋税）
2014年1月発行

コーポレート・レピュテーションの測定と管理
―「企業の評判管理」の理論とケース・スタディ―

(内容)
賞賛される優良企業になるには，いま何をすべきか!?
「企業の評判」を管理する理論体系を構築し，ケース・スタディを用いてその理論体系の妥当性を検証。

櫻井通晴 著

A5判・528頁
定価（本体価格5,300円＋税）
2011年2月発行

バランスト・スコアカード（改訂版）
―理論とケース・スタディ―

(内容)
日米企業の事例をもとに理論を構築。バランスト・スコアカードの果たす役割と問題点，導入上の留意点，EVAとABCの統合について詳述。

櫻井通晴 著

A5判・622頁
定価（本体価格4,600円＋税）
2008年3月発行

同文舘出版株式会社